但我诗章将逃过时间毒手，越千年不朽。

莎士比亚新宅的艺术化呈现

埃文河畔斯特拉福德的圣三一教堂，
莎士比亚出生后在此受洗，逝世后在此长眠

莎士比亚

■ 时 ■ 代 ■ 灵 ■ 魂 ■

〔英〕乔纳森·贝特 ◆ 著

赵雯婧 ◆ 译

SOUL OF THE AGE

A BIOGRAPHY OF
THE MIND OF
WILLIAM SHAKESPEARE

JONATHAN BATE

社会科学文献出版社
SOCIAL SCIENCES ACADEMIC PRESS (CHINA)

19 世纪的一幅德国版画，
威廉·莎士比亚向家人朗诵戏剧《哈姆莱特》，
他的妻子安妮·海瑟薇坐在右边的椅子上，
他的儿子哈姆奈特在他后方左边，
他的两个女儿苏珊娜和朱迪思分别在他的左边和右边

目　录

前　言

全世界是一个舞台，

所有的男男女女不过是一些演员；

他们都有下场的时候，也都有上场的时候。

人的一生中扮演着好几个角色，

他的表演可以分为七个时期。最初是婴孩，

在保姆的怀中啼哭呕吐。

然后是背着书包、满脸红光的学童，

像蜗牛一样慢腾腾地拖着脚步，

不情愿地呜咽着上学堂。然后是情人，

像炉灶一样叹着气，写了一首悲哀的诗

歌咏着他恋人的眉毛。然后是一个军人，

满口发着古怪的誓，胡须长得像豹子一样，

爱惜着名誉！动不动要打架，

在炮口上寻求着泡沫一样的荣名。然后是法官！

胖胖圆圆的肚子塞满了阉鸡，

凛然的眼光，整洁的胡须，

满嘴都是格言和老生常谈；

他这样扮了他的一个角色。

第六个时期变成了精瘦的趿着拖鞋的龙钟老叟，

鼻子上架着眼睛，腰边悬着钱袋；

他那年轻时候节省下来的长袜子套在他皱瘪的小腿上

显得宽大异常，

他那朗朗的男子的口音又变成了孩子似的尖声，

像是吹着风笛和哨子。

终结着这段古怪的多事的历史的最后一场，

是孩提时代的再现，全然的遗忘，

没有牙齿，没有眼睛，没有口味，没有一切。①

3　　"他不属于某个特定的时代，而是属于千秋万代！"本·琼生（Ben Jonson）曾在收录在他的朋友兼竞争对手威廉·莎士比亚的戏剧作品集《第一对开本》中的颂诗中这样写道。我在之前的著作《天才莎士比亚》（*The Genius of Shakespeare*）中认真地分析了这一观点，认为我们所说的"莎士比亚"并不仅仅指起于 1564 年、终于 1616 年的一段人生，还意味着一组已经存在了四个世纪之久的文字、人物、思想和舞台形象。一代代演员和观众的工作、有欣赏能力的读者，以及有创造性的艺术家通过每一种可以想象的媒介，使得这些文字、人物、思想和舞台形象具备了无穷无尽的更新和适应的能力。

在同一首诗中，本·琼生还把莎士比亚描述为"时代灵魂"。在本书中，我转向了这一说法，并以同样认真的态度来对待它。伊丽莎白时代的人认为灵魂是"生命的法则"：通过他的作品，莎士比亚赋予他的时代以生命。为了试图理解琼生的说法，我们需要提出两个问题："成为莎士比亚是一种什么样的感觉？"以及"莎士比亚的作品在哪些方面最能体现他所处时代的世界图景的灵魂——或者更确切地说，是在哪些方面赋予了他所处时代的世界图景以灵魂？"我们不得不在莎士比亚的思想和所谓"莎士比亚式时刻"[1]之间穿梭，莎士比亚的独特性必须与他的典型性保持平衡。

既"不属于某个特定的时代"，又是"时代灵魂"。对于

---

① 《皆大欢喜》第二幕第七场，出自杰奎斯之口，译文引自朱生豪等译《莎士比亚全集》第二卷，139~140 页，北京：人民文学出版社，1994。由于莎士比亚行文中使用了大量的双关、谐音等各类文字游戏，为了更切合上下文，本书中的莎士比亚选文使用了不同版本的译文。文中页下注均为译注，作者注请参见注释部分。

在 19 世纪的新英格兰地区写作的拉尔夫·瓦尔多·爱默生来说，莎士比亚"聪明得令人难以置信"[2]，他拥有一个如此独一无二的大脑，以至于没有人能够真正理解他。但是与此同时，他又是"一项事业、一个国家，以及一个时代"的化身。正是这种双重品质使得莎士比亚成为——用爱默生的话来说——一位具有代表性的诗人。

通常认为，思想和情感这二者都居于灵魂之中。借助他笔下的人物和戏剧性的场景，莎士比亚不仅表现了人性的本质，还给他所处时代的思想赋予了即时的情感生命。我的目标是在这个过程中追踪他，观察他的思想和他的世界是如何相互作用的。这本书意在成为一个人的智识传记，以他诞生于其中并塑造了其作品的思维环境为背景。

在给这一任务划分结构时，我遵循了他的做法，将人的一生分为七个时期。我倾向于认为，如果有人委托莎士比亚为自己写传记，他也会采取类似的做法。其中每个特定的时期都吸引我们思考一个文化时刻和一个广泛的主题：婴孩时期是关于生存和环境，学童时期是关于书本知识，情人时期是关于性欲的本质，军人时期是关于战争与社会动荡，法官时期是关于正义的法律与政治，老叟时期是关于智慧与愚行，"遗忘"时期是关于面对死亡的艺术。这一方法不能提供对现实的精准映射，即能够让我们看到处于第一时期的尚在襁褓中的诗人，或者是第三时期的诗人躺在某位特定情人的床榻上——我们缺乏证据来证明这样的幻想，即使有，它们也不可能让我们深入了解莎士比亚的思想。

话虽如此，这其中仍然存在着一个一以贯之的形象，那就是演员。在《皆大欢喜》中，杰奎斯的那段著名台词说道，人在生命中的每个时期都不过是演员，是戏剧性的角色。我们都是演员，这当然就是莎士比亚职业生涯中最重要的隐喻。他自己既是演员又是剧作家，这使得他与戏剧界最出色的同代人克里斯托弗·马洛（Christopher Marlowe）判然有别。

莎士比亚的人生轨迹是从埃文河畔的小镇斯特拉福德到大城市伦敦，然后再返回，他对生活的感觉是循环的，而不是连续的。对于普洛斯彼罗来说，时间是"黑暗的回溯和深渊"。对哈姆莱特来说，"前后审视"的过程定义了"宏大话语"——理性和话语的力量——这使得人大大超越了"禽兽"。莎士比亚允许我们在他的生活中循环往复，试图读懂他的思想，并发现他作为时代灵魂而登场的那些情景。

由于记忆和想象的力量——这两者是莎士比亚最伟大的天赋——头脑与增熵的身体遵循的并不是同样的时间规律。在书写关于莎士比亚思想生涯的"前前后后"时，我们可以避免的也许不仅是按时间顺序进行的沉闷叙述——这是传记固有的恼人缺点，还有萧伯纳在以传统方式叙述生命时发现的令人沮丧的叙事简化——

> 我们所知道的关于莎士比亚的一切都可以概括为一个长约半小时的提纲。他是一位很有礼貌的绅士，能与各种阶层的人打成一片。他对文字中的音乐性和优雅的谈吐特别敏感；他从书本上和街头巷尾的谈话中搜集了各种零零碎碎的东西，并把它们融入他的工作中……此外，与所有非常聪明和认真的人一样，他在金钱问题上讲求实际，懂得尊重的价值，知道波希米亚式生活的不安和耻辱；他坚守自己的社会地位，并希望得到一枚盾形纹章来予以确认。而我们对莎士比亚的了解，除了从他的戏剧中所获得的以外，就只有这些了。[3]

从他的戏剧和诗歌中尽可能地收集信息，这就是我们书写一部忠实于他的传记时所能遵循的方式。但这个过程存在巨大的风险。正如评论家芭芭拉·埃弗雷特（Barbara Everett）在一篇关于莎士比亚传记问题的尖锐文章中所写的那样，"他的传记只能从他的戏剧和诗歌中之中寻找，但绝不是在字面意义上，也绝不能揣测"。[4]莎士比亚曾在第37首十四行诗中写道"被命运最恶毒的摧残捉弄得跛脚"，但这并不一定意味着如许多传记作者认为的那样，他真的是跛脚。对生活、工作和世界的精确三角定位必须更加细致地进行，必须寻找文化DNA的痕迹——如参考沃里克郡或某学校教科书的知识之类的小细节，并且必须准备好以莎士比亚自己的风格，即富有创造力的隐喻性想象，来建立起令人惊讶的联系。我们必须间接地找到出路。

第一个时期

婴孩

最初是婴孩，在保姆的怀中啼哭呕吐。

一个四岁孩童的画像，1572 年

1. 斯特拉福德，1564 年

瘟疫就此开始

被大熊追下 ①：安提哥纳斯被撕成了碎片。牧人的儿子小丑目睹了安提哥纳斯在岸上的死亡，被暴风雨戏弄的船只最终被海浪吞没的时候，他还目睹了更多人的死亡。"冬天最好讲悲哀的故事。"[1] 西西里小王子迈密勒斯在自己被死神带走之前曾经这么说过。但莎士比亚的这出戏《冬天的故事》却从灾难转变成了喜剧。年轻的小丑上气不接下气描述的那些沉重的事物，与老牧羊人惊异发现的新生命——弃婴潘狄塔——恰成对照。"你看见人死，"他平静地对儿子说，"我却看见刚生下来的东西。" ②

在莎士比亚的英格兰，生与死常常紧密地联系在一起。在埃文河畔的斯特拉福德镇，圣三一教堂的教区登记册上，每一个条目都以一个单独的字母编码。"C"代表洗礼（christened），"M"代表婚姻（married），而"B"代表埋葬（buried）。这是一个源源不绝的从出生，到成家，再到死亡的过程——人类的生命被剥脱到只余下核心部分。在用拉丁文写下的条目"1564 年 4 月 26 日，约翰·莎士比亚之子威廉受洗"之后，紧接着就是以"B"标记的大量条目。1564 年上半年，这里只有不超过 20 人去世，而这个数字在下半年猛增到了 200 多人。这个位于英格兰内地沃里克郡的欣欣向荣的小城镇当时只有大约 1500 人，也就是说那短短几个月的灾难带走了这里大约七分之一的人口。记录着学徒奥利弗·古恩葬礼

---

① 出自《冬天的故事》第三幕第三场，安提哥纳斯奉命遗弃刚刚出生的潘狄塔。他想要怜惜一下这个可怜的婴儿，但是被大熊驱逐离开。

② 引自《莎士比亚全集》第二卷，朱生豪等译，北京：人民文学出版社，1994，第 555 页。

的条目对页上的一条页边批注充分地说明了这场灾难的来由：瘟疫就此开始。

那一年 8 月，镇上的议会在公会小教堂的花园里召开了紧急会议，他们希望户外的空气不会像教堂的厅堂内部那样具有传染性。他们讨论了应该如何对瘟疫受害者施以救济的问题。镇议员约翰·莎士比亚为此捐出了一大笔钱。当时镇上的居民面临的恐惧，可以从一篇关于伦敦瘟疫暴发的报道中感受到。如果一个家庭中有一名成员受感染死亡，其他的人就会被隔离在家里，以防止疾病蔓延。

> 每天晚上都被关在一间空寂无人的尸骨存放所里，这对于一个人来说是怎样无可比拟的痛苦啊！悬在半空中的灯火缓慢燃烧，发出黯淡的光线（使这一切显得更加可怕了），在被隐约照亮的空洞角落里，人行道上铺的不是绿色的灯芯草，而是散乱着枯萎的迷迭香、凋谢的风信子、致命的柏树和紫杉，并与大量的死人尸骨混杂成厚重的一堆。躺在那里的，是他的亲生父亲光秃秃的肋骨；而在这里的，是孕育他的母亲毛发脱落的空心头骨。[2]

前一年，莎士比亚夫妇约翰和玛丽失去了他们四个月大的孩子玛格丽特。而在那之前不久，另一个女儿琼也去世了。她们的死因已经不得而知，但是这样的死亡本身并不罕见——那时候的婴儿死亡率每个人都心知肚明。

而这次眷顾他们的真是双重幸运。威廉正是每一对受人尊敬的夫妇都想要得到的：一个能继承家族姓氏和财产的儿子。他的性别是约翰夫妇遇到的第一重好运，而他能在瘟疫中幸存下来则是第二重。但是约翰和玛丽永远不会知道的是，威廉不仅仅活了下来，还将莎士比亚这个姓氏同人类的书籍和故事一同千古流传下去。

塑造莎士比亚和他同时代人生活的最强大的力量，就是瘟疫。约翰·斯托（John Stow）在英国历史年鉴中总结了莎士比亚出生那一年的重要事件。就在前一年的秋天，伦敦人承受了巨大的痛苦——

> 在伦敦城中蔓延的瘟疫是如此严重，米迦勒节的各种庆祝活动均已停止。简单来说，今年伦敦的穷人们遭受的是三重灾难的打击：瘟疫、缺钱、缺粮。这些灾难带来的痛苦太多，在此难以记述，但是毫无疑问，不仅穷人记得它们，那些富人也被迫采取行动，纷纷逃往乡下。[3]

约翰·斯托在其著作的题名页上被冠以"伦敦市民"这样的称呼，他自然不会去费心记录英格兰中部地区一个小镇上的瘟疫情况。这里是伦敦，其余的不过是"英格兰的其他地方"。伦敦比其他任何一个大都市都要大得多。这里的人口密度更大，因此瘟疫的传播速度也快。这里还是那些管理国家的机构所在地：宫廷、议会大厦、法院以及兰贝斯宫（坎特伯雷大主教在伦敦的居所，也是英国国教的行政总部）。形势严峻的时候，富人和由他们组成的这些机构很可能会逃往乡下，留下伦敦城里的穷人们自生自灭。宫廷本身就是非常机动的，女王在伦敦市中心的白厅或是突发奇想，或是接到瘟疫的警报，就会马上搬到其他宫殿去——泰晤士河上游的格林尼治宫、下游的汉普顿宫或者是遮蔽在鹿苑深处的里士满宫、温莎宫，乃至萨里郡乡村深处的无双宫。

当时也是一个好打官司的年代。斯托正是用法庭开庭期间，每个法律年度的四个时期来划分季节的。在瘟疫肆虐时期，比如 1563 年的秋季时期也就是米迦勒节前后（10 月至

11

12 月），以及 1564 年的春季时期（1 月至 3 月），法官和律师都改在城外会面。在莎士比亚的整个职业生涯中，法律界和戏剧界有着非常密切的联系。他的许多剧作家同行都曾在四法律师学院（Inns of Court）接受过训练。同时，律师学院的学生也是剧院观众的一个重要来源。雇佣文人汤姆·纳什（Tom Nashe）就抱怨过，因为没有律师去看他写的剧或者去买他的小册子，他的假期过得"无聊透顶"。而且，跟法庭一样，当瘟疫肆虐的时候，剧团也会出城去四处漫游。

所以，正是瘟疫决定了莎士比亚职业生涯中几个重要的转折点。1593 年 1 月，正当他从演员转行，开始以剧作家的身份崭露头角的时候，枢密院下了一道命令："从上星期的死亡证明书来看，最近的感染人数确实是增加了……我们认为，应该禁止任何形式的群众集会活动，比如看戏、逗熊游戏、保龄球和其他所有聚众体育活动。"[4] 除了第二年冬天有几周时间幸免之外，所有剧院停演了整整一年半。演员们只能四处巡回演出。正是在这个时候，一个完全不同的莎士比亚出现了。他原本是给现成剧目中的旧剧本修修补补的改写作家，现在却成了一位原创诗人。1593 年 4 月，他出版了原创的"第一个产物"——《维纳斯与阿都尼》（*Venus and Adonis*）。这部长诗在文体上才华横溢，内容上又放荡不羁，使莎士比亚在当时最时尚的那伙人中一举成名。它很快成为当时最畅销的长诗，在大学生和四法律师学院的学生中大受欢迎。这首诗是题献给第三代南安普顿伯爵亨利·莱奥斯利（Henry Wriothesley）的，此举也是为了争取伯爵的赞助。

接下来题献给伯爵的是第二年出版的诗歌《鲁克丽丝受辱记》（*The Rape of Lucrece*）。这首诗歌的题材更为严肃，措辞也更加讲究，从献词可以看出，他成功获得了伯爵的赞助。莎士比亚在作为《维纳斯与阿都尼》序言的那封信中，详细地

说起了"阁下之所欲，与世人之所期待"①，而在《鲁克丽丝受辱记》前附的信中则反复提到了"敬爱"和"奉献"——"我已做的一切属于您；我该做的一切属于您；凡为我所有者，也就必定属于您。"②在瘟疫横行的那一年，莎士比亚很有可能在位于汉普郡蒂奇菲尔德的南安普敦伯爵家中以某种形式服务过。

他与南安普敦的联系带来了三个重要的结果。莎士比亚从一个打零工的剧作家变成了一位宫廷诗人，既能够俘获低薪的底层观众，也能吸引有势力的朝臣，甚至是女王本人。在政治上则使他进入了埃塞克斯伯爵（Earl of Essex）的圈子，而后者正是年轻的南安普敦伯爵效忠的对象，数年之后这将变成危险因素。在知识方面，莎士比亚接触到了南安普敦伯爵的导师、意裔学者约翰·弗洛里奥（John Florio）的作品，开始对意大利文化有所了解。后来，莎士比亚又读到了米歇尔·德·蒙田（Michel de Montaigne）的散文，蒙田细腻而敏感的心灵与他的心灵完美契合。

1593~1594年的瘟疫迫使莎士比亚休息了一段时间，在那之后，他带着一种全新打造的语言艺术重返剧场。在接下来的几年里，他以真正成熟的文学风格创作了一系列作品：智慧惊人的（弗洛里奥式的）《爱的徒劳》（*Love's Labour's Lost*）、充满奇思妙想的《仲夏夜之梦》（*Midsummer Night's Dream*），以及风格多变的《罗密欧与朱丽叶》（*Romeo and Juliet*），从爱情的诡计发展到内心的真实。当茂丘西奥（Mercutio）说出他的临终遗言——"你们这两个遭瘟的人家"时，这句话并不是无的放矢。当时许多伦敦观众的家庭都可能遭到了瘟疫的袭

13

---

① 《莎士比亚全集》第六卷，朱生豪等译，北京：人民文学出版社，1994，第366页。

② 《莎士比亚全集》第六卷，朱生豪等译，北京：人民文学出版社，1994，第426页。

击，正处于灾难之后的余波时期。瘟疫本身也确实巧妙地融入了情节之中：罗密欧没有收到劳伦斯神父那封至关重要的信，是因为有人怀疑约翰神父感染了瘟疫而将他暂时扣留了。一般来说，父母总是死在孩子们前面，老人死在年轻人前面，但是当遭遇瘟疫时，情况就不一定了。《罗密欧与朱丽叶》悲剧性的讽刺在于尽管凯普莱特和蒙太古家族都躲过了瘟疫，但孩子们还是死在了父母前面。这出戏的最后一幕发生在家族的祖坟里，但躺在那里的死者却是这座城市的青春花朵——茂丘西奥、提伯尔特、帕里斯、朱丽叶和她的罗密欧。

　　瘟疫还塑造了莎士比亚富有想象力的世界的深层结构。就像伊丽莎白女王把自己隔绝在里士满宫和无双宫以免受瘟疫感染一样，在《爱的徒劳》中，纳瓦拉国王腓迪南和他的朝臣们也把自己关在一个花园世界里。正如在《仲夏夜之梦》中，城市、宫廷（雅典）与绿色世界、神话传说（森林）相对立一样，莎士比亚也一直游走于两个世界之间。在伦敦忙于经营事务，而在斯特拉福德居家和休憩。古典诗人贺拉斯明确区分了交易（negotium）和悠闲（otium）——前者代表着社会、商业活动、法律和政治交易、对于财富和权力的追求，总是与伟大的罗马城联系在一起，而后者则意味着和平、田园式的闲散，是基于贺拉斯自己的乡村生活。每当被问及"工作还是娱乐"，我们就成了这种贺拉斯式选择的继承者。娱乐就是悠闲，而工作恰恰相反（negotium 一词就是在 otium 上加上表示否定的前缀 nec）。伦敦就像第二个罗马，就是交易的同义词，而位于阿登（Arden）森林边缘的宁静小镇斯特拉福德则代表着悠闲。莎士比亚阅读一代代田园诗人，了解了贺拉斯关于这两个世界的辩证关系，并且他每次从伦敦租来的住所步行或骑马回到斯特拉福德镇的家中时，也能亲身体会到这种差异。瘟疫就是决定他回家频率的关键因素。

啼哭和呕吐

　　即使你长大之后成为全世界有史以来最有名的作家，在刚 　　14
出生的时候也不可避免地跟其他婴儿一样啼哭和呕吐。当莎士
比亚于1564年4月出生的时候，他毫无疑问地哭了，因为他
来到的这个世界就是将来他笔下"愚人的大舞台"[5]。但当时他
躺在谁的怀里？《皆大欢喜》中的哲人杰奎斯向一群朝臣发表
了"人生七个时期"的演讲。在他们那个世界里，婴儿一出生
就被直接交给乳母，所以如果我们设想婴儿在乳母而不是母亲
的怀抱里哭泣和呕吐，是非常恰当的。然而，虽然莎士比亚的
母亲玛丽声称自己跟著名的沃里克郡阿登家族有血缘关系，但
是以她的身份她不太可能会雇用乳母。二十年后，莎士比亚的
妻子安妮也是亲自给女儿哺乳的。

　　但是，或许我们不应该给选择乳母而不是母亲这一行为
赋予太多的意义。乳母（nurse）一词可能仅仅意味着"看护"
（nourisher），莎士比亚可能是第一个将这个词从"育儿室"
（nursery）一词中拆分出来并在现代意义上使用它的人，他
将这个词应用于一般的保健护理而不是养育婴儿的特定环境。
在《错误的喜剧》（*The Comedy of Errors*）中，两对难以分
辨的同卵双胞胎同时出现，引发了非常强烈的困惑，以至于
有人认为以弗所的安提佛洛斯发疯了，这时他的妻子阿德里安
娜说——

　　　　他是我的丈夫，
　　　　我会照顾他、看护他
　　　　那是我的本分，用不着委托他人。

快让我带他回家去吧。① 6

将"看护"（通常与母亲和婴儿联系在一起）和"委托"〔这是来自专属于成年男性的法律界的一个词（"然后是法官"）〕这两个词并置，是莎士比亚将"人生的各个时期"和男性与女性通常的社会角色混合在一起的典型例子。

戏剧中往往不会有多少婴儿出现。在悲剧中和历史上，我们都能听到关于不孕症和杀婴罪的种种传闻。理查三世在下令谋杀关在伦敦塔中的王子们时没有丝毫愧疚，李尔王诅咒他的长女贡妮芮的子宫，麦克白因为没有后代能够继承他的王位而痛苦不已，然而与此同时，他的妻子把自己的乳头从还没有长牙的婴儿嘴里拔出来，并将婴儿摔得脑浆迸裂。考虑到她是一位贵族淑女，也是未来的苏格兰王后，她亲自喂养孩子而不是交给乳母哺乳这一事实，是这一暴力事件之外另一个令人吃惊的细节。

极少数出现在舞台上的婴儿——有人假定他们不过是舞台玩偶——日子也并不好过。当宝丽娜在《冬天的故事》里给里昂提斯带来他刚出生的女儿时，她用详尽的细节描述了一个婴儿看上去如何像是他父母"缩小的版子"——

> 瞧，列位大人，
> 虽然是副缩小的版子，那父亲的全副相貌，
> 都抄了下来了：那眼睛、鼻子、嘴唇，
> 皱眉头的神气、那额角，
> 以至于颊上的可爱的酒窝儿，那笑容、

---

① 《莎士比亚全集》第一卷，朱生豪等译，北京：人民文学出版社，1994，第439页。

手哪、指甲哪、手指哪，都是一副模型里造出来的。①

但是里昂提斯确信他的妻子曾经背叛了他——

> 这小畜生不是我的；
> 她是波力克希尼斯的孩子；
> 把她拿出去跟那母狗一起烧死了吧！②7

宝丽娜的丈夫安提戈纳斯救下了孩子，并把她带到了波力克希尼斯自己的国土——波希米亚王国的荒野。尽管煞费苦心，他还是在本书的开头部分离开了这个地方——被大熊追下，留下了这个名叫潘狄塔的孩子。后来牧羊人发现了这个弃婴并将她抚养成了牧羊女，最后潘狄塔却戏剧性地恢复了她出生时的身份——公主。

在血腥的罗马戏剧《泰特斯·安德洛尼克斯》(*Titus Andronicus*)中，有那么一刻，邪恶的摩尔人艾伦和哥特女王兼罗马女皇塔摩拉偷情生下的黑孩子，似乎也会在一出生就被送走。"娘娘叫我把他送给你，因为他身上盖着你的戳印／她吩咐你用你的刀尖替他施洗。"但是艾伦对乳媪说："胡说，你这娼妇！难道长得黑一点儿就这么要不得吗？"③小男孩同母异父的哥哥说"我要把这只小蝌蚪穿在我的剑头上"，但是艾伦却拔剑刺了乳媪："你去告诉皇后，说我这样说：(挺剑刺乳媪)

16

---

① 《莎士比亚全集》第二卷，朱生豪译，北京：人民文学出版社，1994，第539页。

② 同上书，第538页。

③ 《莎士比亚全集》第四卷，朱生豪等译，北京：人民文学出版社，1994，第568页。

'喊克喊克！'一头刺上炙叉的母猪是这样叫的。"①8 他救下了自己的孩子，离开了罗马城。

过了没多久，一支哥特人的队伍开始向罗马进军。在《泰特斯·安德洛尼克斯》中扮演哥特人乙可能不是任何演员的最高职业理想，但莎士比亚有一种独特的方式给他的小角色赋予生命。这位小伙子似乎对建筑废墟有一种独特的偏爱。人们似乎可以想象出他是如何带着骑自行车时用的裤管夹和一本破破烂烂的佩夫斯纳（Pevsner）著作《英国的建筑》在乡间四处旅行的。

> 威名远播的路歇斯，
>
> 我刚才因为看见路旁有一座毁废了的寺院，一时看得出了神，不知不觉地离开了队伍；
>
> 当我正在凭吊那颓垣碎瓦的时候，
>
> 忽然听见一堵墙下有一个小孩的哭声。②9

这正是艾伦的孩子。但是，在一个以古罗马为时代背景的戏剧中，为什么会出现一座被毁的修道院？为什么在短短几行之后，艾伦自己就开始说起"可笑的教规和仪式"？莎士比亚笔下充满了故意为之的时代错误，凭借这些谬误，过去照亮了现在，反之亦然。转眼之间，我们就从古罗马帝国被带到了现代的罗马天主教教堂，从想象中的意大利被带到了莎士比亚自己那个时代的景色之中——那就是"荒芜的歌场，曾是鸟儿啁啾的地方"10 的英国。

---

① 《莎士比亚全集》第四卷，朱生豪等译，北京：人民文学出版社，1994，第570~571页。

② 同上书，第582页。

为了那些污损的画像

那是 1563 年的冬天。娘家姓阿登、出生于阿登森林边缘的威姆考特村的玛丽·莎士比亚，当时正怀着她的第三个孩子。她的丈夫约翰·莎士比亚正忙得不可开交。约翰的父亲曾在斯尼特菲尔德村（Snitterfield）务农，但约翰一家已经搬到了埃文河畔的斯特拉福德镇。约翰的手套生意蒸蒸日上，还兼营羊毛生意。当时约翰在当地政府中是一位举足轻重的人物。这首先因为他是镇上的麦酒品尝官，或者叫"测试官"，在当地的民事法庭帮助那些想要投诉卖酒人缺斤短两或者在啤酒里掺水的人。他称量面包的重量，品尝啤酒的味道，确保这些酒是醇厚、纯正的。后来他又当上了治安官，然后是量罚吏，工作职责是在当地的地方法院征收罚款。接着他成为镇上的行政官，也就是镇议员。在玛丽怀着威廉的时候，他正担任司库官，掌管着镇上的账目。

那年冬天，他和他的司库官同事，来自绵羊街的剪羊毛工人约翰·泰勒（John Taylor）一起记录下了一个新条目——"为了修缮小教堂污损的画像而支付的款项"。这笔款项是两个先令——能买一打面包，或者一瓶法国葡萄酒，或者 48 大杯麦酒（再或者，在二三十年之后，这笔钱够在环球剧院买 24 张站票）——用来维修位于教堂街和死者街拐角处、紧挨着学校的那个小教堂中污损的画像。

过去三百年以来，圣十字公会一直是斯特拉福德镇生活的核心。公会成员无论男女，都发誓要维持彼此之间的手足之情，穿着奥古斯丁式样的兜帽参加大家的葬礼，并为神父在小教堂里做弥撒、救赎死者的灵魂而支付费用。公会还为穷人设立了免费的学校和救济院。

新教革命之后，关于炼狱的说法已经被彻底废除，为死者祈祷也变成了多余之举。死者要么在天堂得到祝福，要么在地狱里被诅咒、被火烧，仅此而已。而且《圣经》里不是谴责过将雕像作为神明来盲目崇拜的行为吗？公会小教堂的墙壁上布满了壁画——你可以在那里看到圣乔治和龙、被谋杀的托马斯·贝克特，当地的圣人和英国的英雄，在中殿的拱顶之上，还有一个巨大的十字架、复活的基督和最后的审判，给被拯救者的灵魂指点通往天堂的道路，而与此同时，魔鬼和七宗罪将下地狱者带去另一个地方，他们度过只求享乐、罔顾恶果的一生之后，被带到永恒不息的篝火面前。

工人们用两个先令买来的石灰和清水盖住这些画像，抹去了共同信仰和民间记忆的一切痕迹。几个月之后，镇上的司库官莎士比亚的第一个儿子将会出生在一个新的世界、一个新的信仰体系之中。但是覆盖在旧世界上的石灰只是薄薄的一层。如果把表面一层刮掉，从前的一切仍然清晰可见。这位新生的诗人将会生活在两个世界之间，拥有双重视野。

威廉·莎士比亚长大成人之后，成为一对双胞胎的父亲，他的作品中混杂了喜剧和悲剧、低俗的生活和高雅的生活，以及散文和韵文。他是一位在城市里工作的乡下人，一位精通古希腊和罗马神话的、讲述英国民间故事的人。他的思想和世界均衡地安放在天主教和新教、旧的封建生活方式和新的资产阶级野心、理性思维和粗俗的本能、信仰与怀疑之间。

仅次于瘟疫，笼罩在莎士比亚幼年时期的第二个巨大阴影就是宗教改革。他生活在英国历史上的两次重大社会变动之间：脱离罗马天主教会和处死国王查理一世。他的戏剧是由第一个社会变动塑造而成的，并且它间接创造了条件，使得第二个变动成为可能。

几个世纪以来，英国的戏剧主要是以组剧形式上演的"奇迹剧"或"神秘剧"[11]，即由全国主要城镇和城市的商人公会组织的圣经故事剧。这种戏剧形式后来被宗教改革彻底摧毁了。1532年，就在亨利八世为了与阿拉贡的凯瑟琳离婚而挑战了梵蒂冈的几个月之后，忠于教宗的相关条文就从切斯特组剧（the Chester cycle）的声明中移除了。16世纪40年代，在少年国王爱德华六世统治期间，英国第一次确立了风格强硬、毫不妥协的新教。与此同时，约克组剧中删去了关于圣母玛利亚的戏剧，基督圣体节这一传统的上演巡回剧的节日也被取消了。新教神学不仅憎恶天主教中对圣母玛利亚和圣徒的崇拜，并且认为表现上帝的形象这种行为本身就是盲目的崇拜。随着斯特拉福德镇公会小教堂的墙壁被刷白，全国教堂中雕像的脑袋被敲掉，切斯特组剧也于1575年最后一次上演。就在第二年，约克郡的主管教区法院下令，禁止一切"伪造或者表现"三位一体的任何部分、洗礼、上帝的晚餐，或者任何倾向于"保持迷信传统或者盲目崇拜"的东西。年轻的莎士比亚可能在考文垂组剧的最后一场演出中一瞥希律王的咆哮。在1579年之前，考文垂每年都会在基督圣体节期间吸引周边地区成千上万的观众。但是当莎士比亚开始自己撰写剧本时，古老的宗教戏剧早已荡然无存。

2. 发现英格兰

新时代的新戏剧

在爱德华六世的短暂统治期间，公共演出遭到了完全禁止。但是在 1559 年，女王伊丽莎白一世亲自起草了一份文件，允许演员巡回演出，前提是他们上演的戏剧提前获得了当地市长或者治安法官的许可。"宗教事务和公共福利事业的政府管理"[1]是不能被提及的，除非是表演给"庄重且审慎的"观众看，因此剑桥和牛津的学院剧场观众和四法律师学院的律师们能够观看那些更加严肃的政治题材戏剧，因为他们总是渴望能够带来知识刺激的娱乐方式。

伊丽莎白时代的戏剧与同时期西班牙卡尔德隆（Calderon）、洛佩·德·维加（Lope de Vega）的"黄金时代"戏剧之间存在着许多相似之处。但最大的不同之处在于许多西班牙戏剧是非常明确的宗教剧，是根据圣经故事或者圣徒事迹改编的，深受天主教情感的影响。而相比之下，禁止上演组剧意味着莎士比亚时代的剧院是完全世俗化的。古老的宗教剧会不断地提醒观众，他们时刻处在上帝的注视之下。相反，伊丽莎白时期的新戏剧关注人与人之间，以及人与社会之间的关系。在莎士比亚的童年时期，巡回演出的演员造访过斯特拉福德镇，给他留下了对室内剧的最初印象，这些剧目是非常符合道德观念的，但也是世俗化的。

脱离罗马教会的一个影响是，人们感到有必要通过证明英语语言和本土文化的尊严来支持英格兰民族。在 16 世纪中叶前，英格兰一直是天主教欧洲的一部分，是一个统一的基督教国家。

外交和法律条文使用的语言也一直是罗马教会的语言——拉丁语。来自古代罗马文化的读物一直是其教育体系的核心。

在莎士比亚出生的 1564 年，这一切都处于变化之中。通过颁布一个微妙的平衡法案，即所谓的继承法案（Act of Settlement），伊丽莎白女王和她最亲密的朝臣们创立了英国国教——位于大部分人依然信仰的、神圣的传统天主教和改革者倡导的、关于恩宠和上帝选民的新教教义之间的中间地带。1547~1558 年这混乱的十余年间，这个国家从爱德华统治时激进的新教转向玛丽统治时期的天主教复兴，在这之后，似乎逐渐恢复了一种表面上的稳定。伊丽莎白最明智的政治决定是将自己的未婚身份作为一种政治手段。她同父异母的妹妹玛丽一直遭人憎恨的原因是她嫁给了西班牙的腓力——这与其说是因为他是罗马天主教徒，不如说是因为这场联姻事实上将一位外国国王送上了英国的王位。

伊丽莎白从中吸取了足够的教训。嫁给一位法国公爵或者神圣罗马帝国的王子并不能解决任何问题。相反，她一直保持着贞操，并宣布自己嫁给了英格兰这个国家。她开始团结国民，并将自己形容成一个独立并具有光荣未来的伟大国际新力量的女王。她延续了她父亲亨利八世的工作，通过官僚主义和监督制度巩固了君主政体的权力。她壮大海军力量，实施了构建统一民族文化的运动，这些都帮助她巩固了权力。后一项运动是她委托自己十分信赖的罗伯特·达德利（Robert Dudley）于 16 世纪 60 年代发起的。

莎士比亚出生 5 个月之后，嘉德骑士、女王陛下的骑兵长官达德利被册封为莱斯特伯爵（Earl of Leicester）。封爵仪式于米迦勒节（每年 9 月 29 日是圣米迦勒和所有天使的节日）在白厅的圣詹姆斯宫举行。斯托详尽地描述了这项仪式，留下的记录比他对 1564 年其他事件的描述都要多。他的叙述让我们得以一窥伊丽莎白时代宫廷的繁文缛节。

　　首先，这位爵爷伺候着女王陛下来到了小教堂，在小教堂做完礼拜，然后这位爵爷回到了举行仪式的房间，并跟其他人一起动身前往宫务大臣的房间，在那里更衣；这位罗伯特爵爷穿着带兜帽的毛皮外衣，亨斯顿大人为他披上斗篷，他的左手边是海军大臣克林顿爵爷，右边是斯特兰奇爵爷，他们都穿着国会长袍，嘉德骑士带着授勋文书，在爵爷前面的是几位军官，他们一行就这样进入了举行仪式的房间，女王陛下就安坐在那里的一顶华盖下面，贵族们分列在她两侧；法国大使也在现场，还带着一位陌生的意大利人；当爵爷和随行人员一起出现在女王的视线中时，他们一同行礼三次，然后这位爵爷跪下，嘉德骑士将授勋文书交给宫务大臣，后者再将其转交给女王陛下，女王陛下将文书递给威廉·塞西尔爵士，后者将它大声朗读出来，听到了"相信"（Creduimus）这个词之后，亨斯顿爵爷将斗篷呈给了女王陛下。

对这个仪式的描写长达数页，以上仅仅是其中的第一句话。

这样的宫廷仪式可以说也是一种戏剧，而这种戏剧形式将会是莎士比亚和他同时代的剧作家试图在作品中再现的——当时在购买戏服上花的钱比委托制作剧本的花费都要多，这一事实对实现他们再现宫廷仪式的目标是很有帮助的。剧中的国王、公爵和女士们看上去非常具有宫廷气派，令人印象深刻，一个重要原因就在于他们的衣橱中有一部分是朝臣的旧衣服——贵族去世时，往往会把自己的衣服遗赠给仆人，仆人则会将它们卖给演员。通过阅读和将作品提交给宫廷宴乐署总管（Master of the Revels）批准并在宫中上演的亲身经验，莎士比亚学会了宫廷的语言和礼仪。由此，他笔下人物的言谈举止以及穿着打扮开始逐渐地向君主及其随从靠拢。如果观众中有一位白金汉公爵或者彭布罗克伯爵，他很可能会在历史剧中祖先的角色身上发现自己的影子。

莱斯特伯爵罗伯特·达德利是一位怀有政治目的的的赞助人。他资助了一系列的出版物，包括历史书籍和拉丁语名著的英译本，旨在弘扬英格兰的传统和语言。他发现戏剧对实现这一目标也有帮助，于是赞助了一小群演员。他们在整个国家巡回演出——在莎士比亚的童年时代，埃文河畔的斯特拉福德镇就在他们的巡回路线上——1574 年，他们获得了王家许可，得以在伦敦演出。当时，他们中领头的是一位叫詹姆斯·白贝芝（James Burbage）的人。他认识到在之前两代人的时间里，伦敦的人口增长所带来的潜力：建设一座永久性的剧场就可以完全掌控自己的票房和剧目，也能够在观众之中吸引一批回头客。这是巡回演出不可能实现的。

1576 年，詹姆斯·白贝芝签下了 21 年的租约，在伦敦的肖迪奇（Shoreditch）地区租下了一块地，开始在那里修建剧场。跟他合作的是他妻子的哥哥约翰·布雷恩（John Brayne），后者几年前做过一个类似的项目，在麦尔安德（Mile End）路上修建了红狮剧场（Red Lion）。到了 1578 年，白贝芝的剧场——名字就简单地叫作剧场（The Theatre）——已经成了地标建筑。圣保罗十字教堂的教士谈到了这个"矗立在田野里的华丽游乐场"，并补充说，它就像"古罗马的异教剧场"，是一个"展示所有的兽性和肮脏事物的地方"。[2] 在伦敦城里，由清教徒式的人物占主导地位已经有好几代人的时间，他们习惯性地将戏剧跟"放荡""暴动""不体面的事儿"联系在一起。这就是为什么公共剧场总是建在"自由地区"，即从伦敦城的边缘地区到泰晤士河的东北部或者南部一带，不受伦敦城元老们的管辖。这也是为什么莎士比亚总喜欢戏弄这些清教徒式人物，或者以揭穿他们的真面目取乐，比如《第十二夜》中的马伏里奥和《一报还一报》中的安哲鲁。

这些公共剧院类似于古罗马的剧场，让当时的英格兰看起来像是一个新的罗马。除此之外，观众在模仿塞内加作品的悲剧中，还可以发现比古罗马时代更多的政治智慧和公民道德。并且比这个更加重要的是，在节日、假日、外交活动等场合，宫廷都需要娱乐活动。1581年，宫务大臣办公室官员兼宫廷宴乐署总管爱德蒙·蒂尔尼（Edmund Tilney）的权力得到了加强。以前，他只负责挑选宫廷娱乐节目。现在，所有的戏剧——"悲剧、戏剧或者演出"——都要在他面前朗诵出来，由他"下令它们改进、批准它们通过或者是将它们否决"。[3]这听上去像是一种国家审查制度，但真正的目的在于让他熟悉这些剧目，以便把最好的选出来送进宫廷。这种朗诵审查实际上是一种面试。在莎士比亚的整个职业生涯中，这个原则一直延续了下来，只不过呈上去给宫廷宴乐署总管的不再是现场朗诵，而是剧本。从严格意义上讲，所有的公开演出都只是排练，是在为应召入宫演出做准备。这座城市的清教徒是演员们的敌人，而莎士比亚和他的同事们却在宫廷中找到了有权有势的朋友。

1583年，当时的各个剧团选取出12名最好的演员，组成了"女王供奉剧团"，即女王剧团（Queen's Men）。他们带着具有明显的爱国主义和新教色彩的剧目，再次在这片土地上巡回演出——埃文河畔的斯特拉福德镇依然在他们的巡回路线上，当时甚至有人认为他们是间谍[4]——他们回到宫廷就会向主子报告这个国家的民意。

四年后，一家名为"玫瑰"的新剧场在以色情和赌博闻名的伦敦萨瑟克（Southwark）地区开业。在菲利普·亨斯洛（Philip Henslowe）的管理下，几家剧团共同使用了这个剧场。在接下来的几年里，这些剧团打破了女王剧团的垄断地位。曾在这个剧场演出的，还有斯特兰奇勋爵供奉剧团（Lord Strange's Men）的成员。他们的保护人，斯特兰奇勋爵费迪南多·斯坦利［Ferdinando Stanley，后来成为德比伯爵（Earl of Derby）］接管了一些莱斯特伯爵供奉剧团的演员，就像他追随莱斯特的脚步，支持翻译作品和其他文学作品的出版一样。詹姆斯·白贝芝的儿子理查德是此剧团中的一个重要人物。1594 年，在斯特兰奇勋爵突然离奇死亡之后，斯特兰奇勋爵供奉剧团中的一部分人加入了白贝芝团队，成为另一家剧团即宫务大臣供奉剧团的核心成员。莎士比亚最早的剧作就出现于斯特兰奇剧团在玫瑰剧院的常备剧目之中。我们可以推断出，莎士比亚在进入演艺界之后不久，就认识了日后的亲密同事白贝芝。

25

　　世俗戏剧的许可释放了原本关在瓶中的精灵。戏剧应该灌输美德和公民的服从意识；应该揭露造反的愚蠢，无论这样的行为是发生在家庭内部还是公众场合；还应该展示暴君的垮台和正义君主的胜利。然而富有创造力的剧作家、优秀的演员和头脑敏捷的观众并没有服从这种旨在说教的安排。他们的喜剧对由来已久的禁欲、守法、孝顺和妻子要服从丈夫的习俗来说不啻一场浩劫。根据斯蒂芬·高森（Stephen Gosson）笔下典型的"清教徒式"反舞台言论——

　　　　悲剧的主要内容是愤怒、残忍、乱伦、伤害，或者用刀剑暴力杀人，或者用毒药自愿杀人。主角是神祇、女神、陪审团、朋友、国王、王后和勇士。喜剧的基本内容是爱情、哄骗、奉承、淫秽、偷偷摸摸地通奸；主角是厨师、无赖、鸨母、寄生虫、交际花、好色的老人、多情的年轻人。[5]

　　有了这样的内容，悲剧和喜剧都有可能把整个世界搅得天翻地覆，尤其是因为很多这种不得体的行为都是由穿着异性服装的年轻学徒演员来表现的。那些由圣经戒律所塑造的道德气质和价值体系毫无疑问受到了干扰。

在舞台剧中，一个男孩要穿上女人的服装、做出女人举止和表情；对于一个卑鄙的人来说，要想在一个仿造的港口和车队中获得王子的头衔，就必须通过外在的迹象来表明他们不是他们自己，因此这是在谎言的范围之内。根据亚里士多德的判断，这样的行为本身毫无价值，只能消散。

1642 年，当清教徒再次掌权时，他们关闭了所有剧院。但是，正是这些剧院以一种无形的方式为七年之后国王在白厅被斧头砍下脑袋铺平了道路。伦敦人之前在什么场合见过被赶下宝座的君主形象？他们在哪里见过普普通通的人——演员在当时的社会地位并不比盗贼和流浪汉高多少——敢于窥视王子的内心，并且通过这样的行为发现国王和王后与其说是上帝在人间的代理人，不如说跟其他所有人一样，不过是普通的人类？正是在剧院。

给我那幅地图

早在《亨利四世》上篇中，叛军就手拿地图，盘算着夺取权力之后要如何瓜分土地了。他们各自的领地将会由"砂砾铺底的塞文河"和"澄澈明净的特兰特河"[6] 划分开来。特兰特河由西向东流经英格兰中部，传统上以它作为南北地区的分割线。这个事实在剧中至关重要，因为叛军潘西家族就是来自北方的贵族。这对伊丽莎白时代的英国人来说也很重要，因为当时的人们认为，国家统一的最大威胁就来自同情天主教的北方伯爵。

如果你在纽瓦克（Newark）经由通向约克的大路渡过特

兰特河，那么你会发现它看起来仍然是"澄澈明净"的。莎士比亚注意到了这个细节，他一定也曾经这样走过一遭，尽管我们不知道他是在何时经过此地的。在职业生涯早期，他很可能跟彭布罗克伯爵供奉剧团合作过，因为后者曾经到过约克郡。莎士比亚在这个时期很可能合作过的另一家剧团是斯特兰奇勋爵供奉剧团，这两家剧团都曾在西部地区巡回演出，这样莎士比亚就会有足够的机会在什鲁斯伯里（Shrewsbury，英格兰西部城市）、伍斯特（Worcester，英格兰西部城市）或格洛斯特（Gloucester，英格兰西南部港口城市）看到塞文河底部的砂砾。在《亨利四世》中，"塞文河岸以外的全部威尔士疆土"被指定给了奥温·葛兰道厄，特兰特河以北的部分给了霍茨波，而"东南一带的英格兰疆土"都归属于摩提莫。同她的父亲亨利八世一样，伊丽莎白女王为将英格兰和威尔士统一为一个国家而自豪。这样的三分法，她肯定是不会喜欢的。

　　1592年，女王参观了亨利·李爵士位于牛津郡迪奇利园（Ditchley Park）的领地，莎士比亚每次从斯特拉福德步行或骑马到伦敦时，都会特意避开这个地方。为了纪念这次访问，李委托年轻的荷兰艺术家马库斯·盖拉尔茨（Marcus Gheeraerts）为伊丽莎白绘制了一幅华丽的画像。她看上去像是精灵女王，穿着耀眼的白色礼服，礼服上用金线绣着图案，头发上覆有一层珠宝。珍珠项链从她的脖颈一直垂到收紧的纤细腰肢，她的右手拿着一把扇子，仿佛手持一根魔杖。她站在一幅英格兰和威尔士地图上，左脚踩着的地方就是迪奇利。英格兰和威尔士都被遮蔽在她宽大的裙摆之下。同一个女王，同一个国家，她的出现仿佛驱散了乌云。这张地图上以不同的颜色描绘了郡县、河流和城镇（牛津就在女王的左脚下方），处处清晰可辨。

　　地图是权力的工具。在莎士比亚出生那年，地理学家兼地

伊丽莎白一世的迪奇利肖像

图绘制家杰拉德·墨卡托（Gerard Mercator）用八块木板刻下了不列颠群岛的轮廓。这些木板拼接在一起，组成了一幅巨大的地图，这张地图对海岸线的描绘异乎寻常地准确，而对内陆地区的呈现就显得水平参差不齐，但是与之前的地图相比，苏格兰王国的部分有了明显改进。在页边空白处的一个信息板上，墨卡托表明这幅地图来自他一位匿名的朋友。对于后者的身份，学者们向来争执不休，但是最有可能的人选是约翰·埃尔德（John Elder）[7]，一位同苏格兰的玛丽女王有着密切联系的苏格兰人。从意识形态方面说，令人吃惊的是，墨卡托地图并没有标出亨利八世在其主教的教会管辖下，从英格兰地区划分出的新教教区。从实际意义上讲，这张地图清晰地标出了海岸线以及沿岸的港口和避风港，这对来自欧洲大陆的潜在天主教侵略军来说，很可能具有巨大的价值。

如果英格兰的敌人拥有这么一张地图，那么英格兰本土肯定也需要一张。让我们设想一下位于伊丽莎白女王领土腹地的白厅。这里是伯利勋爵威廉·塞西尔（William Cecil, Lord Burghley）的办公室。他是首席国务大臣，也是女王陛下的耳目。这里的桌子上高高堆满了国家文件，官员不断地带着报告前来，要求他在各种信件上签名，然后将这些信件派往各个地区。事实上，把伊丽莎白时代的英格兰紧密团结在一起的正是伯利。他办公室的墙壁上挂着一幅画，一幅新近完成的作品，出自一位名叫克里斯多夫·萨克斯顿（Christopher Saxton）的人之手。这是一幅当时全国都非常珍视的画。你可能会以为它是伊丽莎白女王的肖像，但画面上并没有女王：这幅画正是女王在迪奇利肖像上脚踩的那幅地图。这幅地图比墨卡托的地图更详细地描绘了英国各地的城镇和河流，是英国至此为止第一张精确的地图。它是伊丽莎白打开自己疆域的钥匙之一。

手握这么一张描绘了英格兰每个角落的地图——上面标明了每个城镇和村庄的确切位置，标出了每条河流和道路的走向——是那些把持着权力之人的梦想。正是在这些人的命令下，萨克斯顿开始了他那载入史册的勘探之旅。萨克斯顿的地图提供了一种看待英格兰的全新视角，以至于它成了那个时代最具影响力的图标之一。在伊丽莎白统治时期，人们第一次清晰地看到了这片领土的轮廓，而这已经是我们通过学校地理课程和晚间电视的天气气象图早就烂熟于心的——像一只脚一样伸展开来的德文郡和康沃尔郡，以及亨伯河和塞文河的水湾。出版于1579年的萨克斯顿地图集又名《勘测》（*Survey*），不仅仅包括了安格利亚（Anglia，英格兰的拉丁名称），展示了英格兰和威尔士的全貌（爱尔兰处于地图边缘，独立的苏格兰王国的下半部分位于地图顶端），还收录了详细的各区域地图。每一幅地图中都详细标明了地势走向，并用看起来像小山丘的图形标出了高地。甚至在女王的迪奇利肖像中，人们也能看到河流

萨克斯顿绘制的英格兰和威尔士地图

交汇或分开时纤细的走向。多亏了萨克斯顿，伊丽莎白女王时期的英国人首次对自己国家的地形有了清晰的认识。并且，这给予了他们一种全新的归属感。

乡村和郡县

设想伊丽莎白时代的英国时，我们首先想到的是童贞女王本人的宫廷，或者是熙熙攘攘的伦敦，那里拥有众多剧院，人群聚集在一起聆听露天布道或目睹公开处决。但是伦敦在萨克斯顿的地图上仅仅是一个小点。他更感兴趣的是河流、山丘和树林，在这些地方，村庄的名字舒舒服服地依偎在自然景色的特征之中。他给我们展示了另一番景象：关于英格兰的乡村，关于当时写作中经常被拿来作为城市和宫廷对立面的乡村地

区。在 16 世纪，离开伦敦，到乡间寻求一种平和宁静的生活， 30
是十分活跃的梦想。

　　宫廷与乡村、中心与外省之间的紧张关系，伦敦活跃的政
治生活和乡间庄园那种沉思的安逸，对伊丽莎白时代英国人的
自我认知至关重要。整个英伦三岛就像是一套层层嵌套的中国
套盒：最大的盒子就是国家本身，而最小的盒子则是教区。至
关重要的中等大小的盒子就是郡县。克里斯多夫·萨克斯顿
这 34 幅英国不同地区的地图就是按郡县来一一布局的。在有
些版本的萨克斯顿全国地图上，每个郡县都以不同的颜色来
表示。伊丽莎白时代的英国人像忠于他们的国家那样忠于自
己的郡县。威廉·莎士比亚就是一位富有名望的沃里克郡人，
而沃尔特·拉雷（Walter Ralegh）爵士和弗朗西斯·德雷克
（Francis Drake）则因自己身上的德文郡传统而深感自豪。

　　都铎时代的知识分子对英国人兼有国家和郡县的身份认同
这一想法非常感兴趣，于是他们发明了一种新的艺术形式来表
达它——"地方志"，即对特定地区的地理和历史描述。这一
表述方式的先驱是肯特郡一位名叫威廉·兰姆巴德（William
Lambarde）的绅士，他的《肯特郡勘察记录》（*Perambulation*）
是英国历史上第一部郡县史。兰姆巴德把肯特郡设想成英国的
花园，不仅有意让人联想起《圣经》中的伊甸园，也让人想起
古典神话中赫斯珀里德斯（Hesperides）的花园，大力神赫丘利
（Hercules）就是在那里发现了金苹果——

　　　　此地，滕纳姆以及其他 30 个教区（位于这条港口路
　　的两边，从雷纳姆一直延伸到布里恩森林）是肯特郡的樱
　　桃花园和苹果园……你可能会以为自己现在看到的是赫斯
　　珀里德斯的花园，也就是赫丘利发现金苹果的地方（这件
　　事已经被公认为是他的英雄壮举之一），然而这里只是我

们忠诚的爱国者理查德·哈里斯（亨利八世统治下的一位水果商人）以巨大的成本和罕见的勤恳种植甜樱桃、点心苹果和王后苹果的地方。[8]

31　兰姆巴德解释说，在肯特郡培植果树是出于国家安全的考虑，目的是避免国家依赖进口水果。与此同时，他也大大歌颂了井然有序的乡村景观之美，并引用了大力神赫丘利的古典传说，将此作为一种手段来塑造新的英格兰神话。撰写地方志的风尚很快流行开来。从康沃尔郡到赫特福德郡，从米德尔塞克斯郡到柴郡，英国的其他各郡也都享受到了类似的待遇。让自己所在的郡县在地图上占有一席之地，被认为是一种爱国的责任。

莎士比亚应该也参与到这样的工作之中。他对兰姆巴德笔下的肯特郡很感兴趣。《亨利六世》中篇的一个关键场景表现了来自肯特郡的叛逆者杰克·凯德如何死于肯特郡乡绅亚历山大·艾登（Iden）之手，而后者的姓氏就暗示了伊甸园（Eden）。艾登是在自己家的花园里登场的，这正是一种优雅的、贺拉斯式的悠闲生活——

> 我的天主，一个人能在这样一个幽静的花园里散散步。
> 谁还高兴到宫廷里去过那营营扰扰的生活？
> 我对于父亲留给我的这份小小的产业深感满意，
> 我看它赛过一个王国。[①][9]

尤力乌斯·凯撒曾在他的《高卢战记》中对肯特郡大

---

① 《莎士比亚全集》第三卷，朱生豪等译，北京：人民文学出版社，1994，第668页。

莎士比亚的乡村：萨克斯顿地图上的沃里克郡和临近的郡县。南边是牛津郡，莎士比亚去伦敦时应该就从这里经过；西南方向是格洛斯特郡，乡村法官夏禄就来自这里，他是莎士比亚对于英格兰乡村最丰富的想象。在斯特拉福德的东边是索瑟姆，《亨利六世》下篇中的萨默维尔就曾来过这里。东北方向是沃里克，格雷维尔的封地；更远处是考文垂，中部地区最大的城市。在那里，少年时期的莎士比亚可能目睹了古老神秘剧的最后几次演出。西北方向，是亨利镇（Henley）和阿登森林

加褒奖。该县以其独特的土地所有权制度"男子均分制"（gavelkind）闻名，即将死者的土地平均分配给所有的儿子，而不是遗产由长子一人继承的"长子继承制"。肯特人在传统上一向是自由战士：他们应该反抗过诺曼人的奴役，从来没有像他们的邻居苏塞克斯郡人那样被征服过。莎士比亚笔下的塞耶勋爵将肯特郡描述为英伦全岛最文明的地方，称赞那里的人们"自由、勇敢、活跃、富有"[10]，他在做这番论断的时候，肯定是想到了肯特郡的自由传统。

莎士比亚在同时代剧作家中独一无二的一点是，他把戏剧场景设在紧邻家乡的沃里克郡[11]和格洛斯特郡。对于那些不相信这些剧本出自一个沃里克郡文法学校毕业生之手的阴谋论者来说，这个很少被注意到的事实实际上是一个他们难以回答的问题。"见鬼，你到沃里克郡来干什么？"在一个设置在考文垂和萨顿科尔菲尔德之间的道路上的场景中，哈尔亲王这样追问福斯塔夫——这条道路就位于沃里克郡。在《亨利六世》下篇，保王党沃里克伯爵曾说："我在沃里克郡有一帮死心塌地的朋友。"[12]

沃里克伯爵的忠实朋友之一是一个叫萨默维尔的角色，在接下来的场景中，他从索瑟姆来到考文垂，前者就位于斯特拉福德镇的东边。萨默维尔是一个虚构的角色，而不是莎士比亚改编成戏剧的历史中的真实人物。对伊丽莎白时代的观众或者至少对任何来自英格兰中西部地区的人来说，这个名字会立刻让他们联想到一个沃里克郡人，而此人绝对不会被描述成女王"真诚的朋友"[13]：约翰·萨默维尔，来自斯特拉福德以北4英里一个叫作埃德斯顿（Edstone）的小村庄。1583年，就在莎士比亚的第一个孩子出生那一年，萨默维尔在前往伦敦的路上，在班伯里（Banbury）附近的一家旅馆中被捕。据称，他在那里夸口说自己打算暗杀女王。他的岳父是帕克霍尔（Park Hall）的爱德华·

阿登。这些姓阿登的人都来自沃里克郡一个显赫的天主教家庭，并且可能都跟莎士比亚的母亲有亲戚关系。[14]

莱斯特伯爵与阿登家族向有恩怨，而所谓的萨默维尔阴谋正给了他机会。爱德华·阿登、他的妻子玛丽和神父休·华尔［他是在紧邻斯特拉福德的一所房子里被捕的，这所房子属于一户不信教的人家，莎士比亚后来就是从这家人手中买下了他的新居——新宅（New Place）］被直接带到了伦敦塔。这些人在那里遭到了拷打。后来，人们发现萨默维尔被人掐死在狱中。阿登被处以绞刑，在他尚未断气的时候又被砍掉了头。他的私处被砍下，肠子也拖了出来，当着他的面焚烧。他坚称自己是无辜的，声称他唯一的罪行是坚持了旧的信仰。跟莎士比亚的母亲同名同姓、很可能有亲戚关系的玛丽·阿登被判缓刑。《亨利六世》下篇中这位名叫萨默维尔的小角色，很可能是莎士比亚在以他的方式表达一个人有可能既是来自沃里克郡的天主教徒，也是女王和国家"真诚的朋友"。

伊丽莎白时代的英国人，如果熟悉一整套以兰姆巴德的传统为基础的郡县地方志，以及克里斯多夫·萨克斯顿的英国地图集，就可以声称对构成这一整个国家的各个部分拥有完整的了解——从历史、地理和地方志的角度而言。但这并不是全部。迈克尔·德雷顿（Michael Drayton）——他跟莎士比亚一样来自沃里克郡——将地方志改写成了诗歌。他的著作《多福之国》（*Poly-Olbion*）有一节专门写康沃尔郡，另一节写德文郡，还有一整节写多塞特郡，等等。每一节前面都附有一张折叠插页，上面是以萨克斯顿地图为基础的各个郡县的地图。德雷顿这部著作的卷首插页中有一个耐人寻味的形象：不列颠尼亚化为人形，身上穿着以萨克斯顿地图为图案的长袍，上面绘有山丘、河流、树林和教堂。她穿在身上的仿佛就是这块土地本身。这幅图为我们呈现出了一首诗，在这首诗中，这个国

34

家的历史和传说都以其风景的特色展现了出来。

迪奇利肖像中女王脚下的地图是一个象征，意味着她的权力已经延伸到了英国的每一个角落。但是萨克斯顿的地图集后来拥有了自己的生命。撰写地方志的学者如兰姆巴德和德雷顿等人发掘出的新的郡县认同感，以及英国乡村美如田园牧歌一般的意象——这一意象在以散文体写成的浪漫故事和韵文体诗歌中无处不在——共同培育出了一种全新的英国风格，而这一风格并不仅仅意味着对王室的忠诚。它建立了一种新观念——这种观念在我们今天看来已经显得平平无奇——国家的本质不只在于君主的统治，更重要的是在于土地本身。

35　　如果土地化为人形，正如德雷顿著作的卷首插页暗示的那样，那么她的心脏在哪里呢？不会是在威斯敏斯特，而是在英

身上裹着地图的不列颠尼亚：德雷顿
《多福之国》的卷头插页

格兰中部的某个地方，在那些郡县的深处。英国内战——兰卡斯特家族和约克家族在考文垂进行的一场战役，正如《亨利六世》下篇所描绘的那样——会让"英国的心脏流血"[15]。在给威廉·达格代尔（William Dugdale）爵士的古物研究著作题写的献诗中（莎士比亚墓碑上的一幅雕刻就是在这本书中首次披露出来），阿斯顿·柯卡因（Aston Cokaine）爵士这样写道——

> 我们选择埃文河畔的斯特拉福德镇
> 它是你温柔而率真的莎士比亚的缪斯，
> （他仿佛依然活在我们中间）
> 以给我们的古玩收藏夹表示一些敬意。[16]

在加上了德雷顿的名字之后，柯卡因在结尾处这样写道——

> 我们的沃里克郡正是英格兰的心脏，
> 这一点显然已经由你证明了；
> 让它更有精神、更有尊严，
> 远远超过我们英格兰其他的郡县。

沃里克郡能够成为英格兰的心脏，在很大程度上要归功于莎士比亚（以及德雷顿）。在《亨利六世》上篇中，福斯塔夫在从伦敦到什鲁斯伯里的旅途中，沿着英格兰中部地区首府考文垂附近沃特林街的罗马古道休息，而考文垂也是少年莎士比亚首次体味到城市生活的地方，就是在这一时刻，沃里克郡作为英格兰心脏的地位开始变得切实可见。在《亨利六世》中篇中，当福斯塔夫开始在附近格洛斯特郡夏禄法官的教区进行招募时，莎士比亚也就开始了他对英格兰腹地的探索。

3. 那个来自绿林的男孩

阿登的外孙

在接受学校教育之前，我们即开始接受来自家庭和外界环境的塑造。莎士比亚的父亲是镇上的议员，也是一位手套商人。他的母亲来自地位稍高一些的社会阶层，同信仰天主教的本地上流社会人士有亲戚关系。爷爷理查德·莎士比亚，是位于阿登森林边缘地带的斯尼特菲尔德村的自耕农。而他的外公是理查德耕种的那块地的主人，附近威姆考特地区的罗伯特·阿登。

那么莎士比亚成长的环境又是什么样的呢？一位 17 世纪的地方志作者使我们得以一瞥他的故乡——

> 沃里克郡，北邻斯塔福德郡，东邻莱斯特郡和北安普顿郡，南邻牛津和格洛斯特郡，西邻伍斯特郡。全郡南北 33 英里，东西 25 英里，方圆 135 英里，包括 158 个教区和 15 个市镇。因为它紧邻英格兰的心脏地区，所以这里的空气和土壤都是最好的；埃文河从这个郡的中间流过，将其一分为二。河的南岸是肥沃的玉米地和可爱的草地；无论从丘陵还是平原地区来看，这一地区都呈现出类似的景色。河的北岸是林地。[1]

斯特拉福德集镇正位于沃里克郡的边缘地带：北边是阿登森林，南边是一直延续到牛津郡的农田。莎士比亚同时关注着这两个方向，他一开始就被通往知识之城和通向伦敦的道路吸引，然而与此同时，他又被拉回了阿登森林。威姆考特村是他母亲的娘家，而她自己也是阿登家的一员。这里更接近阿登森林，这片森林既是他的起源地，也是他的避难所。就像是《皆

大欢喜》中的柯林一样，阿登一家也是生活在森林边缘地带的
牧人。

托马斯·洛奇（Thomas Lodge）优美的散文体浪漫小说
《罗莎琳德》（*Rosalynd*）中的故事就发生在法国的阿登森林。
莎士比亚把这个故事改编成了剧本《皆大欢喜》，并且将故事
背景改成了英国。关于这位被流放的公爵，我们最初听到的说
法就是他"度着昔日英格兰的罗宾汉那样的生活"，"有很多
快活的人陪伴着他"一起在森林里"逍遥度日"。² 从表面上看，
定语"英格兰的"一词似乎暗示了这个情节原本应该发生在法
国，但其深层效果却是把阿登和舍伍德等同了起来。在这出戏
问世之前一年，竞争对手海军大臣供奉剧团上演过一出上下两
篇的罗宾汉故事，叫作《罗伯特·亨廷顿伯爵》——在这个传
说漫长的历史上，这是第一部将罗宾汉说成一位伪装的贵族而
不是货真价实的亡命之徒的作品。在《皆大欢喜》中，发生在
阿登的场景一开始，流亡的公爵就将森林的自然秩序与宫廷的
奉承和嫉妒进行了对比。就像在罗宾汉的故事中一样，人们期
待的结局是正义的统治者能够再次掌权。

但是，这出戏除了理想化之外，也是非常讽刺的。在公爵
的森林生活小圈子里，最突出的人物并不在这些"快活的人"
中间，而是忧郁、爱挖苦人的杰奎斯。他经常被错误地描述
为公爵的从臣，而实际上他是一位绅士，为了成为一名"旅行
者"而卖掉了自己的土地，也是一位对利益和道德冷眼旁观、
极尽讽刺之能事的人。森林中的秩序建立在狩猎之上，这让杰
奎斯对受伤的牡鹿深表同情，并暗示善良的公爵篡夺了鹿的位
置，就像邪恶的公爵篡夺了宫廷的权力一样。杰奎斯和小丑试
金石——这两个关键人物在洛奇的作品中并没有出现，是莎士
比亚自行创造的——彼此一直争论不休，因为前者的讽刺和后
者愚蠢的小聪明，是相互对立的两种嘲弄宫廷式自命不凡的方

式，后者的典型例子就是奥兰多大献殷勤时高度浪漫小说化的语言方式。

阿登也被比作神话中的"黄金时代"，这部剧恰如其分地补充了拥有古典式名字的牧羊人角色，显示出古典田园诗歌传统的影响。黄金时代是想象中的人类婴儿期，是另一个伊甸园，是大自然提供果实的游乐场，冬天的寒风从未吹拂过这里。但是莎士比亚描绘出的这幅场景更为精细复杂。在公爵的第一次演讲中，阿登被视为一个从自然界汲取道德教训的场所，而不是一个"在那里逍遥度日，仿佛身在古代神话里的黄金时代"①3 的地方。这不是永远停留在夏天的世外桃源：这里的四季实实在在地变换，这里只是"亚当的惩罚"——为了生存而不得不劳作——不是像盛衰无常的宫廷那样残酷的地方。黄金时代的神话使得乌托邦变成了当时社会堕落的起点，而不是其向往的状态：一个人人都过得幸福，并且不存在私有财产这种东西的地方。但是《皆大欢喜》中的阿登森林并没有完全回到黄金时代。老牧人柯林虽然是幸福的代言人，但对于劳动力的需求和自己不拥有的财产的依赖，他并没有抱任何幻想。他放牧的羊群属于别人，只是由于西莉娅买下了农场，他才能保住自己的工作。

在莎士比亚的许多戏剧中，场景经常在象征对立的地点之间穿梭——威尼斯和贝尔蒙特，罗马和埃及，西西里宫廷和波希米亚乡村——但《皆大欢喜》却尽快地把所有主要角色都转移到了阿登森林。到达那里之后，所有的场景就开始顺畅地进行。森林里没有滴答作响的时钟，也没有用幕间休息来表示的时间感。然而，一开始还是存在两个明显的虚构地点：牧场和洞穴，即柯林劳作的农业世界，以及公爵和他的手下扮

---

① 《皆大欢喜》，彭静禧译，北京：外语教学与研究出版社，2016，第11页。

演罗宾汉的森林深处。奥兰多和杰奎斯在这两个地点之间反复来回，而罗莎琳德 / 甘尼米德和西莉娅 / 阿利娜却不能走入森林深处。她们与公爵的重逢必须要等到戏剧高潮来临的那一刻。

　　法国阿登高地和英国阿登森林的融合只是莎士比亚转向自己出身之地的最极端的例子。在《仲夏夜之梦》中，雅典森林中的居民却是英国的仙女和工匠。在《终成眷属》中，海伦正在法国和意大利之间旅行。她将自己装扮成"圣雅各之路"上的朝圣者。萨缪尔·约翰逊博士以为她要去的地方是西班牙孔波斯特拉著名的圣伊阿戈神庙，因而认为她似乎有点偏离了道路。这条岔路比他以为的还要曲折，因为这位圣徒的去处也是为了向斯尼特菲尔德的圣詹姆斯教区教堂致敬，而斯尼特菲尔德正是莎士比亚父亲的出生地，一个位于斯特拉福德东边的村庄。

39

　　在《亨利六世》《亨利四世》系列剧中想象这个国家的过去时，莎士比亚又一次忍不住呼应了他自己的过去：皮托是1581年斯特拉福德一起涉及约翰·莎士比亚的法律案件中一位专员的名字，而在1592年因担心债务问题便不去教堂的名单中，巴道夫和弗伦与莎士比亚父亲的名字一同出现了。《亨利四世》下篇中的乡村司法场景有着前所未有的地域特征，其中提到了考文垂附近的辛克利集市，以及"来自温考特村的威廉·维泽"（指来自伍德曼考特的维泽或者维扎德一家）与"希尔村的克里门·珀克斯汀"（指来自附近斯汀康比的珀彻斯或者珀金斯一家）之间的一桩官司，此外还有"科茨沃尔德"（Cotswold）一词的初次使用〔"威尔·斯奎尔，是科茨索尔（Cotsole）那个地方的人"——这种不同的拼写方式表现出了莎士比亚的地方口音〕。

　　在莎士比亚对自己家乡的描绘中，最具特色的可能是他拥有一种地方性的、区域性的、乡村性的感觉。沃里克郡的乡村社会和自然生态在他的想象力中扮演着一种非常重要的角色。这种重要性是由他自己的出身决定的，也暗示了他在伦敦生活时的不安全感。他并没有像伟大的演员兼企业家爱德华·阿莱恩（Edward Alleyn）那样，在伦敦附近积攒下相当的财产和影响力。他自己的家庭生活本身，使他强烈地意识到自己与文化中心之间的距离。他是一个外乡人，这也许可以在某种程度上解释为什么他如此痴迷于像犹太人夏洛克和威尼斯摩尔人奥瑟罗这样的外乡人角色。

莎士比亚在伦敦戏剧界中最早的明确记录可以追溯到1592年秋天。作为竞争对手的剧作家、毕业于剑桥大学的罗伯特·格林（Robert Greene）①羞辱了他的出身，将他与"乡村"这个词联系在一起。这个词通常让人联想到郡县，而与之形成对照的正是宫廷和城市生活的趣味。

40

> 这是一只新抖起来的乌鸦，借我们的羽毛打扮自己，他裹着一层戏子皮的老虎心，自以为能够高调地写一手无韵诗，不逊色于你们中间最出色的一位。虽然仅仅是一个打杂诗人约翰尼斯，但是在他自负的狂想中，却是独一无二的、能够摇撼舞台的乡下人。②4

毫无疑问，这里指的就是莎士比亚，这位从演员转变成"创作者"的人，格林指责他借用了像格林本人这样受过大学教育的剧作家的文体风格。莎士比亚以充满激情的《亨利六

---

① 罗伯特·格林是当时"大学才子派"的一员，同样以卖文为生，写过很多风行一时的剧作和小册子。他对别人的轻视十分敏感，还非常嫉妒其他有才华的同辈。

② 摇撼舞台者（shake-scene）暗指莎士比亚的名字——摇动长矛者（Shakespeare）。

世》系列剧开始在戏剧界崭露头角。在其中一出戏中，玛格丽特女王把一顶纸糊的王冠戴在约克公爵理查的头上，而后者对此报以一场恶语中伤，称她是"亚马孙婊子"，"裹着一层女人皮的老虎心"。⁵ 前面引用的那句话把"女人"替换成了"戏子"，其所指是明白无误的。打杂诗人约翰尼斯（*Johannes fac totum*）指的是万金油、万事通——在英国文化中，具备牛津大学和剑桥大学学位的专业人士存在已久，他们瞧不起那些没有学位（在伊丽莎白时代，拥有学位的人才可以自称绅士）、商人出身、工作勤奋的人。格林后来还在小册子《千万悔恨换来了一丁点儿聪明》（*Greene's Groatsworth of Wit*）中将莎士比亚这个"摇撼舞台者"称作"粗鲁的新郎""农夫"。这是久经世故的城里人对乡巴佬的自命不凡，也是专业人士对商人的自命不凡。"在他自负的狂想中，却是独一无二的、能够摇撼舞台的乡下人"这一侮辱是否表明莎士比亚在他早期的一部戏剧中曾拿自己的名字编过双关的段子，或者将其作为后台或酒吧里的笑话，我们已经不得而知。很显然，他个人偏爱使用"挥舞我的剑""挥舞他的武器""摇动你的摇把""摇摇他的尾巴""甩掉这些名字"之类的词语。①⁶

　　毫无疑问，莎士比亚被格林的《千万悔恨换来了一丁点儿聪明》激怒了，然而他对此的回应并不是人们通常所举出的那些例子。当时的作家兼剧作家亨利·切特尔（Henry Chettle）通过出版方看到了这本书——也可能书中的大部分内容其实都是切特尔自己的手笔——承认这本小册子已经激怒了两位剧作家。他声称，他跟他们两个人没有任何交情，"其中一个人我一点也不在乎，或者说从来没有在乎过"。随后，他向另一位剧作家道歉，说自己后来见过他，发现"他的行为举止彬彬有

---

　　①　以上这些词语中的动词都是莎士比亚名字的前半部分"shake"。

41　礼，当得起他自称具备的优秀品质"。此外，"很多崇拜他的人都说他为人正直，这证明了他的诚实，并且他的写作具备一种诙谐的优雅，这说明了他的艺术水准"。格林，假借切特尔的名义，警告他的大学同学克里斯托弗·马洛[①]、汤姆·纳什[②]和乔治·皮尔（George Peele）[③]，要他们提防出演他们剧作的演员。这三个可能会被格林的措辞激怒，尽管莎士比亚及其同行才是他真正指责的对象。

学者们通常认为，切特尔一点也不在乎或根本不想攀交情的人应该是马洛——这是他与后者臭名昭著的无神论划清关系的一种方式——但这番话也可能是切特尔对莎士比亚居高临下的蔑视的延续（谁会想跟那个农民打交道呢！）。如果莎士比亚就是切特尔所说的"另一位剧作家"，那么他的礼貌、"品质"、坦诚（作为商人的对立面）、正直、诚实、优雅和"许多崇拜他的人"[7]的尊重都表明，这一道歉明显是对之前阶级侮辱的撤回。不过，总的来说，第一个人很可能是马洛，而切特尔致歉的对象很可能是皮尔[8]，因为切特尔说，那些受到冒犯的只是格林评论的剧作家之中的一两位，而莎士比亚并不是格林评论的对象。"新抖起来的乌鸦"根本就不值得一哂。

"新抖起来的乌鸦"这个嘲讽侮辱了莎士比亚——或者只是让他觉得好笑，又或者两者兼有——这一点从格林的这一措辞在莎士比亚记忆中占据的地位就可以得到证实。几年后，莎

---

① 克里斯托弗·马洛（1564~1593）：英国诗人、剧作家，"大学才子派"的代表人物，毕业于剑桥大学，不到30岁就因卷入街头斗殴而被刺死。

② 汤姆·纳什（1567~1601）：讽刺作家、小册子作者、诗人及剧作家，"大学才子派"成员，毕业于剑桥大学。纳什野心很大，十分妒忌莎士比亚的成功，后入狱并早逝。

③ 乔治·皮尔（1558~1596）：诗人及剧作家，"大学才子派"成员，毕业于剑桥大学。

士比亚笔下的哈姆莱特写了一封情书给"那天仙化人的，我的
灵魂的偶像，最美丽的奥菲利亚"。波洛纽斯在这里打断说：
"这措辞糟透了，用词粗俗，'美丽的'这个字眼真是粗俗。"⁹
这句话听起来非常像是作者想到了"用我们的羽毛自我美化"
这个说法。重复出现的"粗俗"一词是一种有效的回击，因为
这个词通常会与社会地位低下联系在一起，而这正是最初"新
抖起来的乌鸦"这一侮辱激怒莎士比亚的地方。

　　在格林的《千万悔恨换来了一丁点儿聪明》出版后不久，
莎士比亚就写出了《错误的喜剧》，拿"大棍"①这个话题开了
个诙谐的玩笑。

　　　　以弗所的安提福勒斯：好，我就打进去。给我去借一
　　根大棍来。

　　　　以弗所的德罗米奥：一只没毛的乌鸦？主人，您想
　　得真妙。找不到没有鳞鳍的鱼，却找到一只没有羽毛的
　　鸟。咱们若是拿大棍砸进去，小子②，咱们就得收拾这一
　　地的毛。

　　　　以弗所的安提福勒斯：快去，找根铁棍来。

　　　　鲍尔萨泽：请您息怒吧，别这样。这么吵闹会败坏您
　　的名声。¹⁰

　　在这里，把"没毛的乌鸦"和"名声"相提并论，不太可能
仅仅是个巧合。格林在小册子中指责"摇撼舞台者"，这个"新
抖起来的乌鸦"在利用自己的名字玩把戏，所以莎士比亚在这
里恰到好处地加上了"收拾这一地的毛"和"铁棍"——"收

42

---

　　①　"大棍"（crowbar）一词中包括"乌鸦"（crow），德罗米奥在这里故意打岔。

　　②　这是对叙拉古的德罗米奥说的。

拾"暗示着"摇动"（shake），"铁"则暗示着武器，比如矛（spear）。①

同样，在莎士比亚的几首十四行诗中，也提到了"粗俗的名声"和"低级的丑闻"¹¹，即"蒙你青眼相顾为我文过饰非"。"粗俗"和"低级"都是带有强烈阶级指向的词语。"青眼相顾"也有可能是对格林名字的一种暗示。是威廉·莎士比亚，而不是他的父亲约翰，在16世纪90年代末投入了大量的时间和金钱，使自己的家族获得了一枚盾形纹章，这让他得以自称绅士。他的同辈人，例如本·琼生，曾因这一举动而嘲笑过他。

在伊丽莎白时代的英国，人们很难摆脱与生俱来的阶级特征。诸如"文雅"和"粗俗"这样的词语，确保了道德判断与阶级出身密切相关。莎士比亚永远不会忘记自己是一位自耕农的孙子，也是一位惨淡经营的乡村店主的儿子（经营不善的部分原因也许是约翰忙于在地方议会谋得职位，以使他显得像一位有地位的人士）。他也从来没有忘记，他属于乡村，而不是城市。他从未尝试过的戏剧类型就是城市喜剧，这是托马斯·德克尔（Thomas Dekker）、托马斯·米德尔顿（Thomas Middleton）和菲利普·马辛格（Philip Massinger）等剧作家擅长的领域。他最具英国特色的喜剧是《温莎的风流娘儿们》，这个故事并不是发生在伦敦，而是发生在充满世俗气息的小镇温莎，一个更像斯特拉福德的地方（尽管一座王家城堡坐落在温莎）。

当有人侮辱你的出身时，你要么无视，要么躲进自己的壳里，要么反击。莎士比亚选择了比较大胆的方式。在嘲讽他的"新抖起来的乌鸦"一语问世之后不久，他就写出了长诗《维纳斯与阿都尼》，仿佛意在声明不需要牛津大学或剑桥大学的

---

① "铁棍"在原文中为 iron crow，直译为"铁乌鸦"。Shake 和 spear 两个词结合在一起即是莎士比亚的姓氏 Shakespear。

学位，也能模仿古罗马的经典之作写出优美的诗歌。他在该书 43
的扉页上引用了一句拉丁语，以此非常醒目地将自己与"粗
俗"和"低级"区分开来。但这首诗也自豪地重申了他的"绿
林"资历。这首长诗的情节在一个充满田园风光的地方愉悦地
徐徐展开。只有一个乡下男孩才能这样准确而富有同情心地描
绘一只被追逐的野兔——

> 这时可怜的野兔已到了遥远的山巅，
> 他用后腿颤栗，竖起双耳静听，
> 想侦察他的对手是否还在追赶，
> 却立即听见了惊天动地的犬吠声，
> 他心里那份哀伤呀，倒真像个病人，
> 已经是病入膏肓，偏听见丧钟声声。
>
> 这时你又发现那露水满身的小可怜
> 又开始东拐西弯，不断绕来绕去，
> 他疲劳的腿脚叫恶意的荆棘刺穿，
> 每个影子和声音都能吓得他止步。
> 因为苦难的人总遭到众人践踏，
> 一旦被踏倒，便再不会有人救他。①12

　　毫无疑问，"可怜的野兔"来自莎士比亚的记忆，讲述的
就是他自己在家乡沃里克郡的养兔场进行的一场追猎活动。
　　《驯悍记》（*The Taming of the Shrew*）是莎士比亚最早
的戏剧作品之一。它似乎是对另一部没什么名气的喜剧《驯悍
妇记》（*The Taming of a Shrew*）的重新改写。这两部作品

---

① 《莎士比亚全集》，孙法理、辜正坤译，南京：译林出版社，1998，第34页。

都以一种"诱导"式的框架开头，《驯悍妇记》一剧中完全没有地方意识，而莎士比亚笔下克利斯朵夫·斯赖的生意则充满了各种细节，从乡绅家庭的正统血统到特定的几个沃里克郡地名，不一而足。假设《驯悍记》是莎士比亚的第一部戏剧作品，并且他是从"诱导"的部分开始下笔，那么，他的职业生涯很可能就是以这样几句话开始的——

> 斯赖：老子要揍你啊！
>
> 女店主：给你上了枷，你这流氓！
>
> 斯赖：你这个烂污货！你去打听打听，俺斯赖家从来不曾出过流氓，咱们的老祖宗是跟征服者理查一块儿来的。①13

44　　这段对话既宣扬同时也嘲笑了英国的家世观念。斯赖成了莎士比亚的名片，一边声明自己的乡巴佬出身，一边对此诙谐地嘲笑。想象一下作为演员的莎士比亚如果自己说出这样的台词，也丝毫没有违和感——

> 我不就是勃登-希斯村斯赖老头子的儿子，出身小贩，学过制梳羊毛刷手艺，也曾驯过熊，现在当补锅匠的克里斯多夫·斯赖吗？你们要是不信，去问曼琳·哈基特，那个温考特村里卖酒的胖婆娘，看她认不认识我。②14

温考特是斯特拉福德以南的一个小村庄，1591年，那里

---

① 《莎士比亚全集　喜剧卷上》，朱生豪译，南京：译林出版社，1998，第63页。为了跟正文中的上下文呼应，译文略有改动。

② 同上书，第67页。为了跟正文中的上下文呼应，译文略有改动。

居住着姓哈基特的一家人。勃登－希斯就是居住在希斯的勃登，莎士比亚在希斯那里有些亲戚。我们将在下文中提到，他们在让他进入法律界的过程中发挥了关键作用。斯莱的自我剖白既是对莎士比亚出身的宣示，也通过角色扮演这一戏剧本质，展示了莎士比亚蜕变的过程。作为演员的莎士比亚碰巧也驯过熊，因为演员们和守熊人以及他们的诱饵使用着同一个剧场空间。斯赖那番话的潜台词很可能就是："我不就是埃文河畔斯特拉福德镇上老莎士比亚的儿子，生在一个手套商家庭，受教育成了个读书人，后来改头换面成了个演员，现在又改行成了修补别人剧本的威廉·莎士比亚吗？"

大约十年后，在写《皆大欢喜》一剧时，他已经对自己的成功充满信心，所以当他嘲讽在阿登的卑微出身时，用的正是他自己的名字。

试金石：你大名是叫威廉吗？

威廉：是叫威廉先生。

试金石：好一个名字。是生在这林子里吧？

威廉：是的，先生，我感谢上帝。

试金石："感谢上帝"；回答得很好。家境不错吧？

威廉：呃，先生，不过如此。

试金石："不过如此"，就好，很好，上上好；可是也不算怎么好，不过如此而已。你聪明吗？

威廉：呃，先生，我还算聪明。

试金石：啊，你说得很好。我现在记起一句话来了，"傻子自以为聪明，但聪明人知道他是个傻子。"①15

45

① 《莎士比亚全集 喜剧卷下》，朱生豪译，南京：译林出版社，1998，第162~163页。

　　此处应该注意到挥舞长矛（暗指阴茎）和试金石（暗指睾丸）是略带色情意味的文字游戏①，评论家凯瑟琳·邓肯-琼斯机智地认为，试金石和威廉实际上都是莎士比亚的翻版："他们的对话可以被解读为富有、机智的剧作家与被他抛在身后的、阿登森林里的乡下年轻人之间的交流。"16 剧中的威廉正值25岁"妙龄"，他的创作者是否也是在同样年纪的时候，也就是在1589年，离开了森林，开始了诙谐戏剧作家的生涯？在创作《皆大欢喜》的时候，莎士比亚正处于自己权势的巅峰时期，是应宫廷的要求而写作的。他把历史组剧的发展推向了高潮，在这些历史剧中，他声称自己就是这个国家的发言人。但与此同时，他也是那个不断回溯自己乡村出身的"舞台摇撼者"。

谁能以英格兰的名义发言？

　　当昂热城被来自英吉利海峡两岸、互相敌对的军队围攻时，法国国王腓力曾对昂热的市民呼吁："说呀，各位，以英格兰的名义。"17 在莎士比亚所有的历史剧中，《约翰王》最为明确地提出了以英格兰的名义发言意味着什么这一问题。它探讨了与都铎王朝统治的英格兰境内所有有财产的家庭都息息相关的合法嫡出与继承权问题，这一问题对君主制国家来说尤其具有举足轻重的意义——特别是在一位没有子嗣的年迈女王当政之时。在更出名的另一出戏《李尔王》中，嫡生子爱德加秉性纯良，而私生子爱德蒙却作恶多端。《约翰王》则提出了一种更有挑战性的可能：假设一位伟大的国王死去了，而他最勇敢、最忠实、最聪明的儿子是个私生子，这时又当如何。在这种情况下，依据品行来决定继承权是不可能的：如果私生子登

---

① "挥舞长矛"（shaking a spear）暗指莎士比亚的名字。

上王位，整个王权体系的合法性都将受到质疑。父系政权、法 46
律、教会和家庭之间无缝衔接的互相依赖将会开始瓦解。

在第一场中，在继承权、信仰、权力和所有权等棘手问题
都尚未解决时，一位郡长就已经登场了。他的存在标志着郡县
的司法权，代表着"乡下"的利益，而不是"宫廷"的。与两
个兄弟中谁将继承郡里的一块土地这一问题相对应的是，应该
由狮心王理查的哪位兄弟来继承这个国家的问题，是约翰还是
杰弗里（通过亚瑟）。① 对于 16 世纪 90 年代的观众来说，一
场发生在遥远的 13 世纪的事件也可能与当时的争论相呼应。
当时，一位地方议会议员在下议院说出了人们以为只属于女王
的言论——"以英格兰的名义发言"[18]——这种事情人们时有
耳闻。在很多地区，人们强烈认同"英格兰"并不等同于英国
女王及其位于伦敦及周边地区的宫廷。虽然都铎王朝的君主们
试图用建立一个跨越郡县的司法代理网络来统摄国家，但"乡
下"贵族以及北部和西部的大贵族们都极力捍卫着他们的自
主权。

这位私生子自称来自北安普顿郡的绅士；他是"好一个
直爽的家伙"[19]，换句话说就是一个讲话直来直去的英格兰乡
下人。后来，他向英格兰的主保圣人圣乔治求助。因此，后者
的声音代表了莎士比亚的故乡，也就是中部地区——英格兰腹
地。他面临一个选择：要么继承福康勃立琪家族的产业，要么
抓住机会，继承非婚生下的他的父亲，也就是国王的姓氏，但
是没有继承权。

英国绅士阶层的惯例是由长子继承土地，小儿子移居到伦
敦，成为律师、神职人员、军人、外交人员，甚至可能在娱乐

① 狮心王理查去世时没有嫡出的儿子，顺位继承的弟弟杰弗里也已经去世。由此产
生的问题是应该由顺位的下一个弟弟约翰还是杰弗里的儿子亚瑟来继承。

行业谋得一份职业。稳定的合法继承和投机冒险的生活是互相对立的。菲利普接受他的私生子身份，放弃他实际上有权继承的土地（因为通奸的是他母亲，而不是他父亲，他没有像《李尔王》中的爱德蒙那样被强行剥夺继承权），这个私生子选择了家中次子通常会走的道路。莎士比亚在离开埃文河畔的斯特拉福德镇时也是如此。

47

福康勃立琪夫人和詹姆斯·葛尼的到来，进一步强调了这个私生子来自英格兰中部的事实。他们两个身上穿的骑马装，象征着从乡下到宫廷的旅程。接下来，这个私生子把他同父异母的兄弟描述为"科尔布兰似的巨人"[20]。科尔布兰是一名丹麦侵略者，他在一场一对一的战斗中被沃里克的盖伊击败。后者是一位传奇人物，在很多故事书、民谣和戏剧中都出现过。如果罗伯特·福康勃立琪象征着科尔布兰，那么私生子菲利普就是来自沃里克郡的民间英雄盖伊。甚至可以说他是罗宾汉的翻版，由北安普顿郡的治安官来代替他来自诺丁汉的同僚。而罗宾汉本人，约翰王统治时期最著名的民间英雄，却不能被提及，因为说出他的名字就会立刻把国王变成一个恶人。莎士比亚不想在这出戏一开始就这么写，因为他想保持约翰和亚瑟的合法继承权这一问题的开放性，也因为莎士比亚遵循着编年史和戏剧的传统，即约翰王拒绝接受教宗任命的斯蒂芬·兰顿成为坎特伯雷大主教，是一位早期的新教英雄。

私生子代表的是沃里克的盖伊，他代表的是古英格兰的罗宾汉。正是罗宾在国内维护了好国王理查的价值，而理查则在中东展开圣战（"那曾经勇剖狮心，投身巴勒斯坦圣战的理查"[21]）。随着剧情发展，私生子的角色逐渐变成了死去的狮心王理查本人。他代表约翰结束了战争，距离王权一度只有一线之隔。在最后一场中，他以英格兰的名义发言——

英格兰这个国家过去不曾，

将来也不会

伏在傲慢的征服者脚下，

除非它先动手伤害了自己。

……

但使举国无二志，人间何事可愁予。22

　　这种厌世的发言来自一位剧作家，他在《亨利六世》系列 　48
剧中展示了英格兰转而反对自身所导致的血腥后果。

　　这个私生子是这个国家的良心，是狮心王象征意义上的
继承人，代表了各郡的心声。但他也是一个冒险家，一个不合
法行为的化身，一个全新的人，一个个人主义者，也是《李尔
王》中更为邪恶的爱德蒙的前身："我就是我，无论我的出身
如何。"23 他是历史之内及历史之外的即兴演说家、演员、独
白者，他代表的会不会不只是盖伊，还有沃里克郡的威廉？谁
在替英格兰腹地发声？一个挑战正统的人。一位冒险家。一个
演员。一个即使离开了郡县，进入剧场、市场、新兴帝国，也
依然在理想化地描述郡县的人。是谁在发声？是一个叫莎士比
亚的人。

两个葬礼和一个婚礼

　　对于威廉·莎士比亚来说，1607 年意味着两个葬礼、一
个婚礼和一次妊娠。两个葬礼都发生在伦敦，而婚礼和妊娠发
生在埃文河畔斯特拉福德。那一年 8 月，莎士比亚年幼的侄子
被埋葬在伦敦克里普门附近的圣吉尔斯教堂。这个死去的婴儿
是演员爱德蒙·莎士比亚的非婚生子。

　　比威尔（威廉的昵称）小 16 岁的爱德蒙似乎是唯一追随
大哥去了伦敦的家庭成员。他有可能是莎士比亚在剧团中的学

徒吗？宫务大臣供奉剧团中最出色的男孩子们——莎士比亚为这些十几岁的学徒写出了朱丽叶、鲍西娅、薇奥拉和罗莎琳德等角色——分别是白贝芝的徒弟尼克·托利（Nick Tooley）、约翰·海明斯的学徒亚历山大·库克（Alexander Cooker），库克一般被称为桑德（Sander）。一份可以追溯到1579年或者1578年初的文件提到了另一位叫"内德"（Ned，爱德蒙的昵称）的学徒。[24] 那个时候，爱德蒙·莎士比亚大约17岁。如果没有先做几年学徒，他是不太可能成为演员的。除了在他哥哥的剧团之外，他还能在别的什么地方学习这一门技艺呢？即使契约到期，学徒们也依然追随着导师一起生活。尼克·托利一直住在白贝芝的家里，直到这位演员兼老板去世，而白贝芝的另一个学徒理查德·罗宾逊（Richard Robinson），娶了他导师的遗孀温妮弗雷德·白贝芝（Winifred Burbage）。内德·莎士比亚很有可能一直和威尔住在一起，并且和国王供奉剧团一起演出，这至少一直持续到他的学徒生涯结束，甚至可能一直到他去世。唉，尽管这样的设想很有吸引力，但要让这样一位资历较浅的演员在《李尔王》中扮演爱德蒙这个角色，还是有些牵强。

圣诞节刚刚过去，父亲就伴随儿子而去。1607年12月31日，"演员爱德蒙·莎士比亚"被安葬在南沃克的圣救世主教堂，那里离环球剧院只有几步之遥。他的安息之地位于教堂内部，而不是在院子里。这通常是专属于绅士们的特权。这种待遇可不是免费的——敲响丧钟也是一样。敲钟这种纪念仪式的费用是20先令，按照人们的推测，付钱的应该就是威廉·莎士比亚本人。教堂里有一幅14世纪诗人约翰·高尔（John Gower）的精美肖像。经常有人认为，正是因为看到了它，莎士比亚才受到启发，把高尔从坟墓中请了出来，让他在《泰尔亲王配力克里斯》中充当致辞者的角色，这出戏正是在此之后的几个月里写出并上演的。但是没有确凿的证据表明他参加了弟弟的葬礼——也许正是因为没有参加，他才寄钱去敲响丧钟，以示一种兄弟间的敬意。

爱德蒙极有可能是瘟疫的受害者。从 1606 年夏天到 1608 年夏天，大部分时间瘟疫肆虐，剧院一直停止营业。说这两年莎士比亚都在埃文河畔斯特拉福德更加健康的空气中度过，是很合理的。这一次，我们或许可以在他的剧团小丑罗伯特·阿明（Robert Armin）写的一本小册子里瞥见他的痕迹。这本小册子里有一个有点难懂的笑话，是关于一双新靴子，给"（将要）骑马到沃里克郡的一位先生，为了偿还他之前失去的一百镑债券"。[25]

因此，莎士比亚很可能目睹了长女苏珊娜的恋爱、结婚和怀孕。对于一位 40 岁出头的男性来说，两个女儿已经成年，独子哈姆奈特在 11 岁时早夭，女婿和外孙的问题就具有一定的紧迫性。1607 年夏天，苏珊娜结了一门好亲事。她在 6 月嫁给了一位医生——这正是每个父亲对于大女儿的期望。第二年 2 月，她生下了女儿伊丽莎白，莎士比亚的第一个外孙——也是他唯一一见过的外孙。几年后，苏珊娜的妹妹朱迪思——去世的哈姆奈特的双胞胎妹妹——的经历就要悲伤得多，她的未婚夫让另一个女人怀孕了，这直接导致威尔·莎士比亚修改了他的遗嘱。

这位出色的医生是约翰·霍尔（John Hall），一位成熟而博学的人——他比苏珊娜年长 10 岁，也仅仅比自己的岳父年轻 10 岁。他是一位坚定的新教徒，虽然尚未取得执照，但已经在尽职尽责地施展着自己的专业才能。他的某些疗法和亚里士多德一样古老，还有一些是新的，甚至有时是临场发挥出来的。有些疗法，如使用富含抗坏血酸的草药治疗坏血病，可以说超越了他们的时代。还有一些疗法在我们看来可能十分怪异：将蜘蛛网和萝卜片敷在四肢上，以引出难闻的气味（我们不应该忘记富含维生素 A 的蝙蝠粪便，它也是一种广受欢迎的治疗方法）。霍尔的病例簿名为《身患绝症的英国名人的病例观察》（*Select Observations on English Bodies of Eminent Persons in Desperate Diseases*），于 17 世纪出版。案例 19 描述了对于莎士比亚女儿的治疗方法。

> 我的太太，斯特拉福德的霍尔夫人，曾一度患上了严重的腹绞痛。她是用以下的方法治愈的。先是施以泻药，之后她排便两次，但是痛苦仍在持续，并没有减轻多少。接下来我在她肚子上敷了烤热的麻布袋，这使她很快排出了大量气体，疼痛也随即缓解。我在她的胃部贴上了罂粟、紫罗兰、生菜和锦葵混合而成的膏药。我也曾使用一种灌肠剂缓解了北安普顿伯爵的严重绞痛。[26]

51　　　我们能从这款灌肠剂的传统配方中一瞥霍尔的世界：玫瑰芳香剂是一种由红玫瑰、甘草、沉香木、黄檀香、肉桂、丁香、豆蔻、树胶、黄蓍胶、肉豆蔻、小豆蔻、高良姜、甘松香油、龙涎香和麝香混合而成的粉末。平常一些的案例，还有玛丽·威尔逊使用的灌肠剂。她当时 22 岁，发着高烧，她的药方就记载于苏珊娜·莎士比亚药方的对页上。这个方子的成分主要是鸡汤，里面有煮过的罂粟籽、睡莲、紫罗兰、生菜、锦葵；这些东西经过过滤后，再加入紫罗兰油、白糖、紫罗兰蜜、食盐和一个鸡蛋的蛋黄。虽然这个病人一年之后还是去世了，但霍尔还是有许多成功治愈的病例。

> 来自斯托克格林的亨特先生，大约 46 岁。他为严重的疥疮和瘙痒所苦，以下药方对他有所帮助：蓝堇、琉璃苣、牛舌草、山萝卜、苦艾草，每种取相同数量，多少随

意，将这些药草榨汁，取两品脱的汁水，将它放入乳清中煮沸，直到乳清煮干，其间要一直撇去浮沫，煮好后待其沉淀。每天加糖之后喝一大口，不必加热。这就是约翰内斯·安立西发明的山萝卜糖浆，他用这个秘方治好了许多人的疥疮，我也用这个方子治好了不少人。[27]

蓝堇是一种罂粟科植物，富含生物碱。临床证明，它有助于调节胆汁的流动，在发生胆道绞痛等胆囊问题的情况下，它可以起到消炎剂的作用。琉璃苣，作为一种能够驱除沉思和忧郁的药剂在 16 世纪得到了许多草药学家的推荐，它具有利尿、镇痛和润肤的作用。它的含盐成分可以帮助肾脏过滤毒素，它同时也含有钾和钙，对心脏很有好处。牛舌草也有类似的特性。山萝卜是一种祛痰剂，可帮助缓解皮肤和肺部的问题。苦艾草，或者说艾草，具有多种用途，至今仍普遍使用。吉罗拉米·拉斯切利（Girolami Ruscelli）的著作《一本非常优秀而有益的书，包含 680 多种反复验证过的药方，适用于药剂师和外科医生》，于 1569 年由理查德·安德罗斯（Richard Androse）从意大利语翻译成英文。这本书列出了苦艾草的许多种用法：消除眼睑上的黑青，治疗瘀伤、黄疸、子宫脱垂；对头痛和失眠有效；抵御因寒冷而引起的胃病和虚弱，杀死儿童身上的虫子，治愈眼睛里的斑点和眼睛里的分泌物；还可以用于治疗乳房疼痛、腹胀和肠系膜静脉阻塞等。

霍尔需要为玛丽·威尔逊的膏药买罂粟、紫罗兰、生菜和锦葵，为亨特先生准备蓝堇、琉璃苣、牛舌草、山萝卜和苦艾草，这些东西他都是从哪儿弄来的？有些可能是从高街上的药剂师菲利普·罗杰斯那里买来的（他曾因贷款逾期未还遭到了莎士比亚的起诉）；另外一些是从斯特拉福德镇上那些采药的女人那里买来的（我们应该还记得《罗密欧与朱丽叶》中的劳

52

伦斯神父，他在黎明时分就提着篮子去采那些"灵葩毒草"）。还有一些可能是霍尔在自己的花园里种的。在莎士比亚去世后，约翰和苏珊娜就搬到了新宅，那里有一个漂亮的花园。在1631年，托马斯·坦普尔爵士（Sir Thomas Temple）曾写信命令他的仆人哈利·罗斯骑马去斯特拉福德镇，希望能从霍尔先生那里得到一些葡萄枝。新宅现在已经荡然无存了，但是这个花园以及花园里著名的桑树被保留了下来。然而，今天的花园仅仅具有装饰的意味：游客已经无法感受到莎士比亚时代植物与药物之间的亲密关系。

我们必须时刻警惕在莎士比亚的作品中寻找他生平痕迹的企图。但是，作家们总是难以避免地会从他们的生活中吸取经验。在莎士比亚的早期戏剧中，有过两位滑稽的医生角色——《错误的喜剧》中的品契和《温莎的风流娘儿们》中的卡厄斯——但是在约翰·霍尔来到埃文河畔的斯特拉福德之后，莎士比亚的笔下就出现了好几位高贵的、以富有同情心的笔触描绘的医务人员，这难道仅仅是个巧合吗？他们之中有必须跟难缠的病人麦克白夫人打交道的医生，有在四开本《李尔王》中使筋疲力尽的李尔王重新振奋起来的医生，还有《辛白林》中的考尼律斯医生（他欺骗了邪恶的继母，给了她一剂安眠药而不是她想要的毒药）。并且，最具有提示性的是《泰尔亲王佩力克里斯》中的塞利蒙，这出关于父女、死亡与重生的戏剧写于爱德蒙·莎士比亚去世之后，这段时期也是苏珊娜孕期的最后几个月，或许还是莎士比亚第一个外孙伊丽莎白出生的最初几周。

53　　这出戏最初是由代笔作家乔治·威尔金斯（George Wilkins）创作的。莎士比亚在第三幕开始的地方接手了剧本。高尔进场。这是一场哑剧，在剧中，泰莎怀孕了。一个婴儿在暴风雨中降生。母亲死于难产，但在接下来的一场中被塞利蒙的医术救活。他在这里说出了医生的信条——

我向来认为，
上天赐人美德与技能，
远胜高贵出身和财富。
浪荡儿孙辱没门楣，挥霍家产，
美德与技术却长存不朽。
使人跻身神明之列。众所周知，
我学医多年，
饱读典籍，兼有实践，
掌握些玄奥的医理，
懂得草木金石之药性，
据此行医，能够诊断病源，
对症下药、妙手回春。
这种探索给我真正的满足，
远胜追逐摇摇欲坠的虚名，
或追求金银满囊的乐趣，
愚人爱金银，待到撒手人寰，
财产全要留给死神。①28

　　考虑到霍尔拥有丰富的医学"典籍"、多种多样的实践和百科全书式"玄奥的医理……草木金石之药性"的知识，莎士比亚在人生中的这个阶段写出这样的内容看起来应该不是偶然。这并不是说塞利蒙就是霍尔，或者怀孕的泰莎就是怀孕的苏珊娜，新生儿玛丽娜就是指伊丽莎白。但是家庭环境，尤其是霍尔那可靠的形象，此时似乎一直萦绕在莎士比亚的脑

---

　① 《泰尔亲王佩力克里斯》，刘昊译，北京：外语教学与研究出版社，2016，第
58~59页。

海中。

在影射莎士比亚生平之外的更深层次上，塞利蒙的这段话还建立了一种对立，一方面是对自然的认识，另一方面是对"摇摇欲坠的虚名"和财富的追求。对于莎士比亚来说，与伦敦这个地方联系在一起的是对荣誉、地位、财富和宫廷认可的追求，但同时这里也是瘟疫和大规模的死亡之地。这里还有已经商业化的性产业：戏剧产业和性交易之间往往存在着共生的联系。妓女不仅仅是在剧场里招揽生意，《泰尔亲王佩力克里斯》的联合作者乔治·威尔金斯本人就拥有多家妓院。

与伦敦恰成对照，同埃文河畔的斯特拉福德联系在一起的是稳定、社区、花园、田野和健康。不管莎士比亚是否像他作品集中最后两首十四行诗暗示的那样，曾经用水银浴治疗梅毒，但他确实经常回到家乡去，通过自然来自我疗愈。和塞利蒙勋爵一样，大师莎士比亚也谈到了大自然使他产生的困惑，并且还有她所能给予的治疗。

或许他曾经一度寄托在哈姆奈特，之后是爱德蒙和爱德蒙的儿子身上的希望，现在落到了霍尔和他的女儿那里。在莎士比亚后期的剧作中，充满了对于父女之情的深长思考，也有对回归自然的种种想法。因此，在《冬天的故事》中，西西里代表着宫廷，而波希米亚代表乡下。在《辛白林》中，宫廷是作为与威尔士乡下相对立的场景而设置的。自然疗法就是故事的深层结构。

也许正是在《辛白林》中，莎士比亚观察自然的技艺达到了最敏锐的状态。"像你的血脉一样的蔚蓝的风铃花"就是对误以为已经死去的菲代尔诉说的。风铃花的颜色和构造确实跟人的血管非常相似。还有贝拉律斯形容他的两个养子是如何表现出王子般高贵的天性，即使身上穿着牧羊人的衣服——

啊，女神！

神圣的造物者，你是在这两位

王子身上描绘你自己！他们像

微风般温柔，在紫罗兰花下拂过，

不去动摇她那芬芳的花蕊；

可是一旦

他们热血沸腾，又像狂风一般

无比粗暴，揪住山松的尖梢，

强迫它向山谷弯腰。①29

风的力量不会动摇一株紫罗兰，但是可以吹弯一棵山松：莎士比亚喜欢这种悖论。

还有伊诺贞左胸口的痣，"五点形的痣，好像莲香花蕊的红斑"。30 除了约翰·克莱尔（John Clare）之外，还有哪位英国诗人拥有这样的眼睛？像克莱尔一样，莎士比亚通晓植物学。《冬天的故事》中的潘狄塔提到了"夕合晨开露满花的万寿菊"31。这里的重点是，万寿菊是一种来自村舍花园的家养花卉，花园中的万寿菊在日落时会合上花瓣，日出时开放，而生长在田野上的万寿菊并不是这样。

莎士比亚在瘟疫肆虐的 1607~1610 年转向了田园浪漫主义，这不太可能只是一个巧合：在所有的剧作中，《冬天的故事》是最有可能在斯特拉福德的家中创作的。

草药经济学

我们已经失去的世界，那个莎士比亚的世界，是一个拥有关于植物药用的民间知识的世界。《麦克白》中在三女巫消

---

① 《辛白林》，彭发胜译，北京：外语教学与研究出版社，2015，第102页。

失时，曾出现这样的句子："我们谈论的这些东西刚才真在这儿吗？我们是不是吃了迷魂的草根，于是神智不再清醒？"[32] 托马斯·贝特莱特翻译的巴托洛迈乌斯（Bartholomaeus）的著作《物之属性》（*de proprietatibus rebum*）中提到过天仙子这一植物，说它能够培育"木质"或"与睡眠类似的迟缓"。它也被称为迷魂草，因为它会带走人的智慧和理性。

奥菲利亚的那些花朵之中，很明显，迷迭香表示纪念，三色堇表示思考，奥菲莉亚也是这样说的［三色堇（Pansies）正是来自法语的"思考"（pensées）一词］。但她的其他花朵的意义，仍留待观众去解释。学者们一般认为芸香代表着王后，茴香和楼斗莱代表国王，但一些评论家认为茴香象征谄媚，与放荡和虚伪的女人联系在一起，楼斗莱角的形状则象征着通奸，所以结论应该是反过来的（《爱的徒劳》中的一则笑话开启了这样的联想）。芸香（rue，这个词在英语中也有懊悔之意）就代表着悔改，这也是克劳迪斯一直试图去做却没有成功的事情。

再看看《李尔王》，它使我们了解到希尔的《草药学》（*Herbal*）一书中墨角兰能够治疗脑疾的信息：那些疯子共享的口令就是"甜墨角兰"[33]。莎士比亚的植物学不仅对医学问题具有启示性，还创造了更大的主题共鸣。这段描述李尔王的奇异花环的文字中，包含的正是人们在夏末秋初英格兰的耕地和田边所能找到的东西——

> 唉，正是他。嗐，刚才还有人看见他，
> 疯得像怒海狂涛，高声歌唱，
> 头戴着紫堇和田埂的野草、
> 野芥、毒芹、荨麻、杜鹃花、

> 毒麦、杂在五谷作物里各种
>
> 懒散的乱草。[1]34

这里的动词"头戴"（crowned）以转喻的形式跟李尔的王位联系在一起。通过用"花草制成的王冠"这一提喻，我们再一次看到了国王，但这一次他头上戴的不是黄金而是杂草。与此同时，五谷作物则是"公共福利"的转喻（"耕作"一词在这出戏的结尾处暗示着"统治这块领土"）。这样的场景暗示了粮食供应（主要是谷物）同政治之间的关系，这既是政治剧《科利奥兰纳斯》的出发点，也是伴随了莎士比亚一生的一个重大问题，比如 16 世纪 90 年代的粮食歉收和詹姆斯一世统治早期的粮食骚乱。莎士比亚本人就是一名兼职粮食商人，也曾因囤积粮食而声名狼藉。

然后还有那些"懒散的乱草"："懒散"使人联想起乞丐、流浪汉、找不到雇主的人——那些生活在边缘地带、无法"耕作"这个国家的人。在刚刚兴起的新教的职业道德观念中，懒散是个特别值得担忧的问题（两百多年后，约翰·克莱尔意识到，他可能会因为在田间"闲逛"而不是在那里劳作而受到谴责）。演员们也意识到了他们跟有闲阶级之间的历史性关联。1606 年的圣司提反之夜，国王供奉剧团在白厅为他们的赞助人即国王陛下演出了《李尔王》，剧中大胆地刻画了一个游手好闲的国王，他的随从是卑德阑乞儿和贫穷赤身的可怜虫，而他头戴的杂草王冠则象征了这种关系。但杂草也是一种对衣物的称呼：这出戏中的一个关键意象就是脱去衣服——长袍和毛皮外衣所引发的无序将一切都掩藏在简简单单的动作"解开扣

57

---

① 《李尔王》，彭镜禧译，北京：外语教学与研究出版社，2015，第 95 页。为了跟上下文呼应，译文有改动。

子"之中。植物学因此成为一种表现和颠覆社会秩序等级制度的手段。

潘狄塔在《冬天的故事》中对艺术与自然的讨论是对植物学与社会等级之间关系的另一种探索，也是对园艺这一人类艺术与自然野性之间的调和手段的探索。约翰·帕金森（John Parkinson）在《花园中的所有怡人植物》（*A Garden of all sorts of Pleasant Flowers*）一书中期待着潘狄塔的到来，他将"康乃馨和石竹花"称为"我们英国人花园里重要的花之代表……欢乐和鲜花的女王……它们要到一年中最热的时候，也就是 7 月才开花，一直到秋天的寒气使它们不再开放，或者一直到它们自己开得筋疲力尽为止；这些美丽的花朵通常都是靠扦插繁殖的"。[35]

为了精确地列举出李尔王冠上的杂草，我们还需要在这里进一步讨论。紫堇是球果紫堇属植物，有时也被称为"大地上的烟雾"，因为它有在地面上四处蔓延的趋势。野芥也许就是野芥子或者野芥末花，在玉米田里很常见。在杰拉德所著《草药学》中的"野生芜菁"一章中，我们可以看到——

> 野生芜菁一共有三种：一种是我们常见的油菜，它的籽可以制成菜籽油，用来喂养会唱歌的鸟；另外两种是玉米地里常见的杂草，我们称之为野芥子。野芥子一种开着黄色或紫色的花，另一种开着白色的花。也有长在水域和沼泽里的品种。[36]

沃里克郡人迈克尔·德雷顿在其《牧羊人的花环》（*Shepherd's Garland*）一书富有诗意的花卉目录里提到了"野芥"这个词——德雷顿是当时唯一在描述植物的准确性方面能与莎士比亚媲美的人。然而，有些学者认为，野芥应该就是牛蒡，约翰·霍尔曾经提到它的叶子是一种治疗坐骨神经痛的药剂的成分之一，而它的根是一种治疗痛风的混合物的成分之一。

毒芹是毒参属植物，毒麦是黑麦草属植物，杜鹃花是盛夏时分听到杜鹃鸟鸣叫时开放的几种野花的统称。我们现在已经失去了这样的生物多样性：我居住在距离埃文河畔斯特拉福德3英里的一块玉米田边上，如今这里田间的杂草只有荨麻和罂粟。我们也已经失去了参照：今天有多少学生和戏迷能够辨认出蓝堇、毒麦或杜鹃花的样本？莎士比亚在乡下长大，很有可能在去上学之前就接受过野外教育。

那些将他的剧本付梓的伦敦排字工人对这些词很感吃力：四开本的《李尔王》将蓝堇称作"femiter"，而这个词在对开本中又变成了"fenitar"。"野芥""野芥子""野芥末花"也往往被排字工人弄得面目全非。我们不知道，那些伦敦的剧院观众能够在多大程度上领会《仲夏夜之梦》中媞泰妮亚沉睡的河岸上生长的高报春的细节，以及在戏剧中随处可见的不同乡间俗称，其中最著名的是葛特露德对于死去的奥菲利亚头上戴的花冠的描述："还有长颈兰，别有不雅之名，来自放荡的牧人。"[37]

莎士比亚出生于英格兰农村的草药经济时代。福斯塔夫在《亨利四世》下篇中说过，波因斯的才气就像图克斯伯里（Tewkesbury）的芥末一般浓厚——图克斯伯里以出产英格兰最好的芥末而闻名。或许是因为跟手下的演员一起到肯特郡巡回演出过，莎士比亚发现了多佛悬崖上兴旺的海篷子草交易。但是跟国际植物经济比起来，他总是更关心自己家乡的植物贸易。对于跨国香料贸易，他并没有表现出多少兴趣。甚至是《暴风雨》这种有关帝国问题和半新世界背景设定的戏剧，里面讨论的也只是大英帝国奠基于其上的两种东西：贸易和香料。

　　《第一对开本》出版之后不久，莎士比亚的孙女，时年16岁的伊丽莎白就从伦敦返回了家乡。她身患感冒，不久之后就转成了瘟热。她的父亲约翰·霍尔在16天之内治愈了她，主要是用让她服用大量的肉豆蔻这种应急疗法。现代历史学家往往将肉豆蔻与荷兰和英国东印度公司争夺殖民统治地位的竞争联系在一起。肉豆蔻在伊丽莎白时代的英格兰确实非常贵重，因为当时的人认为这种植物能抵御瘟疫，但是莎士比亚并没有联想到从印度远道而来的香料路线。他只不过是在《冬天的故事》中，为年轻牧羊人小丑那一顿非常英式的剪羊毛宴会而准备的购物清单上添了7个肉豆蔻，虽然故事的场景已经变换到了波希米亚。年轻牧羊人还得买"番红花，用来给梨派染色"[38]。人们能察觉到莎士比亚更为关心的是"梨派"，而不是"番红花"。威廉·布林（William Bulleyn）于1562年出版的《样品之书》（*Book of Simples*）曾盛赞"红梨""具有极大的用处，无论是烘还是烤，都能有效地平息人的怒火"。乡下人莎士比亚是在郡县腹地出生和长大的，跟国际化的肉豆蔻和番红花市场相比，他更感兴趣的一直是不同种类的英格兰土产梨子和苹果。

4. 旧世界，新的人？

我曾梦见自己成为女王

我们现在再回过头来看看威廉·莎士比亚出生的那一年，即 1564 年。这也是意大利文艺复兴的巅峰米开朗琪罗和日内瓦新教改革领袖约翰·加尔文去世的年份。根据斯托的《年鉴》，伊丽莎白时代的英国人记忆中的这一年不仅有瘟疫，还有极端的天气。9 月发了洪水；10 月，北极光点燃了北方的夜空；接下来是圣诞节前一场巨大的霜冻，导致河水全都上了冻，人们在新年夜可以顺着结了冰的泰晤士河一路从伦敦桥走到西敏寺，有人甚至在冰面上玩足球，"就好像是在陆地上一样大胆"。在圣诞节期间，朝臣们从威斯敏斯特宫走出来，"每天都要向泰晤士河上的刺（箭靶）射击"。[1]

也正是在这一年，"女王陛下和法国国王、他们的领地、自治领和臣民之间缔结了光荣而欢乐的和平，4 月 13 日，在温莎城堡和伦敦，宣告和平的号角吹响了"。英国人在特鲁瓦签署和平条约，宣布放弃对加莱的主权，以换取 20 多万克朗的赔偿。这一年晚些时候，圣保罗大教堂举行了庄严的纪念仪式，哀悼另一位和平使者，神圣罗马帝国皇帝、奥地利大公斐迪南一世去世。他曾（暂时）结束了组成现在德国的一些小公国之间的冲突，并使波希米亚和匈牙利的王位变成了哈布斯堡王朝的世袭财产——尽管东匈牙利仍然臣服于奥斯曼帝国。同年，奥斯曼土耳其人占领了马耳他岛（后来马洛把他大获成功的戏剧《马耳他的犹太人》的场景就设在这一时刻）。一个不稳定的法国、罗马天主教统治下的南欧、奥斯曼帝国势力下的地中海：正是在这样的背景下，伊丽莎白女王及其朝臣、外交官和公共知识分子试图为英国建立国家安全和认同感。莎士比亚的戏剧虽然很少抱有政治宣传的意图，但也是伊丽莎白的目标的一部分，有时是通过在戏剧中表演代表性的历史片段，有时是通过戏剧中设定的地理位置来表现，如威尼斯、塞浦路斯和波希米亚。

伊丽莎白当时还没有成为爱德蒙·斯宾塞（Edmund Spenser）长篇史诗中的仙后"荣光女王"（Gloriana），也尚且不是那个脚踏在地图上的人物，但她正忙着通过游行、探访、辩论和戏剧来塑造自己的形象。1564年8月初，女王一行访问了剑桥。在剑桥大学，她受到了国王学院学生"尊敬和愉快的接待"，在整个访问期间，她都下榻在那里。"居住在此的那一段时间，她白天都是在哲学、医学和神学的学术训练中度过，晚上则用来观赏喜剧和悲剧，这些戏剧部分是由来自剑桥大学的学生表演的，有些是国王学院的学生表演的。"[2]虽然戏剧很可能是晚餐后娱乐节目的一部分，但是从知识上说，戏剧其实是深受女王喜爱的哲学、神学和辩论的集合体。

虽然宫廷日历是根据女王的行程制定的，但英格兰农村的生活却受到农业周期和教会年历的影响，古老的宗教仪式日和休息日都与教堂的"圣日"强行联系在一起。播种有时，收获有时。世俗生活围绕着节日年复一年。5月1日和仲夏日都是小妖精出来恶作剧的日子。在《仲夏夜之梦》里，总是鱼与熊掌兼得的莎士比亚神奇地将自己的仲夏之夜与五一节清晨的狩猎活动融为一体。他创造了一个辉煌的流行风尚和贵族习俗的大杂烩，将跳莫里斯舞的人和王家演出混杂在一起。

在讲坛和教室里，人们曾经学习过自然秩序和社会结构之间神奇的对应关系。宇宙的层级是这样的——上帝在上面，然后是天使，之后是人类，最后是野兽。按照同样的理由，当时的社会等级制度是国王和王后居首位，然后是贵族、绅士、平民，最后是流浪汉、妓女和无人雇用的人。很自然，演员的地位并不比流浪汉高多少。那些在舞台上扮演女性角色的年轻学徒，往往会被成年演员视为男妓。

莎士比亚笔下的某些角色——那些有既定的兴趣这么做的人——乐于讨论保持这种"等级"和"规则"制度的重要性。但正是混乱造就了好的戏剧。《仲夏夜之梦》一剧的核心就是一个出身卑微的人——织工波顿——的幻想。他在社会等级上一路下滑，装扮成一头毛茸茸的驴子，然后又爬到顶端，向仙后求爱。

女王很重视自己的处女形象。这似乎在她的臣民心中激起了异想天开的欲望。西蒙·福曼（Simon Forman）是当时英国最著名的占星家之一。在 1597 年，他暂时放下书写占星术和预言，记录了自己的一个梦——

> 我梦见我和女王在一起。她是一个上了年纪的小个子女人，穿着一条粗糙的白衬裙，还没有穿整齐；我和她在巷子里来回踱步，讨论着许多事情。最后，我们走到一条很宽的死胡同，那里聚集着许多人，有两个人正在激烈地争论着什么。其中一个人是织布工，他是个留着红胡子的高个子男人，已经有些丧失了理智。女王对他说了些什么，他很高兴地走上前跟女王对话，最后抱住她并且吻了她。于是我抓住女王的手臂，将她拖到一边，告诉她这个家伙真的是疯了。接着我们从他的身边走开，我依然让她挽着我的手臂，我们穿过一条肮脏的小巷。她穿着一件干净而漂亮的白色长罩衫，拖在泥地上，她的外衣掉在身后。我拿起她的外衣，试图帮她穿好，但是在那之前外衣就已经完全掉下去了。我请求她赏脸让我服侍她，她答应了。
>
> 然后我说："我打算在上面服侍你，而不是在你后面，这样我就可以让你的肚子变大，于是罩衫和外套就不会拖

在尘土里了。"就这样我们愉快地聊着天，她开始依靠在我身上，当我们走过泥地之后，她已经跟我非常熟稔了，而且据我看来她可能开始爱上我了。如果只有我们两个人，在走出了别人的视线之后，我想她可能还会吻我呢。[3]

就在这个关头，福曼先生醒了。毫无疑问，弗洛伊德博士对于梦中的这些泥地会发表一下看法。福曼先生是一个狂热的戏迷，所以他做这个梦很有可能是由于他观看了《仲夏夜之梦》的演出，否则，选择织工作为亲吻女王的卑微男子的职业，就会是一个非同寻常的巧合。

这是一种反向的炼金术，福曼的梦把莎士比亚的黄金变成了贱金属。在波顿的梦中，他自己变成了一头驴子，长着一双被仙后抚摸过的长长的耳朵。这个梦的神奇之处就在于它天真无邪——

轮到咱说尾白的时候，请你们叫咱一声，咱就会答应；咱下面的一句是，"最美丽的皮拉摩斯"。喂！喂！彼得·昆斯！弗鲁特，修风箱的！斯诺特，补锅子的！斯塔佛林！他妈的！悄悄地溜走了，把咱撇下在这儿一个人睡觉吗？咱看见了一个奇怪得了不得的幻想，咱做了一个梦。没有人说得出那是怎样的一个梦；要是谁想把这个梦解释一下，那他一定是一头驴子。咱好像是——没有人说得出那是什么东西；咱好像是——咱好像有——但要是谁敢说出来咱好像有什么东西，那他一定是一个蠢材。咱那个梦啊，人们的眼睛从来没有听到过，人们的耳朵从来没有看见过，人们的手也尝不出来是什么味道，人们的舌头也想不出来是什么道理，人们的心也说不出来究竟那是怎样的一个梦。咱要叫彼得·昆斯给咱写一首歌儿咏一下这

个梦，题目就叫作"波顿的梦"，因为这个梦可没有个底
儿[①]；咱要在演完戏之后当着公爵大人的面前唱这个歌。[②][4]

　　这段话的妙处在于它来自对《圣经》中一句名言的演绎，
这句名言一定早已深深烙在莎士比亚的记忆中。当年的观众大
部分都非常熟悉《新约》，他们可能已经意识到，波顿对梦的
描述暗示了《哥林多前书》中的一个著名段落——带有不同感
官的特性，但被滑稽地歪曲了——在这一段落中，圣保罗说：
"身为爱他的人所预备的，是眼睛未曾看见，耳朵未曾听见，
人心也未曾想到的。"在莎士比亚非常熟悉的日内瓦版《圣经》
中，这段话讲述了人类精神如何寻找"上帝秘密的底儿"[5]。耶
稣说，要想进入他的国，就必须使自己变得像个孩子。对于戏
剧王国来说，或许也是如此。正是因为波顿具有孩子一般不愤
世嫉俗、笃信虔诚的精神，他才被赋予了他所见的幻象。这种
孩子般的好奇心从何而来？也许正是来自一个乡村男孩，他记
得自己小时候多么喜欢动物、变形和女王的故事，但他从来没
有梦想过有一天他的故事会在宫廷的浮华盛大场景之中，在童
贞女王本人的眼前上演。

64

新星，新人

　　奥尔德明斯特（Alderminster）村位于斯特拉福德以南
5英里，坐落于牛津路上。这里是托马斯·罗素（Thomas
Russell）的家，他是一位富裕的地主，比莎士比亚年轻几岁。
他是威尔在晚年结交的朋友。罗素和斯特拉福德的律师弗朗西

---

① 波顿即 Bottom，所以这里是一句双关语。
② 《莎士比亚全集 喜剧卷上》，朱生豪译，南京：译林出版社，1998，第
354~355页。

斯·柯林斯（Francis Collins）共同担当了莎士比亚遗嘱的执行人，这表明莎士比亚对他的尊重和信任。除此之外，他还得到了 5 英镑的遗赠，比莎士比亚留给手下其他演员的钱加起来还要多。但是罗素并不需要这笔钱，他在第二次结婚时迎娶了非常富有的寡妇安·迪格斯（Ann Digges）。

安·迪格斯的儿子伦纳德·迪格斯（Leonard Digges）是莎士比亚的忠实粉丝。他为 1623 年的《第一对开本》写了一首献诗，其中提到了圣三一教堂的诗人纪念碑，从而表现出了他对当地的了解。他的其他几首赞美诗作还被收录在 1640 年出版的莎士比亚诗集中。他特别喜欢《罗密欧与朱丽叶》、罗马戏剧、奥瑟罗和伊阿戈、福斯塔夫、马伏里奥、比贝特丽斯和班尼迪克。

寡妇迪格斯的另一个儿子达德利爵士（Sir Dudley）是弗吉尼亚公司的董事，该公司于 1607 年在詹姆斯敦建立了北美洲的第一个英国永久殖民地。也许正是通过他，莎士比亚获得了"海洋冒险号"（*Sea Venture*）在百慕大海域沉船的信息，而这为他提供了《暴风雨》中有关风暴的细节。

莎士比亚很可能没有见过迪格斯兄弟的亲生父亲，但是应该听说过他。托马斯·迪格斯（Thomas Digges）死于 1595 年，是那个时代英国最伟大的几何学家和天文学家——除此之外，他还是一名议会议员，并发挥自己的数学才能，在与莱斯特伯爵有关的"战争党"中担任军事技术人员。迪格斯对天空的观察提醒我们，莎士比亚生活在一个对事物神圣秩序的既有确定性提出质疑的时代。

《暴风雨》中的普洛斯彼罗教导孤儿凯列班如何"称呼白天和夜晚发亮的，大光和小光"[6]。在父母教我们的最初几个词中间，一定有"太阳"和"月亮"。老莎士比亚夫妇约翰和玛丽可能还会相信上帝在六天之内创造出了这个世界，在第七天休息。在第四天，他造了"两盏大灯，白天用亮一些的，晚上用不那么亮的"[7]。凯列班毫无疑问地呼应了《创世记》中的这句话。威尔·莎士比亚在年纪尚小的时候，肯定会毫无保留地相信《圣经》中对创世的描述，并且他也会以为地球就是宇宙的中心。

几个世纪以来，人们已经广泛接受了托勒密的古代宇宙学体系，即宇宙由一系列同轴的物质组成，这些物质都是透明的球体，围绕着地球在一根单轴上运动。在我们上方，是空气组成的球体，然后是月亮、太阳和星星。一些接受过高等教育的人知道水星和金星比太阳更接近地球，马洛笔下的靡菲斯特就是这样提醒浮士德博士的，九重天或者说九重球体就是"七大行星，天空和苍天的天堂"[8]。当球体在轴上运动时，它们之间的摩擦会产生一种天籁般的音乐，这种音乐在莎士比亚的戏剧中经常被提及，有时甚至会被想象成清晰可闻的。

这个系统的重要之处在于其稳定性。任何变化都是一种预兆，是上帝介入的迹象。彗星会带来"时代和状态的变化"，就像《亨利六世》上篇的开头几行提到的那样。太阳黑子、日食和行星扰动，就像《哈姆莱特》中描绘的那样，是"而今种种可怖异象纷呈／是早期警示将来之命运"[9]。波斯的东方三博士观察到伯利恒上空出现了一颗新星，标志着历史的转折点——基督的诞生。日内瓦版《圣经》中有一段旁注解释说，这颗星星是"一个不同寻常的迹象，表明了属于国王的（也就是说，基督的）地位，而基督是当时的世人尚不尊崇的"[10]。

1572 年年底，一颗明亮的新星出现在天空中。大多数人会认为这是某种来自神的警告。但是托马斯·迪格斯对此持不同的观点，他是最早将天文学（对星星的经验观察）和占星术（预测星星对人和事的影响的技艺）分开的人之一。他在一篇致全欧洲知识分子的拉丁语论文中报告了这颗新星的出现，并认为它正是检验哥白尼新近提出的地球绕太阳旋转而不是太阳绕地球旋转的假说是否正确的机会。

迪格斯还没来得及得出任何结论，这颗新星就消失了，但几年后，他审读了自己父亲一本广受欢迎的天文年历的最新版本，《一个永恒的预言》（*A Prognostication Everlasting*），他在里面附上了一篇自己撰写的短文，题目是《对于天体的完美描述》（"Perfect Description of the Celestial Orbs"）。老迪格斯的占星术预言与小迪格斯的天文学研究产生了正面冲突。后者《对于天体的完美描绘》是对哥白尼《论宇宙的革命》（1543年）中关键的宇宙学部分不甚严谨的翻译。后来，主要是通过年轻的迪格斯，新的哥白尼宇宙论才为英国人所接受。他还附上了一张图，展示了众多恒星以太阳系为中心向外延伸而形成的无限宇宙。像那个时代所有受过教育的人一样，他在经典著作中寻求知识上的权威。据此，这个体系应该被称为"毕达哥拉斯"体系，而不是"哥白尼"体系——尽管托勒密的地心说几个世纪以来一直占据主导地位，但在古希腊，毕达哥拉斯的一些追随者，尤其是萨摩斯的阿里斯塔克斯（Aristarchus of Samos），已经提出了日心说。

哥白尼的宇宙中心是太阳而不是地球，这就使人不再处于宇宙的中心位置。迪格斯对无限的设想有可能对人类是上帝最后和最好的创造物，因而具有特殊的地位这一传统观念造成进一步的打击。

约翰·多恩（John Donne）在《世界的解剖》（"Anatomy of the World"）一诗中记录下了这种冲击——

> 新哲学置一切于怀疑之中，
> 火的元素已经被扑灭；
> 太阳迷失了，地球也迷失了，

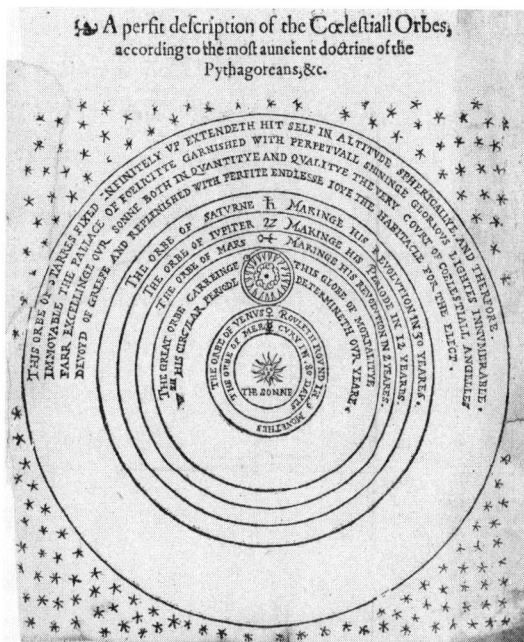

托马斯·迪格斯的哥白尼宇宙

没有哪个人的才智，能清楚地引导他去寻找到它们。

人们坦言，这个世界已经耗尽，

他们在行星中，在天穹中，找到了许多新的世界，

然后又看到它们再度碎成原子。

一切都是碎片，使它们黏合在一起的东西已经不复
存在，

一切都只是供给，一切都只是关系；

君王与臣属，父亲与儿子，都已经被忘记。

每个人都坚信，自己必须成为凤凰

这样才不会只是同类之一员，而是自己本身

这就是这个世界今日之状况。[11]

"火"这一元素，在托勒密的模型中盘旋在我们的上方和周围，而在毕达哥拉斯／哥白尼／迪格斯的日心说宇宙中却被放在了完全不同的位置上。根据多恩广泛而富于联想的思维框架，伽利略这样的人——与莎士比亚一样，他也出生于1564年——已经开始通过望远镜寻找新世界了。这一事实证明，我们的世界已经度过了它的鼎盛时期，正处于逐渐衰败的状态。此外，根据建立已久的理论，宏观宇宙秩序与微观的国家状况相对应，天空中固定等级制度和稳定状态的丧失，预示着社会秩序将会发生类似的剧变。君王与臣属、父亲与儿子之间稳定的关系，被视为受到了与宇宙等级制度——"存在的大链条"——同样的压力。

莎士比亚笔下《特洛伊罗斯与克瑞西达》中的尤利西斯，是一位典型的政治家，也是修辞手法的大师。他认为宇宙的秩序和国家的秩序之间存在着一种对应关系。

> 天宇浩瀚，星辰肃立，连同这地球——宇宙的中心
> 皆等级分明，序列有张，
> 万物因循规律、轨道、比例、季节、形式，
> 职责和习俗，皆秩序井然；
> 所以，那璀璨的太阳
> 才得众星拱卫，高踞辉煌的王座之上。①12

正如太阳（"太阳神索尔"，当时的人们认为太阳是一颗行星）处于显赫的高位，凌驾于其他行星之上那样，国王作为国家元首同样高高在上。但是，即使是在这种"等级"传统形

---

① 《特洛伊罗斯与克瑞西达》，刁克利译，北京：外语教学与研究出版社，2015，第29页。为了与上下文呼应，译文有改动。

象的清晰表达中，也存在着不稳定的可能性。尤利西斯的模型基本上是以地球为中心的——地球是"宇宙的中心"，太阳"众星拱卫"处于其他行星之中——但是，对太阳显赫地位的强调可能暗暗指向了新的日心说天文学。 69

　　尤利西斯关于社会需要保持严格的等级秩序或"等级分明"的演说是一种政治策略。他认为，希腊阵营中"等级分明"失调的原因之一是他们的模范战士阿喀琉斯待在帐篷里生闷气，而他本应该在模范战士的岗位上，也就是在战场上。但他提出的让阿喀琉斯回到正常位置的方法本身就是对等级制度的破坏。赫克托耳挑起了一对一的决斗。按照等级制度，与赫克托耳平等的对手是希腊的阿喀琉斯，但尤利西斯提出让埃阿斯上场，从而冷落了阿喀琉斯，促使他重新参战。尤利西斯通过操纵这场选拔而达到了自己的目的。

　　当道德和社会秩序得不到维护时，混乱就会随之而来。尤利西斯对这种混乱展开了词句铿锵的想象，从而忽略了他对价值相对性的认识。"倘若秩序动摇"，天体的音乐就会失去调律。上帝对海洋和陆地的划分将会被打破，"坚固的世界"将会被"浸泡成一片汪洋"。[13]

　　　　强者欺凌弱小，

　　　　粗暴的儿子打死父亲；

　　　　强权即公理，或者说，在对与错的不断冲突中，

　　　　本该由正义裁决；

　　　　却再无正义可言，是非可辨。

　　　　一切都听从权力的支配，

　　　　权力听从意志，意志听从欲望，

　　　　欲望这头贪得无厌的恶狼，

　　　　得到意志和权力的双重支持，

> 势必贪婪地扑食猎物，
>
> 最后连自己也一并吞噬。①14

70　　"倘若秩序动摇"，"对与错"将"再无正义可言"，对于这一警告，尤利西斯补充说，正义并不像人们所期望的那样，天生就站在正确的一边，而是站在正确与错误之间的"不断冲突"之中。《特洛伊罗斯与克瑞西达》一剧就作为一个整体展示了秩序、道德和社会不是一个预先确定的、与和谐宇宙的设计相呼应的价值体系，而是一个过程、一个无休止的辩论和谈判，其中的理性和判断都与欲望和意志密切相关。

　　正统的思想家，如当时英国国教的护教者理查德·胡克，坚信宇宙与政治秩序之间存在着对应关系。他说："如果天体忘记了它们一贯的运动……那么所有这些东西所服务的人，又会变成什么样子呢？"15 孩提时代，莎士比亚每周都会在圣三一教堂聆听布道。有时布道关心的是"秩序、对统治者和治安官的服从"，有时会怒吼着"反对不服从和故意反抗"。在莎士比亚出生前一年，供教堂使用的《布道书》的最初版本就已经问世了。在他 5 岁那年，北方伯爵起义失败后，书中又加上了"反叛乱训诫"方面的内容。"如果把国王、王子、统治者、治安官、法官和这类上帝命令下的财产统统带走，"神父会这样宣布，"接下来就一定是完全的灾难和对灵魂、身体、财产和共同财富的彻底毁灭。"16

　　但在莎士比亚的戏剧中，尤其是在《特洛伊罗斯与克瑞西达》中，"道德哲学"并不是一个固定的价值参照点。它本身就值得怀疑，并且也有缺陷。赫克托耳试图区分基于情绪

---

① 《特洛伊罗斯与克瑞西达》，刁克利译，北京：外语教学与研究出版社，2015，第30页。为了与上下文呼应，译文有改动。

（"狂热偏激的意气"）的行动的危险性，以及基于理性（"裁定对错的准则"）的行为的恰当性。至于在特洛伊战争中，对错是得不到客观判断的。"什么东西的价值不是由人来衡量的？"特洛伊罗斯问道。赫克托尔试图证明高于"个人的意志"的价值存在，但是这整出戏——以及其中的种种对比，如特洛伊人和希腊人、战场和卧室、高雅的辞藻和低俗的淫秽——说明所有的道德判断都是相对的。[17]最为雄辩地说明了这一点的正是尤利西斯：一个人或一个行为只能由此来判断——

> 通过反射   71
> 当其美德惠及别人，
> 如热力照射，别人再把热力返回到
> 发出最初热力的他自己。①[18]

对等级制度的真正威胁并不是托勒密的宇宙观开始向哥白尼和迪格斯的宇宙观转变。太阳作为君主的象征，仍然位于宇宙的中心，并没有取消女王的卓越地位。在约翰·凯斯（John Case）于 1588 年为亚里士多德的《政治学》写下的评论著作《政府的领域》（*Sphaera Civitatis*）中，其卷首插画将旋转的行星等同于伊丽莎白的道德和政治美德。她以这样一种方式统领着这幅图景，因此即使它是迪格斯式的而不是托勒密式的，也丝毫不会有什么关系。

在一个依赖稳定性的系统中，不规则的运动，例如火星的运动，会引发一些困难。"马尔斯他真实的运行轨迹，恰似在

---

① 《特洛伊罗斯与克瑞西达》，刁克利译，北京：外语教学与研究出版社，2015，第79页。

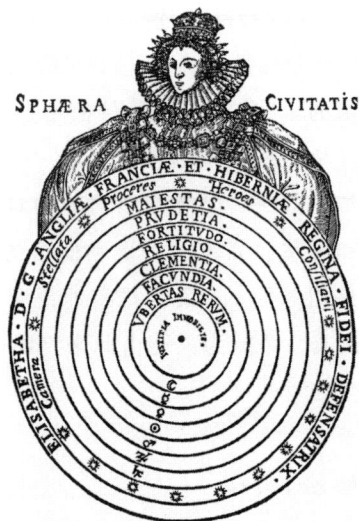

《政府的领域》的卷首插图

苍宇／在这尘世，至今一样是个不解之谜。"[19]① 在《亨利六世》
上篇的开头部分，法王查理曾这样说过。但最危险的威胁在于
打破宏观世界与微观世界、天空秩序与社会秩序之间的对应关
系。对迪格斯来说，在他父亲的《天文历书》之后加上他的天
文学创新丝毫不会产生矛盾。《天文历书》是一种写作形式，
其前提是假定上天对地球上的国家和个人的历史具有神圣的影
响。但是对于莎士比亚笔下《李尔王》中的爱德蒙来说，来自
星际的影响这一整个概念只是个人未能对自己的命运承担责任
的借口。格洛斯特说出了一种正统的观点，即"最近的日食月
食不是好兆头"，而爱德蒙对此的反驳轻蔑地解构了整个对应
关系体系——

---

① 《亨利六世（上）》，覃学岚译，北京：外语研究与教学出版社，2015，第20页。
马尔斯（Mars），即火星，其运行轨迹对于伊丽莎白时代的天文学家来说还是个不
解之谜。

　　这真是世界上最最愚蠢的事：我们遭遇不幸——往往是因为自作自受——却把灾祸归咎于日月星辰，好像我们作恶是迫不得已，愚蠢是老天所逼，无赖、偷盗、悖逆都是受到星辰主宰，酗酒、撒谎、通奸都是顺乎天道。我们的一切邪恶都是神意在推动：人这个色魔真是会推诿，把自己淫荡的本性怪在星星头上！我的父母在天龙座的尾巴底下交媾，我在大熊座底下出生，因此我必然粗暴淫荡。就算制造我这野种的时候，天上最纯洁的星星正眨着眼，我也还是现在这副德行。①20

　　爱德蒙是伴随"新哲学"而出现的"新人"的化身。步马基雅维利的后尘，他对自己的定位首先、首要是他自己，这与"老人"形成了鲜明的对比，后者会根据旧的等级制度，将自己定义为忠实于君王的臣属、顺从于父亲的儿子。多恩的《世界的解剖》一诗，隐喻着这位新人声称他可以重新塑造自己，如同传奇——以及传统中的奇迹中所描述的那样，就像凤凰从焚烧自己的灰烬中重生。16 世纪伟大的、密切相关的知识和精神革命点燃了生命之火，从中诞生了新的人类。人文主义的学术主张是，通过追求古希腊和古罗马的异教文化中体现的理想，个人和社会生活都可以得到改善，然而宗教改革的精神主张却是个人只有通过内在的契约才能到达天堂，而不是通过那些传统的中介——祭司代祷与教会规定的职责、作品和仪式。

73

　　多恩诗歌的伟大之处在于他那充满活力和进取心的、属于新人的部分，与他身上的天主教传承遗留下来的、渴望着旧秩

---

① 《李尔王》，彭镜禧译，北京：外语教学与研究出版社，2015，第 25 页。

序带来的安全感的部分之间的张力。或许对莎士比亚来说也是如此。让我们想象一下这位年轻剧作家的抱负，以及由此带来的他在职业生涯之初所面临的困境。

我们再次强调，莎士比亚的幼年时期是至关重要的。受季节影响的农村社区趋于保守，这是一种非常普遍的现象。法国大革命的理想曾在巴黎激荡，但将这样的理想强加于外省的企图却以灾难性的失败而告终。反君主主义和反教权主义并没能在农民中扎根。16世纪英国的宗教改革也是如此。正如历史学家埃蒙·达菲（Eamon Duffy）以详尽而强有力的笔触记录下来的那样，在英国各省绵延数百年之久的罗马天主教信仰和仪式，不可能在一夜之间被都铎王朝的政府机构下令取缔。[21]尽管埃文河畔斯特拉福德的市镇当局以非常大的热情投向了新教，但有充分的证据表明，莎士比亚青年时代的环境中仍然存在着不服从国教的情况。许多学者认为，约翰·莎士比亚仍然坚守着旧信仰，尽管对于这个问题学者们至今争执不下。这个问题之所以悬而未决，是因为18世纪时在约翰位于亨利街的房子里发现了一份显然由他本人签署的天主教信仰誓约书，但这份文件的真伪尚不能确定。这份文件的第一页是伪造的，其余的部分很可能也是伪造的，但仍有一些人认为它就是真品。

无论莎士比亚是不服从国教者，是新教徒，还是表面上与国教保持一致、内心仍信奉天主教的"教会教宗党"（church papists），威廉·莎士比亚自身的本能和传承都是谨慎的、传统的、可敬的，对变化持怀疑态度。我们不妨说，他是趋向于保守的。

74　　　但是后来他迷上了演戏。本·琼生不止一次地想象过一个场景，并且此场景多年来一遍又一遍地出现——我们很容易想象它就曾发生在莎士比亚的家里。父亲坚持认为儿子应该在法律这样的体面行当谋生，但儿子想随自己的心意走另一条放荡不羁的道路。因此，在《各人性情不同》（*Every Man in his Humour*）中，父亲指责儿子——

> 梦想着虚无缥缈的诗歌，
> 这种徒劳无益的艺术，
> 对谁都没有什么好处。[22]

威廉·莎士比亚的名字也出现在《各人性情不同》的初演演员名单中。如果他扮演的是父亲的角色——这种情况是非常有可能的——这段话就更加富有讽刺意味。考虑到莎士比亚经常被称为"现代的奥维德"，琼生的《蹩脚诗人》（*Poetaster*）一剧中类似的情节也是十分贴切的。老奥维德责备小奥维德——

> 我所有的辛劳和花费，就收获了这样的成果吗？这就是你应该学习的领域和目的吗？我长久以来捧着你，对你寄予厚望，是期待你学这样的东西吗？散文？韵文？我以为你会成为律师奥维德，结果你变成了写剧本的奥维德？[23]

约翰·莎士比亚属于一个认为"虚无缥缈"是一种罪恶的阶级，他可能会认同"演员不比流浪汉强多少"这样一种普遍观点。他在斯特拉福德镇议会中的继任者禁止演员在该镇演出。当约翰听说儿子一直以来都在剧院工作时，他一定会大吃一惊的。戏剧这个行当在当时还是一个充满了未知数的领域。开剧院成为一门生意，通过收取入场费来运作，全年都有世俗戏剧上演，而不仅仅是在教会节日演出或者作为贵族的娱乐活动，这些都是16世纪晚期英格兰的创新举措，都是伦敦独有的现象。在16世纪80年代晚期或是90年代早期，无论威廉·莎士

比亚是通过什么路径进入伦敦戏剧界的，他都已经走上了一条
与自己的出身格格不入的道路，并且冒着相当大的经济风险。

75　　当时莎士比亚所处的戏剧界流行的戏剧内容，以与他同一
年出生的克里斯托弗·马洛为代表，是非常有利于成功的。马
洛以一系列精彩的、推陈出新的戏剧改变了伦敦的舞台：分为
上下两篇的《帖木儿大帝》、《马耳他的犹太人》和《浮士德博
士》。这些戏剧中的诗句令人眼花缭乱，其中涉及的知识十分
宽泛，剧中的角色有力地锤炼了当时最著名的男演员爱德华·
阿莱恩的演技。这些剧作一定迷住了刚开始在伦敦生活的莎士
比亚。当时的戏剧界规模不大，所以他很可能认识马洛本人，
但即使他不认识马洛，也一定会对后者的背景有所了解——生
于1564年，来自外省地区而不是伦敦，父亲做生意，在当地
的文法学校接受过教育（坎特伯雷的国王文法学校）。但是他
们两个身上的相似之处就到此为止了。马洛后来去了剑桥大
学，成为一个典型的"新人"，同"新哲学"最激进的方面联
系在一起——"无神论"和马基雅维利主义。更重要的是，马
洛戏剧的基础正是建立在自主的自我之上——帖木儿大帝、浮
士德和巴拉巴斯不正是"新人"的具体化身吗？

　　简而言之，这就是莎士比亚所面临的困境：作为新生代
剧作家，他怎样才能既忠于自己保守的传统，又在不抛弃传统
价值观的情况下超越马洛？但或许这是一个机会而不是一个
困境。莎士比亚非常精明，他比马洛本人还要熟悉后者的剧
本。这些戏剧中那些无拘无束的新人后来都怎么样了？帖木
儿、浮士德和巴拉巴斯都死了，下地狱了。马洛本人后来又怎
么样了？在格林的那本措辞极端的小册子《千万悔恨换来了一
点儿聪明》问世之后不到一年，他也死了。而莎士比亚后来怎
么样了？他成了伟大的幸存者。他是他那一代剧作家中唯一不
曾因为自己的作品而受到监禁或指责的人。他是唯一出于自己

的选择而不是迫于环境的压力而结束职业生涯的剧作家。他后来变得十分富有，买了一处叫作新宅的大屋。他憎恶这些"新人"，但又为他们所深深吸引。他塑造了一系列非常典型的"新人"，比如《李尔王》中的爱德蒙和他的前辈、理查三世、《泰特斯·安德洛尼克斯》中的艾伦、《约翰王》中的私生子、《奥瑟罗》中的伊阿戈。也许这是因为他自己就是一个真正的"新人"。

第二个时期

学童

然后是背着书包、满脸红光的学童，

像蜗牛一样慢腾腾地拖着脚步，

不情愿地呜咽着上学堂。

都铎时期的课堂：只有男孩子，不同的班级共享一间教室，时不时地会挨上几下

5. 斯特拉福德文法学校

去上学

无论愿不愿意，他慢腾腾地拖着脚步去学校的时间应该是在夏天清晨6点之前，冬天是在7点之前，那时天还没有亮。从亨利街的住所兼手套作坊出来往左拐，在市场十字路口右转，经过绵羊街尽头的刑台，沿着小教堂街一直走，学校就在半木结构的济贫院后面，这座济贫院至今仍然立在教堂街上。拜他父亲在镇议会的职位所赐，莎士比亚能够在国王新文法学校接受免费教育。走上圣公会小教堂后面的石阶——教堂里的神像已经用石灰抹去了——就进入了大教室。教室的倒角橡木梁上雕刻的圆形凸饰上有彩绘的玫瑰和心形图案——象征兰卡斯特家族的红玫瑰和象征约克家族的白色心形，代表着都铎王朝两个王室家族之间宿怨的和解。

文法就是指拉丁文的文法。从黎明到黄昏，一周六天，全年无休（星期四和星期六上半天课）。莎士比亚的老师是西蒙·亨特，之后是托马斯·詹金斯——没准儿是个威尔士人，就像《温莎的风流娘儿们》里的休·爱文斯师傅一样，给一个名叫威廉的聪明但厚脸皮的男孩教拉丁语。拉丁语是只有男孩子们才学习的语言（除非你是公主或出身名门的女士），所以快嘴桂嫂的出现带来了一些非常迷人的语言上的误会——

> 爱文斯：威廉，名词有几个"数"？
>
> 威廉：两个。[1]
>
> 桂嫂：说真的，恐怕还得加上一个"数"，不是老听人家说："算数！"

---

[1] 单数和复数。

80

爱文斯：少啰唆！"美"是怎么说的，威廉？

威廉："标致"。

桂嫂：婊子！比"婊子"更美的东西还有的是呢。

爱文斯：你真是个头脑简单的女人，闭上你的嘴吧。"lapis"解释什么，威廉？

威廉：石子。

爱文斯："石子"又解释什么，威廉？

威廉：岩石。

爱文斯：不，是"Lapis"；请你把这个记住。

威廉：Lapis。

爱文斯：真是个好孩子。威廉，"冠词"是从什么地方借来的？

威廉："冠词"是从"代名词"借来的，有这样几个变格——"单数"的"主格"是hic，haec，hoc。

爱文斯："主格"：hig，hag，hog①；请你听好——"所有格"：hujus。好吧，"对格"怎么说？

威廉："对格"：hinc。

爱文斯：请你记住了，孩子；"对格"：hung，hang，hog。

桂嫂："hang hog"就是拉丁文里的"火腿"，我跟你说，错不了。②

爱文斯：少来唠叨，你这女人。"呼格"是怎么变的，威廉？

威廉：噢——"呼格"，噢……

---

① 爱文斯是威尔士人，发音重浊，把"c"念成了"g"，下同。

② "hang hog"的发音听起来像"悬挂起来的猪肉"，所以桂嫂猜想是"火腿"。

爱文斯：记住，威廉；"呼格"曰"无"。①

桂嫂："胡"萝卜的根才好吃呢。

爱文斯：你这女人，少开口。

培琪大娘：少说话！

爱文斯：最后的"复数属格"该怎么说，威廉？

威廉：复数属格！

爱文斯：对。

威廉：属格——horum，harum，horum。

桂嫂：珍妮的人格！她是个婊子，孩子，别提她的名字。

爱文斯：你这女人，太不知羞耻了！

桂嫂：你教孩子念这样一些字眼儿才太邪门儿了——教孩子念"嫖呀""喝呀"，他们没有人教，一眨巴眼也就学会吃喝嫖赌了——什么"嫖呀""喝呀"，亏你说得出口！

爱文斯：女人，你可是个疯婆娘？你一点儿不懂得你的"格"，你的"数"，你的"性"吗？天下哪儿去找像你这样的蠢女人。[1]

"格""数""性""冠词"，这就是莎士比亚学习拉丁语的方式。死记硬背的教义问答式的学习。lapis 是什么？是石子。"石子"又是什么？不，不是岩石——你并不需要真的去思考——"石子"就是 lapis。把拉丁语译成英语，再把英语译回拉丁语，来回往复，日复一日。一个聪明的男孩通过取笑这样的教学方式而生存下来：hoc 就是 hog（猪肉），"呼格"vocative

81

---

① 拉丁文指示代名词共有五格，其中并无"呼格"，所以爱文斯用拉丁文提醒威廉："曰'无'。"拉丁文"无"（caret）发音类似英语中的"胡萝卜"（carrot）。

就是 fuck-ative（可交配的），horum 也就是 whore（妓女），"根"和"格"不仅是语法上的术语，而且是分别代表男性和女性性器官的俚语。

本·琼生上的是一所更著名的学校（威斯敏斯特公学），他曾嘲笑莎士比亚的"那一点儿拉丁语"。作为当时为数甚少的英国中产阶级，琼生拥有大量的希腊语和拉丁语历史及哲学著作，因此可以想象出他在知识方面的优越感。对于像威尔这样聪明的孩子来说，在伊丽莎白时代的文法学校里学习几年拉丁语已经足够他使用一辈子了。他可能已经达到了比许多现代古典学本科生更高的水平。

在 16 世纪中期少年国王爱德华的短暂统治期间，来自被抑制发展的唱诗班和修道院学院的部分收入被用于在全国建立仍然以国王的称号来命名的文法学校，目的是"良好的文学和纪律可以传播和扩散到我们王国的所有地方，进而在各处形成最好的政府机关和管理事务的机构"[2]。识字和道德教育被认为是国家或"国民共同体"的基础。如伊拉斯谟在口头和书面语技艺标准教科书中所说，学习和模仿拉丁语经典具有不可估量的价值。

82

> 这类事情是勤勉地锤炼青春的最佳途径，因为除了收获风格的果实之外，他们还通过这种方式吸收了那些古老而难忘的故事，并将之深植于记忆之中，他们也会逐渐熟悉那些人名和地名；此外，他们还会特别学习诚实的力量和正直的本质，以及雄辩术这种特殊的美德。[3]

然而，这里存在着一种张力。接受"诚实的力量和正直的本质"的训练是一回事，学习风格和雄辩术就可能是另一回事。毕竟，古代诗歌和历史中许多古老且令人难忘的故事，最终都是走向口是心非，而非正直。

埃文河畔斯特拉福德镇爱德华国王文法学校的入学登记簿已经不知所踪，但是莎士比亚在这里上过学是确切无疑的，同样毫无疑问的是他也有权在这里上学。威廉和爱文斯师傅之间的交流表现出的对伊丽莎白时代文法学校教育方法的知识，以及散落在不同戏剧中的文法学校文本模式，为这一点提供了足够的证据。比如，《爱的徒劳》中霍洛费内斯引用了《老曼图亚》，《暴风雨》中普洛斯彼罗引用了奥维德的《变形记》。婴孩的"保姆"暗示着人生的七个时期这一说法来自宫廷习俗的特定语境，而当杰奎斯提到第二个时期时，他想象的是平民的生活，而不是朝臣的生活。牛津伯爵和南安普敦伯爵这样的贵族都有私人教师，他们没有上过文法学校。

斯特拉福德文法学校的教学大纲已经不复存在，但宗教改革之后都铎王朝的所有英格兰学校都采用了类似的教学方法，学习的内容也大同小异，因此，一个类似机构的教育章程为我们打开了一扇窗，让我们得以了解作为学生的莎士比亚应该达到怎样的预期——

为了达到这一目的，本学校的学生应该按照适当的顺序编排，以便他们能够更安静地进行学习。本学校将分为四个年级。

一年级是年轻的初学者，他们的学习目标是能够流畅地阅读，清晰准确地发音……

对于二年级的学生，老师会教授他们《语法概论》，该书通常被称为"八种词类"，是专门为此领域而设置的，并在此得到了广泛的应用……

对于三年级学生，老师将教授特伦斯作品、伊索寓言、维吉尔作品、图利的《书信集》（或者其他类似的他认为适

83

合学生能力并对他们有益处的文本），并且，当老师察觉到学生从学习中进益之后，就会把他们归到四年级——这一年级的学生每天都要学习将英语译成拉丁文，老师还会教他们撒勒斯特、奥维德、图利和凯撒的作品，还将传授诗歌的艺术和规则（如果老师自己是这方面的专家的话）。

对于四年级的学生，每天必修的功课就是把英语句子翻译成拉丁语，或者把拉丁语翻译成英语。某些时候，他们会给彼此写信，教师会仔细地阅读这些信，并改正其中的错误。

三年级和四年级的学生在学校里除了讲拉丁语外，不能讲别的语言，除非他们是在教低年级的孩子做功课。[4]

在进入正式的学校之前，男孩们会先入读一所"小"学校，在那里学习阅读，并接受国教教义问答的艰苦训练。然后，他们将继续学习拉丁语语法，这是从背诵整本课本开始的。

标准文本是由法律规定的。早在16世纪，伦敦圣保罗学院的威廉·黎里（William Lily）就编写了《八种词类导论》（*Introduction of the Eight Parts of Speech*，也被称为《英语词类变化》），以及后来被命名为《文法原理》（*Brevissima Institutio*）的拉丁语语法书。遵照爱德华六世的一份王家公告，这两本著作合并出版，得名《语法概论》（*Short Introduction of Grammar*），成为英国各地文法学校世世代代进行拉丁语教学的固定教材。

尽管二年级就意味着学习语法、语法，还是语法，莎士比亚依然从一开始就受到了文学作品和华丽修辞的双重影响。黎里的语言练习经常以"例句"为基础，无论是智慧格言的精辟陈述，还是道德美德的规训导词，它们都来自古典作家的文本。在早期的悲剧《泰特斯·安德洛尼克斯》中，莎士比亚频繁地炫耀自己的文学才华。剧中，一捆写着诗行的武器被带到哥特女王塔莫拉的儿子契伦和狄米特律斯面前——

> 狄米特律斯：这是什么？一个卷轴，上面写什么了？让我们来看看吧。
> 正直无罪之士，
> 无须摩尔人的标枪或弓箭。
> 契伦：哦，我知道，这是贺拉斯的诗：我早就在学校课本上读过。①5

莎士比亚本人应该也在语法书中读过这句诗，因为黎里在《语法概论》中两次引用了贺拉斯《颂歌》(*Odes*)中的这一句。具有讽刺意味的是，这句诗用在该戏剧的背景中十分贴切："正直无罪之士，无须摩尔人的标枪或弓箭。"在摩尔人艾伦的怂恿下，契伦和狄米特律斯已经犯下了谋杀、强奸和残害他人之罪。泰特斯送他们标枪和弓，正是为了表明他知道他们不是正直的、没有犯罪的人。他的疯狂自有道理：他知道，即使他们能认出贺拉斯的诗句，也看不出其中的实际意味。在从艾伦那里学习邪恶的技艺时，契伦和狄米特律斯都是出色的学生，但同样他们也有力地提醒了我们，并非所有文法学校的男生都能实现都铎式的教育理想，即从经典著作中阅读有关正直生活方面的内容，并顺理成章地在公民社会中实践它们。

莎士比亚学习拉丁语的方式，以及他在后来的数年中读过的那些书，共同形塑了他之后的写作生涯。黎里从语法基础开

---

① 《泰特斯·安德洛尼克斯》，韩志华译，北京：外语教学与研究出版社，2015，第73页。

始，逐渐进阶到雄辩术的练习，即一种辞藻优美的演讲技艺。正如《温莎的风流娘儿们》中的小男孩威廉提到的，拉丁语有复杂的词尾变化、格和数，不同的词类必须符合各自的规则。名词和代词根据在句子中的不同位置而变化。学生只能靠死记硬背来记住它们，单数还是复数，做主语时用主格，称呼时用呼格（威廉还记得噢——呼格，噢），做宾语时用宾格，此外还有属格（因此 hic 的意思是"这个"，而 horum，同关于珍妮的那个笑话里的用法一样，是"这些"的意思）、与格和可怕的离格。此外，一个名词可以是阳性、阴性或中性的，修饰它的形容词的结尾必须根据它的词性做出相应调整。仅仅知道"hic"的阳性复数属格形式是"horum"是不够的，你还需要知道它的阴性形式是"harum"，以及中性形式（幸运地，或者说令人困惑地）还是"horum"。

在日常英语中，语法在很大程度上依赖语序（"莎士比亚学过拉丁语"，这句话中的三个成分依次是主语、谓语、宾语）。在拉丁语中，因为你可以根据词尾的变化来推断出语法，所以词序是可以改变的。动词经常被拖到句子末尾。为了说明拉丁语语法的作用，课本和老师必须逐字讲解。一个形容词修饰一个名词时，必须根据词性来变换，以使得性数一致，这就产生了一对形容词或者是一对名词。这样的加倍和放大简直钻入了课堂上的莎士比亚的内心，成为他写作时的第二天性，有时他简直过分地着迷于此，比如在《哈姆莱特》中，能用一对词的时候他绝对不会只用一个。"一眼零泪，一眼强欢""濒临瓦解、分崩离析""衰迈多疾、卧床不起""这黑袍、这孝服""虑事过于简单，涵养缺少调教"[6]——在该剧第一场宫廷戏的前 100 行中，可以找到这些乃至更多的例子。

黎里的《语法概论》还写道，有两对代词和形容词，第一对是第一人称，第二对是第二人称，放在彼此并列的位置，由此动词便从第一人称变成了第二人称。教科书上的例子是这样的——

> *Ego pauper laboro.*（贫穷的我尚需劳作）
> *Tu dives ludis.*（富裕的你终日玩乐）7

因为主语是单数第二人称"tu"（你），相应地我们需要使用动词"ludo"（玩乐）的单数第二人称形式"ludis"，与此相对的是"laboro"，这是"ludo"（劳作）的单数第一人称形式。在阐述这一点的过程中，黎里不仅创造了一种对称的句式，还产生了一句跟社会秩序有关的智慧谚语。语法已经滑入了修辞学的范畴，即出于辩论的目的而使用的一系列比喻，通常是政治、法律或伦理方面的。从语法上的调整发展到论证力的加强。莎士比亚记得这个诀窍，并且进行了改进——

> 玛格莱特王后：我曾有过一位爱德华，后来一个叫理查的人杀害了他；
> 我也曾有过丈夫，后来一个叫理查的人杀害了他；
> 你也曾经拥有过一位爱德华，后来一个叫理查的人杀害了他；
> 你还曾经拥有过一位理查，后来另一个叫理查的人杀害了他。
> 约克公爵夫人：我还拥有过一位理查，但是你杀害了他；
> 我还有过一位鲁特兰，但是你也联手杀害了他。①8

86

---

① 这一段引自《理查三世》第四幕第四场。

黎里接着展示了拉丁语语法如何使一个整体的陈述先于几个部分的陈述。他把这个称为预期叙述法（Prolepsis）。这个策略后来成为莎士比亚十四行诗和独白的重要组成部分之一。

《语法概论》再一次解释了当一个动词与两个或两个以上的名词连用时，一致规则应该如何运作，这是一种叫作"轭式修饰法"[1]的修辞格，以西塞罗的一个有力的句子为例——

Nihil te nocturnum praesidium palatii? Nihil urbis vigiliae? Nihil timor populi? Nihil concursus bonorum omnium? Nihil hic munitissimus habendi Senatuslocus? Nihil horum ora vultusque moverunt?

想象一下，在斯特拉福德文法学校读二年级的少年威廉，他的书桌上放着黎里的《语法概论》，塾师西蒙·亨特正站在他前面，让他翻译西塞罗的这一段以轭式修饰法写成的句子。为了使句子更加有力，唯一的动词"感动"（moverunt）被放到了这句话的最后，与之对应的是至少六个名词短语，每个短语都由 nihil 即"没有"开头。威廉的英文翻译必须重复每句话的开头部分，尽管从语法上讲，他不可能像西塞罗那样一遍遍地强调"没有"这个词。并且，遵照英语语法的要求，学生须不断地重复动词，以使句子通顺。威廉肯定会在每句话的末尾停下来喘口气和思考，所以他的翻译大概是这样的——

　　　　难道宫殿的守夜人没有让你感动吗？

---

① 轭式修饰法（Zeugma），指用一个词（通常是动词、形容词或介词）同时修饰或支配两个或两个以上的名词。

难道这座城市的景象没有让你感动吗？

难道人们的恐惧没有使你感动吗？

难道这所有的好人上下一心、齐聚一堂，没有使你感动吗？

难道这个控制参议院的强大元老院没有使你感动吗？

难道这一切的面容和表情没有使你感动吗？[9]

他当时还不到十岁，但已经会像诗人那样，试图通过精心设计的语言来打动观众。无论是句子中的意象还是句子本身的结构，都令人印象深刻——"宫殿的守夜人"、"这座城市的景象"、"人们的恐惧"、"上下一心、齐聚一堂"、罗马元老院的权威、"这一切的面容和表情"。单词的声音，句子的节奏，这是否暗示着无韵诗的节奏？每行开头和结尾的重复带来了迷惑人心的神奇力量。所有这些都在他炽热的年轻心灵中留下了深刻的印象。

在大约二十年之后，他会有力地写下属于自己的重复句式——

这么多小时我得用来照看羊群，
这么多小时我得用来休息，
这么多小时我得用来沉思
这么多小时我得用来消遣。[①][10]

再过八年左右，在《尤力乌斯·凯撒》中，他把西塞罗笔下的罗马世界生动地呈现在舞台上——他还将客串出演西塞罗本人。剧中对西塞罗的描述使人印象深刻。满头"银发"、"老

---

① 《亨利六世（下）》，覃学岚译，北京：外语教学与研究出版社，2015，第57页。

成持重"并具有"判断力"，这不仅能赚得"有利的舆论"，还能使一位政客"两眼通红，喷射着怒火"。[11] 在将西塞罗的世界戏剧化的过程中，莎士比亚还把以修辞模式的力量来打动观众这门技艺推向了一个全新的高度。

> 朋友们，罗马人，同胞们，请听我说！
> 我来埋葬凯撒，不是来赞扬他。
> …………
>
> 就让凯撒如此吧。
> 因为布鲁图是个正人君子，
> 他们也都是，全都是正人君子——
> …………
>
> 可是布鲁图却说，他有野心，
> 而布鲁图是个正人君子。
> …………
>
> 我三次进献给他一顶王冠，
> 他三次拒不接受。这是野心吗？
> 可是布鲁图却说，他有野心，
> 而布鲁图实在是个正人君子。[①][12]

馬克·安东尼不仅精通修辞手法——以令人难忘的重复和变化来排列词语——而且擅长修辞转义，即将意义从字面意思上转移开来。他说他并不是要赞扬凯撒，而是要赞美他的行为。他反复强调布鲁图作为一个正人君子的声誉，以突出暗杀凯撒这一行为的不光彩。布鲁图曾这样描述他的行为："罗马

---

① 《尤力乌斯·凯撒》，傅浩译，北京：外语教学与研究出版社，2015，第68~69页。

人、同胞们，朋友们！请听我说明缘由；请保持安静……假如那位朋友这时要问，为什么布鲁图要起来反对凯撒，我的回答如下：不是我不爱凯撒，而是我更爱罗马。"[13] 安东尼用相反的解释重新描述了同一番行为。修辞学是一门技艺，借此，高年级学生学会了如何对一个事例的正反两面进行辩论，这就给戏剧性的对立创造了可能性。

　　这个过程的关键是西塞罗用过的一个词——"moverunt"（感动）。有说服力的演说家以及他们的近亲——有说服力的演员——试图用这个词的两种意义来"打动"听众。通过改变语感和思路，他们使得观众改变立场，站到演讲者一边。他们是通过情感效果来实现这一点的。他们的语言产生的力量及其唤起的强度，搅动了听众的内心和思想。无论是在古典时期还是在莎士比亚的作品中，人们都曾经注意到，有说服力的修辞往往包含着夸张，甚至是赤裸裸地违背显而易见的事实。安东尼声称他不是来赞扬凯撒的，这显然不符合事实。正如被广泛引用的罗马修辞学家昆体良在《雄辩术原理》（*Institutio Oratoria*）一书中所言，"这是一门技艺，它依靠说假话来调动情感"。[14] 莎士比亚笔下聪慧的小丑试金石说过："最真实的诗歌同时也最虚假。"[15] 这就是清教徒不信任戏剧的原因之一，他们只信奉上帝纯粹的真理。

　　总之，黎里的语法提供了八种不同的重复、变化和细化的修辞手法，其中最后也最丰富的一种是提喻，即以部分代替整体，我们可以用"Aethiops albus dentes"这个例子来说明。这三个单词的意思分别为"埃塞俄比亚人""白色""牙齿"。Aethiops（埃塞俄比亚人）是主格单数，dentes（牙齿）是宾格复数。传统的观念——埃塞俄比亚人洁白的牙齿与黝黑的肤色形成了鲜明对比——可能会让人觉得这里的 albus 应该跟dentes 性数一致，但这里的形容词 albus 是主格单数而不是宾格复数。albus 与 Aethiops 性数一致，这表明提喻是一种语法技巧，认为白色是"全部的埃塞俄比亚人或黑皮肤的摩尔人"[16]的共同属性。

埃文河畔斯特拉福德镇文法学校里使用的精心编排的课本，不太可能会囊括十多种晦涩难懂的修辞手法。[17]这样做也没有什么必要。像莎士比亚这样聪明的读者会本能地把黎里的修辞手法，比如轭式修饰法和提喻，从狭隘的语法应用扩展到广泛的修辞应用。他需要做的就是遵循西塞罗、贺拉斯和其他古典作家的例子，而这些例子就是《语法概论》中的范文。

提喻的技巧漂白了埃塞俄比亚人的肤色，而不仅仅是他的牙齿，这就是在黎里的教学过程达到高潮阶段时体现出来的。它可以被想象成一种类似于年终晚会上的小节目，供那些能力足以进入下一个年级的男孩们欣赏。我怀疑莎士比亚特别乐在其中。提喻，即用部分代替整体，后来成为他最喜欢的修辞手法之一，因为它有助于戏剧性的稳固和直观。"不安停留在戴着王冠的头上"[18]远比抽象的"不安沉睡在肩负着主权责任的君主身上"更加直观且令人难忘。

他特别喜欢埃塞俄比亚人这个例子，因为它将规范的理智自相矛盾地倒置了起来。这正是出现在菲斯特脑海中的东西——有点儿像约翰·莎士比亚的手套作坊，也有点像西蒙·亨特（Simon Hunt）在三条街之外的教室——他把诙谐的演讲者手中的"句子"（谚语中的说法）比作"cheveril"（软羊皮）手套："错误的那一面多么容易就会翻出来啊。"[19]莎士比亚一次又一次地运用这个技巧，无论是在语言上，还是在他的戏剧那更广阔的想象力之中。他给你看一样东西，然后就在你的眼前把它的内里翻出来。我怀疑，在他二年级时学到的"Aethiops albus dentes"提喻，与摩尔人艾伦在《泰特斯·安德洛尼克斯》中对那个时代常见的种族观念的颠覆之间，有一条直接的线索，即正统观念称人类本质上是白色的，摩尔人的皮肤是被非洲灼热的太阳晒黑的，而艾伦则认为，人类本质上就是黑色的，哥特男孩契伦和狄米特律斯的皮肤是被石灰水洗过或是涂上了一层白垩。

> 你们这些涂着白垩的泥墙！你们这些酒店里的白漆招牌！
> 黑炭才是最好的颜色，
> 它是不屑于用其他的色彩涂染的；
> 大洋里所有的水
> 不能使天鹅的黑腿变成白色，
> 虽然它每时每刻都在波涛里冲洗。[①20]

　　在修辞上富有创造性的语言可以由黑变白，将埃塞俄比亚人牙齿明亮的颜色涂抹到他的全身。看出这一点之后，莎士比亚向《奥瑟罗》的世界迈出了第一步，他把那个时代的普遍观念——摩尔人永远野蛮，威尼斯人永远彬彬有礼——像翻转那只小羊皮手套一样完全颠倒了过来。

　　西塞罗在《尤力乌斯·凯撒》中扮演的角色非常微不足道：他的权威更多地诉诸他的不在场，而不是他在舞台上发表的意见。但是莎士比亚为西塞罗创作的一篇演讲揭示了他自己在课堂上的经历和他作为剧作家的技艺之间深刻的联系——

> 的确，这是个性情乖僻的时代；
> 但人们可以自己的方式诠释事物，

---

　　① 《莎士比亚全集》第四卷，朱生豪译，北京：人民文学出版社，1994，第 569 页。

与事物本身的实情相去甚远。①21

91 　　这段文字是卡斯卡对于当时一段传奇故事的描述。在一场猛烈的暴风雨中，一个普通奴隶的手着火了，那火熊熊燃烧，但他的手却没有丝毫灼伤。舞台上西塞罗对此的回应是"这是个性情乖僻的时代"，暗指真实的西塞罗最常被引用的一个短语——"啊，时代啊，道德啊！"或者，换一种更通俗但没有使用重复这一修辞结构的说法，"这个国家正在走向灭亡"。

　　但西塞罗的详细声明才是真正有趣的部分。尽管异教和基督教之间存在着种种差异，罗马和都铎王朝的正统宗教世界观都把反常的天气现象和对自然秩序的奇异破坏看作上天的反对和灾难的征象，或者国家走向混乱的迹象。然而，西塞罗指出，操纵语言的能力，也就是修辞学，允许人们以他们想要的任何方式"诠释"这类事物，从它们之中"抹去"正统思维所提出的"目的"。"诠释"是课堂上的一个专业术语。当塾师亨特让小威廉翻译或解释一段拉丁语时，他会说："诠释，威廉，诠释。"这句话暗示着存在一个"正确的"含义。就基本语法来说，"正确的"含义通常确实是有的。但是当引入修辞时会发生什么呢？修辞手段的范围从可以像小羊皮手套那样由内而外翻转的结构，一直延伸到语义上的转折，其中最引人注目的是隐喻，即一件事被用来描绘另一件事，而这两件事之间并没有什么天然的联系。举例来说，克莉奥佩特拉用一个在乳房上吮吸乳汁的婴儿来隐喻一条能置人于死地的毒蛇："你没看见我怀里的宝贝儿在吮吸我的乳汁，要让他的乳娘就这么安

---

① 《尤力乌斯·凯撒》，傅浩译，北京：外语教学与研究出版社，2015，第25页。

然睡去吗？"①22 只要有修辞，文字和事物之间的关系就容易变得不稳定。

　　然后解释就变成了一场意志之战。舞台上的男男女女都按照自己的方式来诠释事物，观众记住的不是最真实的，而是最难忘的。在《麦克白》中，列诺克斯和罗斯虔诚地谈论着一个错置的时代的预兆，但我们记得的是那些怪异之事或三女巫即"通灵姐妹"和麦克白本人的悖论和模棱两可："你们现在的样子是你们的本相，或仅仅是幻象？……你们的话闪烁其词，望能说得更加仔细……他们的含混话语让我们太费思量。"23

92

阅读经典

　　掌握了黎里的语法后，威廉就可以进入三年级了，即从理解进展到写作：孩子们一旦学会了流畅地阅读拉丁文，就要开始学习用拉丁文写作。24

　　他们会从简单的语录集开始——其中一个名为《学童用语录集》（*Sententiae pueriles*），还有另一个，一般俗称为《卡托的对句》（*Cato's Distichs*，或称《卡托最优雅的语录》）。语录集提供了一系列可以构成句子的模块要素。首先是由两个单词组成的句子，如 "Amicis opitulare"（帮助你的朋友）和 "Cognosce teipsum"（了解你自己）。接下来是更多的单词组成的句子，如 "Assidua exercitatio omnia potest"（刻苦练习，一切皆有可能）、"Amicitia omnibus rebus anteponenda"（友谊高于一切）、"Mendacem memorem esse oportet"（骗子要有好记性）。学生们会被要求反复练习这些短语。我们可以想象斯特拉福德学校的塾师是如何在大梁上雕刻着圆形凸饰的教

---

① 《安东尼与克莉奥佩特拉》，罗选民译，北京：外语教学与研究出版社，2015，第159 页。

堂里，对一个略微年长一点的孩子理查德·菲尔德说："把这句话变成一个疑问句，再把它变成将来时，理查德，'你会帮助你的朋友吗？'"对威廉·莎士比亚则会这么说："把这句话改成复数形式，威廉，'骗子要有好记性。'"威廉会牢牢记住这一点：如果你要编一个故事，不管是在写剧本，还是像理查三世或伊阿戈那样密谋消灭对手，都需要一个好记性，这样你的情节才能前后一致。

下一阶段是一些基本的会话和书信写作课程。常用的课本是伊拉斯谟的《对话录》（*Colloquies*）。它建议对话从问候开始。表达这个意思的拉丁词语是 salve，虽然经常被翻译成简单的"招呼"或"问候"，但这个词的字面意思是"拯救你"，这有点类似于英语中的问候语"上帝给你美好的明天"（God give you good morrow），习惯上缩写为"美好的明天"（good morrow），现在则变成了"早上好"（good morning）。"salve pater"意为"你好，爸爸"。"salve mi frater"意为"你好，我的兄弟"。但是伊拉斯谟希望学习的过程更有趣味，因此，他写下了一些更为丰富多彩的组合。"你好，你这个能喝四分之一罐葡萄酒的人"（Salve vini pernicies）。作为回应的是，"也向你问候，你这个把蛋糕吞进胃里的无底洞的人"（Salve et tu, gurges helloque placentarum）。哈尔和福斯塔夫的骂战，贝特丽丝和本尼狄克的斗嘴，皆起源于此。

书信写作通常是从学习西塞罗的《致友人书信集》（*Ad Familiares*）中一些简单的书信（书中再次强调友谊的重要性）开始，但接下来就主要学习伊拉斯谟的《书信集》（*De conscribendis epistolis*）。书中不仅展示了诸如开头和结尾字母的适当形式这样的技术细节，还有从使用历史典故到按照用于哀伤或赞美等不同场合来选择适当的文体这样一系列的文学技巧，它要求学生们将自己想象成来自古典神话或历史中的某个角色，在特定的情况下撰写书信。

> 假设你是安忒诺耳，请写一封信给普里阿摩斯，说服他把盗走的海伦还给墨涅拉俄斯。因为这样的归还行为本身就是正义的，并且也是因为为了帕里斯这样缺乏男子气概的青年毫无道德感的恋爱，就让诸多勇敢的青年走上战场，这样的统治者是非常愚蠢的。[25]

写下这封信，威廉大师，你就走上了创造戏剧人物的道路，走上了创作《特洛伊罗斯与克瑞西达》的道路。

练习拉丁文书信写作是为了让孩子们在修辞学上更有技巧，即为了有说服力地使用词语。修辞学意味着学习如何安排你的演讲：开头、叙述、赞成的论点、反对的论点、反驳、例证、证言、结论。这意味着你要磨炼你的隐喻，发展出语言工整的精致修辞——一语双叙法、倒复法、轭式修饰法、三倍放大法。即使到了今天，政客们在演讲时，依然会在一个要点就足够说明问题的时候试图提出三个要点。莎士比亚对运用修辞来为政治辩论服务这种智力体操从未失去过兴趣。

> 帕里斯和特洛伊罗斯，你们的话说得很漂亮，
> 可是对于现在讨论的原因和问题
> 解释得却肤浅，
> 正像亚里士多德所说的那些
> 不适合听道德哲学的年轻人一样：
> 你们提出的理由
> 只能引起狂热偏激的意气，

94

而不能成为裁定对错的准则。①26

他还喜欢以智力体操来实现喜剧效果。在《爱的徒劳》中，学究式的塾师霍罗福尼斯曾这样描述"一个王上手下的人，他的雅篆，他的尊号，他的大名是唐·阿德里安诺·德·亚马多"——

> 后生小子，何足道哉！这个人秉性傲慢，出言武断，满口虚文，目空一切，高视阔步，旁若无人，可谓狂妄之尤。他太拘泥不化，太矫揉造作，太古怪，也可以说太不近人情了。……他从贫弱的论据中间抽出他的琐碎而繁缛的言辞。我痛恨这种荒唐的妄人，这种乖僻而苛细的家伙，这种破坏文字的罪人：明明是doubt，他却说是dout；明明是d，e，b，t，debt，他偏要读作d，e，t，det；他把calf读成了cauf，half都成了hauf；neighbour变成nebour，neigh的音缩做了ne。这简直是abhominable，可是叫他说起来又是abominable了。此类谬误之读音，闻之殆于令人痛发；足下其知之乎？所谓痛发者，即发疯之谓也。②27

就像爱文斯师傅说的"发疯"一样，莎士比亚在此有一个明显的暗示，即所谓"学问"的冗长之中颇有些疯狂意味。从这样的对话中，我们可以感受到年轻的威廉会在伊拉斯谟的另一本教科书《论词语的丰富》（*De copiarerum et verborum*）

---

① 《特洛伊罗斯与克瑞西达》，刁克利译，北京：外语教学与研究出版社，2015，第51页。

② 《莎士比亚全集》第一卷，朱生豪译，北京：人民文学出版社，1994，第620~621页。

的练习中发现一些本质上的滑稽之处，书中用 195 种不同的方式表达了"你的来信让我非常高兴"。

霍罗福尼斯像是在课堂中教学那样玩弄了一番文字游戏之后，转而对巡丁德尔说："来吧，德尔老兄！您到现在还没开腔呢。"德尔的回答在剧院里肯定会引起一阵哄笑，他说："我一句话也没听懂，先生。"28 莎士比亚追忆他在斯特拉福德度过的童年时代时，无论是对文法学校的老师们，还是对那些同学笨蛋的追忆，温情都大大超过了嘲讽。他的戏剧之所以能够宽宏而慷慨，关键在于他能够以同样的温情去想象霍罗福尼斯和德尔这样的角色。

古典文学主要在是三年级时学习的，通常是从古罗马剧作家特伦斯的作品摘录开始——这是莎士比亚第一次接触喜剧，但由于学习的是精选的段落而不是完整的剧作，所以应该很难体会到戏剧感。在传统的《伊索寓言》中，也有一些简单的动物寓言故事，此外他们还会第一次接触到真正的大师——维吉尔，学习他的田园诗《牧歌》中的一些作品以及史诗《埃涅阿斯纪》中的一些精华部分。也许因为莎士比亚是以这种形式初次阅读了维吉尔的作品，所以他对《埃涅阿斯纪》的印象似乎是它是由一系列伟大的定格场面构成的——狄多的告别、以回溯的形式叙述的特洛伊之陷落和普里阿摩斯之死，以及埃涅阿斯堕入地下——而不是一部连续的叙事。

产生阅读精选段落这种风气的原因，不仅在于文法学校教学大纲的规定，还在于当时关于何为良好阅读的流行理论。黎里的《语法概论》中就包含了一些来自伊拉斯谟的关于如何阅读的建议：首先浏览文本以明白其大致含义，然后逐字解析文本，密切关注词汇和语法，接着进行修辞或文体分析（寻找修辞、优雅的转折词、智慧的格言或谚语、历史和寓言以及相似的扩展阅读），最后关注伦理问题，特别注意道德改善的途径

95

和叙事的例子。后一种程序的逻辑结果就是只阅读重点，在页边空白处标出重点部分，或者自己动手把它们抄到一本"摘录簿"，或者所谓的"记事本"中，以便随时记录关于生活和行为的一般真理的例子。哈姆莱特说他将把他从书本上学到的所有言论都抹去，代之以他从父亲的鬼魂那里得到的黑暗知识，这里他暗示的就是以上的学习过程——

> 当然，从我记忆的心板上，
> 我要抹掉一切琐碎无聊的记录，
> 一切书面格言，一切公式，
> 一切少年时代留下的印象。
> 我只让你的命令单独留存，
> 留存于我脑海的书卷中……
> 奸贼，奸贼啊，笑面虎式的万恶奸贼啊！
> 我的记事本呢？
> 我的记事本！对，这点得记下来：
> 人可以笑容满脸堆，满肚是坏水。 ①29

哈姆莱特记在记事本里的最后一句话，是用格言的形式表达的。自莎士比亚在课堂里学习《语法概论》的时候起，他就早已熟稔了这种形式。

当时的许多普通书籍流传至今，其中包括一本本·琼生的选集，书名为《木材：对人与物质的探索》（*Timber：or, discovery made upon Men and Matter*），页边空白处标出了书中讨论的每个主题。书中讨论的范畴从古典作家的征引到格言，如"语言最能展现一个人"，再到自传性质的回忆，包括一段著名的

---

① 《哈姆莱特》，辜正坤译，北京：外语教学与研究出版社，2015，第42页。

关于莎士比亚的讨论（"关于我们的莎士比亚"）——

　　我记得演员们经常提到一点，认为这是莎士比亚的优点，即无论他写的是什么，他的作品都从来没有涂改过。我对此的回答是：他也许早已经涂改过上千次了。他们觉得我这样的说法是包含恶意的。我没有把这件事告诉后世，是因为他们无知，以此来赞扬他们的朋友，而这其实恰恰是他的缺陷所在。这也为我自己的诚实作见证。因为我爱这人，也敬重他的声名，就崇拜偶像而论，与众人一样。他确实是一个诚实、坦率、自由的人，有着出色的想象力、勇敢的想法和出色的表达，他在这方面展现出了过人的天赋，有时我们简直非得阻止他不可。有时他尚需忍耐（Sufflaminandus erat），这正是奥古斯都对哈特里乌斯的评价。他的才智尽在自己的掌握之中；而才智的规则其实也是如此。有许多次，他陷入那些不可避免会招致嬉笑的情形，仿佛他站在凯撒的面前，这时有人对他说，凯撒，你冤枉我了。他回答说："凯撒从来没有做过错事，除非他有正当的理由，或者是在荒唐可笑的情形下。"但他用自己的美德弥补了自己的缺点。[30]

　　在他身上，值得赞扬的东西比需要宽恕的东西更多。顺便提一下，值得深思的是，任何仔细思考过这段话的人，怎么可能会怀疑这些戏剧的作者不是莎士比亚呢？莎士比亚来自斯特拉福德，是琼生友善的对手，也是演员们的同事。但还是随它去吧。对于我们此处讨论的目的来说，饶有趣味的是琼生对修辞技巧和特定短语的关注。他认为莎士比亚是一个过于聪明的学童，在伊拉斯谟关于写作丰富性技艺的四年级手册的建议

97

下，他做得太过火了：他就是不知道什么时候该停下来。

此外，琼生认为莎士比亚的语言天赋有时会妨碍他的逻辑思维。"凯撒从来没有做过错事，除非他有正当的理由"，从修辞上来说，是对"凯撒，你冤枉我了"这一指责的巧妙回击。它使最初的措辞转而回到第一个说话人的身上，通过一种限定的放大把它的意思由内而外地翻转过来。在琼生更有逻辑的头脑中，这个答复是荒谬的：如果原因是公正的，那么行动就不可能是错误的。莎士比亚总是更喜欢双重修辞而不是单独的逻辑，但是如果琼生当面向他指出错误，他在这种场合下也可能会受到刺激从而决定修改——琼生说过他一直非常抗拒"涂改"剧本——因为在《尤力乌斯·凯撒》现存的唯一文本中，那个说自己被冤枉了的人，以及凯撒对此的迅速反应，都因其本身的缺失而显得格外明显。

琼生有一种惯用的方法，即从莎士比亚和其他作家的作品中挑出一些短语来加以褒贬，用经验的真理来检验它们。在这个时期，另一种密切注意戏剧背景的批评分析形式补充了这种只挑亮点和凹处的阅读方法。一本教师手册中有一个非常有益的提醒，也就是即使学生逐字逐句地解释课文的意思，他们也被鼓励"在新形成的记忆中记住要解释的论点和内容，以及在做语法分析时它们位置的移动"。老师要求他们思考那些 quis、quid、cui、causa、locus、quo tempore、prima sequela，"也就是说，谁在那个地方说话，他说了些什么，他在对谁说话，他在什么场合说话，他说话的目的是什么，他在什么地方说话，在什么时候说话，前一句中说了什么，后面紧跟的一句又是什么"。[31]虽然莎士比亚在他的作品中缀满了格言、警句和典故，偶尔也会出现琼生所钟爱的那种拉丁语标记，但人们怀疑，真正吸引他的是后面提到的这种阅读方式，即始终关注说话的人，关注说话的背景和动机。不要假设有一个公正的事实，说话者的话就是作者的话。这就是剧作家的工作方式。戏剧性的是，像尤力乌斯·凯撒这样有权势的人物，想当然地认为自己可以在正义的事业上做错事，这是非常恰当的。戏剧性的是，与那个声称自己被冤枉的人的对话，本可以成为对付布鲁图和同谋者的又一枚弹药。

四年级

如果莎士比亚在爱德华国王文法学校读到了四年级，那么他可能就会开始阅读更多的著作，而不仅仅是课程大纲中最初几年主要读的那些精选片段。莎士比亚曾经简单地暗示过，尤力乌斯·凯撒自己撰写的《高卢战记》使他对军事活动及其术语、罗马人和所谓的野蛮人之间的战争，以及古代英国作为罗马殖民地的地位产生了兴趣，而这些都是他曾在悲剧和历史剧中探索过的主题。他还很有可能读过西塞罗的《论责任》（*De Officiis*），之所以学习这本书，是因为它不仅是一本文采华丽的散文，还是一本人文主义公民手册，列出了好公民的义务，区分了明智的忠告和虚假的奉承。

正如上文引用的另一所小镇文法学校的章程所指出的，四年级也是塾师开始"教授诗歌艺术和规则（如果他自己是这方面的专家的话）"的时候。在这方面，斯特拉福德文法学校有着良好的传承——在莎士比亚出生后不久就成为塾师的约翰·布朗斯沃德（John Brownsword）是一位出版过拉丁语诗歌的作家。具有复杂韵律规则的拉丁诗歌创作艺术，往往是通过相对简单的例子，即意大利新拉丁诗人乔瓦尼·巴蒂斯塔·斯帕尼奥利（Giovanni Baptista Spagnuoli）的田园牧歌来传授的。他出生于曼图亚，时人也称他为巴蒂斯塔·曼丘阿诺斯（Baptista Mantuanus）。霍罗福尼斯在剧中提起的听上去很像是威廉对于读书时代的回忆——

99

> 福斯特，牧群树荫下纳凉反刍之际，我请求您①——
> 云云。啊，好个老曼丘阿诺斯，提起您就像旅人提起威
> 尼斯：

> 威尼斯，威尼斯。
> 未见你之人岂知你的好。

> 老曼丘阿诺斯，老曼丘阿诺斯！读不懂你的人，岂懂
> 去爱你？多、莱、嗦、啦、咪、发。②32

霍罗福尼斯开始时引用了曼丘阿诺斯第一首牧歌的开头，这首诗是传统上诗歌教学的起点（"福斯特，牧群树荫下纳凉反刍之际，我请求您"）。接下来他开始讲意大利谚语（"威尼斯，威尼斯，未见你之人岂知你的好"），表明曼丘阿诺斯容易使人理解并讨人喜欢的特质，然后哼出音阶的音符。他这是在为诗歌创作课程做准备。

之后，他让他的助手、教区牧师纳森聂尔读"一段、一节、一行"，"读吧，先生"，他说，然后坐下来听俾隆写的这首十四行诗。这首诗的开头一句是"若爱让我背誓，我还能如何为爱起誓？"33他抱怨纳森聂尔对节拍的误读（"你漏掉了省略符，搞错了重音"），对这个年轻人创作的努力也不以为意："在韵律方面倒还不错。"也就是说，这些诗句的韵律还算正确，但缺少诗意的"想象的芬芳花朵"和修辞上"创作的神来之笔"。

100

---

① 这几句是曼丘阿诺斯第一首牧歌的开篇诗行，此诗在当时家喻户晓。

② 《爱的徒劳》，万明子译，北京：外语教学与研究出版社，2015，第51页。

但是霍罗福尼斯永远不会承认这些，也不会承认他有时会说曼丘阿诺斯的诗歌有些矫揉造作。然而，许多深受尊敬的教育评论家可能会同意他关于真正具有创造性的诗歌创作之最佳范例的建议："谈不上高雅、流畅和抑扬顿挫。奥维狄乌斯·那素 ① 才是真诗人。"② 莎士比亚很可能也会同意这样的观点。我们不知道他在学校读了多少奥维德的作品，但是从莎士比亚自己的作品中可以看出，在文法学校教学大纲列出的所有作家中，奥维德是最吸引他的一位，也是离开学校之后，他主动去寻找其作品来读的一位——虽然读的主要是英语译本。

在高年级就读时，莎士比亚有可能会被要求在学校讲拉丁语，即使是在跟他的同学对话。而且，作为一名聪明的学生，他理应在帮助低年级男孩学习基础知识方面树立榜样。一旦掌握了这些基础知识，这套教学体系的精髓就体现在翻译、翻译，还是翻译，也就是将拉丁语译成英语，再将英语译成拉丁语，然后再译回英语上。在他的整个职业生涯中，莎士比亚一直在把原始资料翻译成自己的语言。他的作品中充斥着课堂知识的碎片：来自奥维德的典故、来自西塞罗的词句，还有来自贺拉斯的副歌。

他很可能在读书的时候就开始了自己最早的戏剧演出。在大多数文法学校中，男孩子们不仅仅是在教室里阅读关于尤力乌斯·凯撒和罗马历史的作品，他们还会表演拉丁戏剧。斯特拉福德镇"自己的彼得·昆斯（Peter Quince）"是一位叫戴维·琼斯（Davy Jones）的人，他为小镇举办了一场圣灵降临节庆典（制作预算是 13 先令 4 便士）。莎士比亚创作《维洛

① 奥维狄乌斯·那素（Ovidius Naso），亦译为纳索，即奥维德（Ovid），naso 一词在拉丁语中意为"大鼻子"。

② 《爱的徒劳》，万明子译，北京：外语教学与研究出版社，2015，第 52 页。

那二绅士》时，想起了一个穿着女性服饰的可爱男孩，在一场
类似的演出中扮演被情人抛弃的阿里阿德涅——

> 在一次五旬节串演各种戏剧的时候，
> 当地的青年要我扮作女人，
> 把朱利娅小姐的衣服借给我穿着，
> 刚巧合着我的身材，
> 大家说这身衣服就像是为我而裁剪的，
> 所以我知道她跟我差不多高。
> 那时候我扮着阿里阿德涅，
> 悲痛着忒修斯的薄情遗弃；
> 我表演得那样凄惨逼真，泪流满面，
> 我那可怜的小姐，为之感动，
> 泣不成声。我宁愿自己死去，
> 假如未对她的痛苦深表同情。①34

101

"感动"这个关键词在这里再次出现，但这一次，情感上
的反应不仅仅是通过修辞，而是通过把动人的台词和"凄惨逼
真"的表演相结合来实现的。这段回忆即是通过舞台上的表演
这第三个维度，结合书中以诗意文字体现的两个维度，将当时
的那一刻转化为逼真的戏剧化缩影。

戴维·琼斯在斯特拉福德的圣灵降临节庆典是在1583年
举办的，那时莎士比亚已经离开了文法学校。那一年，他的父
亲遭遇了一些财务上的困境，而年轻的威尔使得一位比他年长
的女性受孕，并随即跟她结婚。但是，我们没有理由认为，怀

---

① 《莎士比亚全集》第一卷，朱生豪译，北京：人民文学出版社，1994，第161页。
为了跟正文呼应，译文有改动。

孕而后被抛弃的阿里阿德涅这一角色没有在早年间斯特拉福德的舞台上上演过。这一角色很可能是根据奥维德的《女杰书简》(*Heroides*)①中以她的口吻写成的诗歌改编的，并且出演这一角色的应该是莎士比亚的一位校友，甚至有可能就是莎士比亚本人。

---

①　奥维德的《女杰书简》是一部由 21 封书札组成的诗集，分为两组，第一组是 14 首以神话中的女主人公的口吻写给不在她们身边的爱人或丈夫的诗。

6. 帕林尼吉乌斯之后

全世界是个舞台

1558 年，罗马和世界宗教裁判所的圣会下令，掘出埋葬于意大利费拉拉附近的拉斯泰拉塔的皮耶罗·安杰洛·曼佐利（Piero Angelo Manzolli of La Stellata）的尸骨，并将其烧为灰烬。为什么？原因是他的诗歌，《生命的黄道十二宫》（*Zodiacus Vitae*），一本分为十二卷的关于天文学和哲学思考的合集。这本书的书名很快就被列入了 1559 年在梵蒂冈首次出版的教廷禁书目录（这是一份官方开具的书单，列出了因有悖于天主教信仰或道德而禁止罗马天主教徒阅读或仅可阅读其删改版的书籍，经多次修改，并于 1966 年被最终废除）。激怒了审查者的究竟是书中偶然出现的对教会和教宗的讽刺，还是书中对宇宙论和人类幸福科学的异教观点，我们已经不得而知，或许两方面都有。曼佐利在此之前 25 年发表他的著作时，一定知道自己是在同危险的事情做斗争：他调整了自己名字的字母顺序，将其重新排列成一个由相同字母构成的拉丁名字——马塞勒斯·帕林尼吉乌斯（Marcellus Palingenius）——以此来伪装自己的身份。[1]

这本书将反天主教思想跟一种对古代天文学和占星学思想的通俗介绍结合在一起，因此在横跨欧洲大陆的许多国家里，它都成了禁书。但是在伊丽莎白时代的许多文法学校里，《生命的黄道十二宫》成为三年级的固定教材之一。信奉天主教的欧洲所憎恶的，正是新教英格兰如饥似渴想要获取的。正是为了给学生（甚至是给学校的老师）做参考译文，一位年轻而热心的新教诗人巴纳比·古奇（Barnaby Googe）在 16 世纪 60 年代早期就着手将其翻译成英文。

在埃文河畔斯特拉福德镇国王文法学校读三年级的时候，

莎士比亚很可能就已经读过帕林尼吉乌斯的作品了。或者，他可能过了一段时间才读了这本书的英文译本，发现自己的目光落在了古奇热心地在页边空白处添加的一段注释上：全世界是一个舞台。帕林尼吉乌斯将生命比作一则寓言或者一个庆典，认为整个世界就是一个舞台，而所有的人类都是舞台上的演员。古奇的英文版本是用铿锵的诗歌韵律"八六体"①写成的，在《仲夏夜之梦》里，彼得·昆斯曾经建议他的戏剧《皮剌摩斯和提斯柏》在开场白部分使用这种格律。他是这样表达相关段落的——

> 所以你若能明辨，
>
> 就必能够看见
>
> 你在此过着这凡人的一生，
>
> 就仿佛是一场拙劣的露天表演。
>
> 其中的不同部分表明了
>
> 变化的世界的确在缓缓出现
>
> 戴面具的人
>
> 个个都有活泼的气息。
>
> 因为如今几乎人人都伪装起来，
>
> 不与自己的同类接触
>
> 在虚假的伪装下，
>
> 他们愚蠢的灵魂是盲目的。
>
> 所以天上的神感动起来，
>
> 以无用的玩具和琐事来嘲笑，

① 八六体（eight and six）：交错使用八音节和六音节的句子，这是当时民谣的常用韵。

> 而那些在露天演出中上演的痴狂情状
>
> 依然屡屡出现在凡人的一生之中。①2

人生是一出戏剧，我们都是演员，扮演着一系列的角色。伪装和欺骗是人类生活的基本组成部分。神祇高高在上，嘲笑着人类愚蠢的狂妄，就像是剧院里坐在楼座上俯视舞台的观众。这其中的每一个观点都可以在大量的古典和中世纪资料中找到。

这些观点也是莎士比亚作品中反复出现的主题。理查三世太过于丑陋，无法扮演爱人，于是只能出演恶棍；波顿扮演驴子，薇奥拉扮演男孩，哈姆莱特扮演疯子；伊阿戈已经不是他自己，克莉奥佩特拉扮演的角色千变万化，而罗莎琳德是一个男童伶扮演的女扮男装的女孩子角色。在其中，"凡人的痴狂情状"无论在喜剧和悲剧中都是神祇娱乐的源泉。罗宾："要不我们就看看他们的痴狂情状？／天哪，凡人真是愚蠢荒唐！"科利奥兰纳斯："看！天都裂开了，神明俯视苍生，嘲笑这幕悖逆伦常的场景。"②3

人一生中的七个时期

帕林吉尼乌斯对全世界是一个大舞台这一老生常谈的观念做了一些创新。他把它与另一个古老的说法——人的一生可以划分为不同的时期——结合了起来。在古希腊，亚里士多德把人的一生分为青年、中年和老年。在古罗马，奥维德的《变

---

① 这一段并没有出现在本书作者审定版本的《仲夏夜之梦》乃至其他的莎士比亚戏剧中。

② 《仲夏夜之梦》，邵雪萍译，北京：外语教学与研究出版社，2015，第52页。《科利奥兰纳斯》，邵雪萍译，北京：外语教学与研究出版社，2015，第137页。

形记》持续比较了四季和人类生命在时间庇护下的流逝，认为时间是万物的吞噬者（Tempus edax rerum）。在早期基督教中，圣克里索斯托姆（St Chrysotom）发展出了六个时期的划分——婴儿、儿童、青少年、年轻人、老成持重的人、老人——并认为每个时期都有其特有的人间苦难。

帕林吉尼乌斯也集中关注了肉体的痛苦：婴儿降生在这"苦难的人世"时不停地哭喊，学童总是在挨揍，精力充沛的年轻人因愤怒和骚乱而发狂（"他不会接受任何忠告，/但会鄙视机智的箴言"），"更严肃、更聪明"的人面临的只是养家糊口的苦差事，而在最后到来的"皱纹岁月"中——

> *身体会衰退，力量会减弱，*
> *他美丽的容颜*
> *和姿色都会褪去，他的感官衰退，*
> *耳朵和眼睛不复敏锐，*
> *他不再品尝得出滋味，*
> *常常有病痛缠身，*
> *他渐渐没有了牙齿，不再能咀嚼肉类，*
> *只能拄着拐杖走路*
> *他那弯曲的、又老又笨重的四肢，*
> *几乎难以站立。*
> *人的心也必这样衰残，*
> *他现在已经完全像孩童般幼稚，*
> *而在他虚弱和年老的岁月里，*
> *已经再也没有任何智慧。*[4]

105

没有牙齿和失去味觉的形象，以及老态龙钟和童年之间的类比，对于任何知道杰奎斯在《皆大欢喜》中那一段著名的台词"全世界是个舞台"的人来说，都是非常熟悉的。

在此基础上，帕林吉尼乌斯将人生划分为五个时期。三时期、四时期和六时期的说法都有支持者，但七时期说有一个特别有力的例子。一本叫作《法兰西学院》（*The French Academy*）的著作概述了当时关于人生阶段的说法，其作者皮埃尔·德·拉·普里莫达耶（Peter de la Primaudaye）解释说，尽管许多权威人士选择了六时期说（正好与上帝创造天地的天数相对应），"有些人将其分成了七个时期，在年老之后又加上老朽或卧床不起的时期。他们这种划分方式的主要基础就在于数字七是一个普遍的且绝对的数字"。[5]

七时期的优雅特质与数字"七"类似于魔力的特质恰成呼应。上帝也许在六天内创造了万物，但他在第七天休息。《圣经》和古典作家经常以七年为一周期来安排事情，就像雅各曾对法老预言的那样，先是七个丰年，后来是七个荒年。因此，人们普遍认为人的一生是以七年为一个周期的。

普里莫达耶提出以下模式：第一个时期是婴儿时期（来自拉丁语 infans，意思是尚不会说话），然后是童年，这一阶段持续到七岁；接下来是少年期，持续到 14 岁；再是青春期，从 14 岁至 28 岁（受"强烈的欲念"，特别是性欲统治的时期）；之后是成熟期或者说"成人期"，这一时期一直持续到 49 岁结束。如果你相信六时期说，那么老年期就从五十岁开始，一直延续到死亡；或者如果你更偏爱七时期说，那么接下来还有老朽期。63 岁这一"转折之年"（即 7 × 9，9 是另一个常用来表示测量周期或"氛围"的数字）很可能就是死亡或衰老的候选年份，就像 81 岁（9 × 9）一样。

不同的权威划分人生时期的方法并不相同，但几乎总是以7 或者 9 的倍数来划分。莎士比亚对人生时期的划分模式和转折之年的意识，也许可以从他剧中的某些细节中看出。想一下

《冬天的故事》中老牧羊人出场时的那几句："但愿人生没有十岁到二十三岁这段时间，或让年轻人在睡梦中把它打发掉。在这期间，除了玩女人，生孩子，侮辱尊长，偷窃，打斗，就无别事可干。"①6 这表明，莎士比亚和他同时代的许多人一样，把"青春"和"青春期"混为一谈，把它们归为一个纵欲、放荡和兴高采烈的单一时期，一共持续 14 年。但是青春时的事物终归是不会长久的。现在让我们来看看《李尔王》。莎士比亚向观众强调，李尔王已经 81 岁了，处于老年期的边缘，而肯特伯爵也已经 49 岁了，正处在壮年和老年之间。他们都处在转折之年，生活在一个危机时刻。

莎士比亚的原创性

通常当我们认为莎士比亚是在创新的时候，他实际上表达的是他那个时代的普遍想法。他的独特之处在于，运用无比的气势和想象力将传统的"主题"转变成生动的戏剧。他接过了帕林吉尼乌斯的暗示，将人生阶段的更替与人生就是一出戏这一隐喻联系起来。但他在戏剧中加入了对话，而不是论述或者布道，首次证明了这个隐喻的真实性。他也是第一个为不同年龄分配特定戏剧角色的剧作家。在之前的文字作品中，婴儿都只会"哭叫"。只有在莎士比亚的作品中，婴儿才会做出戏剧化的呕吐动作——事实上，之前从来没有作家把"呕吐"这个词用作动词。他笔下的学童有一种特殊的气质，他背着书包，有着"清晨般阳光明媚的脸"，这是之前文学作品的惯用语句里不曾出现过的。莎士比亚将一切戏剧化、个性化，把原型转化为形象，把想法转化为行动。

---

① 《冬天的故事》，李华英译，北京：外语教学与研究出版社，2015，第 69 页。

107

　　杰奎斯的人生七个时期说与其他所有人的都不一样，这是因为这七个时期的具体化身就在《皆大欢喜》的舞台上，一直围绕在他身边。奥兰多是一个从来没有去过学校的男孩。他是以意大利浪漫故事中一位著名战士的名字命名的，刚刚挥舞着一把剑上场了。正当杰奎斯描述人生的第六和第七时期时，奥兰多又回到了舞台上，背着这两个人生时期的具体化身——他的老用人亚当（以我们的第一位祖先命名，并且很可能是由威廉·莎士比亚扮演的）。杰奎斯总是会遇见并且粗暴地对待情人们。并且，这部戏充满了对政治正义／非正义的探讨。《皆大欢喜》这部剧中没有出现婴儿，但是，戏剧结尾时缔结了好几桩婚事，他们中应该很快就会有人跨入可以由剧情设想出的下一段人生。

　　虽然杰奎斯的演讲是以习以为常的形象开始并结束的——婴儿、学童、老人、老朽之人——但他并没有将中间的三个时期表述为一般的青年、成人，或者是青春期和具有男人气概的时期（virilitas）。相反，他列出了三个非常具体的角色——情人、军人和法官，代表着性欲的觉醒，充满冒险和行动的生活，稳定的中年责任和公共服务。这既是普通人的旅程，是莎士比亚本人的旅程，也是他的戏剧作品的先后顺序，正如他的演员伙伴们在《第一对开本》中安排的那样：刚开始是喜剧，是恋人们的领地；然后是历史剧，属于军人们；最后是悲剧，属于法官和与衰老、死亡做斗争的人们。

　　与此同时，这些画面拙劣地模仿了人类出演人生角色时的种种过分行为。没有什么折中的办法。情人“像火炉一样”叹息，为他的情人写了一首“痛苦的”诗（诗中充满了痛苦，但诗本身也拙劣到令人痛苦），这首诗献给他情妇的“眉毛”。军人大声咒骂，这样的举动很符合他莽夫的身份，既勇敢又莽撞，表现出胆汁质的极端症状，所有这些都是以“名誉”的名义进行的，而这就像《亨利四世》上篇中福斯塔夫的"荣誉"一样，是个一戳就会破裂的空泡。法官是法律和政治权威的化身，他也许拥有可随意支配的"格言和老生常谈"这类帕林吉尼乌斯口中年轻时期往往会忽视的东西，但法官更关心的事儿是填饱自己的肚子。"他这样扮了他的一个角色"，这句话中明确地援用了演员的形象，好像是在提醒我们，古希腊语中用于称呼"演员"的单词是"伪善者"。如果这个称呼用在一个权威人物身上，无论是言行不一的波洛纽斯，还是李尔王斥责"狗若当道，就得服从它"的"恶差役"和"低级的阴谋家"，往往都会引起一阵特别的战栗。

莎士比亚另一个独一无二的地方在于——他谋生的手段很大程度上依赖于他手下的演员们清晰念出台词的能力——每个年龄段都有各自不同的声音。婴儿啼哭呕吐，学童牢骚满腹，情人们不停叹息，军人咒骂不断，法官喜欢说教，老叟的声音尖利、带有哨音，又转变成了童稚的高音。只有最后遗忘到来的时候，剩下的才是沉默。

108

7. 继续教育：翻译的技艺

翻译的政治

在谈到自己最为偏爱的著作时，法国散文家蒙田虽然具有独特的自我意识，但仍然代表了他那个时代英法两国教养良好的人的品位。在所有诗人中，他最崇拜维吉尔，最欣赏奥维德。他读散文是为了"在某种程度上"将"有益与愉悦"结合起来：古典散文的伟大作品使我们能够"陶冶性情"。蒙田在其《论书籍》一文中继续写道，"使我获益最多的是普鲁塔克（自从他被介绍到法国以后）和塞涅卡（塞内加）的作品。他们俩人皆有这个共同特点，很合我的脾性，我在他们书中追求的知识都是分成小段议论，不需要花长时间阅读（花长时间我是做不到的）。"[1] 蒙田是最早的现代主义者之一，这不仅仅在于他承认自己性格中的散漫品质。历史和道德书籍——普鲁塔克的《希腊罗马名人传》和塞内加的《书札》——都是能更好地理解和反思人类处境的读物，但智慧却往往"零星地"、折中地、几乎顺便地而不是系统或费力地从书中获得。想要获益并不一定要为此付出努力，它是伴随着愉悦而来的免费礼物。

蒙田的拉丁语和法语一样流利，所以他可以轻松地阅读塞内加的原著。但是希腊语就没有那么简单了。普鲁塔克，这位希腊作家，直到"他被介绍到法国以后"，也就是说由奥赛尔主教雅克·阿米奥（Jacques Amyot, bishop of Auxerre）翻译的《希腊罗马名人传》（1559 年）和《道德论》（1572 年）的译本问世之后，他才成为蒙田的最爱。学者们批评阿米奥犯了很多文献学上的错误，但蒙田本能地知道，雅克神父抓住了

---

① 《论书籍》，《蒙田随笔全集》第二卷，马振聘译，上海：上海书店出版社，2009，第 75~76 页。

原著的精髓。

> 我对希腊语一窍不通；但是我感到他的译文中处处
> 文采飘逸，结构谨严，这不是他深刻理解作者的真正想象
> 力，便是他长期阅读普鲁塔克的著作，让普鲁塔克的思想
> 深深扎根在自己的灵魂中，至少没有给他歪曲什么或增添
> 什么。①2

110

蒙田暗示，真正的翻译与其说是语言上的精确，不如说是
创造性的对话。真正的译者进入外国作者的想象，是为了传达
他的"理念"（这个词是在柏拉图式的意义上使用的），同时
他生产出的是"联系紧密"的意义和简洁的措辞，与他自己的
语言相称。阿米奥向他自己的国家献上了来自普鲁塔克的珍贵
礼物，单单这一点就十分值得感谢。1579 年，托马斯·诺斯
（Thomas North）爵士通过翻译阿米奥的作品将这份礼物传递
给了英国，从而使莎士比亚的罗马题材戏剧成为可能。此外，
在 1603 年，不太懂法语或者完全不懂法语的英国男女都应该
感谢约翰·弗洛里奥（John Florio），因为在那一年他将蒙田
的作品译成了英语。

在伊丽莎白时代的英国，只有那些上过大学的人才能掌握
最基本的希腊语。莎士比亚所受的地方文法学校教育教给了他
足够多的拉丁语，使他能够根据奥维德《岁时记》（Fasti）中
的一个故事创作出《鲁克丽丝受辱记》，前者在莎士比亚有生
之年未译成英语。相对来说，翻译希腊语文本是更有必要的，
所以说在伊丽莎白时代最负盛名的翻译家是翻译普鲁塔克的诺

---

① 《公事明天再办》，《蒙田随笔全集》第二卷，马振聘译，上海：上海书店出版社，
2009，第 31 页。

斯和翻译荷马史诗的乔治·查普曼（George Chapman），也是恰如其分的。但是既然绅士阶层的读者——特别是像莎士比亚这样相对出身低微但志向远大的绅士——能够顺畅自如地阅读拉丁原文文本，为什么会有这么高比例的古罗马时期文学经典被翻译成伊丽莎白一世时代的英语呢？

从卡克斯顿（Caxton）①的时代到16世纪末印刷译本的一次普查显示，在伊丽莎白女王登基前后，人们的兴趣发生了明显的转变。卡克斯顿在1480年出版了奥维德的《变形记》，1490年出版了维吉尔的《埃涅阿斯纪》，但他的《变形记》改编自一个法语版本，是一个在中世纪"奥维德道德化"传统中对文本进行了修改和扩展的版本，这一传统是借助基督教的寓言来重新诠释奥维德那些下流淫秽的故事。同样，卡克斯顿的《埃涅阿斯纪》是根据法国散文体浪漫小说改编的，这一改编虽涵盖了原著的基本内容，但实际上不能算是一个译本。对卡克斯顿来说，奥维德和维吉尔是传统含义上的"担保人"（auctores）：指"权威"或来源，而不是指作者，即现代意义上的、其文学艺术完整性需要被尊重的个人。译文是用无韵的散文体写成的；它们的目的是传达古代神话的故事情节，而不是经典诗人的风格。卡克斯顿出版的译本中最具特色和影响力的是《特洛伊历史的再现》（*Recuyell of the Histories of Troy*），它是一种"反映"或"结集"，提供了一个法语版本的故事概要，从许多不同的出处而不仅仅是荷马的《伊利亚特》原著之中，拼凑起了特洛伊的故事。莎士比亚也运用了这种方法，以乔叟和查普曼的作品为蓝本，创作出了《特洛伊罗

---

① 威廉·卡克斯顿（约1422~1491年），英国第一位印刷商，于1474年印刷了第一本英文书籍，后来印制了《亚瑟王之死》和乔叟的《坎特伯雷故事集》等80多种书。

斯与克瑞西达》。这部剧中的爱情故事完全来自中世纪，而其军事情节则要追溯到荷马的原著。

在亨利八世统治时期，占主导地位的翻译作品是那些道德著作。在伊拉斯谟的影响下，人文主义学者一次又一次地以"忠告"和"句子"为基础向读者推荐他们的英语译本，也就是说，从他们这里可以获得以精辟的话语形式表达的道德箴言和公民智慧。1528 年，托马斯·怀亚特爵士（Sir Thomas Wyatt）翻译了普鲁塔克的《心灵的宁静》（*De Tranquillitate Animi*），作为送给凯瑟琳王后的新年礼物，而托马斯·埃利奥特爵士（Sir Thomas Elyot）则翻译了普鲁塔克的《儿童教育或抚养》[*The Education or bringing up of Children*，以意大利人文主义者瓜里诺（Guarino）的拉丁文译本为底本]和雅典演说家伊索克拉底（Isocrates）的《君道》（*Doctrinal of Princes*，直接用希腊文版本翻译）。埃利奥特翻译的伊索克拉底作品用英语阐述了与"君主""地方官""绅士"有关的行为理想。这是他为英国统治阶级编写的经典行为手册《统治者之书》（*Book named the Governor*，1531 年）的姊妹篇。因此，这些翻译实际上服务于早期都铎王朝在世俗等级制度和根深蒂固的秩序基础上编织一个新兴民族国家的计划。

因此，面向广大读者而翻译古罗马的重要文学作品，是 16 世纪 50 年代出现的新现象。它始于两个较早版本的维吉尔作品译本的出版，在此之前这两部译作都只是以手稿的形式供精英读者阅读：加文·道格拉斯（Gawin Douglas）于 1513 年在苏格兰的宫廷开始翻译完整版《埃涅阿斯纪》，萨里伯爵（Earl of Surrey）对同一部史诗第二卷和第四卷的翻译在 1547 年他被处死之前一段时间完成。伊丽莎白女王即位那一年，托马斯·菲尔（Thomas Phaer）翻译了《埃涅阿斯纪》中的 7 卷，18 年后，这一译本由托马斯·托恩（Thomas Twyne）最终完成。贾

112

斯珀·海沃德（Jasper Heywood）的《特罗亚》（*Troas*）、《提耶斯忒斯》（*Thyestes*）和《赫拉克勒斯·福伦斯》（*Hercules Furens*）于 1559 年至 1561 年接连问世，由此形成了大量塞内加作品的英文版本，他的《十悲剧》于 1581 年结集出版。阿瑟·戈尔丁（Arthur Golding）于 1564 年着手翻译奥维德《变形记》的前 4 卷，三年后全部 15 卷翻译完成。戈尔丁还翻译了《高卢战记》和其他一些古罗马历史作品。奥维德稍短一些的作品，以及贺拉斯的诗歌也有了英语译本。在散文作品方面，被翻译成英文的作品有阿普列乌斯的《金驴记》和李维的《罗马史》、普林尼的《自然史》节选。另外其他一些古希腊作家是通过拉丁语译本被翻译成英语的。不仅有像色诺芬和波利比乌斯这样的道德家和历史学家，还有赫利奥多罗斯（Heliodorus）这样的传奇作家——托马斯·昂德当（Thomas Underdowne）翻译的《埃塞俄比亚传奇》（*Aethiopica*，1569 年）当时极受欢迎，在不到四十年间就再版了四次。[3]

从 16 世纪六七十年代这些作品和许多其他经典著作的作者前言来判断，当时的翻译运动形成了一种协调一致的努力，以证明英语是一种足够高贵的语言，足以表达古人的智慧。在他翻译的《埃涅阿斯纪》前 7 卷的附言中，托马斯·菲尔评论说，他的母语经常被认为是"野蛮的"，但是当诗人中最文雅的维吉尔开始有了英语译本时，情况就不再是这样的了。戈尔丁将他翻译的奥维德作品题献给莱斯特伯爵罗伯特·达德利，感谢伯爵鼓励译者"通过艰苦的练习，怀着一种热忱和希望，试图用这些未曾出版过的东西来丰富自己的母语"。[4]

113 从女王即位到莱斯特伯爵去世的这三十年间，题献给莱斯特伯爵的著作超过了一百本。赞助是他推进自己积极的爱国主义和新教信仰的重要举措。他积极支持使都铎王朝的英国历史读物得到长足发展的编年史作家，支持英国国教"清教徒"派作家，支持反天主教宣传。戈尔丁提到莱斯特伯爵鼓励那些积极"丰富自己母语"的人，这说明翻译运动的动机是民族主义和激进的新教意识形态。[5]

这些译者，尤其是历史作品的译者，都会在作品前言中写明他们的爱国意向。[6]他们用历史来证明派系斗争是危险的，不服从合法继承人的行为是邪恶的。贵族们鼓励翻译活动，几乎所有的译本都是题献给枢密院成员或他们的近亲、新教事业的杰出支持者和伊丽莎白女王新政府的。但是，正如经常伴随着文学出版活动发生的那样，意想不到的后果定律开始生效了：虽然翻译运动大体上是针对宫廷精英的，致力于新教民族主义，但它也为莎士比亚等有文化的中产阶级提供了可以用于其他目的的丰富素材，比如创作出富于娱乐性且发人深思的戏剧作品。

《希腊罗马名人传》

莎士比亚在《尤力乌斯·凯撒》《安东尼与克莉奥佩特拉》《科利奥兰纳斯》中将罗马历史改写成戏剧，给人留下了深刻的印象。他是在哪里学习过罗马历史？如果抛开那些细微的变化和即兴创作不谈，答案其实很简单。虽然大部分戏剧都是他对广泛的文学和戏剧素材进行的剪切和粘贴，但在古罗马悲剧方面他只集中关注了一本伟大的著作。

这本著作就是普鲁塔克的《希腊罗马名人传》［又称《对传》(*Parallel Lives*)］。鲁普塔克是一位古希腊人，于公元1世纪出生于维奥蒂亚（Boeotia）。他的著作包括了四十六位古代历史上伟大人物的传记，按照一位古希腊人对应一位古罗马人这样成对排列，每一对之间有一个简短的"比较"。设置平行结构的目的的在于提出以下问题："究竟谁是最伟大的将领——希腊的亚历山大大帝还是罗马的尤力乌斯·凯撒？"在《亨利

114

五世》中，弗鲁爱林认为蒙茅斯的哈利王类似于马其顿的亚历山大大帝，因为他们各自的出生地都以"M"开头，这两个地方都有一条河，"两条河里都有鲑鱼"[7]，以这种方式，莎士比亚亲昵地取笑了平行情节这一设置。但这里的喜剧效果嘲弄的是弗鲁爱林，而不是普鲁塔克——而且，就像莎士比亚那些内蕴最为丰富的笑话一样，它也有严肃的意义。像亚历山大大帝在一场酒后斗殴中杀死了他的知心朋友克利图斯一样，哈利王也清醒而冷静地让他的老朋友福斯塔夫因心碎而死。

对莎士比亚来说，这种基于史实的"平行"是一种强大的手段。宫廷宴乐署对舞台的审查意味着将当代事件改编成戏剧是极其危险的，因此，最好的政治剧写作方法就是从过去的事件中找题材，从而让观众看到与现实类似的东西。童贞女王继承人的不确定性意味着在伊丽莎白统治的最后几年里，经常有传言说存在着什么阴谋。写一部关于一群位高权重的朝臣，比如说，埃塞克斯伯爵和他的小圈子密谋推翻君主政体的剧本是非常不妥当的。但是，一部关于一群地位显赫的罗马贵族——布鲁图、卡修斯和他的同伴——密谋暗杀尤力乌斯·凯撒的戏剧，却能够通过含蓄的类比，提出一些令人尴尬的问题。

对莎士比亚而言，普鲁塔克最重大的影响是他通过传记来撰写历史的方式。他教导这位剧作家，即使是很少的人情味也往往比巨大的不具备人情味的历史力量更能说明问题。普鲁塔克在《亚历山大的生平》中解释了这种方法——

> 我的意图不是写历史，而是写生平。因为最高尚的行为并不总是能显示出人的美德和罪恶；但有时，一个轻松的场合、一句话或某个玩笑，就会比那些著名战役更明显地表现出人的自然性情和举止，即使在这些著名的战役中，有上万名战士或整支军队遭到杀戮，城市被围攻或是

被攻陷。[8]

在莎士比亚的古罗马题材戏剧中，情况也是如此。往往是一个特殊的场景、一个词、一个温柔或嬉笑的时刻，给这个超级大国的政治家赋予了人情味。人们会想到布鲁图和卡修斯在争吵后和好，克莉奥佩特拉在被击溃的那天想起了当天是她的生日，或者卡厄斯·马歇斯因为战斗而精疲力竭，忘记了在科里奥尔曾帮助过他的那个人的名字。

莎士比亚读到的普鲁塔克是托马斯·诺斯爵士于1579年翻译的英文版，这是从阿米奥的法文版翻译的。在写作的时候，莎士比亚的书桌上一定有诺斯的大对开本《古希腊和罗马伟大人物生平》(*The Lives of the Noble Grecians and Romans*)。读一下马尔库斯·布鲁图的生平，你就会发现这位剧作家的想象力是基于怎样的原材料开始发挥作用的——

> 现在布鲁图（他知道得很清楚，因为他的缘故，那些高贵的、勇敢的、最富有勇气的罗马人正冒着生命危险）正在内心权衡着危险的严重性，当他离开家门的时候，他控制住了自己的表情和面容，使得别人无法看出他心里有什么烦忧。但是当夜晚降临，他待在自己家里的时候，情形就完全不一样了。因为，要么是忧虑使他违背了自己的意愿，他在想要休憩的时候却无法入睡，要么他自己也常常陷入这种沉思，默默地在心里演习可能发生的一切危险，以至于他的妻子躺在他身旁，会发现有一件惊人的大事使他心烦意乱——他自己尚不习惯做这件事，并且也还没有下定决心。[9]

剧场的迷人之处在于它能把人物的内在性格表现得栩栩

如生。在第一幕中，我们看到了一个在公众面前无忧无虑的布鲁图，但在第二幕的开头，莎士比亚唤起了夜晚的气氛，把布鲁图从床上拉起来，将他一个人放在环球剧院光秃秃的舞台上。于是，自言自语这一表现手法使我们得以进入那个烦恼的心灵，去衡量这个危险的伟大之处，去分享这一冒险中的深刻思想——

116

> 必须让他死才行；对我来说，
>
> 我不觉得踢开他有什么个人原因，
>
> 全是为了公众。他也许会戴上王冠：
>
> 问题在于，这会使他的本性有多大改变。①10

这就是问题所在。安东·契诃夫这位也许是莎士比亚之后最伟大的剧作家说过，剧作家的任务不是提供解决方案，而是以正确的方式提出问题。对于公共责任与个人意愿之间的关系，这些古罗马题材的戏剧并没有给我们提供任何简单的答案。莎士比亚仅仅满足于以戏剧的方式来表现这个问题，将其余的一切都留给他的观众。而教会他如何提出这些问题的正是普鲁塔克。

人文主义理论家们不会对这个结论感到完全满意，但他们对一位深受霍罗福尼斯和莎士比亚推崇的诗人抱有更大的疑问。

奥维狄乌斯·那素才是真诗人

毫无疑问，奥维德是莎士比亚最喜爱的古典诗人。[11]这位英国剧作家和这位罗马诗人的第一次相遇，应该是在埃文河

---

① 《尤力乌斯·凯撒》，傅浩译，北京：外语教学与研究出版社，2015，第31页。

畔斯特拉福德镇文法学校的教室里。小男孩威廉应该反复钻研过奥维德作品的拉丁原文摘录——首先是那些教科书中用于语法和修辞学教学的简短段落，然后是更重要的部分，即诗歌本身。奥维德的抒情诗集《恋歌》（*Amores*）是莎士比亚十四行诗的重要范例之一。每一个诗歌序列都是一系列恋爱中的情绪变化；在这些变化中，叙事的声音在不同的姿态和语调之间迅速转换。奥维德的《岁时记》将罗马历史和神话中的重大事件与公元纪年联系起来，成为莎士比亚第二首叙事诗《鲁克丽丝受辱记》的主要灵感来源。虽然莎士比亚读的《恋歌》可能是克里斯托弗·马洛翻译的版本，但是《岁时记》在当时只有拉丁语版本。这表明，当本·琼生写到莎士比亚"几乎不懂拉丁语"时，他是以自己超出常人的学识作为标准的——现在情形应该很明显，按照我们现代的标准，莎士比亚的拉丁语已经完全够用了。

117

伊丽莎白时期的课堂上最受欢迎的文本之一是《女杰书简》，这是奥维德以神话中被情人抛弃的女人口吻写作的诗体书信——纳克索斯的阿里阿德涅、被迦太基的埃涅阿斯抛弃的狄多，等等。在文法学校中经常要练习的是模仿它们——"用 X 的风格写一封信，或者从遭受 Y 折磨的人的角度写一封信"——从这个意义上说，与西塞罗和伊拉斯谟的信件一样，《女杰书简》可能会帮助学生莎士比亚在戏剧模仿艺术上迈出第一步。约翰·黎里和克里斯托弗·马洛是莎士比亚开始写剧本时对他影响最大的两位剧作家，他们都将《女杰书简》作为一个角色遭遇情感危机时进行自我反省的艺术典范来使用。这种艺术，换句话说，也就是独白的艺术。

但是在奥维德的皇皇巨著《变形记》面前，这些作品都黯然失色了。学者们已经计算出来莎士比亚使用的古典神话中的典故，有90%与那部史诗集中的故事有关。莎士比亚既知道这本书的拉丁文原文，也读过阿瑟·戈尔丁的译本。我们可以通过他最持久的对奥维德的模仿来证明这一点，即普洛斯彼罗在《暴风雨》临近结尾处放弃了他微弱的法力。莎士比亚在其职业生涯晚期借鉴了《变形记》中的细节，这表明他对奥维德的热爱并非人们有时认为的那样，只是年轻人的一时兴起而已。

奥维德笔下的女巫美狄亚出场时的台词是"auraeque et venti montesque amnesque lacusque, / dique omnes nemorum, dique omnes noctis adeste"。逐字翻译的话，这一句应该译为"你们这些微风、狂风、山峦、河流、湖泊、树林的神以及夜间的神，都当前来"。戈尔丁的翻译是"你们这些山岭的精灵、溪谷的精灵、森林的精灵 / 安静的湖泊和黑夜的精灵，都当前来"。[12] 而莎士比亚笔下的普洛斯彼罗开口说："你们这些小精灵听好了：无论你们是在山丘、溪流、静湖、树丛里。"[①][13] 莎士比亚那时已经从戈尔丁那里得到了一个想法，即在这一时刻可以把那些英国本地的精灵也包括进来（奥维德仅仅提到了"神"，并没有将它们跟山联系起来），他还跟着戈尔丁把"湖泊"扩展成了"静湖"。后面的台词，奥维德写的是"把橡树连根拔起"，而戈尔丁并没有具体说明是哪种树（"将树木连根拔起"），所以莎士比亚一定记得或翻看过拉丁语版本，找到了其中提到过的"用乔武自己的闪电劈开他坚实的橡树"。同样，戈尔丁也没有描绘过那些真正从坟墓里出来的鬼魂：普洛斯彼罗所说的"坟墓听我的命令唤醒长眠的人，张开口，借着我高强的法力放他们出来"[②][14] 是奥维德"使那些死去的灵魂复

---

① 《暴风雨》，彭静禧译，北京：外语教学与研究出版社，2015，第85页。

② 同上书，第86页。

活"的一种改写。奥维德笔下的美狄亚说，她的"歌声"可以使太阳变得黯然无光。戈尔丁写道："我们的魔力能使清晨变暗。"莎士比亚巧妙地把这里的"歌声"和魔力与普洛斯彼罗自诩"我高强的法力"[15] 相结合，即魔法师和行吟诗人的双重技艺。

美狄亚的黑魔法是普洛斯彼罗看似无害的法术之源泉，这提醒我们莎士比亚的视野是复杂的，在他的戏剧世界中善恶很难轻易区分。同奥维德一样，莎士比亚对于由我们人类作为纤维织成的混色纱线很感兴趣。他们都是作家，以极其严苛的态度探索人性，但最终他们这样做是出于一种对于我们的弱点和放纵的同情，而不是为了对我们的错误进行严厉的评判。我们很快就会看到，普洛斯彼罗更像是一位塾师，而不是他的创造者的一个精确的仿制品。

虽然普洛斯彼罗的演讲很有价值地表明，莎士比亚对奥维德语言的细枝末节有着持续的兴趣，这一兴趣甚至延续到了他的职业生涯晚期，在具体借用的细节方面尤其突出。莎士比亚对《变形记》的习惯性使用并没有那么具体。他将其中的故事称为平行体或范例，用来描述他戏剧中人物的情感混乱。奥维德在书中讲述了极度的激情可以导致身体变形，而莎士比亚将这些转化为心理上的转变和生动的隐喻。特别是，他在奥维德的作品中发现了大量关于女性情感的例子——他作为灵感来源的许多其他作品中都明显缺乏这样的例子，比如马洛的戏剧和普鲁塔克、霍林谢德（Holinshed）的历史著作。对他来说最重要的是奥维德所讲的故事，因此拉丁文本并不是必需的——在离开学校后为了消遣而重读奥维德的作品时，莎士比亚似乎主要依赖戈尔丁的英文版本。

《皮剌摩斯和提斯柏》中笨拙的诗句可能模仿了戈尔丁累赘的"十四音节诗"韵律，但莎士比亚似乎很喜欢译文中朴实无

119

华、非常本土化的英国词汇——这些往往是乡村词汇。戈尔丁对奔跑的野兔和鲜花盛开的草地有着只属于他自己鲜明的视角。就像《冬天的故事》中的奥托吕科斯一样，莎士比亚往往快速地处理一些不值得考虑的琐事——从戈尔丁那里，他窃取了一些语言上的珍宝，比如《维纳斯与阿都尼》中野猪的鬃毛，以及在《第十二夜》中薇奥拉将自己比作回声女神厄科（Echo），而仙女的"喋喋不休"则与之呼应。

莎士比亚在职业生涯开始和结束时的作品最具奥维德式风格。1593~1594年剧院因瘟疫而关闭时，他创作的两首叙事诗就是根据奥维德的作品写成的。这两首诗鲜明地表现出了他成熟的诗歌技艺，这也许是为了回应切特尔和格林对"摇撼舞台者""新抖起来的乌鸦"的嘲讽。《维纳斯与阿都尼》选取自《变形记》第三卷中一个一百行左右的故事，莎士比亚运用他炉火纯青的优雅技艺将其扩展成了一部超过一千行的作品。奥维德提供了一个叙事框架：有趣的主题——可爱的年轻阿都尼对爱的反抗，黑暗的扭曲——他被野猪的刺刺死，以及最终的释放——蜕变成花。在这个结构中，莎士比亚精心编织了支持和反对"美貌是为了欢爱"的论据。这些都是他展示自己修辞技巧的机会，同时也涉及伊丽莎白时代备受争议的一个问题，即宫廷气派和军事成就的相对价值。成功的朝臣应该擅长甜言蜜语和骑士精神这两方面的技艺。莎士比亚把骑士精神赋予了猎人阿都尼，然后通过让一个女人——不是随便什么女人，而是爱神维纳斯自己——赞美一个年轻的男人，颠覆了男人赞美女人的模式。为此，他把奥维德作品的不同部分拼凑在了一起：爱情的机智劝导是用《恋歌》和《爱经》（*Ars Amatoria*）中的方式表现出来的，虚荣的年轻人的形象有点像那喀索斯（Narcissus），而那个鲁莽的女人则酷似萨耳玛西斯（Salmacis），后者在《变形记》

第四卷中引诱了另一个漂亮但自私的男孩赫耳玛佛洛狄忒斯（Hermaphroditus）。

如果《维纳斯与阿都尼》和《鲁克丽丝受辱记》分别是对欲望之光明一面和黑暗一面的诗意探索，那么《仲夏夜之梦》（1595~1596 年）和《泰特斯·安德洛尼克斯》（撰写或修订于 1594 年）则是与它们对等的戏剧作品。《泰特斯·安德洛尼克斯》明确地摹写了《变形记》第七卷中菲洛梅尔被强奸的情节。后来在《泰特斯·安德洛尼克斯》问世十五年后，莎士比亚在《辛白林》一剧中重述了这个可怕的故事——它对于莎士比亚的影响力由此可见——亚基莫注意到伊诺贞在寝室中"她看书看到深夜 / 看的是忒柔斯的故事。折页处 / 正在菲洛梅尔屈服受辱的关口"。[1][16] 在这个也许是莎士比亚作品中最自觉的文学时刻，奥维德的一本书在《泰特斯·安德洛尼克斯》的第四幕被搬上了舞台，并被用作情节工具来揭示已经犯下的罪行的本质。拉维尼娅提到菲洛梅尔在僻静的树林里被姐夫忒柔斯强奸的故事，暗示拉维尼娅自己也受到了侵犯。然后，莎士比亚用成熟老练的手法将来源不同的故事交织在一起，使这个典故更加复杂：在奥维德笔下，忒柔斯拔掉了菲洛梅尔的舌头，这样她就不能说出他的名字，但她将自己的遭遇织在一块布上，弥补了不能说话的残疾。《泰特斯·安德洛尼克斯》中的强奸犯们预先阻止了这一行动，他们切断了拉维尼娅的手，还割掉了她的舌头。但她比他们更聪明——莎士比亚以此证明了他自己的智慧——她跳转到《变形记》的另一部分，也就是伊俄的故事，在这个故事中，一个女孩在被变成了一头牛之后，用蹄子在沙地上写下了自己的名字。所以拉维尼娅嘴里叼着一根棍子，用残肢扶着棍子，在地上写下了强奸犯的名字。

---

① 《辛白林》，彭发胜译，北京：外语教学与研究出版社，2015，第 44 页。

泰特斯于是假借对菲洛梅尔的姐姐普洛克涅表示敬意，来实施他的报复行为。他对凶手喀戎和狄米特律斯说："我女儿的悲惨遭遇远甚菲洛梅尔，我的报复也将远超普洛克涅。"①17 普洛克涅哄骗忒柔斯吃掉了他自己的儿子，而泰特斯的行为更甚于此，他杀死了塔莫拉的两个儿子，并将他们做成肉饼，然后在舞台上很殷切地端给她和她的丈夫吃。

121 　　《仲夏夜之梦》中雅典城外的树林，与泰特斯的罗马狩猎场相比，显得温柔可爱得多。但是《仲夏夜之梦》的喜剧性和魅力是建立在一定程度的脆弱性之上的。好的喜剧只能勉强避免悲剧的发生，而童话的魅力只有与某种荒诞的可能性联系在一起，才能避免多愁善感。波顿戴着驴头向仙后求爱，这样的场景当然会让我们发笑，但这个意象有意让人联想到兽交。在奥维德笔下，人们被兽性的欲望驱使，相应地便会被转化成野兽。在莎士比亚笔下，驴头只是在剧中佩戴的道具——意味深长的是，这只是在戏剧表演彩排时的伪装——但它仍然是那个时代的戏剧中最接近在舞台上实现由人变兽的做法。

　　至于类似于悲剧的概念，是由波顿和他的朋友们对奥维德最具悲剧性的爱情故事之一——第四卷中皮剌缪斯和提斯柏不合时宜的悲惨遭遇——滑稽拙劣的戏剧化所引出的。奥维德的伟大主题是变形，是变化的不可避免。《变形记》第十五卷通过毕达哥拉斯的哲学视角，提供了关于这个主题的哲学论述。莎士比亚从这里得到了许多象征世事无常的意象，这些意象会在他的十四行诗里不断出现，但在《仲夏夜之梦》中，他颂扬了那些积极的、潜在地具有持久性的东西是如何从变化中成长起来的。这些话出自"局外人"亚马孙女王希波吕忒这个典型

_____

① 《泰特斯·安德洛尼克斯》，韩志华译，北京：外语教学与研究出版社，2015，第104页。

的奥维德式人物口中——

> 他们所说的夜间经历，
> 还有他们的想法一起改变的事实，
> 都证明那不全是幻觉，
> 反倒很有几分像实情，
> 但无论真假，这事的确离奇古怪。[①18]

　　虽然后来的喜剧并没有像此剧这样将变形主题完全融入结构中，但在莎士比亚后来这一类型的戏剧中，奥维德依然具有相当的重要性。在《威尼斯商人》（1597 年）的高潮部分，罗兰佐和杰西卡在对话中将自己与奥维德笔下的人物相提并论——皮剌摩斯和提斯柏、狄多、美狄亚。所有这些爱侣都是与夜晚联系在一起的。莎士比亚因此将戏剧的最后一幕定为"爱之夜"。但其所引发的夜间行为是黑暗和血腥的，这是另一种姿态，表明喜剧可以轻而易举地从悬崖上滚落，跌落下来成为悲剧（对于这样的事情，杰西卡的父亲夏洛克可能过于了解了）。

　　正如奥维德反复展示的那样，喜剧可以既有趣又残忍。有时它走得有点太远了，比如容易上当的马伏里奥最后近乎癫狂。奥维德多次提示莎士比亚：性欲不仅会使人愚蠢，而且会使人彻底毁灭。其中最著名的是阿克泰翁被变成了一只鹿，并被自己的猎狗撕成碎片，作为对他淫荡的惩罚，因为他在黛安娜女神赤裸地在池塘洗澡时盯着她看。福斯塔夫在《温莎的风流娘儿们》（作于 16 世纪 90 年代晚期或 17 世纪最初几年）的结尾

---

　　① 《仲夏夜之梦》，邵雪萍译，北京：外语教学与研究出版社，2015，第 79 页。

处戴上了猎人赫恩的角，这使他成为肥胖却没心没肺的阿克泰翁。马伏里奥咒骂着那群使他倒台的无赖，这才更接近事实。他的毁灭确保了《第十二夜》（1601 年）的结局并不只是喜庆。几乎所有伊利里亚本地人都有一种极端的倾向，那就是过分放纵自己的激情，而马伏里奥使得这一趋向发展到了极端——在戏剧的第一场中，妙语连珠的奥西诺在暗指阿克泰翁时就提出了这个主题——

> 那一刻我变成了一头鹿，
> 我的情欲如凶猛残暴的猎犬，
> 从此把我追逐。①19

把阿克泰翁的猎狗解释为他自己欲望的一种化身，这是对奥维德的一种心理学解读，也是对中世纪将奥维德的情色故事"道德化"这一延续已久的传统的发展。

在《变形记》第五卷中，奥维德展现了一段典型的罗曼史，即丰收女神谷神星的女儿普罗塞庇娜（Proserpina）的故事。外出采花时，普罗塞庇娜遭到了冥界之神布鲁托的绑架，她被迫每年都在冥界居住半年。她离开去往地下意味着冬天的开始，她的归来则意味着春天的回归。在莎士比亚《冬天的故事》（1610 年）中，另一位手持鲜花的年轻女子将自己比作普罗塞庇娜。她的名字是潘狄塔，意为"被遗弃的孩子"，这个名字唤起了神话般的浪漫结构，让我们知道，被遗弃的最终会在欢乐的团聚中找回。同样，该剧的剧名也表明，剧情最终将从由阴谋和嫉妒统治的里昂提斯的冬季宫廷，走向阳光明媚的田园世界，在那里，一位王子为了追求牧羊女而乔装打

---

① 《第十二夜》，王改娣译，北京：外语教学与研究出版社，2015，第 11 页。

扮（结果发现这位牧羊女本人也是一位公主）。弗罗利泽对自己服饰和地位的伪装与《变形记》中诸神的乔装打扮做了一番对比——

> 天神为了恋爱，
> 也会不惜屈尊化身为兽：
> 朱庇特变成牛，哞哞作鸣；
> 绿色海神变成羊，咩咩叫响；
> 穿火袍、闪金光的阿波罗，
> 像我现在的样，装作穷酸的乡村郎。
> 他们化身追求的对象没有你这样的一块俊美模样。[1][20]

　　既赞美含蓄、纯洁的"美"同时又隐含着对性满足的暗示，这具有强烈的奥维德色彩——这里引用的故事中的神是真正的高级强奸犯，并且弗罗利泽的言语"一块"暗示了一种粗俗的说法，即把女人比作有性别的肉。

　　该剧的场景从黑暗的室内宫廷搬到了有益健康的乡村环境中，这跟莎士比亚的主要灵感来源，罗伯特·格林的中篇小说《潘多斯托》（*Pandosto*）步调是一致的。但是在格林的作品中，含冤而死的王后并没有复活。让里昂提斯眼中赫米温妮的雕像复活是莎士比亚的独创。在充满奇幻之事的最后一幕中，能赋予生命的还魂之术看似出自宝丽娜之手，实际上这种技艺将戏剧本身的神奇力量戏剧化，使作为观众的我们就像舞台上的角色一样，唤醒了自己的信念。假象具有多层次的特性——男扮女装的童伶，假装成雕像的赫米温妮——使莎士比亚的艺术达到了自我意识的极致。这个场景也恰如其分地暗暗指向奥

---

① 《冬天的故事》，李华英译，北京：外语教学与研究出版社，2015，第80页。

维德，他是莎士比亚的文学楷模中最具有自我意识的一位。

在《变形记》第十卷中，艺术家皮格马利翁雕刻了一尊象牙雕像，这尊雕像是如此逼真，仿佛一个真实的女孩，又是如此美丽，以至于皮格马利翁爱上了雕像。他拼命地想要相信它就是真实的，而且相信它在某些时刻似乎真的努力想要幻化成人，因为雕工实在是完美至极。在维纳斯女神的助力下，一个吻就使得雕像活了起来，而这与奥维德惯常的变形模式截然相反，因为他通常是把人变成物件或动物。正如戈尔丁所说，"她感觉到这一吻，脸立刻红了；她略带恐惧地抬起眼睑，她的爱人和光立刻就发现了"。[21] 从更深层次上说，皮格马利翁就是奥维德本人的化身：把纯粹的文字变成活生生的实体的艺术家。

莎士比亚从奥维德笔下的皮格马利翁那里不仅学到了理念，还学到了手法。如果一个人非常想要某样东西，并且非常坚定地相信会得到它，那么他最终就会得到：尽管悲剧否认了这种可能性，但是喜剧允许有这种可能性。这是戏剧表演可以产生的一种假象。奥维德向莎士比亚表明，这种信仰上的飞跃是通过感官上的细节逐渐实现的。皮格马利翁的雕像注入生命的过程既精确又可感——血液在血管中流动，嘴唇翕动，象牙色雕刻成的脸有了血色。与之对应的是，里昂提斯对比了他的王后生前的温暖和雕像的冰冷，但随后他似乎看到雕像血管里血液的流动，暖意也随即浮上了双唇。当她走下来拥抱他的时候，她确实是温暖的。

在他的整个职业生涯中，莎士比亚把奥维德的神话变形转变成了语言和视觉上的隐喻。马伏里奥的言谈和服饰都像变成了水仙花的那喀索斯，但他实际上并没有变成一朵花。渐渐沦于兽性的是奥瑟罗的语言和行为，而不是他的身体。李尔王的隐喻"啊，你们是石头人"[22] 取代了尼俄伯变成石头这一实际上的转变。如今，在他的职业生涯即将结束之际，莎士比亚逆转了这一过程，这是以前他仅在喜剧中做过的事情（波顿装扮成驴子，福斯塔夫饰演阿克泰翁）。在第一幕中，里昂提斯将赫米温妮变成了石像，从而将她逐出了自己的生活。他说，她和波力克希尼斯的身体接触"太热烈了，太热烈了"——他想让她保持冷若冰霜的贞洁（即使她已经怀孕了！）。他嫉妒的表情就像蛇发女妖美杜莎，他把他的妻子变成了石像。在最后一幕中，当宝丽娜召唤出赫米温妮由活人变成石像的假象时，这个隐喻就成了真的变形。这一转变在语言和视觉两方面都成功地在舞台上实现了。面对赫米温妮的雕像时，里昂提斯说道："冰冷石像映我惭愧内心，指责我铁石心肠，比石头更无情！"[1]23 妻子被石化的形象迫使里昂提斯把目光转向自己冷酷无情的内心。这出戏的结尾处，里昂提斯的铁石心肠软化，爱意又重新点燃，相应地，赫米温妮得以解除禁锢，又变得柔软、温暖，重新获得了生命。

我们头脑中明白我们并不是真的在看着一座雕像变成活人。然而，在一部精彩的作品中，雕像复活发生的那一刻，我们心里确实真的相信。戏剧的魔力就产生在现实和幻想的两极之间，这是一个陌生却能使人满足的空间。在文本中，变形是从一种状态到另一种状态的转化。奥维德的世界就是这样穿梭于人类的激情和自然现象之间。在阿瑟·戈尔丁的帮助下，莎士比亚将那个世界的魔力融入了戏剧的世界，在这里一切都是假象，但不知何故，正如莎士比亚在另一部后期剧作《亨利八世》的另一个标题中所说的，"一切都是千真万确的"。[2]

125

---

[1]　《冬天的故事》，李华英译，北京：外语教学与研究出版社，2015，第126页。

[2]　《亨利八世》初演时的剧名为"All is True"，中文译名为《千真万确》。

8. 普洛斯彼罗的学校

在整个职业生涯中，莎士比亚都在深入思考着阅读和教育的价值及局限性。在《暴风雨》中，当普洛斯彼罗被判流放的时候，除了他三岁的女儿米兰达之外，他最珍贵的财产就是好贡柴罗带来的普洛斯彼罗自己藏书室里的书。莎士比亚最后一部独立创作的戏剧对"文艺复兴人文主义"进行了深入思考，正是由于在文法学校接受的教育，他才成为他的样子。

文艺复兴人文主义教育理论的总设计师德西德里乌斯·伊拉斯谟认为，一个国家的主要希望在于对青年进行适当的教育。正是基于这种信念，都铎王朝的国王们才出资建立了他们的文法学校。孩子们会从书本上学到美德，在古人身上发现的智慧会在他们长大后转化为公民行为。这就是人文主义理论的基础。

普洛斯彼罗是一位具有人文精神的统治者，他认为在藏书室里对书籍的沉思和研究，将会使他成为一位开明的领袖。然而，莎士比亚比普洛斯彼罗更注重实际。他的戏剧艺术正是通过他独特的创作媒介，将古代书籍中的一个主题"沉思的生活"转变成"积极的生活"——与藏书室私人的沉思空间不同，剧院的公共领域是属于公民的积极的社会生活。人文主义是这样与反对戏剧的清教主义争辩的：戏剧有能力向更广泛的公众进行一种道德教诲，而如果通过书本阅读的方式，这种教诲就只能由少数精英人文主义读者有选择地获得。

《暴风雨》提出了一个人文主义的中心问题：我们必须从书中学到什么？答案可能是没有，也可能是一切。也就是说，在某种程度上，这出戏是对于人文主义理想的一个悲伤的批判。它始于一个人"说到人文素养，简直无人能比"，但终于他将书籍沉入海底，放弃了人文主义的世俗智慧，并以一个沉重的尾声暗示，唯一真正的书是《圣经》。但与此同时，戏剧本身也体现了人文主义学习所提供的再生可能性：如果没有塑造了莎士比亚本人的教育，就不可能有这样的作品。这出戏的情节考验了书的力量是否能胜过经验，而它的目的之一是对戏剧的力量进行类似的测试。

托马斯·莫尔的经典人文主义寓言《乌托邦》是对社会、政府和美好生活本质的沉思。它提出了关于政体的问题，它的写作是基于一个空想的岛屿，这个岛屿的特点就是陌生且不同的政体。莫尔对乌托邦式共产主义的态度是否具有讽刺意味，这一点无关紧要；重点是对于乌托邦的描述，迫使英格兰和欧洲的读者反思他们所栖息的社会中的价值观和实践。这也是蒙田的文章《论食人部落》（"Of the Cannibals"）的写作技巧，莎士比亚在创作《暴风雨》时正是参考了这篇文章。无论莎士比亚对莫尔笔下的乌托邦是否有直接的了解（很可能没有），但《乌托邦》中用描述一个想象中的另类世界来审视已知世界的写作方式，是莎士比亚的写作所传承的传统的核心。

《暴风雨》背后同样重要的人文主义传统是关于教育的话语。受过教育的统治者、书的力量、朝臣教科书式的行为、先天与后天的关系、良好的课堂实践的重要性、来自经典著作的知识：所有这些都是人文主义指导书，如伊拉斯谟的《论基督君主的教育》（*Institutio Principis Christiani*，1516年，与《乌托邦》同一年问世）、《论童蒙的自由教育》（*De clamatio de pueris statim ac liberaliter instituendis*，1529年）和托马斯·埃利奥特爵士（Sir Thomas Elyot）的《统治者之书》（1531年）中论述的重要问题。这些也是《暴风雨》中的关键问题。除了教室里的课本，比如《对话录》《书信集》《论词语的丰富》，莎士比亚并没有广泛而深入地阅读过伊拉斯谟的作品，他其实也没有必要非读不可：伊拉斯谟的思想在莎士比亚

128 的作品和戏剧活跃的那个世纪是如此有影响力并传播广泛，以至于它们早已渗透进了莎士比亚和他的原始观众周围的知识和社会氛围。

教育的理念本身就是北欧人文主义的精髓。是什么使人类成为有人性的而不是凶猛的，有教养的而不是野蛮的，成为普洛斯彼罗而不是凯列班？西塞罗曾经写过，西庇阿认为，那些经过严格人文技艺研究而得到文明教养的，才能够被授予人的称号[1]。格留斯曾在 2 世纪写道，人文主义不是慈善的同义词，而是"人文主义研究"的同义词，即"文科教育和训练"[2]。这是人类的最高成就，这是我们与动物的区别。语言的习得是实现这种区别所必需的文明先决条件。因此修辞与智慧是相辅相成的，对经典文本进行语言学上的研究，可以带来道德的熏陶和人生的完整，即无过失的正直的一生。在这些经典文本，特别是在历史著作中，美德、虔诚和善政的典范可以用来促进眼下的良好统治。

在《暴风雨》中，关于教育的论述在第二场中展开。开场的场景暗示了一种不同的人文主义，这不是宫廷手册中埃利奥特式的传统，而是对奉承的批判（《乌托邦》、伊拉斯谟的《愚人颂》）。一般来说，北欧人文主义在政治上比其在意大利的化身更为保守。这一点从马基雅维利的反应立即看出：自由的捍卫者和主张共和主义是理想政府形式的辩护者，在很多方面（例如，在伊丽莎白时代的舞台上）被妖魔化为威胁到等级理论和国王权力的无神论者。北欧人文主义者倾向于认为"美德必须被视为唯一真正的高贵，但随后又补充说，这些美德恰好在统治阶级的那些著名成员身上得到了最充分的体现，从而消除了这一论点的激进色彩"[3]（又或者，具有讽刺意味的是，如果统治阶级有良好的判断力，雇用人文主义者来教育他们的孩子，那么他们就会有这样的表现）。托马斯·埃利奥特爵士在

《统治者之书》的第一章中铿锵有力地为国家的等级制度辩护：等级，是秩序的基础……如果一切都失去了秩序，那么还会剩下什么呢？⁴《暴风雨》也具有这种类似的保守主义，因为它提出的是内心的改革，而不是制度结构或社会秩序的革命。但在人文主义内部也有一类反宫廷的讽刺作品，就像伊拉斯谟在那些有权力和影响力的人身上发现了愚蠢一样，《暴风雨》给我们的第一印象就是糟糕的朝臣，是等级和价值之间的不匹配。水手长是有资格给朝臣下命令的；满嘴脏话的西巴斯辛和安东尼奥不应该因为他讲话无礼而侮辱他，因为他们并没有帮忙拯救这艘船。即使是贡柴罗（虽然他的语言比较温和）也不比水手长说得好。"这些个大吼大叫的会理你什么国王吗？"⁵这出戏的前提是好的君主不能单凭名字来断言，而必须通过良好的行为来证明。

根据伊拉斯谟的《论基督君主的教育》，一个有效的、有道德的统治者应该接受过通识教育，明智地选择顾问，并且充分接受伴随着权力而来的责任。国王和暴君的区别在于，后者利用权力只是为了自己，而前者则是为了整个国家的利益。好的统治者也会时时出现在公众面前，巡视他的领土。请考虑米兰公爵普洛斯彼罗的这些戒律。他是合法的公爵，但他是个正当的好公爵吗？他挑选代理人时的判断力如何？他选择了背信弃义的安东尼奥，"还托付他／管理我邦的政务"，然而他自己"说到人文素养／那真是无人能比"，他把他所有的时间都用来钻研那些技艺，"对我邦大事愈发生疏，因为全神／贯注于玄秘研究"。①⁶"人文素养"是对人文主义课程的一种具体的、专门的暗示；人文素养，即自由七艺，是那些配得上自由的人的课程。它们是奴性技艺或机械技艺的对立面，最初被划分为

---

① 《暴风雨》，彭静禧译，北京：外语教学与研究出版社，2015，第 16 页。

前三艺，即文法、逻辑和修辞，以及后四艺，即算术、几何、音乐和天文。人文主义的具体影响就是公爵正在研究它们这个事实本身，人文主义教育革命的最高境界是消解了统治者的教育思想与文官教育思想的传统区别。但是普洛斯彼罗忘记了践行从学习到实践的根本转变。他没有把学习作为开明执政的基础，而是为了自己的利益，秘密地学习。这种以自我为中心的态度使他更接近暴君，而不是贤明的统治者：他幽闭在自己的藏书室里，而不是出现在人民的面前。

他与现实政治的距离，对交易和积极生活的忽视，从"生疏""全神贯注"几个词就可以看出——这些词也暗示着，他的研究正使他远离那些通常的技艺，而进入魔法的秘密世界。观众可以把他想象成马洛笔下的浮士德，他在开场独白中表示，他已经厌倦了——认为自己已经钻研透彻了——逻辑、法律和神学的实用性技艺，因此正致力于研究超脱世俗的秘密。但这些只是暗示。在米兰，普洛斯彼罗似乎并没有超出人文素养的领域而向自然哲学探索太远：如果有的话，他一定会对即将到来的政变拥有未卜先知的能力。只有在岛上他才能发展他的魔法技艺。在米兰，他没有为了人民的利益和维护良好的统治而施展人文技艺，但是在岛上，他运用了一种更为精炼的哲学力量来统治自然。但人们仍然怀疑他的统治是否良好。伊拉斯谟写道，基督教的君主应该憎恶奴隶制度，然而普洛斯彼罗毫不犹豫地将爱丽儿和凯列班称为他的奴隶，并以对待奴隶的方式来对待他们。

因此，在米兰，普洛斯彼罗是一个糟糕的人文主义者。良好的人文精神明确地将充分的学习和健全的统治联系起来，但普洛斯彼罗特别反对将他的研究应用到统治领土上去。他的生活是纯粹的沉思，而其实它应该是一种实际的应用。人文主义者应该致力于创造一个好的统治者，而普洛斯彼罗忽略了自己统治者的身份，实际上变成了一个坏的统治者。他在安东尼奥身上"唤醒了邪恶的本性"：他招致了自己弟弟的谎言。[7] 好的人文主义通过想象的移情作用来唤醒善良的本性（就好像以居鲁士大帝的口吻写一篇演说，从而变得有点儿像居鲁士大帝），而普洛斯彼罗退隐到他的藏书室专注于研究，这使得安东尼奥产生了"他竟然相信自己真的是公爵"的想法，由此踏上了篡权的道路。

　　当普洛斯彼罗安于躲进藏书室自成一统，当他不再关注世俗世界，他就违背了"日常公爵的庶务"。必须经历一段很长的时间和一段激情的风暴，他才能回归公爵的庶务和责任。这就是戏剧的开头部分。普洛斯彼罗已经离开了。在米兰的时候，他自己的过失导致了安东尼奥的犯罪，但是在岛上，他成了一位更积极的教育者。他具有塾师的教育风格。因此，他扮演起了女王的老师罗杰·阿斯克姆的角色，而米兰达则成了年轻的女王伊丽莎白。在他的开场白中，他认为历史——也就是他自己的过去——是一种良性行为的准备，打算恢复法定的统治。这一前景听起来很有希望。他把自己描述成一个很好的人文主义导师，公主可以从他身上获益。"来到这个岛"，他说，"在这里"——

> 我当你的教师，使你比别的公主
> 更有长进；她们把更多闲暇
> 用于无意义的事，老师也没那么关心她们。[1]8

---

① 《暴风雨》，彭静禧译，北京：外语教学与研究出版社，2015，第 20 页。

但这并不是他唯一的辅导。

他训练仆人工作时就不像辅导公主那么和蔼可亲了。在教育爱丽儿的时候，他主要是靠一种简化的死记硬背的学习过程，而不是创造性地将例子应用于实践。他每个月都要向自己的学生重复上一次历史课，内容是关于西考拉克斯和岛上早期发生的事情。他既威胁他们，也承诺将来会还他们自由。他恐吓说要再次监禁爱丽儿，并一直威胁将来要对凯列班采取体罚措施，这使他听起来很像是伊拉斯谟在《论童蒙的自由教育》一文中描述的坏教师——

> 恐惧对教育没有真正的帮助……最有影响力的必须是爱；其次以及其余的是信任和满怀爱意的尊重，这比恐惧更能迫使对方服从……意识到自己的无能的教师通常是最糟糕的失败者……他们没有能力教育，所以他们打孩子。9

132　　《暴风雨》第二幕表现了三个教育场景，在这三个场景中，普洛斯彼罗的教学方式呈现出逐步的恶化。他声称对待凯列班的方式是出于"仁慈的关切"①10，但这位善良的人道主义者并没有反驳他的指控。然而"鞭子可以感动你，慈善没用"②11就足以证明普洛斯彼罗的说辞纯属谎言。很明显，有了凯列班，人文主义教育就宣告失败了。教育的目的是驯服激情：良好的教养可以控制粗野的本性。强奸未遂事件表明，这样的教育并没有成功。失败的原因是什么？米兰达认为，这是由于凯列班

---

① 《暴风雨》，彭静禧译，北京：外语教学与研究出版社，2015，第28页。

② 同上。

的邪恶本性，教育是无效的。"可憎的奴才／什么好的都不肯学。"[①12] 通过教育和榜样来铭记美德的人文主义理想已经破灭。这些台词出自米兰达之口，这说明她已经成为普洛斯彼罗的助手，在岛上的教室里做出想象中的预先行为，为他的塾师扮演引导员的角色。最糟糕的是，教授语言的"长进"（profit）不是言辞，而是诅咒的能力。"长进"这个词曾被用来形容米兰达的教育，现在却被用在消极的一面，而这是埃利奥特这样的人文主义者使用的术语中的一个关键词。

但是，缺乏长进是凯列班的本性，还是教学方法导致的结果呢？和安东尼奥一样，我们需要问一下谁应该对此承担责任。造成这个结果的会不会是普洛斯彼罗烙在凯列班记忆里的东西，而不是后者的本性？凯列班最初是欢迎普洛斯彼罗来到岛上的，并提出与他分享岛上的果实，这些都是以莎士比亚在准备剧本时阅读的蒙田散文《论食人部落》中赞颂过的高贵、自然的食人族的方式。凯列班只是在普洛斯彼罗把卑鄙烙在他身上之后才做出了卑鄙的行动；使他"污秽"的可能是普洛斯彼罗对他的教导，即认为他是"污秽"的。从这个意义上说，这个教育过程进行得实在是太好了。

斯丹法诺第一次听到凯列班说话的时候不禁惊讶地问道："他到底从哪儿学了咱们的语言？"[②13] 学习语言应该使人变得更趋向于神而不是野兽，但是由于对凯列班的教育产生的第一效果就是使他燃起了强奸米兰达的欲望，这不由得使人们怀疑普洛斯彼罗教导他的方式实际上本身就带有邪恶的成分。语言和学习应该是通往正当统治的道路，但正如普洛斯彼罗在米兰的学习导致了安东尼奥的政变一样，他在岛上的教学也导致了

133

---

① 《暴风雨》，彭静禧译，北京：外语教学与研究出版社，2015，第28页。

② 同上书，第51页。

凯列班的叛乱。安东尼奥在与高贵的那不勒斯人（阿隆佐和西巴斯辛）结盟篡位，凯列班则与低贱的那不勒斯人（斯丹法诺和特林鸠罗）结盟企图篡位，这形成了两组明显的平行对比。因此，在第一幕中，对基督教公主进行历史教育所带来的"长进"和岛上精神的神奇指向仍有待实现，然而，有关普洛斯彼罗对人文素养的追求和作为一名语言教师的努力，仍然表明了一种明显的负受益状态。

在腓迪南①出场的时候，他受爱丽儿歌声的引导，认为他的父亲已经死了，他很快就要继承王位。由此普洛斯彼罗能够再一次地把自己塑造成一个培养未来统治者的阿斯克姆，或撰写《论基督君主的教育》的伊拉斯谟。他希望同时成为王子和公主的教师，这一点从他对米兰达替腓迪南出手干预的恼怒中就可以看出来："什么，你小子要来教育我？"[14] 因此，第一幕从始至终反反复复地提及学问和教育这两个字眼。

第一幕第二场是关于统治者和仆人的教育，而第二幕第一场展示了先前的教育对朝臣产生的影响。再一次，人们对人文主义实践的有效性提出了质疑。贡柴罗虽然品德高尚，但他对于正式主题的思维方式却很拘谨。他的开场白是一套关于"悲惨主题"的固定话语。它在水手、商船的主人和货主"跟我们一样悲惨"这样的三倍放大中表现出一定的修辞力量，沉重的句子在某种程度上表现得不够灵活（"要是把每次不幸都当一回事，那人可有得——"）。这种拘谨很容易遭到戏谑："瞧，他正在替自己的智慧时钟上紧发条，一会儿就要响啦。"②[15] 贡柴罗提到的是传统的人文主义智慧，而西巴斯辛和安东尼奥的

---

① 其他译本也有译作"斐迪南"，本书统一采用"腓迪南"的译法。

② 《暴风雨》，彭静禧译，北京：外语教学与研究出版社，2015，第36页。

打断则暗示了讽刺的人文主义脉络、对话的精神、悖论和多重性。无论在道德还是政治方面，他们都应该受到谴责，但该剧的部分前进动力正有赖于他们破坏性的声音。这里的整体模式是 *temporis filia veritas*（"真理是时间之女"——一个古老的人文主义格言）与带来宜人气候的暴风雨相结合，但对安东尼奥来说，"宜人是个雅致的姑娘"①16。戏剧就是靠这种不安分的机智发展起来的。

　　朝臣们对狄多优缺点的争论是关于对话精神的一个更正式的例子。这是一个人文主义的争论，不仅是因为它依赖引用经典范例，将其作为理解现实的方式，还因为它表明历史总是受到解释的制约。对贡柴罗来说，"寡妇狄多"是一个美德的范例，将克拉丽贝尔与其相提并论是恰如其分的。但对爱捣乱的安东尼奥和西巴斯辛来说，她是一个负面的例子，因为她对已故丈夫不忠以及使得埃涅阿斯偏离了他的正统帝王路线。这场辩论引发了一系列对历史解读以及激情与帝国关系的担忧。这是因为人文主义用过去的权威文本（暗指《埃涅阿斯纪》）来理解眼下的现实，能够使人对帝国产生怀疑，也正如在人文主义的视野中，过去的时间、现在的时间和未来的时间彼此崩塌折叠，贡柴罗通过提及奥维德和蒙田想象中早期人类生活的"黄金时代"，表明在弗吉尼亚"新世界"建立乌托邦的可能性②。

　　这出戏的和谐结局使愿望和命运的走向一致。米兰达和腓迪南被允许结合，而狄多和埃涅阿斯则遭到了拒绝。但是克拉丽贝尔不愿意结婚（"美丽的公主自己 / 也在厌恶和顺从之间

134

---

①　《暴风雨》，彭静禧译，北京：外语教学与研究出版社，2015，第37页。

②　莎士比亚与弗吉尼亚公司的成员有联系。该公司奉王室之命成立于1606年，为次年在美洲建立詹姆斯敦殖民地起了重要作用。

蹰躇"[17]），这唤醒了人文主义者对于王朝之间联系的保留意见。伊拉斯谟在《论基督君主的教育》中写道："我认为，如果君主的联姻仅限于他们自己王国的范围内，那么对国家将大有裨益。"[18] 克拉丽贝尔证明了伊拉斯谟的以下观点——

> 通过这样的联姻，君主的影响力也许会增强，但臣民的事务却会被削弱和粉碎。一位好的君主，如果不为国家谋福利，就不会认为自己的事业兴旺发达。我在这里不谈这样的联姻对姑娘们的无情影响，她们有时被送到偏远的地方去嫁给那些语言、外貌、性格或习惯无一相似的男人，就像被抛弃去流放一样。[19]

因此，这一场景反复思考了一系列人文主义特别钟爱的主题和方法，即关于悲惨主题的演说和箴言，以历史为例的论争，对王朝联姻方式的反思。

贡柴罗接着介绍了他阐述最为详尽的主题——乌托邦。他说："我若在这个岛上有块种植园，陛下——"[20]"种植园"这个词代表了戏剧的"新世界"或殖民的维度，但整个序列的结构将这个维度纳入了更大的人文主义话语中。对殖民地的统治是主题的一部分，但是人文主义的关注不仅提供了主题，还有方法。贡柴罗的方法就是模仿：他的演说是对蒙田的文章《论食人部落》中一段话夸张的意译，而且蒙田的这段话本身就是对奥维德《变形记》中的一段话夸张的意译。新大陆的"食人部落"生活在一个国家里，蒙田的对话者对此是这样形容的——

> 在那一个国家里没有交易，不识文字，不懂数目，没有官名，没有政治特权；没有主仆关系，没有财富与贫

因；没有合同，没有继承，没有分割，劳动都很清闲，对人不论亲与非亲一律尊重；没有衣服，没有农业，没有矿业，不酿酒，不种小麦。谎言、背叛、隐瞒、吝啬、嫉妒、诽谤、原谅，这些字眼都闻所未闻。①21

贡柴罗将蒙田的散文改写成了韵文，重复并扩展了他以上的关键词——"所有商业交易我一概不准""没有地方官的名称""不可以有学问。财富、贫穷、/雇用仆役：没有。契约、继承……所有人尽都闲散"，等等。他的主题是现在和过去具有一致性，岛上的政治形式有可能再现，甚至超越古典诗人塑造的"黄金时代"模式。他的这一目的是从古典诗人和人文主义者两方面习得的：奥维德描述了理想化的、失落的黄金时代，将之作为对眼下的帝国、城市和政府的批评；蒙田笔下的旅行者将南美原住民理想化，这同样是在批评眼下的帝国、城市和政府。

但是贡柴罗的讨论在整体上不仅提供了作为批判标准的理想化状况，也提出了对于批判的批判。它的主题是共产主义与政府统治的水火不容："贡柴罗：没有王权。/西巴斯辛：但他还要做岛上的国王。"②22 讨论是以对话的方式进行的，那些中途插话正是要强调的部分。正如角色"莫尔"在《乌托邦》最后一节中对旅行者兼叙述者希斯洛戴（Hythlodaeus）的理想化话语泼下了怀疑的冷水，西巴斯辛和安东尼奥对贡柴罗的理想化陈述也报以同样的怀疑。

凯列班明白书本的力量，正像现代政变的领导者首先要占领

136

---

① 《论食人部落》，《蒙田随笔全集》第一卷，马振聘译，上海：上海书店出版社，2009，第189页。

② 《暴风雨》，彭静禧译，北京：外语教学与研究出版社，2015，第42页。

电视台那样，他反复声明一开始就要夺取那些书。但斯丹法诺还有另一本书。他对凯列班说："这东西能叫您说话"[①23]——他复制了普洛斯彼罗通过语言获得控制的手法，但是以不同的模式。文本的教育被美酒的熏陶取代：所亲吻的书就是酒瓶。如果斯丹法诺和特林鸠罗以美酒实现了普洛斯彼罗通过教导所实现的成就（在这两个例子中，凯列班都被说服去服役并分享岛上的果实），那岂不是暴露出教导有可能只是社会控制的工具而已？相比于他所教的内容，普洛斯彼罗似乎常常对自己靠教学建立的权力结构更感兴趣。很难看出让腓迪南扛木头是为了培养德行。显而易见，他的目的是促使对方服从。

与此相反——从一场到另一场，对立从一个主题转移到另一个主题——贡柴罗继续扮演着希斯洛戴或蒙田的仆人角色，向欧洲汇报岛上土著居民（灵魂）的"文雅和善良"。通过使阿隆佐悔罪，普洛斯彼罗和他的臣下发挥了戏剧的第一个主要教育作用，即成就德行。它是通过语言表达的显著变化来实现的。当爱丽儿模仿鸟身女妖时，他是在模仿《埃涅阿斯纪》中的一段著名插曲。在所有异教徒作家中，维吉尔是最容易被翻译成基督教语言的，这一点要归功于他那听上去很像是预言的第四《牧歌》，里面预告了救世主将要降临地球。因此，一些完全不同的词汇取代了此前经典中的惯用语：罪、心的忧伤、清净的生命、罪过。这是剧中第一次暗示，在通向智慧的人文主义道路（通过理性、演讲、模仿、先例）和基督教道路（通过谦卑和祈祷）之间，人们或许不得不做出选择。

普洛斯彼罗把对腓迪南和米兰达的德行教育等同于节制欲望，继续通过假面剧来进行。这就提出了一种可能性，即戏

---

① 《暴风雨》，彭静禧译，北京：外语教学与研究出版社，2015，第52页。

剧可以完成在人文主义传统上依靠书籍完成的事情。它还引入了一个新的人文主义政治主题，即关于农业政治的讨论。这从传统上可以追溯到 16 世纪中期强硬的新教人文主义话语攻击圈地，指责土地所有者造成了粮食短缺和大面积饥荒。每当粮食歉收时，这种形式的攻击就会出现。普洛斯彼罗的假面剧打算以戏剧化的形式呈现对于这个问题的解决方式。收获女神刻瑞斯的景观是人工培育的，不像岛上的自然景观那样天然生长出来。这意在暗示富足。她是一位"丰饶的女神"，一位慷慨的地主；圈养的"吃草的羊"是对"小麦、黑麦、大麦、野豌豆、燕麦和豌豆"的补充，而不是它们的替代品；"捐赠"是免费的，没有"贫穷和匮乏"，大家共享丰收的成果，在土地上劳作的工人都有假期。[24] 普洛斯彼罗似乎是在承诺，激进的"共和国人"的恐惧是毫无根据的。

但他能履行自己的承诺吗？在他遗忘凯列班阴谋的时候并不能：假面剧被打断时，他流露出了米兰达从未见过的愤怒。这种政体仍然是不稳定的。普洛斯彼罗之所以大发脾气，是因为这是他第一次失去对局面的控制。然而矛盾之处在于，这种崩塌和随之而来的对权力的放弃，最终影响了德行教育的实现。普洛斯彼罗承认"华丽的宫殿"都将消逝，这是另一个从"积极生活"（*vita activa*）中撤退的标志。"退却"和"休息"是他在假面剧之后的演讲中最为重要的动词。但他此时提出的既不是一种轻松的"闲暇"，作为对于"劳作"的否定，也不是指退回到藏书室。它是一种基督徒式的退隐，对于世俗的蔑视，也就是在宗教上的撤退，即祈祷并为死亡做准备。

普洛斯彼罗心烦意乱，因为凯列班的邪恶阴谋提醒了他，他的人文主义计划没有奏效。他培养自然之人的尝试失败了："我对他煞费苦心／本乎善意所做的，一切，全都枉然，徒劳。"但是真的全都是徒劳吗？在意识到自己的失败后，他开始发觉

138

他所追求的从始至终都是权力，而不是智慧。这让他误解了凯列班。如果凯列班像普洛斯彼罗宣称的那样，仅仅是"魔鬼，天生的魔鬼"，他就不会拥有同情其他生命的能力，而根据人文主义的观点，这是人类至高无上的能力之一。他也不会在这个时刻说着这样的话上场："拜托，脚步轻些，免得这只瞎眼的鼹鼠听到脚步声。"[25]"脚步轻些"是心怀鬼胎的措辞，但能想象出"瞎眼的鼹鼠"却是异常敏感的标志。这不是普洛斯彼罗教他说的那种语言，而是一种优美的自然语言，凯列班用这种语言津津有味地谈论着猪坚果、贝壳和狨猴。凯列班既是最卑微的人，又是最高尚的人，他是一个叛逆的人，也是一个灵魂中有着音乐的人。普洛斯彼罗对他的误解可以从这样一个事实中显露无遗：凯列班不仅知道如何诅咒，而且在"这岛上充满了音乐"一段中，说出了剧中最美丽的诗句。让他具备教养的尝试有可能会失败，但他内心深处有某种东西，最终引导他"寻求恩典"。

爱丽儿的关键言语"如果我是个人"[26]直接让普洛斯彼罗放弃了他的法术。在米兰，普洛斯彼罗沉浸在人文科学的研究之中，这导致了权力的丧失和暴政的建立。在岛上，他试图用他所学的知识来弥补过失，用积极的魔法带来悔罪、收复公国，并缔结一桩联姻。然而现在他看到，要成为真正的人，关键并不在于为了统治而运用智慧，而在于践行一种更为严格的基督教徒式美德。对人文主义而言，对君主的德行教育就是指为了政治目的而培养智慧、宽宏、节制和正直这四种伊拉斯谟在《论基督君主的教育》中列举的君德。对于普洛斯彼罗来说，最终真正重要的是仁慈。这是师父从徒弟那里学到的：是爱丽儿教导了他，而不是相反。

基督教和古典传统之间的差别扩大了。普洛斯彼罗最后和最持久的人文主义演说是对一个反面例子的模仿：他放弃自己法术时的声明是奥维德笔下女巫美狄亚的咒语的变形。他的法术现在被揭露出亵渎基督教道德规范，打开坟墓——只有圣父和圣子才有资格使死者复活。普洛斯彼罗以模仿的形式放弃他的法术，暗示着他也放弃了他使用的方法，即依赖异教遗产的智慧。这抵消了伊拉斯谟在《反野蛮人》（*Anti-Barbarians*）这类文本中所做的所有工作：他和他的人文主义伙伴们煞费苦心地将古典主义和基督教结合在一起，现在却断然分裂了。对美狄亚的模仿也提到了乔武和海神，但在这段演讲的最后，他们却将同异教法书一起沉没在深深的海底。在这部戏剧的其余部分，普洛斯彼罗的忠诚只针对基督教的上帝。恩典的语言取代了权力的语言。贡柴罗受到尊崇是由于其圣洁，而不是他想象古典"黄金时代"的能力。对于西巴斯辛所说的"是魔鬼在他里面说话"，普洛斯彼罗简单而明确地回答说"不是"[27]，这正是因为他相信现在是上帝在他里面说话。

但在这里我们必须多加小心。这不是上帝在亲自发言。普洛斯彼罗仍然有一些篡夺上帝能力的企图，这可能是他不能使他的兄弟发布悔改声明的原因所在。只有上帝才能最终宽恕罪恶。普洛斯彼罗将不会享有提出赦免的满足感。即使是在他放弃异教的权力之后，普洛斯彼罗依然相当傲慢。他只有在收场白中才表现出了真正的谦逊。这一成就也许是由于他将邪恶内化了：他最终的放弃是承认了凯列班是他自己黑暗的产物。正是这一点解放了他们，使他们都能寻求恩典。

从某种意义上说，这种承认证实了西巴斯辛的观点"是魔鬼在他里面说话"：普洛斯彼罗先前称凯列班为恶魔，而他现在承认凯列班是他的，因此，确实是魔鬼在普洛斯彼罗里面说话。这表明，尽管人文主义教育的公开目标已经遭到放弃，但人文主义的对话仍在进行。这一对令人啼笑皆非的对应"华丽新世界"和"是你没见过"[28]，有力地证实了这部戏中持续

140　的双重性。这种双重性首先体现在凯列班身上，他既是最野蛮的人（叛乱者、强奸犯），又是最文明的人（能听到岛上的音乐）。在这部戏剧中，有东西从天而降的景象出现了三次。第三次是优雅的，那是贡柴罗所说的，"众神哪，请垂看下界 / 投一顶蒙福的王冠给这一对"。第一次是卑鄙的，是在安东尼奥"强烈的想象"[29]中篡夺来的王冠"落在"了西巴斯辛的头上。第二次则二者都有可能——

> 别害怕，这岛上充满了音乐、
> 声响和甜美的曲子，愉悦而不伤人。
> 有时候上千种弦乐器
> 在我耳边铮；有时候是歌声，
> 如果我久睡之后醒来，
> 会使我回头又睡；还有在梦中，
> 层云像是要开启，看到财宝
> 正要落在我头上，我就醒来，
> 又哭着要回去做梦。①[30]

　　如果是安东尼奥在想象这些财宝，那么它们就是世俗的；如果是贡柴罗，那么它们就是神圣的。对于凯列班，我们尚不能确定，但这种接近于神圣的音乐，强烈暗示着应该是后者。他的梦是为他追求恩典而做的准备。普洛斯彼罗看不见这一点，这是这出戏对其主要人物之人文主义思想的有力控诉。

　　借用富有才智的历史学家昆廷·斯金纳（Quentin Skinner）对《乌托邦》的评价，《暴风雨》是"对人文主义的人文主义批判"[31]。在叙事发展的层面上，批判是通过从世俗

---

① 《暴风雨》，彭静禧译，北京：外语教学与研究出版社，2015，第65页。

的智慧和权力转向基督教的谦卑和苦行来进行的。而在戏剧技巧层面，它是通过不停地打断对话和多重视角来完成的。但在戏剧的最后，人文主义似乎得到了恢复。普洛斯彼罗的基督教语言在收场白中达到了最持久的高潮，但他最后请求的不是来自上帝的宽容，而是观众的宽容。在最后一刻，取代人文主义学识的不是对基督教的信仰，而是对戏剧的信仰。

9. 莎士比亚的小藏书室

本·琼生很可能在完成学业之前就被威斯敏斯特公学开除了。他当然没有上过大学。相反，他继承继父的衣钵，成了一名砖瓦匠学徒。他一直忠实于他博学的老师威廉姆·卡姆登（William Camden），将自己描述为后者"曾经的学生，永远的朋友"，并将"我的一切技艺，我所知道的一切"[1]都归功于卡姆登。但内心深处他仍然为了家庭负担不起他上剑桥或牛津的费用而怨恨不已。放弃砖瓦匠这个行当之后，他曾在尼德兰参军，然后又回到伦敦，潜心于独立学习。他成了一名演员，后又像莎士比亚一样，从演员转变成了剧作家。与莎士比亚不同的是，他尽可能快地放弃了登台表演。威尔还沉浸于剧团的生活中时，本已经跟演员划清了界限，开始了作为诗人的第二职业，并在宫廷和有权势的男男女女的豪宅中寻求庇护。

本有条不紊地学习，熟练掌握了多种语言，并建了一个令人印象深刻的藏书室。他缓慢地阅读，在关键段落下划线，在页边写上注释，或者把引文和读后感写在摘录簿里。买书时，他会在扉页上写上自己的名字（本·琼生藏书）和他最喜欢的罗马诗人塞内加的一句格言"就好像它是个密探"（"Tanquam Explorator"）。书籍应该得到巧妙的审问，秘密地探索其中的道德行为准则和关于人性的隐藏智慧。琼生惊人的自学能力和他与知名人士建立联系的能力，最终使他获得了牛津和剑桥这两所大学的荣誉学位，这使他从早期的奋斗中获得了极大的满足。

1623年，琼生为莎士比亚做出了巨大的贡献，即协助《第一对开本》付印，其中包括了他自己、他的校友休·霍兰德（Hugh Holland）和另一位同僚詹姆斯·马贝（James Mabbe）以及伦纳德·迪格斯（莎士比亚一位密友的继子）所作的献诗。同样是在这一年，琼生遭遇了飞来横祸：他珍爱的藏书室被大火烧毁了。他开始坚忍冷静地重建藏书室，购买新书并重做注释，买回他在缺钱时卖掉的旧书。他的藏书室目录保存了下来，许多签过名的藏书也保存了下来。这使得我们能够重现他的阅读习惯，即注意文体的雄辩和精辟的格言，权衡古人的权威和经验的真理（他们确实打开了门、走在我们前面，但乃是引导我们的，而不是命令我们的[2]）。他自己的莎士比亚《第一对开本》可能在大火中烧毁了。如果保存下来的是琼生对莎士比亚的注释，而不是他对贾斯特斯·利普休斯（Justus Lipsius）的《论诬告》（*De Calumnia*）或对克莱门特·爱德蒙兹（Clement Edmonds）关于尤力乌斯·凯撒自传和历史著作的《评论》（*Observations*）的注释，那该有多好！

　　但真正的无价之宝应该是莎士比亚自己的读书笔记、藏书目录或写有注释的书籍。自18世纪出现崇拜莎士比亚的狂热风气后，出现了一百多本据说有他签名的书，其中有些附有注释。所有这些签名都明显是伪造的。在这些据说有他签名或首字母缩写的书中，有大英博物馆收藏的弗洛里奥翻译的蒙田作品、牛津大学博德利亚图书馆（饱蠹楼）收藏的阿尔丁版奥维德《变形记》、苏格兰格林诺克图书馆收藏的托马斯·诺斯爵士翻译的普鲁塔克的《古希腊罗马名人传》。多少有些可疑的是，这些书是在莎士比亚被公认为奥维德、普鲁塔克和蒙田的热心读者之后才出现的。

　　琼生是一位有条不紊的读者，莎士比亚则是一位把握时机的读者。他从书中匆匆记下一些短语和想法，储存在自己的记忆中。他可能并不会费神画下划线或做页边注释。他的词汇和故事是从书中借来的，因此他的许多书也很有可能是借来的而不是买来的。比他年长两岁半的同学理查德·菲尔德（Richard Field）此时已经先一步去了伦敦，给当时最有名的出版商之一做学徒工。1593~1594 年，莎士比亚就是求助于他才得以出版自己的诗集《维纳斯与阿都尼》和《鲁克丽丝受辱记》，当时菲尔德已经成立了自己的出版公司。菲尔德还在 1595 年出版了诺斯翻译的普鲁塔克的作品，并在 1589 年出版了奥维德《变形记》的拉丁文版本。菲尔德可以很容易地以长期贷款的方式给他的斯特拉福德老乡提供一个内部版本，或将之作为礼物送给他，或打折出售给他。菲尔德可能也有一本 1587 年版的《霍林谢德编年史》（Holinshed's *Chronicles*），这是莎士比亚英国历史剧题材的主要来源，因为在该书出版时，菲尔德正在出售该书的企业组织成员之一——一家书店里做学徒。他还印刷了约翰·哈灵顿爵士（Sir John Harington）翻译的阿里奥斯托（Ariosto）的著作《疯狂的奥兰多》（*Orlando Furioso*），《无事生非》就是根据这本书改编而来的。

在翻阅老同学的存货时，莎士比亚可能也会看到一些关于当时法国内战情况的小册子，可能记住了纳瓦拉国王和他的追随者俾隆公爵、杜曼公爵和朗格维公爵的名字，他把这些名字用在了《爱的徒劳》一剧中。菲尔德后来成了印刷外文书籍的专家，在这些书的扉页上，他有时会用相应的外文印上自己的名字。因此，一些西班牙语书籍上印有"Ricardo del Campo"。也许是暗指这一习惯，同时也是为了对其提供的书籍和服务多多少少表示感谢（《维纳斯与阿都尼》的出版对于莎士比亚来说是一个巨大的突破性进展），在职业生涯后期，莎士比亚曾对理查德·菲尔德说过一句戏谑的恭维。在《辛白林》中，女主人公装扮成了一个名叫"菲德尔"（Fidele，这个名字的字面意思是"忠实的人"）的男孩子，她为自己的主人，曾与罗马入侵者作战的"一位勇敢的英国人"编造了一个名字——

"理查德·杜尚"（Richard du Champ）。与罗马作战是菲尔德非常熟悉的事情，他印刷的许多书都是宣传反天主教的著作。

当莎士比亚在他题献过诗歌的赞助人南安普敦伯爵的圈子里活动时，也有可能会借到书。他当然通晓基本的意大利语手册和南安普敦的家庭教师约翰·弗洛里奥翻译的蒙田著作。后来，彭布罗克伯爵不仅成为诗人的显贵赞助人，还成为莎士比亚剧团的赞助人。他每年给琼生的新年礼物是 20 英镑——一笔相当可观的款项——用于购买书籍，其中的一部分书很可能传给了（或者，根据我们对琼生的了解，是转卖给了）莎士比亚。

琼生的藏书有两百多册，其中大部分是古典作品。来自苏格兰霍桑登的诗人威廉·德拉蒙德（William Drummond）——在他与琼生的谈话中，后者曾抱怨"莎士比亚欠缺技艺"——于 1611 年给自己的藏书编了目录。他的藏书共计 552 册，包括莎士比亚、菲利普·西德尼爵士、爱德蒙·斯宾塞、迈克尔·德雷顿、塞缪尔·丹尼尔和克里斯托弗·马洛［他的《希罗与利安德》（*Hero and Leander*）是一首情色诗，与《维纳斯与阿都尼》继承了相同的奥维德传统］等人的诗集。好与人争论的剑桥大学教授、著书成瘾的加布里埃尔·哈维（Gabriel Harvey）拥有大约 100 本书。那个年代最伟大的学者、名字十分响亮的尤里乌斯·凯撒·斯卡利杰（Julius Caesar Scaliger）于 1609 年去世的时候，留下了 1382 册书。这些数字表明，在那个时代，即使是在文人中间，拥有大量书籍也并非司空见惯。自 18 世纪以后，有的学术流派一直在勤勉地追溯莎士比亚的借书，追踪他作品题材的来源。但语言上的相似很可能只是巧合，而且共同的理念也可以通过二手的方式获得，尤其是当时在鼓励重复和引用格言和典故的文化中。我怀疑莎士比亚在圣保罗大教堂外的书摊上匆匆翻阅过许多新书，但他细读的书比书呆子气的学究们通常想象的要少，他们（就像所有写到莎士比亚的人一样）潜意识中都有一种欲望，想让他比起真实的莎士比亚，更像是他们自己。

书通常被放在书箱里，搬运起来非常笨重。而莎士比亚一向是轻装旅行的。他在伦敦没有一个固定的家，总是在临时住所之间搬来搬去。据说他每年至少都要回斯特拉福德一次。很难想象他会随身携带书箱。他有一种极难得到满足的想象力，而不是琼生式的囤积心理。他会把一本书掏空来汲取营养，之后就会把它抛到一边。在完成了英国历史题材的作品之后，他就把《霍林谢德编年史》抛在了一边，多年不再拿起。他在早期作品中反复使用的旧剧本可能又回到了剧团的仓库之中。当他把亚瑟·布鲁克（Arthur Brooke）矫揉造作的叙事诗《罗密欧与朱丽叶的悲惨故事》（*The Tragical History of Romeus and Juliet*）改写成一部丝毫不做作的戏剧之后，他就没有理由再去读它了。

让我们想象一下莎士比亚在他职业生涯即将结束时，会如何分类整理自己的书箱。我猜测书箱里很可能不超过 40 本书，也许只有 20 本（包括他自己的著作）。

我曾经说过，他最珍贵的藏书是戈尔丁翻译的奥维德《变形记》和诺斯翻译的普鲁塔克《古希腊罗马名人传》。普洛斯彼罗从美狄亚的咒语中借用的那些源自拉丁文的细节，看上去太过明确，很难将其归结于大约 35 年前在文法学校学习拉丁文时保留下来的模糊记忆，因此，有一种合理的假设是，除了戈尔丁靠得住的英文译本之外，书箱里应该会有一本拉丁文版本的奥维德作品。鉴于莎士比亚在《驯悍记》中引用了《女杰书简》，《鲁克丽丝受辱记》是根据当时尚未有英文译本的《岁时记》中的一个故事改编而成的，而且莎士比亚似乎已经通晓《恋歌》和《爱经》，因此他很可能拥有奥维德的多部作品，其中一些应该还配有评论。举例来说，《鲁克丽丝受辱记》中的某些细节乍看似乎不是来自奥维德的版本，而是来自李维《罗马史》中的相关记载。然而，更进一步的研究表明，这些细节似乎是来自《岁时记》某个版本中的详尽注释，其中摘引了李维的作品。

他可能拥有一本拉丁文版的贺拉斯《颂歌》，但他引用的贺拉斯典故，像他的维吉尔典故一样，都可以追溯到在文法学校里学习的选段。如果在他的藏书中有另一部拉丁语的文本，那很有可能会是戏剧而不是诗歌。《错误的喜剧》是根据罗马喜剧剧作家普劳图斯的《孪生兄弟》（*Menaechmi*）改编的，其中还交叉引用了他的《安菲特律翁》（*Amphitryon*）。这出戏似乎是在《孪生兄弟》的英文译本登记注册和出版之间的那一段时间写成的。这两部作品在语言上有一些相似之处。莎士比亚是不是看过一个更早的译本，又或者这两者之间的相似只是纯粹的巧合？考虑到这出戏是对拉丁语原文的模仿，后一种可能并不会令人感到难以置信。普劳图斯笔下的角色类型，例如吹牛的士兵、迷人的处女、不同意女儿婚事的老人和聪明的仆人，对欧洲文艺复兴时期的喜剧产生了巨大的影响。他对莎士比亚的影响既有直接的，也有间接的，但总体上来说，至少是在其职业生涯早期，莎士比亚，这位曾被伊丽莎白时代的文学评论家弗朗西斯·米尔斯（Francis Meres）特别拿来与普劳图斯相比较的剧作家，很可能拥有这些戏剧的拉丁文本。

米尔斯写道："正如在拉丁文作家中，普劳图斯和塞内加被认为是最好的喜剧作家和悲剧作家，在英国文学中，莎士比亚在喜剧和悲剧两方面都是最优秀的。"[3] 在《哈姆莱特》中，波洛纽斯也提到了这两位罗马作家："演塞内加的剧，要多悲惨就有多悲惨，演普劳图斯的剧，要多轻松就有多轻松。"[①][4] 莎

146

士比亚在学校里应该就已经读过许多拉丁文版的塞内加悲剧段落，也有可能买到了所有这些悲剧的英文译本（同样采用了戈尔丁翻译奥维德时用的老式"十四音节体"），但是，就像普劳图斯的喜剧一样，塞内加的悲剧风格对那个时期的戏剧产生了广泛的影响，可能早已渗透在莎士比亚的作品之中，就像他直接从书本上读过一样。因此，他是否拥有拉丁语版本的塞内加作品依然是一个悬而未决的问题。

特洛伊战争的故事深深吸引了莎士比亚，这并不奇怪，因为它是西方文学华丽宏伟的根基。有关特洛伊的典故可以在他的早期历史剧和《泰特斯·安德洛尼克斯》等作品中找到。对西侬——正是他把木马偷运进了特洛伊城——的一幅画像的描述，是《鲁克丽丝受辱记》中的诗性高潮。《哈姆莱特》中的演员吟诵的那一段著名台词，讲述的正是普里阿摩斯的死和悲痛欲绝的赫卡柏的疯狂。阿喀琉斯、埃阿斯、阿伽门农、尤利西斯、赫克托耳、帕里斯等人在《特洛伊罗斯与克瑞西达》（*Troilus and Cressida*）的舞台上栩栩如生。关于特洛伊城的故事可能就藏在书箱中的什么地方，但又是以什么形式呢？

人们有时会忘记，在他珍视的《变形记》的后几卷中，有一个版本的特洛伊故事在一定程度上可以被看作对维吉尔的叙述的一种巧妙回应。在《埃涅阿斯纪》第二卷中，埃涅阿斯对狄多讲述了他是怎样逃离了熊熊燃烧的城市，这一片段铭刻在莎士比亚的记忆中，上面覆盖着马洛和纳什的戏剧《迦太基女王狄多》（*Dido Queen of Carthage*）中的描述。但是这并不意味着他拥有这些书，因为他很容易就能回想起在学校里学过的维吉尔作品和在剧院里看过的马洛剧作。《特洛伊罗斯与克瑞西达》中使用的生硬晦涩的语言，可能是对乔治·查普曼1598年出版的七卷本《伊利亚特》中复杂语法和夸张词汇的借鉴或戏仿。希腊阵营中的争论和侮辱可能与查普曼作品第一分卷中阿喀琉斯和阿伽门农的那一段争吵相呼应，但我十分怀疑莎士比亚是否有耐心从头至尾读完查普曼的全部作品。还有另一种"来源"，它很可能被浓缩为仅仅是站在书摊上瞥一眼，一种风格便会被即时吸收，并且成熟到可以分解，进入他那广博的记忆。一些学者认为，莎士比亚读过在他出生之前就已经以哥特体出版的、长达2.6万行的中世纪诗歌《特洛伊的历史、围攻和陷落》（*Hystorye，Sege and Dystruccyon of Troye*），其作者是约翰·利德盖特（John Lydgate）。但我觉得这不太可能。我的直觉是，除了奥维德之外，莎士比亚书箱中的特洛伊故事应该只有以下两本：威廉·卡克斯顿（William Caxton）的散文作品《特洛伊历史的再现》（*Recuyell of the Historyes of Troye*）、杰弗里·乔叟的韵文作品《特洛伊罗斯与克瑞西达》（*Troilus and Criseyde*）。

后一部作品应该出现在1598年或1602年托马斯·斯佩特（Thomas Speght）出版的乔叟作品集中，其中还附有罗伯特·亨利森为特洛伊故事撰写的"续篇"《克瑞西达的遗嘱》。《骑士的故事》也被收录在这部作品集中，它是《坎特伯雷故事集》中最受推崇的一个故事，讲述了阿塞特和帕拉蒙之间具有骑士风度的友谊因他们都爱上了艾米莉亚而转变成了竞争。约翰·弗莱彻（John Fletcher）在1613年或者1614年与莎士比亚合作将这个故事改编成了戏剧，他在该剧的开场白中写道："这个故事来自所有人都喜爱的乔叟。"大约就在那个时候，弗莱彻和莎士比亚合作，将塞万提斯的《堂吉诃德》中卡德尼奥因爱成狂的故事改编成了一部现已遗失的戏剧，所以我们可以合理地推测莎士比亚还拥有当时刚出版的著作：托马斯·谢尔顿（Thomas Shelton）于1612年翻译的塞万提斯这部欢乐滑稽的讽刺史诗小说。当然这只是猜测，但我有一种直觉，在莎士比亚生命的最后几年里，这本书带给他的乐趣会比其他任何书都多。

148 　　每次走进南沃克剧院附近的大教堂，莎士比亚都会看到约翰·高尔（John Gower）的肖像——他与同时代的乔叟一样广受好评。莎士比亚无疑通晓高尔的爱情巨著《一个情人的忏悔》（*Confessio Amantis*）第八卷中泰尔的阿波洛纽斯（Apollonius of Tyre）的故事。这个故事来源于希腊化时期，是《泰尔亲王佩力克里斯》的主要素材来源，高尔实际上是以致辞者的形象出现在舞台上的。这部戏剧的创作主要借鉴了高尔的故事，并以劳伦斯·特恩（Lawrence Twine）的无韵诗《阿波洛纽斯王子遭遇的痛苦历险》（*The Pattern of Adventures that fell on Prince Apollonius*）作为补充。后者讲述的是同一个故事，只是更加切合实际，对妓院场景的演绎也更加生动活泼。然而，莎士比亚只是在戏剧进行到一半时才接手了《泰尔亲王佩力克里斯》的写作：这出戏最初由乔治·威尔金斯（George Wilkins）创作，他很可能曾把这些参考书借给莎士比亚，待后者用完之后再要回去。没有证据表明莎士比亚读过高尔《一个情人的忏悔》的其他部分。在追踪莎士比亚阅读情况的过程中，合作者的存在始终是一个复杂的因素：《亨利八世》最后一幕中托马斯·克兰麦大主教这一角色的灵感来源是约翰·福克斯恶毒的反天主教著作《福克斯殉道者名录》［*Acts and Monuments*，一般被称为《殉道者之书》（*Book of Martyrs*）］，但最后一幕的大部分台词是莎士比亚年轻的合作作家约翰·弗莱彻写的，所以福克斯的著作很可能是弗莱彻的藏书。

　　莎士比亚的藏书中最有分量的一卷应该是1587年出版的《霍林谢德编年史》，它在莎士比亚的历史剧中起到了非常重要的作用。如果莎士比亚整理过自己的藏书，他应该会把它跟爱德华·哈雷（Edward Halle）的《两大贵族世家兰开斯特家族和约克家族的联合》(*Union of the Two Noble Illustre Families of Lancaster and York*)放在一起，他在阅读托马斯·莫尔关于理查三世的著作（书写精彩但内容片面）时经常会参照哈雷的作品。

讨论完古典作品和编年史，我们再来看看基督教传说。莎士比亚的箱子里还应该有一本日内瓦版《圣经》，页边空白处印有注释。莎士比亚作品中的圣经故事有时更接近官方认可的主教《圣经》而不是日内瓦版《圣经》，但这也可能是来自他在教堂聆听的布道。《共同祈祷书》和《布道书》的写法也来

日内瓦版《圣经》：每一页空白处都有旁注，鼓励积极的阅读方法，也强调解释和评论的技艺

149

自教堂，不过他的藏书中很可能有一本袖珍祈祷书。无论与同时代那些虔诚的人相比，他的性格显得多么世俗化，他应该都不会抛弃这些精神生活的基本工具。

我们可以肯定他会把另一本书带回家，带回斯特拉福德，在他的"闲暇"（隐退）时间重读并思考，这就是由弗洛里奥翻译的蒙田作品。我们可以从贡柴罗的台词中得知，他在写作《暴风雨》时脑海中出现的正是这本书，这也是《李尔王》中哲学观点的来源。他可能还拥有一两本弗洛里奥撰写的意大利语手册，即《最初的成果》（*First Fruits*）和《其次的成果》（*Second Fruits*），也许还有他编著的英意词典《单词的世界》（*A World of Words*）。他对意大利语的初步了解可能来自弗洛里奥的作品和在理查德·菲尔德的学徒时期，由托马斯·沃特罗利尔出版的《意大利语语法，由那不勒斯人西皮奥·伦图罗用拉丁文写成，由亨利·格兰森译成英语》（*La grammatica di M. Scipio Lentulo Napolitano da lui in Latina lingua scritta, & hora nella Italiana, & Inglese tradotta da H.G.*）。同时期一位沃里克郡作家约翰·艾略特（John Eliot）写了一本名为《艾略特的法语成果》（*Ortho-epia Gallica*）的法语自学手册，这本手册可能就放在弗洛里奥和菲尔德的意大利语资料旁边。莎士比亚很可能从这本手册中学到了足够多的法语知识，从而拼凑出了《亨利五世》中的基本法语词汇。

由哈灵顿翻译的阿里奥斯托的著作《疯狂的奥兰多》——《无事生非》中主要情节的来源——或许在很久之前就已经被还给理查德·菲尔德了。除了为《皆大欢喜》中的主人公挑选姓名，在后来的作品中，莎士比亚似乎没有表现出对阿里奥斯托这一史诗的任何兴趣。

威廉·佩因特（William Painter）的《快乐宫》（*Palace of Pleasure*，初写于1566年，1575年扩写）是由101篇"愉

快的历史故事和优秀的小说"组成的选集，是一系列希腊、罗马、意大利和法国作家作品的译文。正是在这本书里，莎士比亚发现了乔瓦尼·薄伽丘（Giovanni Boccaccio）的《十日谈》（*Decameron*）中十几个故事的英译，其中一个被他改编成了《终成眷属》。在莎士比亚的另一些作品中也可以找到《快乐宫》的痕迹——长期以来，这本书就因"搜肠刮肚地为伦敦的剧院提供灵感"[5]而臭名昭著。

马泰奥·班德罗（Matteo Bandello）以意大利语出版的《中篇小说集》（*Novelle*），或者弗朗索瓦·德·贝尔福雷（François de Belleforest）以此改编的法语译本《悲剧故事集》（*Histoires Tragiques*），似乎为《奥瑟罗》中的谋杀场景和《无事生非》中的主人公情节提供了一些细节。《第十二夜》的情节来自班德罗的作品和其他一些意大利戏剧，但莎士比亚是从巴纳贝·里奇（Barnabe Riche）的英文中篇小说《告别军旅生涯的里奇》（*Riche his Farewell to Military Profession*）中读到这个故事的。丹麦的英雄史诗《阿姆莱特》是通过贝尔福雷才进入了英语世界。但我们知道剧团的常备剧目中有一部古老的《哈姆莱特》戏剧（现在已经遗失），所以我们不能肯定莎士比亚出于自己的目的重新创作这部作品时是否读过贝尔福雷的作品。

莎士比亚应该在什么地方读过乔凡尼·菲奥伦蒂诺（Giovanni Fiorentino）撰写的意大利故事集《无脊椎动物》（*Il Pecorone*），这本集子深受薄伽丘《十日谈》的影响。书里威尼斯的詹内托和贝尔蒙特夫人的故事正是《威尼斯商人》的主要素材来源。目前还没有发现这本意大利语故事集的英文译本，《威尼斯商人》与它的情节非常接近，语言上也有很多相似之处，这就提供了一种强有力的证据，证明莎士比亚能够阅读意大利文。除了菲奥伦蒂诺的故事集之外，可能还有亚历

151

山大·西尔万（Alexandre Sylvain）的《一百个历史故事》（*Cent Histories*）作为补充，该书的英文版于1596年以《演说家》（*The Orator*）为题出版。与班德罗和贝尔福雷一样，西尔万也从各种各样的来源之中——一些是罗马的，另一些是现代的——汲取了一些故事和罗曼史，但他这样做的主要目的是就道德问题展开辩论。情节展开的方式相对来说较为敷衍，历史故事的大部分篇幅都用来发表演说，并对叙事引发的伦理或法律问题进行辩论。这种从故事到辩论的转变，解释了为什么这部英文版的标题叫作《演说家》。在故事集的最后，我们发现了"一个犹太人，他愿意用一磅基督徒的肉来抵销债务"。犹太人和基督徒将他们的案件提交给法庭，法庭做出了偏向基督徒的裁决。由鲍西娅判决的夏洛克诉安东尼奥一案，使用的法律论证已经在这里预演过了。如果莎士比亚快速浏览一下《演说家》中的其他故事，他会发现关于强奸（对此，适当的结局是死亡还是婚姻？）这一主题的几场辩论，可能会为他在《一报还一报》中激烈的道德辩论提供灵感。但这部戏剧的主要素材来源是乔治·惠茨顿（George Whetstone）的一部老剧作《普罗德和卡桑德拉》（*Promos and Cassandra*），它肯定一度出现在莎士比亚的书桌上，但不太可能保留在他的藏书中。

在一定程度上，《一报还一报》中的某些细节似乎不太类似于惠茨顿的剧本，而是更接近莎士比亚当时正在改编成戏剧的一个故事，那就是乔瓦尼·巴蒂斯塔·吉拉尔迪［Giovanni Baptista Giraldi，又被称为钦提奥（Cinthio）］的《百故事》（*Hecatommithi*）中的一个意大利故事。正是在这里，莎士比亚找到了另一部写于1604年、跟《一报还一报》差不多同时诞生的戏剧的情节——《奥瑟罗》。奥瑟罗和伊阿戈这两个名字是莎士比亚自己创造的——钦提奥笔下只有摩尔人和少尉——但是苔丝梦娜直接来源于那个故事。莎士比亚读的究竟是意大利语原著还是法语译本（或者两者都读过），学者对此一直争论不休。我更倾向于他读的是意大利语版本，因为两者在语言上的相似之处更多一些，并且如果你懂拉丁语，手头有弗洛里奥的字典，就不难看懂意大利语。我们尚不能确定莎士比亚是否曾为了消遣而重读钦提奥的作品，但后者的故事集或许是他心中意大利文学的主要代表。

　　还有一个关于剧本的问题。莎士比亚的记忆力是在学校中培养起来的，并且由于需要记住戏剧台词而一直保持活跃，所以他很可能吸收了自己在剧院里听到的大部分常备剧目的内容。他不太可能费心去大量购买并阅读剧本。即便这样做了，他会一直留着它们吗？《约翰王的棘手统治》《亨利五世的著名胜利》《李尔王和他的三个女儿的真实编年史》，一旦他完成了剧本，他还留着这些书干什么？他看了基德的《西班牙悲剧》和马洛的戏剧之后，对它们就有了充分的了解。那些在他事业中期声名鹊起的剧作家也是如此，其中主要包括本·琼生、约翰·马斯顿、托马斯·米德尔顿和托马斯·海沃德，他们的剧作有时模仿了他的作品，正如他的作品也会模仿他们的剧作。

　　他早期的喜剧训练受到乔治·加斯科尼（George Gascoigne）的作品《猜想》（*Supposes*）的影响，该剧将意大利式喜剧手段——伪装和错认引入了英语喜剧，这也是《驯悍记》中比恩卡和路森修情节的主要来源。在莎士比亚的幼年时期，《猜想》是在四法律师学院中流行的剧作，所以他很可能读过剧本而不是看过这出戏。他可能还拥有一些约翰·黎里喜剧的印刷文本，这些剧本是为宫廷和由"私人赞助的"童伶剧团写的，不太容易在舞台上看到。他当然知道黎里那本被重印过多次的无韵体罗曼史《尤弗伊斯，才智之剖析》（*Euphues, the*

Anatomy of Wit）及其续集《尤弗伊斯及其英格兰》（*Euphues and his England*），其中精心设计的对称语言是莎士比亚模仿过的，最著名的例子就是福斯塔夫说的"虽然黄菊越遭践踏越易滋长快，年华光阴却虚抛不再来"。①6黎里是伊丽莎白时代高雅风格的典范：如果莎士比亚在詹姆斯一世时代还保留着他那本《尤弗伊斯及其英格兰》的话，那么这本书很有可能躺在书箱底部，积满了灰。

但他新近重拾了伊丽莎白时期受黎里风格影响而问世的无韵体罗曼史之一——罗伯特·格林的《潘多斯托：时间的胜利》（*Pandosto: the Triumph of Time*，1588年出版，之后多次再版），这是他《冬天的故事》的主要素材来源。承此脉络的还有托马斯·洛奇的《罗莎琳德》（*Rosalynde*），这部作品也是无韵体罗曼史，广受欢迎并多次再版，《皆大欢喜》就是根据这个故事改编的。毫无疑问，他一定拥有这本便宜的小书。

让我们再来看看德拉蒙德藏书室里伊丽莎白时代的正典诗人。很难确定莎士比亚对爱德蒙·斯宾塞（Edmund Spenser）的罗曼史诗《仙后》（*The Faerie Queene*）究竟有多少了解（如果确实有的话），但他似乎确实很欣赏斯宾塞最出色的继承者塞缪尔·丹尼尔（Samuel Daniel）的作品。莎士比亚的书柜里可能放着八卷本的长诗《约克和兰开斯特家族之间的内战史》（*A History of the Civil Wars between the two Houses of York and Lancaster*）、十四行诗系列《迪莉娅与罗莎蒙德的怨诉》（*Delia, with the Complaint of Rosamond*），以及案头剧（供人阅读而非演出的戏剧）《克莉奥佩特拉》（*Cleopatra*）。然而，没有确凿的证据表明，莎士比亚读过那个时代另一

---

① 《亨利四世（上）》，张顺赴译，北京：外语教学与研究出版社，2015，第57页。

位最受尊敬的新斯宾塞风格诗人迈克尔·德雷顿（Michael Drayton）的作品，考虑到他们两位都是沃里克郡人，并且都是游走于诗歌和戏剧之间的人物，这一点就更加令人惊讶了。

马洛的小诗《希罗和利安德》（Hero and Leander）应该是莎士比亚珍爱的藏书之一，另外他还应该有一本经常翻阅的诗集，即亚伯兰罕·斯兰德在《温莎的风流娘儿们》中所称的"我的歌曲集"[7]，这部合集有时被称为《托特尔杂集》（"Tottel's Miscellany"），16世纪中叶出自托马斯·怀亚特爵士、萨里伯爵亨利·霍华德等人手笔的最出色的抒情诗借此诗集流传到了伊丽莎白时代。萨缪尔·丹尼尔（Samuel Daniel）的《迪莉娅》（*Delia*）只是莎士比亚可能浏览过的几十本伊丽莎白时期的十四行诗集中的一本。莎士比亚自己的十四行诗既复制又模仿了许多传统的创作手法。现在我们已经不可能确切地知道他是不是拥有这一位或那一位诗人的作品。毕竟，亨利·康斯特布尔（Henry Constable）、理查德·巴恩菲尔德（Richard Barnfield）、巴塞洛缪·格里芬（Bartholomew Griffin）、巴纳贝·巴恩斯（Barnabe Barnes）以及其他许多诗人的作品是以手稿的形式流传的，或是出现在选集里。以《热情的朝圣者》（*The Passionate Pilgrim*）为例，这本小诗集由威廉·贾格尔出版，W. 利克于1599年在圣保罗教堂墓地的灰狗标志处出售，诗集里包括20首歌谣和十四行诗，其中巴恩菲尔德和格里芬的十四行诗就曾被误认为是莎士比亚的作品。

考虑到菲利普·西德尼爵士（Sir Philip Sidney）死后的盛名，以及他的《爱星者与星》（*Astrophil and Stella*）在伊丽莎白时代系列十四行诗的流行风尚中所扮演的角色，莎士比亚很可能看过这些诗歌1591年未经授权印刷的版本。我相当怀疑他自己是不是拥有一本，但是莎士比亚很有可能拥有并保存着西德尼另外一本更重要的著作，即他的妹妹彭布罗克伯爵夫人玛丽准备在他死后出版的无韵体罗曼史《阿卡迪亚》（*Arcadia*）。《李尔王》中关于格洛斯特的情节显然就是根据《阿卡迪亚》中的一个故事改编的。

另一本完全不同的书，莎士比亚收藏中真正的珍品，也被用在了《李尔王》之中——塞缪尔·哈斯奈特（Samuel Harsnett）的这本著作拥有一个咄咄逼人的名字，《揭发罪大恶极的天主教谎言，其目的是让女王陛下之臣民的心远离他们的忠诚，远离英格兰宣称的基督教的真理》（*A Declaration of Egregious Popish Impostures, to withdraw the Hearts of her Majesty's Subjects from their Allegiance and from the Truth of Christian Religion professed in England*）。"天主教谎言"是佯称能驱散恶灵的虚假驱魔术。莎士比亚一般不会对这类政治宗教宣传感兴趣，但他有可能被哈斯奈特这本出版于1603年的长篇谩骂吸引，因为它谴责的驱魔团伙的核心人物之一是一位他很可能认识的斯特拉福德人，罗伯特·迪布戴尔（Robert Dibdale，他在法国杜埃接受过牧师培训，最终于1586年在泰伯恩刑场被绞死并分尸）。罗马天主教的神父们想出的恶魔的名字——管情欲的奥比迪克、聋哑王子霍比迪登斯、管偷窃的麻虎、管谋杀的魔多——适时地出现在《李尔王》中"苦汤姆"的胡言乱语中，同时还提到了"歇斯底里症"和"黑暗的恶魔"。

莎士比亚很可能拥有一两本常见的箴言选集。可能是伊拉斯谟的《箴言集》（*Adagia*），或者至少是理查德·塔文纳（Richard Tavener）用英语编写的《箴言集》精选集，在书中我们可以找到各种谚语的来源，比如罗莎琳德说过的"好酒不需要招牌"（good wine needs no bush）和尤利西斯所说的"装满遗忘之物的大口袋"（wallet of oblivion）。但正是由于常见，这些说法已经成为谚语，因此很难追溯到特定的来源。正如之前已经提到过的，对于伊拉斯谟的观点，情况大体上也是这样。例如，莎士比亚读过《愚人颂》（*The Praise of Folly*）的英译本这一假设是很有吸引力的，但他并不一定非得读过这本书才能理解聪明的愚人这一形象，并将其转变成戏剧中的角色。

莎士比亚是否拥有一本帕林吉尼乌斯的著作，还是偶然读过一本，又或者是依赖于在学校的记忆，或者从其他途径间接地吸收了"人一生的七个时期"和"全世界是一个大舞台"这一对主题，对此同样没有明确的答案。

除了那些历久不衰的作品，还有一些很难追踪的休闲读物。举例来说，就在他写作《暴风雨》的1611年，一个与弗吉尼亚公司有联系的熟人——也许是彭布罗克伯爵或迪格斯家族的成员——给了他一本或多本描述托马斯·盖茨爵士（Sir Thomas Gates）在加勒比海沉船事件的"百慕大小册子"。他匆匆地记下了一些航海方面的细节，并开始构思一场暴风雨、一个岛屿和一个属于他自己的新世界，之后很可能就把小册子还了回去或抛到了一边。关于其他事件的报道也融入了别的戏剧——中部地区的谷物骚乱被用在《科利奥兰纳斯》中，乘坐一艘名为"老虎"的船航行被用在《麦克白》中。这些事情可能是他在酒吧里听到，或者是从每份售价1便士的报纸上读到的。这类转瞬即逝的信息被编织进了他的世界里，却没有锚定在他想象力的深处。

以上书目可以被分为大部头和小部头，大部头的有如《霍林谢德编年史》和普鲁塔克的作品，小部头的有中篇小说和薄薄的诗集。他有没有费神把这些小书带回斯特拉福德？人们可以想象他把《潘多斯托》和《罗莎琳德》这样的故事书塞进自己的行李里，并准备将它们送给小伊丽莎白和未来的其他孙子。这样剩下的就是那些大部头的书了，如戈尔丁翻译的奥维德、诺斯翻译的普鲁塔克、弗洛里奥翻译的蒙田、日内瓦版《圣经》、乔叟的作品、卡克斯顿的特洛伊历史，霍林谢德和哈尔的编年史，丹尼尔的诗歌（尤其是他的玫瑰战争史诗），也许还有西德尼的《阿卡迪亚》（虽然这本诗集的风格过于堂皇，不怎么合他的口味），可以想象，还有经过塔文纳删减的《箴言集》英文版，或者普里莫达耶的《法兰西学院》，也是译本，又或者原版和译本都有。最后，还有新近买下的塞万提斯作品的英文版。这些就是对他来说影响最深刻的书，也许最多只有十几本，但它们蕴含的财富却是无穷无尽的。

这些当然只是猜想，但也提出了一个非常严肃的问题。由于他同理查德·菲尔德确切无疑的友谊，以及他很可能认识约翰·弗洛里奥，所以莎士比亚很容易获得这些著作。对于他的精神世界，这些文学作品提供了一种深刻的洞察。如果一个人心中牢牢地记住了在学校习得的细读方法，更不用说他对看过或演过的戏剧和其他读后抛在一边的书都有着惊人的记忆力，那么，我们就不必质疑一个乡下文法学校毕业的中产阶级男孩为何能拥有写剧本的知识资源了。

那他自己的著作呢？在为最后一次回斯特拉福德镇准备行装的时候，它们会在书箱里吗？我们必须摒弃现代的观念，即作者会保存自己的草稿，收集自己著作的初版。莎士比亚完成一出戏剧后，就把剧本交给剧团的簿记员，簿记员会制作一份主稿，供后台即时使用，然后为每位演员复制各自角色的脚本。作者自己的手稿，在那个时代的一些场合里被称作"草稿纸"，很可能会一直被保留在演出剧团。这些手稿有时会成为印刷文本的底本。莎士比亚几乎没有可能会保留着一沓他自己的手稿。

他肯定会保留几本他授权出版的诗集——"我的第一部作品"《维纳斯与阿都尼》、"更有分量的"《鲁克丽丝受辱记》。[8]他可能会收到罗伯特·切斯特（Robert Chester）那首奇怪的讽喻诗《爱的殉道者》的赠阅本，其中还包括一首他自己的诗《凤凰与斑鸠》（"The Phoenix and Turtle"）。有关《十四行诗集》的问题依然悬而未决：它可能是授权出版的，也可能是没有授权的。如果没有授权，那么他很可能就不会想要一本。《热情的朝圣者》也是如此，它肯定是未经授权的，在他一生中，也许有六七部或更多付印的剧作是未经授权的劣质版本。

剩下的十几部付印的剧本似乎确实得到了他剧团的授权，因此可能也得到了他本人的授权。所有这些都以小型、低成本的"四开本"出版。它们不是很占地方，所以有可能被收在他的行李里。他很可能对自己的历史剧，特别是悲剧有一定的自豪感：它们是舞台上出于时间原因必须被删减的剧本的完整版。但是没有证据表明莎士比亚考虑过塞缪尔·丹尼尔十年前做过的事情，即把自己所有的作品收集起来，以《作品集》为名出版。一直到他去世之后，他的遗作才在演员同事约翰·海明斯和亨利·康德尔的努力下问世。

157

第三个时期

情人

然后是情人，
像炉灶一样叹着气，写了一首悲哀的诗
歌咏着他恋人的眉毛。

尼古拉斯·希利亚德绘制的微型肖像画

10. 已婚男子

少年新郎

在莎士比亚出生那一年，关于性传播疾病的论文首次出版，是由伟大的解剖学家加布里埃尔·法洛皮奥（Gabriele Falloppio）撰写的。黑死病并不是困扰 16 世纪欧洲的唯一瘟疫：尽管梅毒的威力并没有那么立竿见影，但仍然夺去了许多人的性命。法洛皮奥——这位来自著名的意大利帕多瓦大学的天才医生以他拉丁化的名字法洛比乌斯（Fallopius）而闻名，由他发现的输卵管至今仍然以他的名字命名。在论文中，他提出针对"毒痘"也就是梅毒最有效的防护措施，是一个由亚麻布、干膀胱或动物肠做成的鞘，套在阴茎上，由包皮固定。这款设备俗称"外套"，长 8 英寸，底部系着粉色的丝带，以便更容易让女性接受。法洛比乌斯声称，它已经在一千多人身上进行了测试，结果十分成功，这些人中没有一个感染上了所谓的法国病。然而，似乎没人有过把这种"外套"作为避孕工具来推销的想法。

人们可能会认为，伊丽莎白时代的英国缺乏避孕措施，导致大量年轻男性让女友怀孕，之后为了保持她们的"清白"而不得不结婚。然而，在沃里克郡的乡村地区，情况似乎并非如此。调查了埃文河畔斯特拉福德教区 1570 年至 1630 年的记录后，我们发现了一个惊人的结果。[1] 这段时间内 100 多名男性中 75% 的人在 20 岁到 30 岁之间初次结婚，平均年龄为 26 岁。最常见的结婚年龄是 24 岁。这些数字与全国平均水平一致。

令人惊讶的是，在所有有年龄记录的男性中，只有 3 人是在十几岁的时候就结了婚。乔治·戴维斯是一名园丁，他在过完 17 岁生日一个月后娶了玛格丽特·巴塔。威廉·贝里斯是一名箍桶匠，他在 18 岁时娶了安妮·罗素。戴维斯夫妇没有生育，而贝里斯家的孩子于婚礼之后一年才接受了洗礼。所以，除非有流产或死产，否则这两桩婚姻都不是因为女孩大了肚子。在这 60 年的时间里，斯特拉福德镇只有一个十几岁的丈夫娶了未婚先孕的新娘子——手套商的儿子，18 岁的威廉·莎士比亚。

在通常情况下，新娘一般比新郎年轻。在斯特拉福德的记录中，女性初婚的平均年龄是 24 岁，最常见的是 17 岁和 21 岁。同样，这与全国各地的情况一致。与此相比，莎士比亚的新娘当年却是 26 岁或 27 岁。[2] 一个年轻的小伙子娶了一个比他年长许多的女人，并且她还怀了孕：这是一个非常不同寻常的组合。

唉，想从这一信息中发掘出什么意义是不可能的。性早熟？爱火焚身？被花言巧语蒙蔽了？在最后的时刻一不小心？（体外射精、肛交和双腿之间性行为是当时对于避孕的不同建议。）也许是为了确保能和一个比较富有的女人结婚，从而挽救莎士比亚家族岌岌可危的财务状况而精心策划的手段？或者反过来说，在一个通奸和私生子会遭到教会法庭鄙视，许多未婚母亲会发现自己被家庭和体面的社交界抛弃的时代，让自己的情人成为一个清白的女人，会带来一种特殊的荣誉感？是基于以上任何一个理由，还有全部，或者完全没有？

根据伍斯特教区的登记记录，威廉·沙克斯佩尔（William Shaxpere）和安娜·霍特利（Anna Whatley）的结婚许可是在 1582 年 11 月 27 日颁发的，他们来自埃文河畔斯特拉福德镇以西一个名叫格拉夫顿的村庄，这些就是我们现在所能知道的全部了。这一结婚许可是英国国教当时所谓的特别许可：只有在婚礼之前连续三个星期天教堂不宣读公告的情况下才需要此许可。在没有宣读婚姻公告的情况下，有可能会出现重婚、近亲结婚、违反与第三方签订的婚前合同或其他妨碍结婚的状况。因此，主教需要一份来自担保人的保证，确保这一对即将结婚的伴侣是有资格结为夫妻的。1582 年 11 月 28 日，伍斯特教区登记处为斯特拉福德的威廉·沙格斯皮尔（William Shagspere）和安妮·哈瑟维（Anne Hathwey）准备的就是这样一份保证书。

一般认为，申请结婚许可是事出匆忙的表现：他们发现安妮怀孕了，在基督降临节和圣诞节假期之前，已经没有时间宣读三遍结婚通知，但如果没有特别的结婚许可，婚礼是不能举行的。我们可以推断出婚礼应该在 1582 年 12 月初举行，可能是在附近的卢丁顿村的小礼拜堂里，据说在那里的登记簿被毁之前，曾有人看到过威廉和安妮的结婚登记。苏珊娜·莎士比亚于 1583 年 5 月 26 日受洗，所以，即使她未到预产期就出生，安妮在结婚那天已经有孕在身这一点也是毋庸置疑的。

至于结婚文件中为什么出现了不同的姓氏，这一问题至今没有合理的答案：签发许可的那一天写的是霍特利，而第二天出具保证书的时候写的是哈瑟维。拼写方式不同的"Shaxpere"和"Shagspere"并没有什么实际意义。莎士比亚的姓氏像那个时期的许多其他姓氏一样，在现存的记录中有几十种不同的拼法。伊丽莎白时代的人对待名字十分草率。哈瑟维小姐，我们通常叫她安妮，实际上她在父亲的遗嘱中被称为阿格尼斯，而其发音却应该是"安妮斯"。一些传记作家提出，这里应该是有两个不同的女人，或者可能是两个不同的男人。16 世纪晚期，在斯特拉福德一带有许多姓莎士比亚或者霍特利的男人，但是一个威廉·莎士比亚在申请特殊许可之后娶了一个叫安妮的女人，而另一个威廉·莎士比亚在提交了相应的文件之后，娶了另一个叫安娜的女人，发生这种事情的可能性究竟会有多大呢？

没有人能找到确切的记录证明格拉夫顿村确实有另一个叫

164 作安娜·霍特利的女人，因此，人们通常认为，伍斯特那个昏昏沉沉的办事员在抄写登记簿时，把"哈瑟维"这个姓氏拼写错了，或许是因为在同一天，一个叫威廉·霍特利（William Whateley）的人被卷入了由教堂法庭审理的一桩案件。但这并不能解释文件中为什么会出现坦普尔·格拉夫顿，这个位于斯特拉福德以西的村庄。哈瑟维一家来自肖特利，离城里近得多。人们可能会禁不住认为真正的错误在于文件中称安妮·哈瑟维是"少女"。在莎士比亚那个时代的舞台剧和他所生活的现实世界中，富有的寡妇都是贫困青年最青睐的对象。安妮会不会出生在斯特拉福德镇的哈瑟维家，然后嫁给了坦普尔·格拉夫顿村一个姓霍特利的人？那么，她有可能是个寡妇吗？这样，年轻的威尔就有机会迅速乘虚而入，向她提供性方面的慰藉，并得到寡妇丰厚的嫁妆。这不是没有可能的，但是安妮的第一个丈夫一定是婚后很快就去世了，因为我们从老哈瑟维先生的遗嘱中得知，安妮在1581年秋天还没有结婚。也有可能安妮确实是一位"少女"，而且她也许是在坦普尔·格拉夫顿的一位远房亲戚家里帮忙。

虽然这么年轻的新郎很不寻常，但新娘怀孕并不一定就是可耻的。虽然教会和法律权威对此仍然争论不休，但人们普遍认为，一旦做出庄严的婚姻承诺，就等同于缔结了具有法律约束力的婚姻，因此当时的人们往往在婚礼之前就已经行夫妻之实了。威尔是被哈瑟维一家的朋友们强迫奉子成婚的——他们因为听说安妮小姐怀了孕而感到非常生气——这只是一个传记性的虚构故事。

莎士比亚的代表作品《维纳斯与阿都尼》——这首长诗成为伊丽莎白时代聪明的年轻人最喜爱的读物，同时也使得莎士比亚本人声名鹊起——描述了一个天真的男孩是如何被一个如饥似渴的老女人（或者更确切地说是女神）引诱的。自觉或不自觉地，许多传记作家都通过这种扭曲的视角来解读莎士比亚的婚姻。但这首诗是对莎士比亚的艺术的展示，而不是对他的生活的述评。也经常有人根据他写下的那些戏剧推测，既然莎士比亚写过《驯悍记》，那么他的妻子也一定是一名悍妇。然而喜剧中的求爱方式多种多样，把其中任何一种与剧作家自己的经历联系起来都是不明智的。我有一种直觉，与莎士比亚本人最为相似的求爱者应该是《威尼斯商人》中的巴萨尼奥：聪明却冷酷，他是一位冒险家、自利的语言大师，正在寻找富有的女人来帮助他走出财务上的危机，最终交了好运，找到一位美貌、聪颖，并能够深深吸引他的女人。但没有证据能证明这种幻想，就像没有证据能证明威廉是不是有点像阿都尼（或者彼特鲁乔、奥兰多，乃至他笔下的其他角色），或者安妮是不是像维纳斯、悍妇凯特或《错误的喜剧》中被捉弄的妻子阿德里安娜一样。

就像莎士比亚的生活和作品一样，他的婚姻也可以用截然相反的方式来解读。狂热却早早燃烧殆尽的激情？或许是的。两个彼此熟悉的家庭安排好的结合？很有可能。安妮的父亲刚刚去世，留给她一笔可观的遗产作为嫁妆，而莎士比亚的父亲当时正在债务中苦苦挣扎。在莎士比亚的婚姻中，只有两件事情是确定无疑的。第一，他是一个在性方面十分活跃的年轻人，他的妻子在结婚前就怀上了第一个孩子，婚后不久又生了龙凤胎哈姆奈特和朱迪思，这让他处于一个非常不同寻常的境地：1585 年 4 月，还不到 21 岁的莎士比亚就已经结婚并且是三个孩子的父亲了。另一个确定的事实是，莎士比亚受洗之后的第一个官方生活记录来自主教教区的宗教法庭。我们将在后文中详细探讨这些宗教法庭，即婚姻和性的问题的解决之地。

养家糊口之人

没有证据能够证明莎士比亚在结婚之初几年就离开了他的

166 妻子和孩子。对于他出现在伦敦的剧院之前的生活，有一个古老但经验证无疑的说法，"他在乡下做过塾师"[3]。他没有学位，不可能在重要的文法学校教书，但他可以在一所规模较小的学校获得一个职位，或者做一名"接待员"，即校长助理。在这种情况下，他的家人是完全有可能和他在一起的。然而，在某个时刻，也许是在16世纪80年代末，他带着为自己和家人赚大钱的愿望去了伦敦，因为这样的愿望在乡下是不可能实现的。他从不独自在城市里安家，他在伦敦租房居住，同时在家乡斯特拉福德积累土地和财富。1597年夏天，他已经有能力为妻子买下新宅，这是这座城里第二大的房子——这处房产因无人照管而需要修缮，因而他能够以最低价格买下它。

对于这位手套商的儿子来说——很可能他之前做过塾师，有妻子和年幼的孩子需要养活——演戏是一个颇为惊人的选择。当时唯一能赚到钱的演员是爱德华·阿莱恩（Edward Alleyn），他在托马斯·基德创作的《西班牙悲剧》中饰演希罗尼莫，在克里斯托弗·马洛一系列精彩的戏剧中饰演主角，人气不断上升。莎士比亚一定很快意识到，他永远不可能成为像阿莱恩或理查德·白贝芝那样的舞台巨子，后者正是他刚刚加入的剧团的"台柱子"。但他确实有一种天赋，能够改进剧团的常备剧目，并很快就能自己写剧本了。他可能是慢慢地走上了全职剧作家的职业道路。

这几乎不可能是一个有意识的职业规划，因为他开始写作的时候，还没有通过为剧院写作而赚钱的先例。写作是比演戏更不可靠的收入来源。使爱德华·阿莱恩变得富有而有影响力的，是他敏锐的商业头脑和精湛的演技。从他自己的财产交易判断，莎士比亚同样具备阿莱恩的第一种才华。即使他不曾拥有阿莱恩的第二种才华，对于供养他在斯特拉福德的妻子和三个孩子来说，最好的前景依然是走一条跟阿莱恩类似的道路，或者更好的是，走剧团承包人菲利普·亨斯洛（Philip Henslowe）的职业道路。这么说吧，在 1592 年，做一名职业剧作家似乎是最糟糕的选择。当时的作家都很穷。在这方面，将莎士比亚的生活模式与同时代 12 位最受尊敬的剧作家（其中 8 位出生于他之前的 10 年里，4 位出生于他之后的 10 年里）相比就可以一目了然。

167

简短生平

约翰·黎里，生于 1556 年，毕业于牛津大学，29 岁时与一位财产颇丰的女性结婚。他年轻时就成为英国最受欢迎的作家，后来在 16 世纪 80 年代又获得了主要宫廷剧作家的地位。但是在晚年，他的戏剧宣告过时，他后来也没有再写作。他去世时，生活环境非常简朴，享年 52 岁。

乔治·皮尔，生于 1556 年，毕业于牛津大学，24 岁时娶了一位经济前景良好的 16 岁女孩。他在 16 世纪 80 年代和 90 年代早期写过一些成功的戏剧，之后就陷入经济困境，据说死于梅毒，时年 40 岁。

罗伯特·格林，生于 1558 年，毕业于剑桥大学，据说娶了一位姓多尔（Doll）的有钱贵妇，花光了她的财产，然后把她和一个孩子送回乡下的家中，他独自在伦敦过着放荡的作家生活。他是英国第一位成名的作家，为赚钱而写作，不拘任何类型。据称他与一名妓女有染，还育有一个名叫"幸儿"（Fortunatus）的私生子。之后不久，他在极度贫困中死于热病，年仅 34 岁。

托马斯·基德（Thomas Kyd），生于 1558 年，毕业于文法学校，没有上过大学。他写过《西班牙悲剧》，大受成功，但在政府调查针对移民的煽动性"诽谤"作品期间，他遭到了监禁和折磨。他控告室友克里斯托弗·马洛持有异端观点，从而使自己得以出狱，但几个月之后就死于贫困，享年35岁。他从来没有结过婚。

乔治·查普曼，生于1559年或1560年，教育情况不明，没有大学学历。他似乎在一位伦敦的绅士手下工作过，后来在荷兰作战。在16世纪90年代，他写诗并翻译过荷马的作品，以此寻找资助人。90年代末，他开始写剧本，但仍忍受着持续的经济困难。他因参与了戏剧《向东方去！》（*Eastward Ho!*）的创作而遭到囚禁，因为剧中讽刺苏格兰人的方式让新国王很不高兴。尽管如此，在詹姆斯国王统治的早期，他成为威尔士王子亨利的常任司膳官，待遇是每年300镑，除此之外还有养老金。但是王子在1612年过世之后，养老金却没有兑现，因此他不得不转而寻求其他人的资助。他之后又活了20年，致力于诗歌和翻译，而不是戏剧。虽然从未获得任何经济上的保障，但他活到了74岁高龄。他从未结过婚。

安东尼·芒迪（Anthony Munday），生于1560年，似乎受过一个伦敦胡格诺派教徒的私人教育，但没有上过大学。他当过印刷学徒，后来去了欧洲旅行，在罗马的英格兰（天主教）学院学习，后来成为一名演员。他22岁结婚，之后有了5个孩子。他过着双重的生活，在担任政府反天主教间谍的同时，还写小册子、散文、诗歌和戏剧。弗朗西斯·梅尔斯称他为这个时代"最好的阴谋家"，这个称呼似乎很适合在情报部门工作的人。他主要是与菲利普·亨斯洛雇用的作家团队合作写作。在詹姆斯国王即位后，他似乎已经放弃了公共剧院，转而专注于为民间演出撰写剧本，这一做法获得了极大的成功。他73岁去世，留下了第二任妻子（他的第一任妻子在他61岁时去世）和一笔价值不菲的遗产，约有135镑。

迈克尔·德雷顿（Michael Drayton），生于1563年，是沃里克郡一名制革工人的儿子，教育情况不明，但是没有大学学历，曾为当地一位绅士效力。1590 年，他搬到了伦敦，为了寻求赞助而创作了各种体裁的作品。他出版了几首广为流传的诗歌，接下来在 16 世纪 90 年代末期和 17 世纪最初几年，他为海军大臣供奉剧团（阿莱恩和亨斯洛的剧团）撰写了大约 20 部戏剧，大部分是跟别人合作，计件付酬。在詹姆斯国王统治时期，他回归诗歌创作，把自己的代表作品《多福之国》（*The Poly-Olbion*）献给了亨利王子，作为回报，他获得了一笔 10 英镑的年金，但在亨利王子去世之后，这笔年金就停止了。他在 1619 年出版了一部诗集，其中并没有收录他写的剧本。64 岁时，他因被控对一名已婚妇女举止失当而出现在伦敦的教会法庭。一个女仆声称，那位已婚妇女把裙子撩到肚脐，"她用手拍了拍自己的私处，说这个真的是很棒，然后这位德雷顿先生也将手放在那里，拍了拍，说确实很好"。[4] 德雷顿否认了这一指控，当问及他的财务状况时，他开玩笑说，他只有 "20 个金币，没有任何债务"，但他 "身上的优良品质至少值 2000 英镑"。在 68 岁时去世，他的遗产价值差不多 25 英镑，但他的名声足以让他葬在威斯敏斯特大教堂的北走廊。他似乎从未结过婚，他的诗歌也流露出一些对于同性恋的兴趣。

克里斯托弗·马洛，生于 1564 年，毕业于剑桥大学，在 16 世纪 80 年代末 90 年代初写过几部名噪一时的剧作，但显然他过着双重生活，兼任政府密探。他在德普福德同一群密探们喝了一天酒之后，在一场关于 "算账" 的争执中，被一把价值 12 便士的匕首扎入眼睛上方而死，时年 29 岁。当时，他正因政治和宗教挑衅而接受调查，比如声称耶稣基督与门徒约翰有同性恋关系。没有任何档案记载他曾经和女人有过什么关系。

威廉·莎士比亚，生于 1564 年，是沃里克郡一位手套商人的儿子，毕业于一所文法学校，但没有上过大学。作为多产诗人、剧作家、演员、朝臣以及宫务大臣供奉剧团和国王供奉剧团的持股人，他的事业非常成功。他在18岁时结婚，育有3个孩子。与他长久的戏剧生涯相匹配的是他长久的婚姻生活。后来，52岁的他在家乡埃文河畔的斯特拉福德镇体面地去世，留下了价值可观的地产和数百英镑的现金。

170　　托马斯·纳什，生于1567年，毕业于剑桥大学，是一位多产的小册子作家，并且跟人合作写过多部剧作。他一生中曾多次入狱，有时是因为欠债，有时是因为他写的东西。他曾与年轻的演员本·琼生合写了一部名为《狗岛》（*The Isle of Dogs*）的戏剧，在因其"低俗下流、具有煽动性和诽谤性"[5]而引发争议后，他逃离伦敦，来到了大雅茅斯。他后来默默无闻地死去了，可以肯定他当时贫困潦倒，时年约33岁。他没有结过婚。

托马斯·德克尔，大约生于1572年，也许毕业于文法学校，但是肯定没有大学学历。他没有固定的赞助人，也没有作为演员或剧院股东的收入。他靠写作为生，报酬是计件支付的。他第一次结婚时的年龄不详，但有几个孩子，妻子在他替债务人于王座法庭监狱服刑的7年间去世。他死时大约60岁，债台高筑，留下的第二任妻子生活拮据。

本·琼生，生于1572年，曾就读于威斯敏斯特公学，但是没有上过大学。他曾经跟一位砖瓦匠（他的继父）做学徒，后来成为一名士兵，接下来又做了演员和作家。他在22岁时结婚，形容妻子是"一个诚实的泼妇"。他们有孩子，但他似乎在职业生涯的大部分时间里都与妻子分居。"有五年没跟她一起睡了，"他曾对霍桑登的德拉蒙德说，"但我一直待在奥尔巴尼大人身边。"[6]他还跟别的女人有过私生子，他曾对德拉蒙德说自己"在年轻的时候败给了性欲"。他曾多次入狱，罪名包括过失杀人和写煽动性戏剧。他的作品包括各种各样的类型，依靠计件付酬和赞助人过活，从未成为剧院的股东。最终，他获得了名望和朝廷的庇护——以及来自国王的养老金。他成为流行戏剧界第一个出版作品全集的作家，其中收录了他写的戏剧。他死时一贫如洗，但没有负债，享年 65 岁。他被安葬在威斯敏斯特大教堂，有贵族和绅士参加了他的葬礼。

托马斯·海沃德，生于 1573 年，毕业于剑桥大学，作为一位多产的诗人兼剧作家，他拥有非常成功的职业生涯，还是安妮王后供奉剧团的合伙人。他在接近 30 岁的时候结了婚，有好几个孩子。与他在剧院里长久的职业生涯相匹配，他也拥有一段长久的婚姻。他在家乡克莱肯维尔体面地去世，享年 68 岁。

股东

莎士比亚在许多方面都开创了全新的模式。在他之前，剧作家可以大致分为两种类型，一种是为了钱而结婚，另一种则终身未婚，要么是因为更喜欢跟男人厮混在一起，要么是因为负担不起结婚的费用。这个时代的其他主要作家都没有像莎士比亚那样，在达到法定成年年龄之前就结了婚。莎士比亚明显不同于那些读过大学的剧作家，后者往往过着朝不保夕的生活，或与当权者发生纠纷，乃至英年早逝。基德，第一个成功的非大学才子派剧作家，也遭受了类似的命运。

与莎士比亚同时代并具有类似的社会背景和教育背景的还有其他三位作家，即查普曼、德雷顿和芒迪，他们都试图在伦敦靠写作谋生。不同之处在于，这三个人都没有成为任何剧团的股东，而且他们都在詹姆斯国王统治初期放弃了靠剧院赚钱，当时瘟疫抑制了对新戏剧的需求。德克尔的悲剧表明，单靠写剧本是赚不到钱的。芒迪、查普曼、德雷顿和琼生所取得的稳定（和持续）收入并非来自戏剧或出版，而是来自宫廷、

171

贵族或公民的赞助。令人惊讶的是，在写作中表现最好的人，恰恰是那些从演员做起的人——芒迪、莎士比亚、琼生，以及海沃德。

琼生的故事是最不寻常的：从砖瓦匠学徒开始，通过表演和戏剧创作，最终成为非官方的桂冠诗人，获得了荣耀，得以埋葬在大教堂。但是他从来没有赚过什么钱。与莎士比亚职业生涯最为相似的是托马斯·海沃德，后者显然是以莎士比亚为典范的：莎士比亚最初是一名演员，凭借长诗《维纳斯与阿都尼》一举成名，后来成为国王供奉剧团的股东和专属剧作家。因此，海沃德一开始也是做演员，以诗歌《欧诺内与帕里斯》（*Oenone and Paris*，以《维纳斯与阿都尼》为蓝本）而成名，后来成为女王供奉剧团的股东和专属剧作家。

通过成为股东，莎士比亚首次把戏剧创作变成了一个具有良好经济前景的职业，足以维持婚姻并养家糊口。他不是靠文学创新去获得财富，而是靠商业决策。在职业生涯早期，莎士比亚注意到编剧们遭受的不公平待遇，他们每个剧本的报酬只有几英镑。收入可观的是剧团经理亨斯洛和主演阿莱恩，后者以创业伙伴的身份经营着玫瑰剧院。莎士比亚和他的亲密伙伴们开辟了另一条道路：1594年，宫务大臣供奉剧团以股份公司的形式成立，利润由演员们共享。

莎士比亚的剧团经理奥古斯丁·菲利普斯（Augustine Phillips）和约翰·海明斯（John Hemings）一定有自己的账簿，这个账簿应该和现在保存在达利奇学院的亨斯洛账簿非常相似。如果宫务大臣供奉剧团或者国王供奉剧团的账簿能够保存下来，我们就能知道莎士比亚戏剧首次上演的日期、票房收入（观众数量），以及减除成本后分配给股东的利润。成本包括固定成本和周期性成本（花在服饰、木工、雇工、兼职剧作家等方面的费用）。在缺乏这样的记录的情况下，我们能知道的仅仅是与莎士比亚合作的股东们做得不错，足以为自己购买体面的房产，那些房产通常位于伦敦的郊区。与许多其他剧作家不同，他们有能力结婚，并且他们的富裕程度可以在遗嘱中体现出来。但他们每年从戏剧行业获得的收入仍有待猜测。最好的估计是，情况一旦稳定下来，莎士比亚可以从他的股份中每年获得 150~200 镑的收益。这个数目如今价值多少难以计算，但在 21 世纪初，这相当于每年 3 万 ~4 万英镑。我们不知道公司是否为他写的剧本支付了额外的费用。但是至少，他还可以从"福利"体系中获得收益，即每部新剧第三次演出的票房利润归作者所有。在伊丽莎白时代和詹姆斯一世时期的英国，确实有那么一些人远比莎士比亚富有，但绝大多数人都比莎士比亚穷得多——在埃文河畔斯特拉福德镇的居民中，有很大一部分依靠救济生活。

很明显，约翰·莎士比亚后来未能维持家庭的偿付能力。莎士比亚的两个弟弟理查德和吉尔伯特似乎都穷得结不了婚。从经济上讲，莎士比亚并没有亏待他的妻子和孩子，这主要是因为他精明的投资。在伦敦时，他总是住在廉价的公寓里，据说他不愿在城里多花费时间或金钱。他把钱存了起来，投资到家乡的田产和土地上。在 1602 年，他投资 320 镑，买下了位于老斯特拉福德开阔地区一处占地 107 英亩的产业，连同一座农舍、花园和果园，还有 20 英亩的牧场和公地。在 1605 年，他又花 440 英镑在斯特拉福德教区租下了什一税的地契，这笔未偿还的地契每年能给他带来约 60 英镑的收入。赚足够的钱来养家，并且维持一段超过 30 年的婚姻：这些不属于浪漫情人的成就，但它们确实是爱的表现。

173

11. 淫秽法庭

性与丑闻

　　与在剧团工作的人相比，律师和法庭书记员更擅长把事情记录下来。无论法律系统是采用罗马法典，还是依赖判例法，都需要书面证据。相比之下，戏剧是一种临时的、短暂的口头形式。这就是为什么我们在法庭比在剧院里更经常看到莎士比亚的名字。他的名字出其不意地出现在斯特拉福德记录法庭的各种小额债务诉讼中。我们唯一听到他以自己的口吻说话的场合——除了在《维纳斯与阿都尼》和《鲁克丽丝受辱记》的献词中——是作为一个证人因贝洛特诉芒乔伊一案出庭。

　　这也是一桩与婚姻有关的案件：克里斯托弗和玛丽·芒乔伊是成功的胡格诺派服饰制造商，主要制作头饰和服装。他们为宫廷制作头饰，可能也为戏剧制作头饰。斯蒂芬·贝洛特是他们的学徒。按照惯例，芒乔伊夫妇安排女儿和学徒成婚，目的是把生意维持到下一代。双方就 60 镑嫁妆这一数目达成一致，但是这笔钱并未支付，所以贝洛特最终把他的岳父告上了法庭。在安排小夫妻成婚的时候，莎士比亚已经在芒乔伊一家位于伦敦克里普门地区银街的房子里住了至少两年，离他的几个演员同事和几位在戏剧方面有联系的人士的住所很近。当这一纠纷于1612年提交上请法院（Court of Requests）审理时，事情已经发生差不多十年了，来自沃里克郡埃文河畔斯特拉福德镇的 48 岁绅士威廉·莎士比亚先生被传唤出庭作证。在证词中，他证明贝洛特具有良好的人品。但他也透露，芒乔伊夫

人说服他出庭作证，是为了"打动和说服"贝洛特，好让这段婚姻维持下去。打动并说服一个本不情愿的年轻人结婚——莎士比亚最畅销的诗歌《维纳斯与阿都尼》、他的第一组十四行诗，以及他在银街岁月里写的两部戏剧《一报还一报》和《终

成眷属》都是关于这一主题的。芒乔伊夫人找到了合适的人选，莎士比亚尽职尽责地完成了这个任务。我们从另一位目击者那里得知，他实际上主持了订婚仪式。然而，最后法官并没有就这个案件做出判决，而是把它提交给伦敦法国教会的长老和监督人员进行仲裁。他们判决贝洛特应该得到20个金币，这比他索取的60镑金额略少一些。而作为惩罚，芒乔伊留下了"生活放荡"的不良记录。[1]

我们应该从哪里入手讨论莎士比亚与爱，莎士比亚与性？尽管直接翻看他的十四行诗或求爱喜剧是一种很吸引人的方法，但能够让我们探讨的基础更加坚实的是法庭记录。将莎士比亚的爱情与他的文学、戏剧作品联系在一起永远只是一种极端的猜测，而且我们可以肯定地说，莎士比亚的婚姻使得在他18岁时从一个法庭获得了特别许可，以及他在促成贝洛特婚事中扮演的角色让他在48岁时出现在另一个法庭。我们也可以肯定地说，莎士比亚对男女之间的爱情的思考是由这样一种认识塑造的，即爱情可能会带来孩子，女人一旦怀了孕，为了她的社会地位着想，就必须尽快结婚，婚姻既是法律上的结合，也是心灵的纽带，在这种结合中，财产分配、嫁妆和经济结算问题扮演着重要的角色。

将芒乔伊一案提交给教会长老们判决的做法提醒人们，莎士比亚时代的英国是一个存在多重司法管辖的地方，这些司法管辖有时还存在相互竞争。婚姻问题可以在民事法庭或教会法庭上审理。教堂的宗教法庭——至今仍然存在，尽管几乎被剥夺了所有的权力——是根据征服者威廉的宪章建立的。有大量涉及性、婚姻、通奸和离婚的案件在此审理。感情案件在这里进入了公共场合。教会委员会向教区牧师报告该地区中任何有通奸、淫乱、乱伦、酗酒、辱骂、说下流话、放高利贷、不贞或生活不道德、不信教、亵渎神明、散布丑闻或重婚等行为的人的姓名。一些不那么骇人听闻的事件也会在此解决。教堂的修复状态是否良好？本地的塾师、医生及助产士是否持有适当的许可？

在斯特拉福德这样的教区，地方教会法庭一般设立在教堂内。高高的座位上坐着法官——也就是牧师——另外还有一张大桌子，周围围坐着公证人和证人。传讯人站在公证人旁边，被告站在法官面前。有人可能会说，这就像在戏剧中一样，每个人在舞台上都有自己合适的位置。随后是宣读指控（用这个行当的术语来说，是"提出反对的理由"）。如果被告承认有罪，他或她将得到"诫喻"或被罚进行忏悔。忏悔可以在周日晨祷之前在教堂公开进行，也可以在牧师和当地官员面前半公开进行。周日的礼拜往往会持续两个小时，期间的布道会让很多人觉得乏味。目睹当地的男人或女人因性方面的不端行为而被罚站忏悔，会使布道过程显得有趣，并为流言蜚语提供很好的素材——这一习俗在都铎王朝时期相当于如今在周日报纸上阅读最新的丑闻。在一些严重的案件中，牧师会下令做出最大程度的公开忏悔行为，包括身上仅仅裹着一条白床单，在一周最繁忙的那一天即周四站在市场上忏悔。这是一桩稀罕事，能让人们在酒馆里议论很久。

如果被告否认这一指控，他或她将被要求在下一次开庭时回到教堂法庭，以宣誓无罪的方式"洗清"自己的罪名。邻居们（"证明被告无罪的证人"）可以发誓支持他们。洗清罪名行动会提前几天公布。持反对意见的人被呼召出列三次。三次呼召反对意见是当时的一种习惯做法。三次宣布结婚公告，以及《李尔王》中三次召唤反对者来挑战爱德加获得格洛斯特公爵头衔的权利都属于这类做法。

有争议的案件被称为"实例"案件。如果被告未应传唤出庭"洗清"罪名（在已有传票的情况下），他们将被判定

177

为"反抗法庭命令"并被逐出教会。程度较轻的逐出教会是一种更常见的惩罚，意味着被排除在教堂和圣礼之外。而程度较重的逐出教会则意味着切断"与虔诚者的交流"，完全被排除在商业活动和法律利益之外。教会法庭的这些法律词汇也部分地渗透到了莎士比亚的戏剧中。因此，他使用"洗清"这个词及其同根词时，通常指代的是医学方面的含义，但偶尔也会暗示教会的法律，比如俾隆在《爱的徒劳》中违背誓言时出现的"你也有待涤净"，以及劳伦斯神父在《罗密欧与朱丽叶》中的台词"我既要供认罪行，又要洗刷冤枉／既要定罪于己，又要把自己释放"。[2]

《驯悍记》中的彼特鲁乔真的对妻子动过手吗？凯特确实诽谤过吗？普罗图斯应该因在《维洛那二绅士》中企图强奸西尔维娅而受到指控吗？让《爱的徒劳》中挤奶女佣杰奎妮姐怀孕的是谁，对此我们又能做些什么？在《无事生非》中，结婚的前一天晚上，希罗确实跟别的男人睡了吗？《温莎的风流娘儿们》中弗兰克·浮德怀疑他的妻子通奸，对此有什么辩护的理由吗？在《一报还一报》中，安吉鲁发现玛丽安娜不能给他带去足够的嫁妆，就放弃了与玛丽安娜的婚约，他是不是在一定程度上破坏了一份有约束力的婚姻契约？在同一部剧中，克劳迪奥和朱丽叶应该因私通而受到惩罚吗？勃特拉姆在《终成眷属》中确实有通奸或其他针对妻子海伦的虐待行为吗？在《冬天的故事》中，赫米温妮生下的孩子是她丈夫的吗？亚基莫在《辛白林》中指控伊诺贞肆意妄为，这一指控有证据吗？考虑到罗密欧和朱丽叶年纪尚小，又没有得到父母的同意，他们的婚姻合法吗？苔丝梦娜确实犯下通奸罪了吗？伊阿戈又犯诽谤罪了吗？类似这样的问题驱动着莎士比亚爱情喜剧和婚姻悲剧的情节。同样的问题也经常出现在莎士比亚作品的素材来源之中——那些常备剧目中的老喜剧，以及他阅读的英语和意

178

大利语短篇小说。熟悉薄伽丘《十日谈》的人都知道，性和诽谤一直是文学的主要内容。但是在莎士比亚阅读这些故事，或者是作为演员出演求爱喜剧之前，他也会遇到类似的问题，即当他还是一个男孩子、一个年轻人的时候，当他亲眼看见同乡站在教堂或市场忏悔，或者——在一个规模不大的社区里必然会发生这样的事情——听到教会法庭上的流言蜚语时。依据这个机构最有趣味的业务之性质，人们给它起了一个更为通俗的名字——"淫秽法庭"。

斯特拉福德镇"淫秽法庭"在 1590 年之前的记录已经丢失，因此，我们无法知道这些案件的细节，而这些细节可能有助于塑造年轻的莎士比亚对于爱情纠葛的想象。但我们可以从现存的法庭记录中了解伊丽莎白时代斯特拉福德人的性生活，这些记录的年代涵盖了莎士比亚的后半生。他当然会知道，1613 年，附近一个叫阿尔维斯顿的村庄有一位名叫约翰·莱恩的人，在伍斯特的主教高级淫秽法庭上被指控诽谤。莱恩曾公开表示，一位叫作苏珊娜·霍尔的女人（出嫁前姓莎士比亚）"能勒住缰绳，曾与约翰·帕默一起在雷夫·史密斯家里缺德"。[3] 这起案件的原告是苏珊娜本人，支持她的证人是罗伯特·威科特，他在不到三年之后又成了莎士比亚遗嘱的见证人。莱恩没有理会传票，也没有出庭为自己辩护。他被逐出教会，苏珊娜的名声也被洗清了——如果被指控的丑闻已经进入公共领域，人的名声还能完全洗清的话。

有一天，在斯特拉福德镇法庭上，一位叫爱丽丝·克拉克的人因声称伊丽莎白·雷诺兹曾向亚伯拉罕·艾威卖淫而出庭。凯瑟琳·辛格尔顿被指控曾称寡妇奥尔德恩为妓女，并说她所有的孩子都是私生子，但是辛格尔顿本人并没有应传唤出庭。安妮·莱恩被指控曾称凯瑟琳·特劳特是妓女，并称"威廉·巴特利特在目击者面前公开承认凯瑟琳·特劳特和他上过床"[4]。由此人们可以理解为什么圣保罗十字教会的一位教士曾说，如果不是因为有教会法庭，这片土地上的孩子有一半都会是私生子。

在 1608 年，莎士比亚的弟弟理查德和妹妹琼在不同的案件中被列为被告，但是法案并没有详细记录对他们的指控。然而，在斯特拉福德淫秽法庭的私通或通奸案件中，也有一部分间接涉及莎士比亚。凯瑟琳·盖特利因为生了私生子而被逐出教会，而莎士比亚从这个姑娘的父亲手里买下了位于新宅对面教堂巷里的一间小屋。哈姆莱特·萨德勒和朱迪思·萨德勒的女儿朱迪思·萨德勒也因在性行为方面缺乏节制而遭到传讯，而这对夫妻正是莎士比亚双胞胎儿女的教父母。《一报还一报》中安吉洛的创造者一定会对下面的消息感到高兴：斯特拉福德镇上清教徒的领头人物丹尼尔·贝克——他曾担任镇法警，确保巡回演出的演员们不在公会教堂大厅演出——被逐出了教会，原因是他没有对使一个女人怀孕并违背承诺拒绝娶她这一指控做出回应。

对莎士比亚来说，他被富有表现力的语言中所蕴含的能量深深迷住了，而淫秽法庭上的另一种案件可以为此提供丰富的素材：渎神诉讼。在斯特拉福德的法庭上，我们可以发现名字很贴切的琼·达特（Joan Taunt，taunt 有嘲弄之意）被控在讲道中途以一种非常戏剧化的方式离开教堂——"一边摇动手指一边大笑"，并"以上帝的名字来咒骂"。1595 年 10 月，伊丽莎白·惠勒也因争吵和辱骂而被传唤到庭。她对此的回应是："上帝的创伤，是上帝对你们所有人降下的瘟疫，是对你们放的屁。"[5] 因为这一铿锵有力的言辞，她被逐出了教会。但人们听到了她的声音。习惯性地被鼓励保持沉默和顺从的女性，一旦有机会成为淫秽法庭上的活跃分子，就会像小说中那些活跃的女性一样——通常比男性更机智、更雄辩——在莎士比亚的喜剧中也是这样。

180　　根据历史学家的说法，在 17 世纪早期的伦敦，80% 的性和婚姻案件是由妇女带入淫秽法庭的。[6]名声是一个女人最珍贵的商品。淫秽法庭是她可以公开为自己的名誉辩护的地方，也是女人之间的争吵可以正式上演并尽情发挥的地方。称另一个女人为妓女并不一定意味着指控她通奸。在 4 月的一个早晨，7 点钟的时候，20 岁的仆人伊丽莎白·斯托克斯听到菲比·卡特赖特在舰队街称玛格丽·希普韦尔为"无耻的妓女"。然而，伊丽莎白并不认为菲比·卡特赖特把玛格丽·希普韦尔叫作"妓女"，就意味着她与任何男人私通或向任何人卖淫，但是这两个女人在与玛格丽的丈夫争吵之后，就愤怒地说出了这样的话。[7]

在这方面，淫秽法庭起到了与剧院类似的作用：可以作为一个安全阀，使社会能够以一种仪式化的方式释放愤怒和羞耻，从而降低公共秩序混乱的可能性。城市淫秽法庭中的妇女案件往往没有达到原告要求获得一个最终判决的程度。在许多情况下，妇女似乎对有人在法庭上听取她们的控诉比获得判决更感兴趣。然而男性往往更想要一个结果。莎士比亚的戏剧更像女性的案件，而非男性的：不管故事的来源如何，《奥瑟罗》和《罗密欧与朱丽叶》对案件进行了道德化处理，这些戏剧希望能对人们讲述恋人的故事，而不是强迫观众谴责不同种族之间的通婚、年轻人的激情或违背父母意愿的婚姻。

淫秽法庭就像剧院一样，在性侮辱这一语义场创造了大量丰富的语言。女人们毫不犹豫地称对方为"生了蛆的婊子""长疥癣的腐肉""沾着粪的婊子""生了梅毒的脏婊子""补锅匠的娼妓""下流屁股的妓女""痛风腿的婊子""脏尾巴女王""威尔士老马""高个荷兰婊子""马车婊子""圣凯瑟琳的婊子"，指责对方"像理发师的椅子一样平平无奇"，或者"在每一道篱

笆下面都被人在牛奶桶上占有过"。[8] "占有"（occupy）这个
动词经常出现在性案件中，比如伊莎贝尔·索斯就曾用下面的
话指责理查德·托德："你是一个淫乱的嫖客，曾为了占有我而
送我一个金天使，你也曾为了占有别人的妻子而送给她一个烤
炉。"[9]

奥瑟罗哀叹他的"生涯"（occupation）"就此消失"时，
指的不仅仅是他的军事生涯，还有他对苔丝梦娜的性占有。在
淫秽法庭的案件中，传播流言蜚语、进行性侮辱和诽谤的通常
是女性。在《奥瑟罗》中，扮演这个角色的则是伊阿戈。[10] 淫
秽法庭是检验女人"名声"的地方。在《奥瑟罗》中，正是伊
阿戈扮演了一个恶毒的混蛋角色，破坏了苔丝梦娜的声誉。

莎士比亚没有像专门学习过法律的约翰·韦伯斯特（John
Webster）那样在戏剧《魔鬼的法律案件；或者，当女人去打
官司的时候，魔鬼总是生意兴隆》（*The Devil's Law Case;
or, When Women go to Law the Devil is full of Business*）
中明确地把妇女上法庭的事情改编成戏剧；或者，与后者的伟
大悲剧《白魔鬼》（*The White Devil*）类似，将重要情节设为
维多利亚·科罗姆博纳（Vittoria Corombona）如何在法庭
上占据了主导地位。莎士比亚也没有顺着亨利·波特（Henry
Porter）《两个愤怒的阿宾顿女人》（*Two Angry Women of
Abingdon*）开创的风气大量炮制城市喜剧；此剧开启了邻里
之间的"潘多拉盒子"，展示了一个典型淫秽法庭案件的变
形，耻辱从通奸的丈夫那里转移到了他的情妇身上："她是一
个婊子，你也不是什么诚实的人 / 你替她说话，跟你的妻子作
对。"[11] 但莎士比亚确实把充斥着淫秽法庭的那种性侮辱带到
了舞台上。许多淫秽法庭的案件都是一个女人对另一个女人的
诽谤。引人注目的是，莎士比亚笔下那些恶毒的、说闲话的人
和指控的人都是男性，而不是女性：不仅是伊阿戈，还有《无

事生非》中的克劳迪奥、唐·约翰和他的追随者，《终成眷属》
中的勃特拉姆，《辛白林》中的波塞摩斯，以及就这一点而言，
在《特洛伊罗斯与克瑞西达》中，希腊的将领们全都在诋毁克
瑞西达。

　　八卦、淫秽法庭的案件和舞台上的喜剧都具有类似的情节
和讲故事的技巧。《一报还一报》和《终成眷属》中都出现了
一种"假床戏"，即一个男人认为自己在通奸或乱伦，但实际
上却是在和妻子或未婚妻睡觉。这种伎俩在当时的通俗文学中
层出不穷，但它们也出现在法庭上。伦敦一位杂货商的遗孀伊
丽莎白·特林梅尔曾在法庭上称，她听说赫里福德郡的一位绅
士因为听到一些流言而不愿向她求爱，这些闲言碎语严重损害
了她的名声——

　　　　我确实听说威尔弗雷德·史密斯的遗孀史密斯夫人故
　　意装作要去伦敦圣安东林教堂聆听布道，而她的丈夫不信
　　任她，觉得她是不老实的女人，她此次前去没有与男人同
　　行，那就是打算去出卖肉体，她丈夫跟着她，看见她走进
　　伦敦圣斯威廷巷的一所妓院，于是他进了旁边的一家理发
　　店，叫人把他的胡子刮了，又给他换了衣服，跟着他妻子
　　进了这家妓院，想找个女人，但是鸨母回复他说，现在这
　　里没有别的女人了，只有一个非常贵的，那个叫伊丽莎白·
　　特林梅尔、谎称姓史密斯的女人的丈夫问她能有多贵，鸨
　　母回答说，要五个硬币。他告诉老婆子，如果这个女人能
　　让他开心，他愿意给她五个硬币，并当场掏出一个以证明
　　诚意，于是伊丽莎白·史密斯就被带到她的丈夫威尔弗雷
　　德·史密斯身边，却并不知道这就是她的丈夫。但是，当
　　那个叫伊丽莎白·特林梅尔、谎称姓史密斯的女人听到她
　　丈夫的声音，马上意识到这是她的丈夫，她……从丈夫身

182

边跑开，回到家，说这下子她完蛋了，她的丈夫跟在她后面回家之后，突然病倒了，悲痛而死。[12]

在这里，欺骗、伪装和发现的相互作用是如此戏剧化，以至于人们会怀疑，这个故事是在看了一个别的故事还是在看了一场戏之后虚构出来的，不可能有任何现实基础。剧院为伦敦市民提供了语言和叙事模式，让他们得以在淫秽法庭上讲述性故事。与在任何优秀的戏剧中所有的角色对情节都有自己独特的观点一样，在法庭上，原告、被告和证人对同一个故事也都持有不同的看法。

戏剧世界与性放纵之间有着特殊的关联，这一点是毫无疑问的，而这也是清教徒对舞台戏剧怀有敌意的原因之一。妓女在剧院区工作，甚至就在观众席上工作。在剧院工作的女性有时也会遭到指责，说她们并不比性工作者强多少。1607年一桩案件的原告声称："把守剧院大门的都是妓女。"[13]

因此，在某种意义上，经常被谴责为极端淫秽场所的剧院，起到了另一种淫秽法庭的作用。性行为的问题，特别是妇女方面的问题，在剧院和教会法庭这两个公共场所中，得到了在图形和语言上都极具创造性的详细探讨。教会法庭案件和《驯悍记》的舞台表演，都可以被用来测试家庭暴力和性斗争语言的极限。对法庭上经常使用的侮辱用语的研究为这部戏提供了新的观察视角。在法庭上提到女人的"尾巴"（暗示阴道）是一种性侮辱；相比之下，在剧中的对话中，凯特积极地享受着她对彼特鲁乔开的玩笑——"你的舌头舔在我的尾巴上"——并从中得到了释放。

对于莎士比亚时代的观众来说，《冬天的故事》中赫米温妮王后通奸一案的审判，将同时引发一场高级别的叛国罪审判和淫秽法庭上一桩平凡的婚姻案件的审判。每次在教区教堂设立淫秽法庭，礼拜场所就会变成诉讼场所。在《无事生非》中，当克劳迪奥指责希罗不忠时，举行婚礼的教堂立即变成了淫秽法庭。牧师的角色从婚姻圣礼的主持人转变为审理性"诽谤"案件的淫秽法庭法官。又一次，在《一报还一报》中，和现实生活中所有敢于在教会法庭上公开露面的女性一样，玛丽安娜在公爵面前提起了她的婚姻诉讼，把这个舞台变成了另一个淫秽法庭。

　　莎士比亚对淫秽法庭上事件最持久的戏剧化改编发生在《终成眷属》的高潮部分，这是一部苦涩的喜剧，似乎是在他被牵扯进克里普门银街芒乔伊一家的婚姻事务时写的。这出戏的结尾充斥着法庭诉讼的语言。勃特拉姆被召唤到作为审判者的国王面前。国王引述了他对妻子海伦不忠的"罪大恶极"，他也试图为自己辩解。证人关于指环的证言各不相同，而指环是本案的关键证据。请愿人出现，有一种要求正义得到伸张的呼声。狄安娜诉说了她的委屈，并要求"补救"。对于"她们还告发了我一些什么事情"，勃特拉姆也做出了回应。"声誉"问题，尤其是女性的"忠实"问题，是本案的核心：狄安娜是贞洁的少女，还是"军营中出了名的娼妓"？这里再次提到了指环提供的"证言"："我记得你说过，你看见廷上有人可以作证。"这句话出自国王之口，他在这里扮演法官的角色，类似于淫秽法庭上的教区牧师。勃特拉姆讲话时带有随意的性暗示，这也是许多淫秽法庭案件的标志："我确曾对她痴情迷恋／也曾因年轻一时冲动，与她搭讪相缠绵。"随后，作为证人的帕洛应召出现。接下来他们谈到了"保证"和"担保人"，"戏剧性事件"发生了。据传早已死去的海伦出现了，一个皆大欢喜的决议随即达成。至少暂时来看是这样——国王说"结局似皆大欢喜"，而不是"结局确实皆大欢喜"。勃特拉姆对海伦许下承诺，他"愿与她行恩爱，一生一世，恩恩爱爱"（假设她能够解释自己如何设法让他实现了国王"提出的两个条件"），而海伦对此的回应含蓄地提到了如果他接下来的第二次表现不够好，就可能会再次回到教会法庭。"我若有所隐瞒，或是信口胡言 / 就让你我就此分离，永隔天堑！"①14

并非这一幕中所有的语言都是教会法庭特有的：莎士比亚的舞台审判使用了范围广泛的法律词汇，融合了那个时代的多个司法管辖范围。但毫无疑问，当观众目睹这一类婚姻纠纷的解决时，他们想到的只会是淫秽法庭。该剧与真实案例的区别在于，剧场里的观众是享有特权的目击者，他们知道"真正"发生了什么。召唤观众的不是事实和法律，而是情感和道德判断。

滚热的泉水

对勃特拉姆的指控是，他跟自己妻子以外的女人上过床。而那事实上只不过是"假床戏"。肯定会有人想知道：如果威廉·莎士比亚面对类似的指控，将会有何反应？虽然缺乏证据，但是这些戏剧中都充斥着爱的体验和性的语言，因此很难想象莎士比亚在伦敦长期居住期间会没有性生活。

十四行诗集中的第129首只可能出自那些经历过并认真思考过肉体欲望、欲望满足以及性高潮后可能产生的自我厌恶的人。这首诗的预设前提是一个男人的"精神活力"——如果你愿意的话也可以将其称作他的生命力——就在他的精液之中，并且含量是有限的，所以，每次"耗费"都会缩减余下的生命，这就是为什么有人会认为每次高潮都是一次小小的死亡——

185

---

① 《终成眷属》，王剑译，北京：外语教学与研究出版社，2015，第104~117页。

损神，耗精，愧煞了浪子风流，

都只为纵欲眠花卧柳，

阴谋，好杀，赌假咒，坏事做到头；

心毒手狠，野蛮粗暴，背信弃义不知羞。

才尝得云雨乐，转眼意趣休。

舍命追求，一到手，没来由

便厌腻个透。呀，恰像是钓钩，

但吞香饵，管叫你六神无主不自由。

求时疯狂，得时也疯狂，

曾有，现有，还想有，要玩总玩不够。

适才是甜头，转瞬成苦头。

求欢同枕前，梦破云雨后。

唉，普天下谁不知这般儿歹症候，

却避不的偏往这通阴曹的天堂路上走！ ①

莎士比亚十四行诗中第 127~152 首大多是写给一位"黑肤美人"的，而她显然没有嫁给以第一人称口吻写诗的那个男人。这段关系的描述与性有关，这与之前写给"朋友""可爱的男孩""俊秀男子"的十四行诗形成鲜明的对比，这些十四行诗把爱的对象理想化，而不是性欲化。

"黑肤美人"是由想象中的关系创造出来的，还是受到了真实事件的启发，这一点我们已经无从得知。但无论十四行诗的传记性起源是什么或者不是什么，莎士比亚似乎都以在婚姻之外的性活跃而闻名。

---

① 《莎士比亚诗集》，辜正坤、曹明伦译，北京：外语教学与研究出版社，2015，第153 页。

在白贝芝扮演理查三世的时候，有一位市民对他的喜爱之情与日俱增，以至于在离开剧院之前，她就指定他当晚以理查三世的名字来见她。莎士比亚听到了他们的约定，于是早早走了，在白贝芝到来之前，他就已经受到了款待。后来有人送来消息说理查三世来了，莎士比亚让人回话说征服者威廉在理查三世之前。威廉正是莎士比亚的名字。[15]

这样的逸事自有一种民间传说的特质。此外，女性观众向演艺明星投怀送抱一直是表演艺术历史上的主题。所以，也许我们不应该相信这个故事。然而，两个独立的信息来源中都记录了这个故事，它有一种来自"知情者"的感觉。当然，这个笑话得以产生的部分原因是白贝芝和他最著名的舞台形象——理查三世国王——有一个共同的教名。莎士比亚在舞台上以扮演国王的角色而闻名，他也极有可能在一部名为《一部怡人的喜剧，曼彻斯特的磨坊主之女美人埃姆同征服者威廉的爱情故事》(*A Pleasant Comedy of Fair Em, the Miller's Daughter of Manchester, with the Love of William the Conqueror*) 的喜剧中扮演征服者威廉。这也会为"征服者威廉"的典故增加一个类似的层次感。如果这个故事有一丁点儿真实性，那么应该就会有人认为，这种偶然的一夜情不太可能只是一个孤立事件。

考虑到 17 世纪早期伦敦梅毒流行，如果莎士比亚是一个花花公子，他就会将自己暴露在感染"毒痘"的风险中。对于这个话题我们必须小心行事，但在写于詹姆斯一世国王统治早期的戏剧中，我们很难不注意到对于性疾病的关注。《一报还一报》就始于统治者试图惩治一个城市的纵欲行为。在 1603 年 5 月至 12 月，即剧院由于十年内最严重的瘟疫而关闭

187

的时候，一份王室公告下令在诸如南沃克这样的"郊区"开展一项贫民窟清理计划，以防止传染病在拥挤的住所之间传播，并且要清除妓院和聚集着闲散、贫穷、放荡且危险人群的酒馆。

> 庞培：你还没有听说那条禁令，是不是？
>
> 欧弗东太太：什么禁令，伙计？
>
> 庞培：维也纳教区的窑子一律拆除。
>
> 欧弗东太太：城里的怎么办？
>
> 庞培：留根做种丫。本来也是要拆除，幸亏一位有见识的老爷从中说情。
>
> 欧弗东太太：这么说要把我们郊外的院子都拆了吗？
>
> 庞培：一扒到底，夫人。
>
> 欧弗东太太：怎么得了，这国家可真是要大变样啦！我可怎么办呢？
>
> 庞培：好啦，不要怕。像你这样帮人出主意的，还怕没主顾？你就再换个地方，照旧干你的营生；我照旧给你当伙计。打起精神！会有人同情你的；你伺候了多少人呀，都快把双眼给熬瞎了，会有人照顾的。①16

这段话结尾处提到的双目失明很可能是梅毒导致的。《一报还一报》中有许多地方提到在妓院染上疾病、意外怀孕、梅毒症状和传说中的治疗方法。同一时期的《终成眷属》中也有很多类似的内容。《特洛伊罗斯与克瑞西达》是在莎士比亚写作生涯的同一阶段完成的，字里行间也渗透出梅毒的疮汁和对卖淫的描写。该剧以古代的特洛伊城为背景，结尾时一个皮条

---

① 《一报还一报》，彭发胜译，北京：外语教学与研究出版社，2015，第16~17页。

客告诉伦敦观众中"干皮肉生意这一行的"，他将在两个月内死于梅毒。潘达勒斯还提到了"那些肿胀的温彻斯特鹅"[17]，还有他打算"等我发发汗也把疼痛减轻"。"肿胀"同时具有"被激怒"和"因梅毒疮而红肿"两方面的含义。"温彻斯特鹅"是一个俚语，指妓女，因为很多妓院像剧院一样，都位于受温彻斯特主教管辖的南沃克区。"发汗"一词暗指梅毒最常见的处方疗法——汗浴。

写完这些剧本后不久，莎士比亚就写出了《泰尔亲王佩力克里斯》的后半部分，这一剧本的开头部分出自剧作家兼妓院老板乔治·威尔金斯的手笔，莎士比亚居住在银街的芒乔伊家时，威尔金斯正是他的邻居。的确，威尔金斯也是贝洛特讼案中的另一位关键证人。考虑到威尔金斯的第二职业，人们可能会以为他是剧中细致入微的妓院场景的作者，但他不是——这其实是莎士比亚写的。

莎士比亚的十四行诗集并没有以描述与"黑肤美人"床笫之欢的诗歌作为结尾。这一诗歌序列由一对独特的十四行诗（第153首和第154首）圆满结束。这两首诗从古典文学中提取了丘比特喷泉的神话形象，并将之与当时伦敦生活中的另一种截然不同的形象融合在一起，那就是汗浴。

十四行诗第153首中提到的"滚热的泉水"，是当时的庸医威廉·克罗斯（William Clowes）在其著作《一篇简短而必要的论述，涉及治疗一种叫作高卢病或花柳病的疾病，以及另外一些获得批准的治疗方法》(*Brief and Necessary Treatise touching the Cure of the Disease called Morbus Gallicus or Lues Venerea by Unctions and other approved ways of Curing*，1579）中强烈推荐的。克罗斯在书中开出了放血和切开梅毒疮的治疗处方，以及规定的食谱、使用的油膏，还有最彻底也是最有效的水银或"快银"（quicksilver，水银的旧称）疗法。他认为这种新方法是绝对可靠的，几乎可以说是奇迹一般："它打开身体，使人发汗，排出这种疾病的病因……这样血液就从感染中被净化了，身体的所有部位都被净化了……正如我们每天凭经验所能看到的那样。"[18] 这一过程包括每天几次将一种含汞的软膏涂在皮肤上，一直给身体加热以发汗。因此，患者需要坐在一个封闭的热房间里的浴缸中，用热的砖

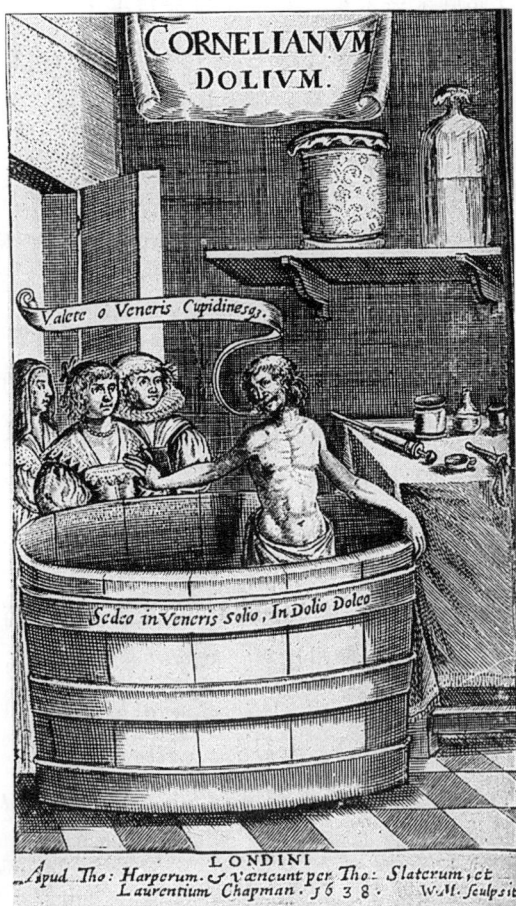

"滚热的泉水"：以水银和汗浴来治疗梅毒

头来保温，类似于桑拿那样。一首古老的童谣提到了这一习俗："咚咚咚，三个男人坐浴缸。"毛孔受热就会张开，吸收水银，这有助于杀灭侵犯皮肤的感染。正如一位现代评论家所解释的那样，"患者会发出一种金属光泽，并经常受到汞中毒的不良影响。他们的牙龈会出血，牙齿会脱落，口腔和喉咙会布满溃疡"。[19] 但是对于相信炖梅子也是一种治疗梅毒有效手段的克罗斯来说，极端的疾病需要极端的治疗方法，因此他的方法得到了广泛应用。

考虑到剧院、酒馆和性交易之间的密切联系，莎士比亚一定见过很多因梅毒疮摧残而导致的畸形外貌。但我们不能排除他自己被感染的可能性。李尔王对女儿们的厌恶似乎确实有点儿过分集中于女性的生殖器官，他认为这是普天之下腐败和诅咒的根源—— ¹⁹⁰

> 我饶了那个人的命。你犯了什么罪？
> 通奸？
> 不会要你死的。为通奸而死？才不。
> 鹪鹩也这么干，小小的金苍蝇
> 就在我眼前行淫。让通奸兴旺吧，
> 因为格洛斯特私生的儿子善待他父亲，
> 强过我在合法被褥之间生的女儿。
> 淫荡啊，尽管乱搞吧，
> 我正缺少兵员呢。
> 瞧那个似笑非笑的女人，
> 她的脸显示两腿之间冷若冰霜，
> 道貌岸然，一听到寻欢作乐
> 就猛摇头：
> 臭鼬（fitchew，妓女的俗称）和脏马干起那事

还不如她纵情放荡。腰部以下

她们是淫马，尽管上半身是女人。

神明只管到腰带为止，

以下全属魔鬼；

在那里有地狱，有黑暗，有硫黄坑，燃烧、灼热、恶

臭、糜烂。呸，呸，呸！呸，呸！ ①20

　　李尔王的厌恶情绪是如此强烈，在最后几行，他已经无法再保持五步抑扬格诗歌的平衡了。他的话从韵文崩塌成了散文。

　　大约在写作《李尔王》期间，莎士比亚与年轻的剧作家托马斯·米德尔顿（Thomas Middleton）合作，进行了一项非同寻常的实验：创作一部没有女性角色的戏剧。《雅典的泰门》中仅有的女性角色是一对妓女，她们的短暂出场只是为了在一系列的演讲中遭到泰门的羞辱，这些演讲也顺便提到了第二期和第三期梅毒的症状，其中就包括剧作家本人也深受其苦的过早脱发。莎士比亚在詹姆斯一世统治早期创作的戏剧中对性病的特别关注和那几首提到"滚热的泉水"的十四行诗，是源于他本人感染梅毒的经历，还是仅仅来自对感染者的观察，我们已经无从得知。

　　假设莎士比亚确实曾对他的妻子不忠，当他的职业生涯即将结束，打算花更多的时间待在家乡斯特拉福德时，他是否会对此感到后悔？《冬天的故事》写于1594年的16年之后，而正是在1594年，随着宫务大臣供奉剧团成立，他作为一位伦敦作家兼演员获得了稳定的地位。《冬天的故事》是一部关于一个男人在分居16年后向妻子寻求复合的戏剧，这是一个巧

---

① 《李尔王》，彭静禧译，北京：外语教学与研究出版社，2015，第103页。

合吗？从一部戏剧中得出这一推论的问题是，我们没有理由不从其他戏剧中得出相反的推论。《冬天的故事》出版一年后，莎士比亚写了《暴风雨》，这部作品关注的是一位父亲对女儿未来婚姻的态度，但对于以"强大的技艺"为生的男人的妻子形象，剧中几乎没有表现出任何兴趣。同样，差不多写于同一时期的《冬天的故事》和《辛白林》这两部戏剧都表现了对不忠妻子的迷恋之情。丈夫们的恐惧是非理性的、毫无根据的，《辛白林》尤其说明了这一点，即莎士比亚知道如何沉浸在一个男人的想象中，想象他在大城市忙于工作的同时，他的妻子正和别人躺在床上。十四行诗中的"黑肤美人"也被描绘成一个不忠的妻子。如果我们要从莎士比亚的戏剧中推断出他的爱情生活，那么我们不能排除这样一种可能性，即他是——或者他想象自己曾经是——婚姻不忠的受害者，也是婚姻的背叛者。戴绿帽子的莎士比亚并没有像善于交际的莎士比亚那样吸引传记作家的想象力，但认为他符合其中一个形象还是另一个的理由其实是不相上下的。

关于莎士比亚晚年对妻子的态度，唯一确凿的证据是他颇遭诟病的留给妻子的遗产——"家里第二好的床"。这是他在最后时刻临时加进遗嘱里的，除此之外，遗嘱中没有再提到妻子。只给安妮留下一件家具这一决定虽然不同寻常，但也算不上独一无二。以典型的莎士比亚的方式，这一决定可以从两个截然相反的方向进行解读。最好的那张床本来是要留给客人的，现在却放在了新宅，被女儿和女婿即苏珊娜和约翰·霍尔占为己有。威尔把第二好的床遗赠给安妮，是因为那是他们当时的婚床，他想留下他们的美好回忆吗？还是说，用一件虫蛀的旧家具就把她打发了，这是故意要侮辱她？又或者以"第二好的"家庭用品作为遗产具有现在对我们来说已经不复存在的意义，也许与古代的"丧葬"习俗有关，即当地的

192

教区牧师有权在教堂的什一税持有人去世时得到"第二好的"家具？

为何安妮·莎士比亚被排除在遗嘱最初的草稿之外，是另一个谜。学者们曾经认为，这并不一定是因为她能够自动获得丈夫的三分之一遗产作为"寡妇的嫁妆"。在伦敦情况如此，但在沃里克郡就不是这样了。也许在一些遗失的文件中，我们能找到一个答案，或许这些遗失的文件也可以解释为什么遗嘱中没有提及黑僧戏院（Blackfriars gatehouse）以及莎士比亚在环球剧场和他演出剧团的股份。

在生命的最后几个月里，莎士比亚更关心的是他的小女儿，而不是妻子。1616年3月26日星期四，就在他去世四周前，牧师约翰·罗杰斯在公证人托马斯·费希尔的代理人理查德·赖特的见证下，在斯特拉福德教区教堂的宗教法庭做出如下判决——

> 托马斯·奎尼：与一位名叫玛格丽特·惠勒的女人有私通行为：由格林引述：他出现了：承认他与惠勒有肉体关系：服从法官对他的判决：命令他在三个星期天出现在斯特拉福德教堂，在公众面前身披白床单忏悔：后来他呈上了罚金，以供教区贫民使用，并请求免除忏悔：命令他穿着自己的服装在规定日期出现于毕晓普顿牧师面前，承认过失：在下一次法庭出庭作证：驳回。[21]

玛格丽特·惠勒和她的私生子已于一周前下葬了，可能是因为分娩时出现了并发症。但此案还牵涉另一个女人：奎尼当时已与莎士比亚的女儿朱迪丝订婚。他的私通和由此给莎士比亚家族带来的耻辱，再加上担心他可能不是一个靠得住的丈夫，使莎士比亚改变了遗嘱，以保护朱迪丝的利益，同时限制奎尼在婚姻发生问题时可以得到的遗产份额。进一步打击了莎士比亚的是奎尼一家一直都与莎士比亚一家非常亲近。目前保留下来的唯一写给威廉·莎士比亚大师的信就是奎尼的父亲，即老奎尼写的。由于莎士比亚受洗后第一次出现在档案中是在伍斯特教会法庭上他自己的婚姻事件中，所以遗嘱安排的改变也是他死前在档案中最后一次出现，这是奎尼在斯特拉福德教会法庭受审的直接结果。

作为《一报还一报》中的安琪罗和《终成眷属》中的勃特拉姆的创造者，莎士比亚听到奎尼的越界行为一定伤心又愤怒，但他应该不会感到惊讶。对朱迪思的婚姻前景不乐观，这是他的天性使然。他的爱情喜剧充满了对于年轻和恋爱的喜悦，但他的舞台婚姻往往以距离、疏远或诬告为特征。莎士比亚笔下真正幸福的婚姻在哪里？彼特鲁乔和凯特是天生的一对，但他们的家庭生活称不上风平浪静。在《亨利四世》上篇中，霍茨波与他的妻子凯特感情甚笃，但是他更偏爱自己的戎马生涯而不是与妻子相伴，这无形之中冲淡了他们的关系。莎士比亚对男性之间的情谊表现出了特别的兴趣，这方面的一个典型例子是在《科利奥兰纳斯》中，奥菲狄乌斯谈到了他对妻子的爱和他在新婚之夜有多么幸福，但也表示他更乐于看到军事对手出现在他家门口，并回忆起曾做过的在战场上把科利奥兰纳斯摔倒在地的梦——

让我
用双臂抱住你的身体，
我的梣木枪柄在你身上弄折过一百次，
溅出的木屑把月亮都擦伤了。我现在抱着
自己劈砍过的铁砧，争着
向你表示热烈真诚的友谊

194

就像过去雄心勃勃要

和你比拼勇力一样。要知道，

我热恋过我娶的姑娘，为她叹的气

比谁都真挚。可如今见了你，

你这高贵的英雄，我这颗狂喜的心

跳得比初见恋人成为我的新娘，

跨进我家门槛时还厉害。

……

你打败我

十二次，我每晚

做梦都梦见和你交手。

在梦中我们一起倒在地上，

卸着彼此的帽盔，掐着彼此的脖子，

等到梦醒都白白累个半死。①22

这里的意象，即使最轻描淡写地说，也是充满了暗示的。

爱的劳作

现存的莎士比亚戏剧中只有一部标题中带有"爱"这个字：《爱的徒劳》。这部戏剧极其成功，或者说他写作时是如此愉快，以至于他后来写了一部续集（唉，散佚了），名为《爱的成就》（*Love's Labour's Won*）。考虑到几乎没有证据能说明莎士比亚对爱情的真实体验，在考量他对爱情在精神生活中的位置有何看法时，以"爱"为题的戏剧是一个很好的开始。

一本名叫《法兰西学院，在此通过教义的训诫，以及古

---

① 《科利奥兰纳斯》，邵雪萍译，北京：外语教学与研究出版社，2015，第108~109页。

代圣人和名人的生活榜样，讨论了礼仪的建立，以及与所有阶层和职业有关的一切美好幸福的生活》的长篇著作，作者是普里莫达耶，1577 年在法国出版，并由一位叫 T.B.C. 的人在1586 年翻译成英语。这本书在开头部分介绍给读者的是四位来自安茹地区的绅士（虚构的）。他们的相遇发生在宗教内战时期，这场内战在 16 世纪下半叶将法国拉扯得四分五裂。这几位年轻人从战争和宗派纷争的压力中退出，撤退到一位年长贵族的乡间别墅，后者将他们托付给一位博学之人，给予其教育和照顾。"他提议将他们研究的重点和主要部分放在古代圣人和智者的道德哲学上，以及对历史的理解和探索，因为历史是生命之光。"[23]普里莫达耶的长篇著作旨在记录年轻绅士们对"美好幸福生活"本质的讨论。每一章都从四个人的对话开始，然后变成一篇关于道德哲学的短文。书中长篇大论地讨论了关于控制情绪和培养坚忍超然心态的必要性。在他们小"学院""第一天的工作"结束时，一位代表着幸福或"快乐"的名叫阿瑟的学生，提出了一种"哲学"的观点，这是自我克制的斯多葛式哲学，即"净化骄傲、狂妄、野心、愤怒、报复、贪婪、不公"。[24]哲学也教导我们"不要被欲望牵着走"。

对于节制的培养，特别是对性克制的强调，成为之后讨论的一个重要主题，讨论中引用了许多积极和消极的例子，大多出自古典历史和文学。举例来说，塔昆强奸鲁克丽丝，给早期罗马君主政体带来了灾难性的政治后果，因此书中将其援引为放纵和顺从肉体欲望的经典例子。对性过失的强调表明，普里莫达耶提出了一种典型的 16 世纪式对古典斯多葛主义和基督教，尤其是圣保罗式宗教体系的结合，他正是那个时期"新斯多葛学派复兴"的产物。

普里莫达耶的哲学和道德思想纲要在法国流传广泛，翻译后在英国也拥有大量读者。但它的前提中有一个缺陷。对审慎、节制、刚毅和正义赋予新斯多葛主义的劝导，是为了将年轻人隔绝在其著作标题所述的学院之中。但是，正如1586年英译本前言指出的，真正的美德必须"在生活中"[25]得到实践。正如亚里士多德提醒古希腊人的那样，"仅有知识和在头脑中的思考"是不够的。这一理论是，学习了历史和哲学，并花费了权且说是三年的时间在学院里思考美德的本质之后，一个人就会来到这个世界上，准备实践他所学到的东西。然而，其结果必然是创造了一种悠闲自在的形象，培育美好的生活，而不受来自日常政治现实、社会不平等、宗教纷争或者女性的任何棘手问题的干扰。

无论莎士比亚是否特别了解普里莫达耶的著作，他的《爱的徒劳》的出发点是一样的：为了逃避历史、政治和性接触而设立的一所法国学院。莎士比亚笔下四个年轻人的名字都因法国战争而为人们所熟知。该剧似乎是在纳瓦拉国王皈依天主教并登上法国王位后不久创作的。据说他曾说过："巴黎值得一聚。"比龙，或称俾隆，是纳瓦拉元帅的名字，曾在围攻鲁昂时与埃塞克斯伯爵和一支英国部队并肩作战。朗格维是纳瓦拉的支持者，而前对手马耶讷公爵（杜曼）则是在1595年休战之后成为其盟友的。

莎士比亚构思出了一群与他们同名的纳瓦拉人，把他们从政治和宗教派别的世界中驱逐出去，安置在一个"小学院"里。国王的第一次演讲中充斥着军事语言——"勇敢的征服者""战争""庞大的军队"[26]。他仿佛在说："既然我们已经赢得了战争，就让我们用全身心地投入学习和斯多葛式的超脱来赢得和平吧。"这一活动的前提是，知识生活中没有爱情的容身之处。莎士比亚当然没有经历过在牛津大学或剑桥大学纯男性环境中学习的三年时光，显然认为国王的想法是无稽之谈，并开始嘲弄它。他提出了相反的意见，认为爱情才是知识生活的中心。真正有意思的任务不是拒绝它，而是找到合适的语言来表达它。

杜曼很高兴地与纳瓦拉国王签订了契约，他将抛下尘世间的欢愉，"恋爱、富贵、荣华"[27]，只活在"哲学"之中。但俾隆立即表示了保留意见：他同意参加为期三年的学术研究，但对额外的"清规戒律"表示严重怀疑——每周禁食一天、每晚只睡三小时、三年内"不能见任何姑娘"。对俾隆来说，这些都是"无聊的任务"[28]，缺乏生机。俾隆对国王计划的批评，实质是身体的需求——食物、睡眠和性满足——不应该被否认。按照他的说法，追求学识和名望都是很好的，但这并不应该以牺牲自然本能为代价，"人人生来就是各有癖好，/ 不由人力全凭天命差遣"。[①][29]斯多葛学派想要完全控制激情，这样的野心只是一种幻想。只有由神力介入的"天命差遣"才能阻止我们成为正如我们所是的、具身的、具有欲望的人类。而神力的介入并不会在现实世界中发生，正如莎士比亚在另一部充满思想的喜剧《终成眷属》中所说，"奇迹只属于过去"。[30]

在缺乏奇迹的情况下，"情感"，即激情，侵入了这个学院。接下来的情节证明了俾隆是对的。正如莎士比亚作品中经常出现的那样，智慧出自一个傻子的口中：乡巴佬考斯塔德无可辩驳的声明——"也就是男人跟女人讲话的那个情形"[31]——是该剧的核心。挤奶女佣杰奎妮妲的出现提醒着我们，人的身体是无法逃脱的。她怀孕的问题主导了戏剧的次要情节，并且她的名字——"杰奎妮妲"是"杰奎斯"这个名字的女性形式，而杰奎斯与"厕所"（Jakes）一词同音，让人联想起一种身体功

---

① 《爱的徒劳》，万明子译，北京：外语教学与研究出版社，2015，第8~13页。

能，这在最后一幕由喜剧人物扮演的"九大名人"①盛会中有所暗示：亚历山大大帝不是坐在王位上，而是蹲在"便桶"上。无论斯多葛学派的哲学家怎样强调"理性"的首要地位，进食和排泄都是我们生而为人不可避免的行为。

在关系到爱情的问题上，莎士比亚是一个极端的现实主义者。在戏剧的高潮部分，就在死亡使者马凯德先生入场，将死亡带进学院，使这部剧的气氛顿显压抑之前，剧中正说到唐·亚马多除了"杰奎妮妲的一块洗碗布"[32]之外，压根没穿衬衫，他将这块洗碗布"贴着胸口穿，权当是信物"。由于"碗"——或者像《一报还一报》中的"乞丐的碗"一样——是"阴道"的俚语，"洗碗布"或破布的意思似乎不只是指挤奶女佣的洗碗布，而是指放在她两腿之间吸收经血的一块破布（大概是在她怀孕前就保留下来的）。这种东西被戴在胸前，取代了传统上象征情人信物的手绢或丝绸，这一想法充分说明了莎士比亚对于理想化的爱情诗中甜言蜜语的态度。理想化的爱情诗正是国王和他的朝臣们在美丽的法国公主和她的三位女伴到来时，迅速违背了自己的誓言之后写下的。

《爱的徒劳》是一部充满智慧、优雅、哲学思考和下流笑话的戏剧。对莎士比亚来说，爱就意味着同时沉浸在这四个维度之中。为了寻求哲学智慧，国王把他的宫廷变成了一个小学院。然而哲学智慧恰恰以他已然放弃的形式出现：女人，她们证明了自己比男人聪明且通情达理得多。我们必须吸取的哲学教训是"女子的秋波""包罗万象，滋养众生"[33]。但是这些求爱的男性犯下了双重错误。在愚蠢地放弃了爱之后，他们又愚

---

① 九大名人一般指源于三大传统的人物，每一传统三人，他们构成了莎士比亚的文化传承，即《圣经》（约书亚、大卫、犹大·马加比），古典神话（特洛伊的赫克托耳、亚历山大大帝、尤力乌斯·凯撒），以及中世纪传奇（亚瑟王、查理大帝、布永的戈弗雷）。以上九人都以英勇的军事行动而闻名。

蠢地接受了一个错误的爱情观念：他们开始用矫揉造作的语言赞美女士们的眼睛（以及其他部位），这种求爱诗的传统语言风格可以追溯到文艺复兴鼎盛时期的意大利诗人彼特拉克。他们写充满套话的十四行诗和爱情诗，他们戴着可笑的面具跳舞。女士们还得再给他们上一课，那就是"塔夫绸般繁复的辞章，丝绸般奇巧的字句，/ 堆砌的夸饰，雕琢的造作，/ 迂腐的辞藻"[34] 也可能是爱情的障碍。他们被迫学习一种更加直白朴素的语言，以应付包括死亡在内的残酷的生活现实。因此，这些男人不会得到喜剧通常的欢喜结局：此剧没有以缔结好几桩婚姻收尾，求爱者们被罚做一年的社区服务，之后女士们再视情况决定。他们的评估结果大概会出现在失传的续集《爱的成就》中。

　　莎士比亚在《爱的徒劳》中戏仿情诗，尤其是十四行诗，我们可以感觉到他在为一个新的计划做准备：采用十四行诗的形式，并以一种比爱情罗曼史更贴近真实的风格来写诗。这种风格是对现实的肉体欲望做出的反应，考斯达德将其简洁地概括为"人天生如此愚蠢，听凭肉体的召唤"。[35]

199

12. 爱的困惑

"一个人可以写情诗，却不必恋爱。"

——吉尔斯·弗莱彻（Giles Fletcher），为诗集《莉西亚》（*Licia*）所作的序言，1593 年

甜蜜的十四行诗

毕业于剑桥大学的弗朗西斯·梅尔斯，准确把握到了那个时代的文学脉搏，他在 1598 年写道，"柔美流畅、甜言蜜语的莎士比亚"，正在"他的私交之中分享甜蜜的十四行诗"。他还把莎士比亚列入了"我们当中最热衷于为爱情的困惑而哭泣和哀叹的诗人"名单。[1] 对于伊丽莎白时代受过教育的人来说，十四行诗可以使人沉浸在与爱有关的怀疑、复杂、不确定、烦恼和"心灵的痛苦"[2]之中。对于梅尔斯来说，莎士比亚不是一个横空出世的天才，而是众多天才中的一个。写十四行诗到底有什么意义？将它们送给你的私人朋友传阅，你相信他们一定读过其他的十四行诗，所以才会欣赏你写的十四行诗，因为它们最最甜蜜。

在梅尔斯列出的情感最为热烈的英国爱情诗人名单上，打头的是两位亨利八世统治时期的朝臣，分别是老托马斯·怀亚特爵士（Sir Thomas Wyatt the elder），曾因涉嫌与安妮·博林（Anne Boleyn）有染而入狱；萨里伯爵亨利·霍华德（Henry Howard），他在 30 岁生日之前不久因叛国罪而遭到处决。他们的作品为莎士比亚和同时代的人所熟知，这要归功于在《温莎的风流娘儿们》中亚伯拉罕·斯兰德向安妮·培琪求爱时深悔没有随身带着的一本小书："这时候给我 40 先令还不如给我一本《歌曲集》。"[3]《歌曲集》（*Songs and Sonnets*）是当时重印量远超其他书的诗歌杂集，由理查德·托特尔于

1557 年出版。此书的开头部分是多篇萨里和怀亚特的作品，后面是多位名气较小的诗人之作。

托特尔《歌曲集》中的许多诗歌翻译或模仿了意大利诗人彼特拉克和他的后继者们的作品，却也具有由萨里开创的一种鲜明的英国风格，即十四行诗句被分成三组四行诗以及结尾处一个押韵的对句，而不是像意大利式那样分成八行及六行两组。这就是说，在结构安排上，一种 4：4：4：2 的形式取代了意大利式的 8：6。意大利风格更偏爱单一思路，只是在中间来一次转折，而英国人喜欢更有趣的变化，即三个重点和结尾处的转折。正是这种形式刺激了作品的多样化和离题，鼓励作者不仅要在十四行诗中表现出智慧和独创性，还要——也许还不只是要——倾吐他们的真实情感。传统上十四行诗包含十四行诗句，但偶尔也有特例，传统上是押韵的，但也并非一定要押韵：对于伊丽莎白时代托特尔《歌曲集》的读者来说，阅读的愉悦来自诗人编织形式和主题变化的能力。

托特尔为怀亚特和萨里的十四行诗添加了标题，以此将它们连接在一起，成为以爱情为主题的一系列变奏。十四行诗是由瞬间产生的情感凝结而成的，但通过将它们编成一个序列，并给每首诗都起一个标题，托特尔暗示了在一系列的瞬间背后有一个隐含的叙事线索。托特尔给怀亚特起的标题是"羞涩的情人将欲望隐藏在他忠实的心底""情人自述为所爱之人神魂颠倒""游移不定的情人，必恋慕也甚惧怕他所愿""情人做了享受爱情的梦，却抱怨梦既不长也不真""情人坦白他爱上了菲利斯""情人就好比一艘船，正在海上险恶的风暴中颠簸""满怀嫉妒的男人爱上了一个女人，却发现跟她在一起的另有其人"。借助这些标题，读者可以自行构建一个缓缓展开的爱情故事。但怀亚特实际上并不是按此顺序写下了这些诗，也没有把它们献给同一个爱人。这一点为试图重现莎士比亚十四行诗所讲述的故事的传记作家们提了一个醒。

202　　　"菲利斯"是一个脱胎于古典田园牧歌的名字，这说明怀亚特是怀着一种自觉的文学传统来写作的。他诗歌艺术的本质是寻找一种语言来表达爱情矛盾的天性，这些情感是为了在他的听众或读者的头脑中产生共鸣。我们的读后感应该是，"是的，就是这样，但我从未听过如此优雅简洁的表达"，而不是"谁是菲利斯？她都做了些什么？"由托特尔命名的怀亚特十四行诗《情人汹涌澎湃的情感》（"Description of the contrarious passions in a lover"）可以被看作那个时代爱情诗歌的典范——

> 我结束了战争，却找不到和平，
> 我发烧又发冷，希望混着恐怖，
> 我乘风飞翔，又无法升空，
> 我占有整个世界，却两手空空；
> 我并无绳索缠身枷锁套颈，
> 我却仍是个无法逃脱的囚徒，
> 我既无生之路，也无死之途，
> 即便我自寻，也仍求死不能；
> 我不用眼而看，不用开口而抱怨，
> 我愿灭亡，但我仍要求康健，
> 我爱一个人，却又把自己怨恨；
> 我在悲哀中食，我在痛苦中笑，
>
> 无论生和死都一样叫我苦恼，
> 我的欢乐啊，正是愁苦的原因。4

　　每一行的后半部分都与前半部分恰成对立；四行诗构成了

一组对句，将"生与死"和引发了"愁苦"的"欢乐"联系在一起。表现这种对立的修辞手法就是矛盾修辞法，即既发烧又发冷、既灭亡又康健所形成的矛盾。十四行诗窥探的是情人的内心，写诗的情人本身永远是诗中的主体。在一个关键的双关语中，重点在于"用眼而看"（可爱的人）和"我"之所感之间的关系——欲望，这同时也是一种自相矛盾的自我厌恶。被爱的人只是一个客体，时常不在场，通常是冷淡且遥不可及的。就像中世纪宫廷罗曼史的悠久传统，以及彼特拉克为心心念念却无法触及的"劳拉"所写的一系列影响深远的十四行诗那样，诗歌是因渴望而繁盛的。如果赢得了这位女士的心，那就没有什么可写的了。所有的刺激都产生于追求，几乎所有的情感都产生于求而不得的、回味无穷的痛苦之中。

我们还应该注意到原初的《歌曲集》具有另一个特点：并非所有的诗歌都是关于爱情的。托特尔的杂集中还包括一些"关于宫廷生活"的诗歌，其中最出色的是怀亚特写给他的朋友约翰·波因斯（John Poins）的诗，将宫廷中野心勃勃的狂热世界与肯特郡乡间庄园里轻松自在、有朋友和书籍环绕的生活进行了对比。莎士比亚在读这首诗时，脑海中可能一直萦绕着波因斯这个名字。他将《亨利四世》中哈尔王子的朋友命名为波因斯，虽然他和哈尔王子共同生活在远离宫廷的城市而不是乡间。具有更普适的重要性的是，怀亚特和萨里在求爱艺术和朝臣威仪之间创造了一种密切的关系。这使人们能够看出，有时表面上的情诗其实是在宫廷中寻求庇护和晋升的暗号。

到莎士比亚开始自己的文学生涯时，已经有八个版本的《歌曲集》问世，同时也有其他一些爱情诗集出版，比如《至福之境》（*The Paradise of Dainty Devices*）、《华丽的创意曲之廊》（*A Gorgeous Gallery of Gallant Inventions*），以及《宜人的诗》（*A Handful of Pleasant Delights*）。16世

纪 90 年代是英国抒情诗歌最为繁盛的年代。1600 年出版的一本诗歌选集被骄傲地命名为《英格兰的赫利孔山》（*England's Helicon*）——将古希腊缪斯女神的创意之源泉转移到了这座王权之岛上。它是这些诗集中最为华丽的，其中大部分歌曲和十四行诗都是用田园风格创作的。

在《英格兰的赫利孔山》中，我们能看到克里斯托弗·马洛的诗句"来与双宿双飞，做我的爱人，/ 我们将体验所有的快乐"和沃尔特·雷利爵士的揶揄回复（"你的长袍，你的鞋子，你的玫瑰花坛 / 你的帽子，你的裙袍，你的诗歌，/ 很快破裂，即将枯萎，随即被你遗忘 / 愚蠢瓜熟蒂落，理性腐烂成泥"），更不用说莎士比亚的"有一天，真正不幸的一天，爱情永远是五月艳阳天"和许多属于"纹章"（blazon）修辞风格的抒情诗。在这类诗歌中，一个美丽妇人的标致之处被从头到脚地逐一列举出来。其中有一首是《英格兰的赫利孔山》的编辑者题献给"W.H."的——

204

首先是她的眉头，那是我希求的完美的拱形，
还有她光灿灿的金发；
她的脸颊上似有曙光女神衣袂的颜色，
但远比那更美。
她的双眼好比星光
闪烁着迷人的光亮，
她的嘴唇看上去似宝石，
尝起来像花蜜。
她的贝齿是来自东方的珍珠，笑起来好比
美惠三女神。
她雪白的颈项，迷惑人的双眼
恍若象牙一样。

啊，还有她百合花一般洁白的双手，
是怎样地牢牢牵住了我的心！
丝绸不如它们柔软，
牛乳也没有它们白皙。

我该怎样形容
她行走时翩翩的步态之美？
她几乎不会垂下那报春花般的蝼首，
也不会脚步虚浮
蓝色经脉的紫罗兰
她的双脚静静立于其上。
她是那般贞洁静美，我们发觉
不只在于美貌，更在于内心。[5]

莎士比亚在他的"私人朋友"中传阅他的十四行诗——谁知道呢？也许这位 W.H. 就是其中之一。这些朋友的头脑中满是这类迷人的诗意琐事，可爱的女士们拥有弯弯的眉毛、金色的头发、红宝石般的嘴唇和珍珠般的牙齿，象牙色的颈项、百合花般的双手，以及轻盈得连一朵花也不会压碎的脚步。想象一下，你以为每首十四行诗的内容都与此不相上下，然后有人递给了你这样一首——

我情人的眼睛一点不像太阳，
即使珊瑚也远比其朱唇红亮，
雪若算白，她胸膛褐色苍苍，
若美发如金，她满头黑丝长。
曾见过似锦玫瑰，红白相间，
却见不到她脸上有这样晕光；

205

有若干种香味叫人闻之欲醉，

我情人口中却吐不出这芬芳。

我喜欢聆听她声音，我明白

悦耳音乐比她的更甜美铿锵。

我承认没有见过仙女步态，

反正我爱人只能在地上徜徉。

老天在上，所谓美女盖世无双，

与我爱人相比，至多旗鼓相当。①6

简言之，莎士比亚创作十四行诗的主要目的是用与传统爱情诗歌的"错误类比"（false compare）相悖的方式，来表达一种珍贵美好的爱情。就像《爱的徒劳》一样，其目的既在于让人钦佩他的智慧，又使人认真地思考现实，而不只是沉迷于爱情的幻想。

伽倪墨得斯

1591年，朝臣菲利普·西德尼爵士的遗著——诗歌集《爱星者与星》（*Astrophil and Stella*）出版，伊丽莎白时代写十四行诗的潮流演变成了一种狂热。每一位渴望获得宫廷提拔的诗人都需要在作品集中收录一些十四行诗。梅尔斯列出了十分擅长"爱的困惑"这一题材的诗人清单，如塞缪尔·丹尼尔的《迪莉娅》（1594年）、迈克尔·德雷顿的《理念之镜》（*Idea's Mirror*，1594年）、尼古拉斯·布雷顿的《欢乐之荫》（*Bower of Delights*，1591年）和爱德蒙·斯宾塞的《爱情小诗》（*Amoretti*，1595年），这展示了他对已出版的诗歌集的

---

① 《莎士比亚诗集》，辜正坤、曹明伦译，北京：外语教学与研究出版社，2015，第153页。

深刻了解。他还提到了沃尔特·雷利爵士，1593 年出版的一本诗歌选集《凤凰之巢》（*The Phoenix Nest*）中可能收录了他的一些诗歌；还有一位剑桥大学同窗塞缪尔·佩奇（Samuel Page），梅尔斯应该是读过他《先知与劳拉的爱情》（"The Love of Amos and Laura"）一诗的原稿。我们不知道在 1598 年梅尔斯提到莎士比亚诗歌的私下流传时，后者已经完成了多少首十四行诗，也不知道梅尔斯是如何得知这些诗的。然而，我们能够确切知道的是，几个月后，这些诗中有两首付梓了，收录在一本名为《热情的朝圣者》的小书里，这本小书中囊括了 20 首归在莎士比亚名下的歌曲和十四行诗。

在这本诗集中被错归在莎士比亚名下的诗歌中，有两首出自理查德·巴恩菲尔德（Richard Barnfield）之手。在 16 世纪 90 年代出版的那些供过于求的诗集中，巴恩菲尔德的《月亮女神》（*Cynthia*，1595 年）的特别之处在于，其中收录的一系列十四行诗并不是致一位名叫"星"（Stella）或者迪莉娅甚或劳拉的倨傲女士，而是写给一个叫伽倪墨得斯的可爱男孩子。这是古典神话中被朱庇特绑架的一名年轻男子的名字，正如当时的一本词典中解释的那样，这个名字是男男相爱的代名词——

> 伽倪墨得斯：一个特洛伊男孩的名字，朱庇特非常爱他（据诗人所说），于是将他带到天堂，并让他做他的斟酒人。因此，任何一个男孩子，如果因为肉欲而被爱，或者被雇来做违背本性的事，犯下了鸡奸这种可憎的罪行，就会被称作伽倪墨得斯，也就是一个"英格尔"。[7]

同一词典对"英格尔"（ingle）一词的定义是"因同性性行为而得到包养或陪伴的年轻人"。

当时，巴恩菲尔德的目标读者是牛津大学或者剑桥大学毕

206

业的男性，他们的社交生活基本上是围绕着伦敦的四法律师学院进行的。16世纪90年代，圣保罗大教堂西门外的书摊上摆放着几十本以美丽女子为欲望对象的爱情十四行诗，而他们正是这些十四行诗的忠实读者。但是在巴恩菲尔德写给伽倪墨得斯的十四行诗中，人称代词是"他"而非"她"，这一区别令人侧目——

> 有时我希望成为他的枕头，
> 这样就可以在无人注意的时候偷偷一吻，
> 这样就可以深深凝视他熟睡的双眼，
> 即使带着让我呼吸困难的惊惧：
> 但是当我仔细考虑这样的愿望是多么虚无，
> 啊那愚蠢的蜜蜂，我想，它们不去吮吸
> 他的嘴唇来采蜜，却去拉扯那些可怜的花朵
> 其中却无半点甜蜜可言：而他的仅仅一个吻
> 能够复活一个垂死的灵魂。
> 去吻他吧，但是请不要蜇他，否则
> 就只能被他怒气冲冲的声音驱散了。
> 但是当它们听到他开口之时，什么也无法阻挡
> 它们再次飞回。那时它们将会一目了然，
> 蜜巢其实就停驻在他的嘴唇上呵。[8]

在此之前的一个法律学期（1594年秋季学期），巴恩菲尔德出版过一部作品《深情的牧羊人》（*The Affectionate Shepherd*），"在书中，希腊牧神达佛涅斯诉说了他对伽倪墨得斯的爱"，其中有一段详细描述了牧羊人与男孩之间的性行为。"我来了，我看见了，我仔细端详，然后偷偷地进去。"[9]在他第二部作品集的序言中，有一段专门写给那些"彬彬有

礼的绅士读者们"，试图为自己的第一部作品辩解。他解释说，《深情的牧羊人》并不是真的提倡同性性行为。相反，为了"表明"他使用的"典故"，他自称在书中奉上的"无非模仿了维吉尔在其第二牧歌中对亚历克西斯的描述"。

维吉尔的田园牧歌是一种在课堂上作为典范的文本，是古典世界最受推崇并得到广泛阅读的诗歌之一。第二首牧歌本身就是对希腊田园诗的创始者忒俄克里托斯（Theocritus）作品的模仿，是以科里登的口吻写的，他是一个牧羊人，对"可爱的男孩"["啊，漂亮的少年"（O formose puer）]，亚历克西斯燃起了单恋之火。声称自己只是在模仿世界历史上最受尊敬的诗人是一个很好的办法，将道德家的怒火转移到谴责堕落的同性性行为上去。

对于巴恩菲尔德来说，免责声明也是有必要的，因为他的第一本书是献给佩内洛普·里奇夫人（菲利普·西德尼爵士诗中的"星"）和她的情人查尔斯·布伦特（他当时是芒乔伊男爵，后来成为爱尔兰总督）的，而他们曾经指责巴恩菲尔德将他们两个作为原型创作了伽倪墨得斯和第一牧歌中提到的另一个人物——美丽女王古恩多莱娜。将一本爱情十四行诗集献给某个人，是否就意味着这个人是该诗集所致的对象，这在当时是一个引起了很大争议的问题。考虑到求爱和宫廷关系之间的联系，请求一位女士在爱情中的怜悯很容易被理解为在请求赞助。这似乎就是 16 世纪 90 年代出版的作品集中最有成就的作品之一——由塞缪尔·丹尼尔创作、题献给彭布罗克伯爵夫人玛丽的《迪莉娅》——的"典故"。

十四行诗的创作是一种复杂的游戏，正如巴恩菲尔德"揭露"他的"典故"所表现的那样。从萨里伯爵对某位"杰拉尔丁"的表白，到西德尼笔下的"星"被认定为就是佩内洛普夫人，读者们不禁要问，爱情诗是模仿维吉尔、彼特拉克或西

208

德尼的一种机智的创作手法，还是系列十四行诗背后有真实的故事？如果确有其事的话，故事中人的真实身份又是什么？有些诗人乐于保持所有话题的开放性。吉尔斯·弗莱彻（Giles Fletcher）试图在他1593出版的作品集标题中兼顾这两个方面：《莉西亚，或曰爱的诗歌，以纪念夫人令人钦佩的非凡美德，并模仿最出色的拉丁诗人》（*Licia, or Poems of love in honour of the admirable and singular virtues of his lady, to the imitation of the best Latin poets*）。这是对经典范例的模仿，同时也献给一位特定的女士。但他真的爱上她了吗？一篇致读者的序言解释了这一点——

> 对于我写的这类诗，我写它们只是为了尝试一下我的性情：说到爱情这东西，也许我是如此倾心于某个人，而这些诗也许会偶然传到她的手中，她读过之后会说出你现在所说的话（他确实是在热恋中），如果她确实这么说了，那么我的心血就会得到足够的回报，而这些诗也已充分发挥了它们的作用。

所以吉尔斯·弗莱彻可能只是在"尝试他的性情"，用他的艺术让你相信他在恋爱，而实际上他并没有。或者他可能真的恋爱了，就算他恋爱了，他的诗歌也只是有可能借一个偶然的机会落入他所爱的人手中。他的姿态是，他不在乎自己爱的人能不能读到这些诗。他真正想做的是向"你"，即读者，展示他有多么聪明。

至于他所爱之人的身份呢？

> 如果你想知道我的莉西亚是什么样的人，那就把她想象成月亮女神黛安娜，至少是同样贞洁的；有点像智慧

女神密涅瓦，而不像维纳斯，因为她远比维纳斯美丽；也许她是学问的化身，或者是某种天赐的奇迹，即使是最严谨的人也未必不喜欢；也许我隐藏在这个名字下面的是训导。它也许是我在这些诗歌的女赞助人身上发觉的那种谦恭的善意；也许是指某所大学；还可能是用的典故，而其并没有什么特殊意味。

209

弗莱彻挂在嘴边的是"如果"和"可能"。他拒绝解释自己，这正是他刻意为之的艺术的关键要素。莉西亚是谁？她究竟做了什么？也许是一位女神，也许是一个凡人，也许是一个关于学问或智力训导的寓言，也许是一位女赞助人，也许是一所大学，也许什么都不是。

弗莱彻拒绝揭示莉西亚的身份，每个试图破译莎士比亚十四行诗的人都应该记住这一点。可以肯定的是，我们有相当充分的理由假设莎士比亚笔下的黑肤美人不是剑桥大学国王学院的寓意性呈现，但我们不能排除这样的可能性，即与其说她是一个真实的人，不如说她是维纳斯的化身。或者她是莎士比亚使用的典故，并且除了在文本中的形象之外并没有任何别的含义。"俊秀男子"也是如此，莎士比亚的大部分十四行诗似乎都是写给他的。他没有必要一定得是个真实的人。他可能代表了一个理想中或者现实中赞助人的形象，或者他可能是阿多尼斯在人间的影子，或者是对维吉尔笔下阿历克西斯的模仿。莎士比亚写给"漂亮少年"的一系列十四行诗，其中高潮部分那一首的开头就是"啊，漂亮的少年"，而这其实就是对维吉尔诗歌中"O formose puer"一句的翻译。

打破规则

1599 年被归在莎士比亚名下的《热情的朝圣者》收录了

他一组三首十四行诗和《爱的徒劳》中的诗歌，还有些并不是莎士比亚所做的抒情诗（有些诗的作者尚不确定），以及另外两首十四行诗，这两首诗的不同版本会出现在十年之后出版的诗集中，其简朴的题名页上写着"莎士比亚十四行诗集。此前从未出版"。莎士比亚是在什么时候写下了这本诗集中的其他152首十四行诗，这个问题一直存在激烈的争议，但是我们可以有把握地称，诗集中的第138首和第144首在16世纪90年代就已经广为流传，那正是十四行诗风行一时的年代。梅尔斯读过或听说过的那些甜蜜的莎士比亚十四行诗中，很可能就包括这两首诗。尽管如此，这两首诗在当时还是极不寻常的。

　　按照当时的传统，爱情是真实的，女士是纯洁的，诗人是年轻而充满欲望的，并且性是根本不会发生的。而莎士比亚打破了所有这些规则——

> 我爱人起誓，说她浑身是忠实，
>
> 我真相信她，尽管我知道撒谎；
>
> 使她以为我是个懵懂的小伙子，
>
> 不懂得世界上各种骗人的勾当。
>
> 于是，我就假想她以为我年轻，
>
> 虽然我明知我已经度过了盛年，
>
> 我笑着信赖她那乱嚼的舌根，
>
> 在爱的不安中面对那爱的缺陷。
>
> 但是为什么我爱人说她还年轻？
>
> 为什么我又不说我已经年迈？
>
> 啊，爱的好外衣是说得动听，
>
> 爱人老了又不爱把年轻算出来。
>
> 所以，我要骗爱，爱也要骗我，

　　既然爱能把我们的缺陷盖过。①

　　这个版本，即《热情的朝圣者》中的第一首诗，与《莎士比亚十四行诗集》中的第138首略有不同（写得也不如后者那么严谨）。后者的改进包括在第一行用"我的情人"代替"我爱人"，在第11行用"表面忠贞"代替"说得动听"，在最后的对句中用"我欺骗她"代替"我要骗爱"，用"糊弄"代替"盖过"。但即使在早期版本中（可能是在传抄过程中以讹传讹了），爱情也是不安全的，爱人是不诚实的，诗人不是"懵懂的小伙子"，并且性确实发生了。这首诗的核心思想是"我知道她的忠贞完全是谎言，但我仍然和她躺在床上"。宫廷情人的真实、承诺或甜言蜜语，以及建立在此基础上的、能够上溯到彼特拉克的整个十四行诗传统，都被瞬间摧毁。传统的赞美被一种对爱情的思考取代，这种思考更加真实，也更加忠实于现实生活中的困惑。这是对爱情诗歌的一次彻底的革新，在某种程度上，除了约翰·多恩，当时尚没有其他诗人能做到这一点。多恩的《歌曲和十四行诗集》（*Songs and Sonnets*）具有同样的创新精神和强硬意志，但直到他死后他的诗才以手稿的形式在他的私人朋友之中流传。几乎可以肯定，莎士比亚对这些诗歌一无所知。

　　《热情的朝圣者》中的第2首十四行诗打破了另一个基本规则。彼特拉克的情人只能专注于追求一个对象，即他美丽的女士（或者，对于巴恩菲尔德来说，是他漂亮的男孩）。莎士比亚却不是这样——

211

---

① 《莎士比亚十四行诗》，屠岸译，重庆：重庆出版社，2008，第276页。原诗与此译本中收录的有所不同，因此译文略有改动。

> 我有两个爱人，安慰，和绝望，
> 他们像两个精灵，老对我劝诱；
> 善精灵是个男子，十分漂亮，
> 恶精灵是个女人，颜色坏透。
> 我那女鬼要骗我赶快进地狱，
> 就从我身边诱开了那个善精灵，
> 教我那圣灵堕落，变作鬼蜮，
> 用美色和情欲去魅惑他的纯真。
> 我怀疑到底我那位天使有没有
> 变成恶魔，我不能准确地说出；
> 但两个都走了，他们俩成了朋友，
> 我猜想一个进了另一个的地府。
> 但我将永远猜不透，只能猜，猜，
> 等待恶神把那善神用烟熏出来。

　　怀亚特和他的后继者们渴望着一个美丽而遥不可及的爱人，他们在这一渴望的冰冷火焰中，徘徊在安慰和绝望之间。而莎士比亚在其中加入了一些更加戏剧化的东西，即"三角恋"，这是道德剧中的一个场景。在这个场景中，一个"普通人"的角色——或者一个像马洛笔下的浮士德博士那样焦躁不安的灵魂——上方盘旋着一个善精灵和一个恶精灵。彼特拉克笔下的女性传统上不是天使就是女神，而莎士比亚的女精灵是"颜色坏透"的"我那女鬼"，想要"教我那圣灵堕落，变作鬼蜮"。她其实是性的人格化体现。天使般纯洁的形象是男人的最爱。一个男人的爱人和他最好的朋友同床共枕，男人之间的纽带因争夺同一个女人而断裂：莎士比亚在他早期的喜剧《维罗纳二绅士》中探讨了这一主题，并将在他后期的戏剧《冬天的故事》和《两贵亲》中再次探讨这一主题。在这里，他将之变成了一首与其他任何前作都截然不同的十四行诗。此外，这首诗还以对性的厌恶之情而结尾："用烟熏出来"不仅暗指狐狸被人用烟从洞里熏出来，还暗指狐狸精把梅毒传染给了一个纯洁的男人。

《热情的朝圣者》中的第 2 首诗后来成了 1609 年诗集中的第 144 首（有微小的改动），这首诗读起来就像莎士比亚所有十四行诗的模板。就好像，莎士比亚自己发现了一种独特的、两方面对立的结构，然后开始用尽可能多的方式阐释它。然而，没有理由可以断定，在这首诗中被描述为"十分漂亮"的善精灵就是那个"漂亮的男孩"，而其余的十四行诗中有一部分正是写给这个男孩的。虽然莎士比亚的这些诗歌完全有可能是致同一个人，他欣赏那个人的青春和男子气概，然而同样有可能的是，被"颜色坏透"的"我那女鬼"所诱惑的"十分漂亮"的男人和"漂亮的男孩"根本不是一个人。

在伊丽莎白时代的英国，男孩是在什么年纪变成一个大人的？《第十二夜》中，对于男孩"西萨里奥"（当然，他实际上是乔装打扮的薇奥拉）的描述是"说他是个男人，他太小了；说是个男孩，又太大了……他恰在男人和男孩之间"。[①][10] 后一句话可能是来自记忆中阿瑟·戈尔丁翻译的奥维德《变形记》，在这部作品中，16 岁的纳西索斯被说成"介乎童子与成人之间"，结果是"许多青年和姑娘都爱慕他"。[11] 这句话被用来形容西萨里奥也是再合适不过的，因为奥西诺和奥丽维亚都爱上了他。

那喀索斯的形象也很适合十四行诗中那个自恋地（那喀索斯式地）"只与自己的明眸订婚"的年轻人（见十四行诗集第 1 首）。考虑到莎士比亚已经写了一部以一个非常相似的漂亮男孩阿都尼为题材的畅销长诗，人们几乎可以想象出他会将这个

---

① 《第十二夜》，王改娣译，北京：外语教学与研究出版社，2015，第 25~26 页。

类比作为他那些十四行诗的出发点。"我受够了所有这些没完没了的'星'、迪莉娅和莉西亚，所以我将延续《维纳斯与阿都尼》的成功，写一系列关于拒绝自我复制的那喀索斯的十四行诗，以此来给我的那些私人朋友们留下不可磨灭的印象。"

213　　1609年版诗集中的第2首十四行诗曾出现在13种不同的早期手稿中。这种广泛的流通以及若干手稿在许多细节上与已出版版本不同的事实表明，就像首次出现在《热情的朝圣者》中的那两首诗一样，这首诗可能也是莎士比亚最早的"甜蜜十四行诗"之一。现存于威斯敏斯特教堂图书馆一份手稿中的版本，似乎是与原初的十四行诗最为接近的——

> 四十个寒冬将会围攻你额头，
> 在你那美的田地上掘下深沟。
> 你如今令人钦美之青春华服
> 将沦为腐败杂草，一钱不值
> 如有人问起你当年美色何在，
> 或何处追寻你昔日无限荣光，
> 你说它们都在你深陷的眼里。
> 这是以贪为荣，奢靡而不羞。
> 但如果你说"我有美丽孩童
> 续我韶华梦，免我老迈隐忧"，
> 孩童之美即你自身美的明证，
> 你这样用美，方堪讴颂千秋。
> 如此，你虽衰老，美却会重生，
> 你虽精衰血凉，也会借体重温。①12

① 《莎士比亚诗集》，辜正坤、曹明伦译，北京：外语教学与研究出版社，2015，第88页。根据所引用的底本不同，译文略有改动。

就像托特尔在自己编撰的诗集中给萨里和怀亚特的诗歌加了标题那样，收录这首诗的几本诗集的编撰者也给它加了标题。在四本选集中，它的标题叫作"Spes Altera"，即"另一个希望"——这个短语引自维吉尔的《埃涅阿斯纪》，其中埃涅阿斯的儿子阿斯卡尼乌斯被称为"罗马的另一个希望"[13]。在其他五种选集中，它的题目是"致一个将死的少女"。在另一本选集中，它被叫作"恋人致他的情人"；又另一本中，它被叫作"婚姻的益处"。因为我们在 1609 年出版的《莎士比亚十四行诗集》这一语境下读这首诗，所以会认为它是写给一位男性的，但早期的读者显然认为这首诗是致一位女性的。

这个错误——如果确实是错误的话——很能说明问题，这表明这首十四行诗的含义其实因读者不同而存在差异。此外，我们认为从第 1 首至第 126 首十四行诗都是写给一位男性的，可能过于自信了。[14] 这些诗中的称呼开始是"你"，直到第 19 首才明确出现了性别——"他"，因此这个集子中的许多诗既有可能写给一位男性，也可能写给一位女性。如果莎士比亚的创作目的是以艺术的力量战胜时间的摧残，或感情中的失落、拒绝或幻灭，那么这些诗写给什么人其实是无关紧要的。

意义不仅仅来自诗的出发点，也来自对诗的阐释方式。十四行诗对于读者来说意味着什么，要么是由他或她想象的此诗的出发点决定的，要么是由如何将诗中的情感应用于他或她自己的情况决定的。此外，同一首诗出现的语境不同，也可能会有不同的含义。因为我们几乎可以肯定，第 144 首十四行诗的写作时间要比第 126 首早许多年，很可能前者中的"俊秀男子"跟后者中的"漂亮男孩"所指的并不是同一个原型（如果确实有一个原型的话）。但是，一旦这些诗歌被收录在同一本诗集里，并作为一个诗歌序列呈现给读者，就会产生一种叙述上的效果，即这两个形象可能会合二为一。由于莎士比亚一向将多个素材来源拼缀在一起来创作他的戏剧，所以这个名为"莎士比亚十四行诗集"的合集将不同来源和风格的多首诗缝缀在一起，形成了单一叙事。但是我们不应该按照这一叙事来逐字逐句解读莎士比亚的生活，正如我们不能以那个可爱的男孩薇奥拉／西萨里奥的故事来倒推莎士比亚的生活那样。

你主人的女主人 [①]

《第十二夜》与这里的主题密切相关。在莎士比亚所有的戏剧中，它在剖析梅尔斯所谓"爱的困惑"方面与那些十四行诗最为接近。

这出戏的开头部分听上去像是一首由 15 行诗句组成的不押韵的十四行诗，此诗来自一位典型的彼特拉克式情人，诉说了他绵绵不绝的单相思，运用了音乐、大海、食物、兴衰等在伊丽莎白时代的十四行诗写作中非常典型的元素。与传统的十四行诗作者一样，奥西诺也提到了古典神话中的人物（为了追求可爱而纯洁的戴安娜，阿克泰翁化身为鹿，遭到了猎狗的追逐）。当奥丽维亚出现时，他说"看，天使行走在人间"，这正是正统的十四行诗作者会说的话。就像所有彼特拉克式情人那样，令他陶醉的、冷若冰霜的美人是他"残忍的君主"。但随后他被一个可爱男孩的美貌迷住了。然而，观众知道西萨里奥其实就是薇奥拉，是女扮男装的，并且奥西诺满怀爱意地赞颂过的身体确实是"所有地方都像一个女人"——只是实际上并不是这样，因为（至少是大多数的）观众也知道，薇奥拉这一角色是写给一个童伶的——

---

① 语出《第十二夜》第五幕。

亲爱的年轻人，你要相信，

除非对你的青春年华视而不见，

你才会被当作成年男子。狄安娜的唇

并不比你的柔滑红润，你脆生生的小喉管

如处女般尖细清亮。

所有地方都像一个女人。①15

"你说得真对，正中我心。"奥西诺说，他自己虽然身为主人，却屈服于那个男人的掌控。或者更应该说是那个男孩。或者说是那个女孩？还是那个童伶？奥西诺认为，女人的爱不如男人的爱有价值，因为女人的爱只受"食欲"的控制，食欲是可以满足的，而男人的欲望是无限的——

没有女人

能经受如此强烈情感的冲击，

就像我心中的爱那样，女人的心没有

如此宽大，能承受这么多。她们缺乏韧性。

噢，她们的爱该叫作食欲，

不走肝脏，只是味觉一掠而过，②

会过量，反胃作呕。

但我的爱却有大海一样的吞噬力，

消化能力也像大海。③16

在这里，他又变成了一个十四行诗诗人——他的爱是无限

---

① 《第十二夜》，王改娣译，北京：外语教学与研究出版社，2015，第20页。

② 当时的人认为肝脏（liver）是强烈感情的聚集处。

③ 《第十二夜》，王改娣译，北京：外语教学与研究出版社，2015，第43页。

的，因为它自身的定义就是不求回报。当他在这出戏的结尾部
216 分再次出现时，奥西诺又适时地谈起了他的另一首十四行诗，
这首诗以全部十四行诗中最平庸的韵律结尾——

> 我为何不该做，如果我想去做，
> 像那位处于死亡边缘的埃及贼人，
> 把我的所爱杀害？——野蛮的嫉妒
> 有时却看起来很高贵。但听我说：
> 既然你一直无视我的爱，
> 我大概知晓何方神圣
> 把我赶出了我在你恩宠中的真正位置，
> 愿你永远做一个铁石心肠的暴君。
> 但这个年轻人，我知道他是你的爱，
> 对天发誓，我也非常喜爱，
> 我要让他远离那残忍的眼睛，
> 在那里他称王而他主人却招恨。
> 来，孩子，跟着我。我已想好怎样出气，
> 我将牺牲这只我深爱的小羔羊，
> 去折磨鸽子肚里的乌鸦心肠。①17

　　但后来他发现，西萨里奥其实就是薇奥拉，这就使得他能
够化解对漂亮男孩的爱和对女人的欲望之间的张力，这同时也
是那些十四行诗中的张力——

> 你的主人要辞退你。因为为他尽的职责，
> 　　与你的女性特质严重不符，

------

① 《第十二夜》，王改娣译，北京：外语教学与研究出版社，2015，第85页。

同时也有辱你的温柔和教养，

既然你称我为主人这么久，

握着我的手，你从此刻起就是

你主人的女主人。①18

　　如果说奥西诺是符合伊丽莎白时代传统的十四行诗诗人，那么奥丽维亚则对这一流派进行了戏仿。当时的诗人习惯于使用一种叫作"展示"（blazon）的手法，逐一列举爱人美丽的身体部位。而奥丽维亚的方式与众不同。"我要为我的美貌开列几个清单。这会是我的详细目录，每一项都要附在我的遗嘱之上。例如，唇两片，红色；灰色眼睛一双，连着眼皮；脖颈一，下颌一，等等。"19 但是，接下来，对于西萨里奥的爱突然攻陷了她，她发现自己一本正经地使用"展示"手法："谈吐、相貌、肢体、举止和气质，/ 让你能享五倍的绅士纹章。"②20 她开始期待"莫非主人竟是这个下人"——或者说这个下人就是她的主人。而与此同时，薇奥拉因为成为西萨里奥而获得了发声的机会。在十四行诗的形式中，欲望的客体就只是一个客体而已。然而在《第十二夜》中，男人和女人都爱慕的薇奥拉是一个情感的主体。她很脆弱，因此被迫成为一名演员（"我不是我所扮演的人"），很快她就发现，自己爱上了这个男人，而自己正是被派去说服他爱上别人的——这类似于《莎士比亚十四行诗集》中的转折，它开始于说话者劝说俊美的年轻人结婚，然后融入了说话者自己对这个年轻人的爱。

217

---

① 《第十二夜》，王改娣译，北京：外语教学与研究出版社，2015，第 92 页。

② 五倍的绅士纹章（five-fold blazon）：blazon 在此处指绅士的盾形纹章，five-fold 则指上一行提到的"谈吐、相貌、肢体、举止和气质"五个方面。

第 20 首十四行诗的开头惊人："你，君临我诗中的情妇兼情郎／是造化亲自绘出你女性的面庞。"复合词"情妇兼情郎"在当时的文学作品中是独一无二的，但它也让人联想起奥西诺所说的"你主人的女主人"。对于大多数十四行诗中那漂亮的年轻人究竟是谁这一问题，也许最好的答案就是"一个像西萨里奥的人"。

奥西诺口中"你主人的女主人"这句话，莎士比亚究竟是在哪里找到的？答案似乎是在他的竞争对手圣保罗教堂童伶剧团表演的一出戏剧中。这出戏于 1600 年问世，名叫《少女变形记》（*The Maid's Metamorphosis*）。它的作者是谁尚有争议，但很有可能是爱情喜剧先驱约翰·黎里的晚期作品。一位公爵命令他的两个朝臣杀死"出身卑贱"的少女欧瑞敏，因为他的儿子爱上了她。她逃到了森林中，森林管理员和牧羊人都爱上了她，前者给了她一间小屋，后者给了她一群羊。后来阿波罗神也爱上了她，以为她是一名牧羊女。她向阿波罗挑战，要他把她变成一个男人，以此来证明他的神性。阿波罗照做了。一位隐士告诉公爵的儿子，他心爱的人现在是个男人了。但当他们相遇时，他还是认出了她，尽管她身着男人的服装。美惠三女神向阿波罗求情，欧瑞敏又被变回了女儿身。而后来人们发现这位隐士不仅是一位流亡的王子，还是欧瑞敏失散多年的父亲，这意味着她是一位真正的公主，跟公爵的儿子门当户对。剧中有几个牧童，分别叫作莫普索、弗里斯克和杰奎罗，他们带来了一些喜剧性的穿插，不停地开着淫秽玩笑："老天爷，我说的是普里阿普斯。"[1]"普里阿普斯，真的吗？那究竟会是个什么神呢？""一个平平无奇的神，带着一根上好的钉子，好挂牧羊女的奶瓶子。"莫普索提到乔装打扮

---

[1] Priapus，希腊神话中的男性生殖神，酒神与爱神之子。

的欧瑞敏，问道："你没有找到美丽的牧羊女，你主人的女主人吗？" 21

《少女变形记》由圣保罗剧团的童伶们演出，差不多与此同时，宫务大臣供奉剧团上演了莎士比亚的《皆大欢喜》。它的出版早于莎士比亚写作《第十二夜》。措辞上的巧合和源自田园罗曼史的共同主题——尤其是女扮男装——表明，成人和童伶剧团在性别扭曲的爱情喜剧方面呈现出相当大的竞争。在环球剧院的公共舞台和黑僧剧团的私人舞台上，似乎没有什么比童伶饰演的女性穿起男装的形象更能取悦观众了。

《第十二夜》是对欲望的不同排列组合的非凡探索，或者用弗朗西斯·梅尔斯的话来说，是对爱的困惑的非凡探索。奥西诺和奥丽维亚都喜欢乔装成西萨里奥的薇奥拉。薇奥拉爱上了奥西诺，并得到了他，而奥丽维亚不得不跟塞巴斯蒂安凑成一对。奥西诺坚持要继续称薇奥拉为西萨里奥，即使他知道她是个女人。西巴斯辛发现自己很快与富有而美丽的奥丽维亚走上了圣坛，他对此心怀感激，也充满困惑，但他已经完全来不及去跟她相爱了。真正爱他的人是安东尼奥，他提醒过西巴斯辛，在这三个月里，"无时无刻，没有一丝间隙，/ 朝朝暮暮我们都在一起。"①22 他冒着生命危险追随他心爱的人："但不去管它，我那样爱你，危险好比游戏，我定要去。"②23 像一个诗人那样，他说"我的心 / 比磨好的钢刀还利"③24，刺激着他向前。并且，"至于他的形象，我觉得 / 很受尊敬，我也很热爱"④。25

---

① 《第十二夜》，王改娣译，北京：外语教学与研究出版社，2015，第 84 页。

② 同上书，第 32 页。

③ 同上书，第 59 页。

④ 同上书，第 71 页。

然而他的热爱换来的是，他被孤零零地留在那里，郁郁寡欢，就像写十四行诗的诗人被他冷淡的女主人赶走一样。我们很容易想象安东尼奥会在《第十二夜》的结尾处离开，留下了几行写给西巴斯辛的话——

> 他们本有能耐害人却无害人心，
> 他们很想要做某事却总不做成。
> 让他者动心，自己如磐石安静，
> 冷漠不动，视诱惑如怕火烧身。
> 唯有他们能够继承上天的美质。
> 使造化的财产能免消耗而长存；
> 他们是他们自己的美貌的主宰，
> 别的人只是看护其美色的园丁。①26

这实际上是莎士比亚十四行诗中的讲述者发现自己被俊秀男子或漂亮男孩拒绝之后写下的诗句。莎士比亚笔下的女人从来都不会如此。她们想要做的事情从来都能做成。她们让他者动心，但自己从来不是石头，除非是男人使她们变得冷酷无情（莱昂特斯把赫米温妮冻成了一尊冰冷的石像，将她逐出了他的生活；安哲罗的性欲需要生涩的伊莎贝拉给予冷静的反馈）。他笔下的女人是给予者——付出她们自己，以及智慧和勇气。而莎士比亚笔下冷静而自制的年轻男人——哈尔王子、安哲罗、勃特拉姆——是承受者，是她们表面上的主人。

---

① 《莎士比亚诗集》，辜正坤、曹明伦译，北京：外语教学与研究出版社，2015，第135页。

以《第十二夜》来伴读十四行诗，就会发现莎士比亚的诗可以说是一部不折不扣的关于"爱的困惑"的喜剧。我们通常不会为薇奥拉／西萨里奥、西巴斯辛、奥西诺、奥丽维亚和安东尼奥寻找生活中的原型，所以也不必追问"漂亮男孩"和"黑肤美人"的原型到底是谁。再回想一下吉尔斯·弗莱彻的例子，一个人可能在没有恋爱的情况下写出了情诗，因此莎士比亚十四行诗中的爱人可能只是一种典故，并没有具体所指。尽管《莎士比亚十四行诗集》多次提到要通过赞美的诗歌来使诗人所爱的人千古不朽，但真正名垂千古的只有莎士比亚自己。如果他的意图是与别人分享他对某个人的爱慕之情，人们就会期望他能在诗序中的某个节点说出他（和／或她）的名字。但诗中根本没有提到任何名字，即使是神话–寓言中的名字，这表明试图"揭示"十四行诗的起源是违背常理的。莎士比亚的初衷是在他的私人朋友之间传阅这些诗，所以或许我们也应该满足于保持它们的隐秘。

220

W.H. 大师之谜

考虑到当时出版十四行诗的热潮，莎士比亚完全有可能径直去找他的老同学理查德·菲尔德，请他出版自己的十四行诗集（《维纳斯与阿都尼》和《鲁克丽丝受辱记》都是由理查德·菲尔德印刷的，工作完成得很出色），但他没有这么做。

1609 年，这些作品在写完颇长一段时间之后，落入了一位名叫托马斯·索普（Thomas Thorpe）的出版商之手。索普有过将授权作品和未经授权的作品混在一个集子里出版的不良记录。对于《莎士比亚十四行诗集》应该属于哪一个类别，学者们向来争执不休。似乎更有可能是未经授权的。经授权的作品往往会附有作者亲自撰写的序言和献词。而莎士比亚的十四行诗集中没有作者亲自书写的痕迹，只有一篇写得云里雾里的献词，署名是出版商的首字母。在其他作品中，当托马斯·索普主动在序言末尾署名时，往往是因为作者已经去世或遇到了其他无法发表评论的状况。[27] 将这本诗集题献给神秘的"W.H. 大师"，并称他为"这些十四行诗唯一的促成者"，出版商索普似乎是在暗示，全部十四行诗的灵感都来自对这个人（唯一的促成者）的爱；尽管很明显不是这样，因为"黑肤美人"也在其中扮演了重要的角色。他吊起了读者的胃口，他们试图找出与这一首字母缩写相符合的名字。

最近，计算机辅助进行的文体分析对索普的幻想提出了质疑：这些十四行诗极有可能是在十年乃至几十年的时间跨度里写成或修改而成的。[28] 各种各样的"风格匹配"实验，尤其是与莎士比亚极少使用的那些词汇有关的实验已经充分表明，这一十四行诗序的前半部分主要是写给一个男人的，完成于莎士比亚职业生涯的前半部分，那几首写给"黑肤美人"的十四行诗也是如此。"俊秀男子"和"面色不善的女人"早在 16 世纪 90 年代创作的一系列诗歌中就已出现，这与它们出现在《我有两个爱人》——1599 年出版的《热情的朝圣者》中的第 2 首十四行诗——的时间是相吻合的。这表明，梅尔斯所说的"甜蜜的十四行诗"大概就是 1609 年诗集中编号 1~60、127~152 的十四行诗。但是 1609 年诗集中编号 104~126 的十四行诗表现出强烈的属于莎士比亚职业生涯中后期的特征，并且那些与一个或多个诗人竞争有关的十四行诗（第 78~86 首）表现出了同样的特征。我们可以相对可信地确定其中一些诗的写作时间，比如第 107 首十四行诗中"人间月亮已安然度过月食之灾"一行，最好的解释是指 1603 年的伊丽莎白女王之死，"象征和平的橄榄枝将永世长存"指 1604 年在萨默塞特宫举行的和平会议，或者更普遍的说法是，象征新国王试图结束与西班牙之间长年累月的战争。

对于这些十四行诗究竟是致哪一位男性的，传统上一直有两位不同的人选。相信这些诗歌写于16世纪90年代的学者们认为是第三代南安普敦伯爵亨利·赖奥斯利，《维纳斯与阿都尼》和《鲁克丽丝受辱记》都是题献给他的。认为这些手稿写于17世纪早期的学者一般会选择第三代彭布罗克伯爵威廉·赫伯特。有新证据表明，该诗集可能是在较长的时间跨度内完成的，这就提出了一种可能性，即持这两种意见的学者都是正确的：南安普顿伯爵是16世纪90年代那些十四行诗中的"俊秀男子"，彭布罗克伯爵则是后一组诗中的"漂亮男孩"（只有第108首和第126首十四行诗称对方为"男孩"）。也许我们还需要寻找南安普敦圈子里的"黑肤美人"——如果她确有原型的话——和彭布罗克圈子里的"诗人对手"（也许不止一位）。然而，这可能并不是这个谜团的全部答案。第135首十四行诗似乎在想象这位俊秀男子正与诗人的情妇同床共枕。它显然属于写作年代较早的那一组，但诗中的年轻人名叫威尔，这显然更像是指彭布罗克，而不是南安普顿。

无论我们将十四行诗中"亲爱的朋友"和他们中的哪一位对应起来，区分清楚南安普敦和彭布罗克究竟谁是"俊秀男子"，谁是"漂亮男孩"，并不能解决两个根本问题。一是，像伯爵这样尊贵的人物怎么会允许一个出身中下阶层的演员兼剧作家，无论后者多么有才华、多么成功，有机会与他像诗中所描述的那般亲密无间？彭布罗克是那个时代最伟大的文学赞助人之一，但赞助人的身份与私下的亲密并不是一回事。二是，一位伯爵真的有可能在给自己的献词中仅仅以绅士的身份——如W.H.大师——出现吗？有人认为，降低伯爵的身份是出版商（或诗人）的有意伪装，目的是避免提及南安普敦或彭布罗克的名字，以防诗歌中黑暗和不正当的性活动有辱他的身份。如果是这样，那为什么是W.H.大师，而不是仅有首字母缩写？

或者就此目的而言，完全匿名不好吗？大师是对于绅士的称呼，而不是对贵族的称呼。在考虑 W. H. 是某位绅士的可能性之前，就假定他是一位伯爵，这是有悖常理的。问题是，我们完全不知道他可能是谁。[29] 而且，就这一点而言，我们也不能确定，十四行诗献词中的首字母 W. H. 是不是 W. S. 或 W. Sh 的印刷错误，而如果是在这种情况下，索普就是把这本诗集献给了其真正的作者：威廉·莎士比亚大师。

詹姆斯一世时代的历史时刻和作为竞争对手的诗人

考虑到莎士比亚的诗无法捉摸，没有任何可靠的证据能将这些诗歌与一位特定的"俊秀男子"联系起来，再加上 1609 年索普版诗集的授权、排序和献词方面的不确定性，最好的做法可能不是再试图把这些十四行诗与某位特定的 W.H.（或 H.W.）联系起来，而是应该把那些在某种程度上可以确定年代的十四行诗与某个特定的历史时刻联系起来。试图揭开 W.H. 大师的面纱是一种愚蠢的游戏，但把第 77~86 首和第 104~126 首十四行诗的写作时间放在詹姆斯一世统治早期是有帮助的；这一时间推定既是风格分析的结果，也是由于诗中有着对伊丽莎白女王之死的明显暗示。

此时此刻，第三代彭布罗克伯爵威廉·赫伯特，也许还有他的哥哥，成为这个故事中的关键角色——如果他们不是漂亮男孩本人，至少也是诗人未来的赞助人。

就莎士比亚本人的职业生涯而言，1603 这一年与 1593 年有着惊人的相似之处。在这两个年份，他都忙于撰写剧本，剧院由于瘟疫而长期处于关闭状态。早在 1593 年，他就已经开始谋划另一份职业——遵循同时代的乔治·查普曼和迈克尔·德雷顿走过的道路——专注于靠与戏剧无关的诗歌来寻求赞助（尽管查普曼和德雷顿也把撰写剧本作为副业）。在瘟疫结

我们已经从无得知彭布罗克伯爵威廉·赫伯特和他的弟弟，即后来的蒙哥马利伯爵菲利普·赫伯特，在与詹姆斯国王——也许还有莎士比亚——在1603年至1604年初次相见时的确切长相。我们能得到的最接近的细节是范戴克给菲利普·赫伯特一家画的肖像，图中两个"漂亮男孩"是菲利普·赫伯特的儿子（也就是彭布罗克的侄子）

束之后的那一年，莎士比亚把《维纳斯与阿都尼》和《鲁克丽丝受辱记》题献给了南安普敦伯爵。而1603年，由于宫务大臣供奉剧团是当时宫廷最青睐的剧团，他获得了更加稳固的地位。他们获得的奖赏是1603年5月颁发的王家特许状，成为国王陛下的御用演员，有权自称王室侍从，人们都亲昵地称他们为国王剧团。未来几年里，他们的任务将是为宫廷写一些重要的新剧本，而由于新国王对统一不列颠、建立世界和平和巫术活动深感兴趣，莎士比亚接下来的几部戏剧中也适时地转向了以上几个主题。

但是最值得期待的是大约每年20场的宫廷演出。每场演出的报酬是10镑，除了分配给王家特许执照上列出的9个人，还要应付其他次要开支（新戏服、付给雇工和其他新剧本编剧的钱、学徒的食宿），因此只能勉强收支相抵。如果剧院关门太久，他们手头就会非常拮据。莎士比亚一直在关注他在斯特拉福德的房地产投资，也计划进行大规模的什一税投资，但另一方面，他也可能一直在寻找某种新形式的提拔或赞助。

1603 年 5 月，他的剧团成为国王剧团。1604 年 3 月，他和其他演员每人都得到了 4 码红布做服装用，以"作为国王陛下在伦敦城进行王家游行的随从"。1604 年 8 月，在萨默塞特宫和平会议期间，演员们遵照王室命令随侍西班牙国王特使卡斯提尔王室总管。这一事实表明，在老女王去世后大约 18 个月的时间里，莎士比亚已经与宫廷建立了前所未有的密切关系。这也是公共剧院因瘟疫而被迫关闭的时期。显然，莎士比亚在此期间试图通过创作诗歌赢得一些恩惠，这个时间点与后来通过写作风格推断出创作于此时期的十四行诗相吻合，尤其是关于"对手诗人"（第 78~86 首）和"漂亮男孩"（第 104~126 首）的十四行诗。

有趣的是，尽管十四行诗写作风潮在 16 世纪 90 年代达到顶峰，但在 1603~1605 年人们又重新开始对十四行诗产生兴趣。创作于这个时期的几部诗集更具讽刺意味且锋芒毕露，而不是像 16 世纪 90 年代的大多数作品那样带有浓厚的田园风情。16 世纪 90 年代晚期和 17 世纪的头十年见证了诗歌中"大声讽刺"的繁盛，这常常与四法律师学院中那些聪明、严肃的年轻人有关。约翰·多恩和约翰·马斯顿（John Marston）是这场新运动的先锋。他们的风格影响了后来的十四行诗诗人，也影响了莎士比亚本人。《特洛伊罗斯与克瑞西达》《雅典的泰门》都创作于这一时期，是他最辛辣的讽刺剧。有些十四行诗，例如第 121 首，谈到了"不辩的沉冤""挑逗淫秽的目光""龌龊之思""人皆是坏蛋"，这些都沾染了当时的情绪。

一个时代的风格是由统治者主导的。16世纪90年代，十四行诗中那些难以接近的、贞洁的、女神般的女性如此受欢迎，其中一个原因就是伊丽莎白女王在朝臣中营造了自己缪斯女神一般的形象。而当詹姆斯国王即位之后，他带来了一种完全不同的宫廷风格。一方面，他已婚，并且有子嗣。另一方面，尽管可能看似荒谬，他鼓励王室成员之间的色情行为，而这可能会让已故的童贞女王大惊失色。

赫伯特兄弟威廉和菲利普是新政权下最显赫的朝臣。彭布罗克伯爵威廉·赫伯特在新国王即位时已经23岁了，他是伟大的文学赞助人彭布罗克伯爵夫人玛丽的儿子，不朽的菲利普·西德尼爵士的侄子，已故女王的宫廷曾对他大为不满。他曾坚决反对家人安排的婚事，随后在表妹的婚礼上，他对在宫廷假面舞会上跳舞的女王侍女玛丽·菲顿一见钟情。她怀了他的孩子，这使得女王十分生气，因为作为女王自身贞洁行为的写照，侍女也应该守贞。彭布罗克被关进了舰队街监狱，然后被流放到自家位于威尔特郡的乡下庄园威尔顿。但是在女王去世之后，彭布罗克重新赢得了王室的青睐。詹姆斯国王根本不在乎侍女未婚先孕这种事。随后不久他拜访了威尔顿，授予彭布罗克国王侍从和王家森林看守人的身份。詹姆斯国王知道彭布罗克讨厌青蛙，于是便故意拿了一只放在他的脖子上。彭布罗克对此的回应是偷偷把一头活猪放进了国王陛下的便桶，这种玩笑在伊丽莎白时代简直是无法想象的。威尼斯大使注意到了詹姆斯加冕典礼上的场景："彭布罗克伯爵是一位英俊的年轻人，总是和国王在一起，总是和他开玩笑。他真的去吻了国王陛下的脸，随后国王笑了，赏给他一个小袖口。"30

除了同国王这样亲密无间，伯爵在詹姆斯的妻子安妮王后那里也很受欢迎。他显然是大有前途之人，并很快发现自己成了作家寻求赞助的目标。1603年，本·琼生将他出版的剧本

226

《西亚努斯》（*Sejanus*）题献给了他，希望能开始一段长久的交情，随后伯爵承诺每年赞助琼生 20 英镑，作为其买书的费用。当琼生因在喜剧《向东去！》中对苏格兰人表现得傲慢无礼而惹上麻烦的时候，伯爵把他从监狱里解救了出来。受到彭布罗克青睐的诗人还有乔治·查普曼、赫里福德的约翰·戴维斯（John Davies of Hereford）、塞缪尔·丹尼尔和伊丽莎白女王的国务大臣之子弗朗西斯·戴维森（Francis Davison）。弗朗西斯·戴维森后来创作了一首讽刺短诗《论浓妆女郎》（"On Painted Ladies"），其中有一个关于 "fucus"① 化妆品的双关语，而这正是彭布罗克喜欢的那种笑话。

　　围绕在彭布罗克身边的作家们之间似乎存在着相当大的竞争。赫里福德的戴维斯为一位贪婪攫取钱财的诗人写了三首非常粗鲁的诗，他将这位诗人取名为福库斯（Fucus）。其中一首讽刺短诗《古板的愤怒诗人福库斯》（"Of the staid furious poet Fucus"）嘲讽的正是这位竞争对手与戏剧行当的种种瓜葛 [31]——

> 愤怒的诗人福库斯只写些戏；
> 所以，戏耍、写作，那就是写啥都徒劳无益。
> 然而，徒劳无益的牌子和演员是他的支柱；
> 撑住他不往更深处滑去。
> 因为他早已堕入深深的烂泥，
> 无论什么戏或者演员都帮不了他。

　　我们应该打消福库斯可能就是莎士比亚这个念头，"愤怒诗人"这一绰号揭示了戴维斯讽刺的目标实际上是约翰·马斯

---

① Fucus 即墨角藻，长有黏糊糊的棕绿色叶子。

顿，后者在其他地方曾被嘲讽为夸夸其谈的自大狂"愤怒诗人"[32]。稍后我们会再谈及咆哮的马斯顿大师。

彭布罗克的弟弟菲利普骑马北上迎接新国王的时候只有19岁，是个漂亮的男孩子。虽然他更热衷于追逐、狩猎，而不是读书，但他也是文学的赞助人和王室的宠儿。他是"第一个吸引了国王深情眼光的人"。[33]在国王加冕之后的几个月里，詹姆斯就封他为王室侍从和巴斯骑士。到了1605年，他又被擢升为内宫侍从和蒙哥马利伯爵。有好几部文学作品都是题献给他的。

例如，诗人赫里福德的约翰·戴维斯继在1603年把自己的第一本诗集《微观世界》（*Microcosmos*）献给哥哥之后，1605年又把第二本献给了弟弟。后一卷名为《智慧的朝圣之旅，（以诗性散文）穿越一个十四行诗的世界，其中充满了爱情、灵魂的激情和其他神圣的、哲学的、道德的、诗意的和政治的段落》（*Wit's Pilgrimage (by poetical essays) through a World of Amorous Sonnets, Soul-passions and other Passages, Divine, Philosophical, Moral, Poetical and Political*）——可以这么说，与《莎士比亚的未刊十四行诗》（*Shakespeare's Sonnets never before Imprinted*）相比，这个标题是有点累赘的。《智慧的朝圣之旅》开头部分有一首写给两个人的献诗："献给一位真正高贵的伯爵（菲利普·赫伯特），还有他最尊贵的另一半，詹姆斯·海（James Hay）阁下。"海是另一个漂亮的年轻人，詹姆斯国王很享受他的陪伴，并赏赐给他大量的头衔和荣誉。两个男性朋友互为对方的另一半，就像神话中的双子座或天堂里的双胞胎一样，这在当时是诗歌中的普遍现象，但戴维斯在诗集中提到了"宠臣"和"甜蜜的情感"，这两种情感使得两人的结合给人一种情爱的感觉，让人不禁联想到詹姆斯宫廷中热烈的"同性社交"氛围。在文体上，戴维斯的十四行诗同莎士比亚的十四行诗非常类似，与16世纪90年代大多数诗集的特质——轻松的田园生活和彼特拉克式的理想化——相去甚远。在一首十四行诗中，他描述了一段风流韵事的痛苦结局，在结尾处写道："我深深沉浸在对你的怨恨之中，而你对我也是满怀怨愤。"[34]

戴维斯的诗集《微观世界》中有两首写给彭布罗克伯爵的十四行诗，他采用了情诗的技巧，表现了一位有抱负的作家对其主人的赞助所能给予的回报。第一首十四行诗的重点在于如何通过这首诗使伯爵名垂青史——

> 亲爱的大人，若是我能，我必让世人皆知
> 我是怎样能使你的名声万古长存；
> 这几行诗句虽短，却完全只属于你
> 因为其中有着不朽的生命之力：
> 我将自身微不足道的力量奉献给你
> 增添一点光辉给你深远的荣名；
> 其可以成为一种信念（尽管可能没有别的价值）
> 时间并不能使你熠熠闪光的名声褪色：
> 老威廉之孙，也叫威廉，那也就是
> 充满威严的彭布罗克伯爵大人……[35]

第二首则侧重于想设法燃起彭布罗克的爱慕之情。结尾处利用了他教名的首字母——

> 以加倍的兴趣，我只属于你
> 我曾经向你和你的一切发誓，
> 哦，我一无所有，只余对你的爱
> 我们之间有着双倍的牵绊——我与 W。[36]

这里的双关语除了个人层面上的，还有印刷排字上的。在詹姆斯一世时代的印刷厂，"u"被印刷成"v"，大写的"W"由两个"V"组成（因此这首十四行诗的最后一个单词是"VV"）。因此，"W"既代表着彭布罗克的教名"William"的首字母"W"，也意味着两个"V"，也就是说两个"u"或"双倍的你"。这与莎士比亚在第135首和第136首十四行诗中巧妙使用"威尔"一词一样，也是一个别致的多重文字游戏。

《智慧的朝圣之旅》中的十四行诗有一部分写给一位性魅力十足的女郎，另外一部分写给宫廷内外的多位年轻男性贵族，奉承他们的美貌、美德和名望：这种结构与《莎士比亚十四行诗集》有几分相似。而且，与莎士比亚一样，戴维斯在性描写方面的露骨程度也远远超过了过去十年中大多数十四行诗诗人。一首十四行诗写着"把炽热的爱的种子撒在……你的口中"，另一位诗中提及一位女士，姑且假设这是一位女士，在用一种诱人的技巧撩拨诗人，使他在"小小的死亡"（little death）边缘勉力支撑着——

> 够了！你已经做足了那件事
> 并且已经做了长长久久，这下子
> 你的慈悲就更少。因为，快速的杀戮
> 比不慌不忙的行动，更能体现出悔过之心。
> 如何？你已经折磨我多久了？
> 我的死亡已经超过了死亡所能延续的时间。
> 你还曾如此这般剖析过谁？
> 是谁的每一条神经都感受过你手中的激情！
> 那只手已经挤出了我的心脏和脑浆
> 那生命或知觉所能维持的精神：
> 因为，我已经像死人一样完全丧失了神智

229

> 只有为你，我还保留着仅有的生命：
>
> 然而如果你愿意，这些也全都是你的
>
> 你可以将其全部拿去，只余我残存的躯体。[37]

更直白地说，她似乎是在非常缓慢地为他手淫。虽然莎士比亚的十四行诗中从来没有如此露骨的情色描写，但在其后期的诗中也充斥着与性有关的双关语。毫无疑问，这些诗歌属于詹姆斯一世统治早期宫廷中的男性和同性恋世界，戴维斯是在暗示，他自己已经不再生活于童贞女王那种怪异的氛围之中了。

赫伯特兄弟似乎十分偏爱下流的诗歌。彭布罗克伯爵自己确实写过大量的色情歌曲和十四行诗，并在他的朋友之中流传。[38]其中有一首是对一位黑肤美人的赞美（《黑头发和黑眼睛》，"On black hair and eyes"），另一些则是对性接触的露骨描述，其中有与莎士比亚十四行诗相呼应的诗句。那么，1603年至1605年这几年中，莎士比亚是否曾与戴维斯等人竞争，以获得赫伯特兄弟中某一位或两位的赞助呢？写给彭布罗克的献诗末尾的署名是"大人专属的约翰·戴维斯"（Your Honour's peculiar John Davies），这说明戴维斯似乎取得了一定的成功，peculiar一词在这里的意思是"特别献给你、属于你"［但是令人惊叹的是，它同时也是一个俚语，指妻子、情妇、专属性伴侣，或者就像《一报还一报》中的台词"在禁水中摸鱼"（groping for trouts in a peculiar river）那样，指的是阴道］。

莎士比亚去世之后，他的演员伙伴们将其作品集——《第一对开本》题献给了赫伯特兄弟。当时，彭布罗克伯爵已经是宫务大臣，成为整个演出行当的赞助人，特别是莎士比亚所在的王家剧团的赞助人。彭布罗克认识白贝芝本人，并为他的去世深感悲痛。在对开本的献词中，约翰·海明斯和亨利·康德尔指出，赫伯特两兄弟都认为莎士比亚的戏剧中"有些东西"，"使得这些作品以及它们的创作者在世时受到了如此多的恩惠"。虽然这一说法主要是指莎士比亚的戏剧得到了很多赞助，但也可能表明赫伯特兄弟因其十四行诗创作而奖赏过他。

赫里福德的约翰·戴维斯认识莎士比亚，并在诗歌中多次提到他。在《微观世界》中，他表达了对"演员"的钦佩之情，并赞扬了莎士比亚（W.S.）的"诗歌"和白贝芝（R.B.）的"绘画"——白贝芝除了是一位演员之外，还是一位画家。但他也谈到了命运拒绝让演员"更好地利用"。原因似乎在于表演仍然被认定为是一种粗俗的职业："虽然舞台染污了纯洁温柔的血液，/ 但宽宏的莎士比亚和白贝芝依然拥有纯良的头脑和心地。"[39] 在同时期的另一首诗《死亡与财富的内战》（*The Civil Wars of Death and Fortune*，1605 年）中，戴维斯再次提到了这些演员，并再一次指出命运对他们是残酷的："然而，她仍然不愿意给予他们应得的全部。"就像在《微观世界》中，一个边注为我们指明了那些没能因为自己的技艺而获得应有地位的演员——"W.S."和"R.B."。

几年之后，戴维斯为威尔·莎士比亚先生写了一首短诗，称他为"我们英国的特伦斯"，意在称赞他是英国最伟大的喜剧作家，就像特伦斯是罗马最伟大的喜剧作家一样。

> 有人说（善意 / 好威尔），我歌唱纯是为了消遣，
> 你若不是曾为了消遣而扮演帝王的角色，
> 就应该成为国王的伙伴；
> 做了一个次一等的国王。
> 有些人抱怨，但是，他们觉得抱怨无可厚非，
> 你并不曾抱怨，却有一种统领一切的才智：

231

你种下诚实，而他们必将收获；

所以，这只是让他们的仓廪更加丰厚。[40]

这首诗只有一种可信的解释方式，即戴维斯认为，如果莎士比亚不是一名演员，那么他就会成为"国王的伙伴"，也就是说，他会获得更高的头衔或宫廷中的高级职位，或者两者兼得。显然，莎士比亚是以积极态度来对待未能获得晋升这一失利状况的。与其他未能获得尊贵地位的人不同，他拒绝"抱怨"，仍然是大众舞台上"统领一切的智者"。

评论家凯瑟琳·邓肯－琼斯注意到了这些背景资料[41]，并将它们与其他在詹姆斯一世早期文献中流传的典故放在一起，它们共同表明，莎士比亚和白贝芝很可能确实相信——毫无疑问，这要感谢赫伯特兄弟的支持——他们即将获得爵位和更正式的宫廷职位。邓肯－琼斯相信莎士比亚确实一度要迎来上主的恩宠，结果却是有些地方出了问题。事实证明，在将近三个世纪的时间里，区区一个演员并不可能在英国被授予爵位。直到1895年，亨利·欧文（Henry Ivring）才成为第一位获封爵士的演员，而这一成就即便是18世纪的大师戴维·加里克（David Garrick）都没能实现。

有确切证据证明创作于1603~1605年的十四行诗，不断强调着诗人强烈的羞耻感。他承认自己"扮过斑衣小丑"（暗指演戏），"自轻自贱，把最珍贵者抛售"。他写到自己"行为不端"，他的名字也"不免蒙羞"，还写到自己"身染沉疴"。但是，正如戴维斯在作品中坦承的那样，他还表达过"良药再苦，我也不觉得是苦／双重惩罚吧，但求改过自新"。"流言长舌在我额上烙下污痕""对我的批评""我这样超然冷漠""我像聋蛇充耳不闻／恶意的诽谤，或是善意的奉承""我的弱点"，"我就是我，他们恶言相加／不过是暴露他们的丑恶嘴脸"。所有这些诗句——来自十四行诗集中的第110首、第111首、第112首及第121首——强烈暗示着当时在莎士比亚周围环绕着不少流言蜚语，这对他争取宫廷的提拔产生了不利影响。这可能是一名公众演员难以避免的污名，但是第121首十四行诗中特别暗示道："别人挑逗淫秽的目光，要把我动荡不安的天性点燃。"这不免有一丝在性方面行为不端的味道，可能玷污了莎士比亚在赫伯特兄弟俩心目中的形象。①

如果说这一时期的十四行诗中有什么辛酸意味的话，那就是有关对手诗人——可能还不止一位——的那一组，因为第82首十四行诗似乎是在说，有几位作家也把他们的作品奉献给了俊秀的青年。正如我们所看到的，诗人们确实像围着蜂蜜罐的黄蜂一样在赫伯特兄弟周围嗡嗡作响。乔治·查普曼就是其中之一，认为他就是第85首十四行诗中提到的竞争对手似乎也是合情合理的。"他的诗帆已长驱直入你沧溟"②，可能暗指他翻译的荷马史诗采用了夸张的"十四音节韵"③；"难道是他的诗心受到了鬼使神差 / 写下超凡的诗句"这一想法也许是暗示查普曼曾在他的诗歌《寂静的狂暴》(*Euthymiae raptus*) 中声称，他的灵感正是来自荷马的精神；"他夜半的精灵"暗示查普曼早期的神秘诗《夜之阴影》(*The Shadow of Night*)；而"那个伸出了援手的和蔼幽灵 / 每夜以才智欺骗了他"指的也许是暗地从事情报工作④的马洛，他的长诗《希罗与利安

---

① 本段中所引用的各诗句来自《莎士比亚诗集》，辜正坤、曹明伦译，北京：外语教学与研究出版社，2015。

② 此句实际上出现在第86首十四行诗中。后文也提到了这些是第86首中的内容，此处应该是作者的笔误。

③ 一行诗中有14个音节。莎士比亚的十四行诗采用五步抑扬格，即每行诗中有5个音步，也就是10个音节。

④ 上引诗句中的"才智"(intelligence) 一词，跟"情报工作者"(intelligencer) 一词同源。

德》已经交予查普曼收尾并准备出版。但是，假设竞争对手不止一个，那么除了查普曼之外，最佳人选就是——尽管传记作家们在很大程度上忽略了这种可能性——在整个行文过程中一直如影随形般在我们身后的那个人。

"用生花妙笔写下积卷的颂文"

约翰·戴维斯是莎士比亚的同时代人，同样没有读过大学。他总是在自己的作品署名上加上"赫里福德的"，以便与约翰·戴维斯爵士区别开来，后者是一位人脉更广的诗人。他从西米德兰兹郡来到伦敦，投身于寻求诗歌赞助人这一职业生涯中，其目标正是珀西家族和赫伯特兄弟。他没能靠写诗赚到多少钱，但在一个与此相关的职业领域却取得了巨大的成功。一位来自德国的访客称他为"那个时代最著名的写作者"。然而，这并不是说他是当时最著名的诗人。这句话意指他是当时最有名的书写者，或称书法家。赫里福德的约翰·戴维斯是伦敦出类拔萃的书法大师，是亨利王子以及宫廷中许多年轻贵族的书法导师。

如果细读莎士比亚关于"对手诗人"的那几首十四行诗，我们很容易发现它们异常关注对手的笔。第 79 首十四行诗表达的是这样的意思："最初我曾不借助任何人的帮助就赞美了你，但是现在我病了，所以我得到了'高人健笔'的帮助，才得以再次用美丽的形式来表达我的爱。"第 80 首十四行诗可能是说，对手的写作风格如"巨舰宏舶"，笔触流畅如骄傲的风帆；第 84 首中又提到了"那一管笔"；第 85 首尤其引人注目，提到了对手"奋笔挥洒下灿灿诗行／似有全体缪斯助其琢玉雕金"——

我信言不美，他们美言不信，

赫里福德的约翰·戴维斯：诗人、书法家、书法
老师

> 用生花妙笔写下积卷的颂文，
> 我似教堂里领众应答的白丁，
> 对才子颂词一口一声"阿门"。

这似乎是在说："我有很好的诗意的想法，但往往依赖别
人用他的生花妙笔把它们写成优美的颂文。"

最后，对第86首十四行诗中隐藏含义的另一种解释是，
它其实是在问"吸引你的是他过分渲染的诗句（第一诗节，可
能是暗指文风浮夸的《微观世界》）吗？还是因为他在书法艺
术上具有鬼斧神工的技巧（'难道是他的诗心受到了鬼使神差
/写下超凡的诗句'）"？有没有这样一种可能，即人们认为这些
关于"对手诗人"的诗写的是对手的诗歌天赋，但莎士比亚实
际上却是在写对手的书法天赋？

但戴维斯也是一位诗人，所以第82首和第83首十四行诗
暗示对手诗人也出版了一些作品，并将其献给了俊秀青年，而
莎士比亚说他自己是不愿意这样做的。这与我们的解读是一致

234

的。正如上文提到的那样，戴维斯确实出版了两本献给赫伯特兄弟的诗集。

故事往往能说明自身。莎士比亚在书中赞美的，权且说就是彭布罗克——尽管也可能是他的兄弟（或者是他们两人）。他想给这位可能赞助他的贵人送一份手写的文稿。这份稿件应该不会是他自己潦草马虎的手迹——我们从一份莎士比亚为合作剧本《托马斯·莫尔爵士》亲笔写的手稿中就可以知道他字迹潦草。那么他会怎么做呢？他找到了整个伦敦最伟大的书法家——戴维斯。但彭布罗克（或蒙哥马利）并没有体会到他的用意：他欣赏的不是莎士比亚的思想，而是戴维斯的手迹。

这里可能还会有进一步的转折。在抄写莎士比亚的十四行诗选集时，戴维斯可能趁机夹带了一首他自己的叙事诗，以取悦赞助人。《莎士比亚十四行诗集》于1609年出版时，里面有一首《情人怨》（"A Lover's Complaint"），这首诗被归在莎士比亚名下，但根据最近布莱恩·维克斯（Brian Vickers）所做的文体分析，它很可能是戴维斯的作品。[42] 上面的故事也许可以解释它是如何出现在莎士比亚诗集中的。

不管最后一个转折是不是凭空幻想，第78~86首十四行诗中反复提到笔、妙笔和书写，我们就不可避免地认为戴维斯极有可能得到了莎士比亚的竞争对手这一殊荣。这一推断可能能够回答十四行诗集中的一个谜题，然而并不能解决所有其他问题，但它在很大程度上有助于我们将后一组诗歌的时代背景确定在詹姆斯一世统治时代早期。这一背景反过来又表明，莎士比亚在十四行诗中的"漂亮男孩"构思，与其说是为了表达自己某种迫切的同性之恋，不如说是为了探索"爱的困惑"，为了给这个堪称"双性恋化的"新宫廷效力。

第四个时期

军人

然后是一个军人，

满口发着古怪的誓，胡须长得像豹子一样，

爱惜着名誉！动不动要打架，

在炮口上寻求着泡沫一样的荣名。

罗伯特·德弗罗，第二任埃塞克斯伯爵

13. 伊丽莎白女王的著名胜利

白白送死的士兵。明枪暗箭。利剑和盾牌。吓人的虚假火力。无论是情节还是隐喻,莎士比亚的戏剧都充满了奥瑟罗所说的"灿烂辉煌、威风凛凛、杀气腾腾"[1]。他的职业生涯是在西班牙无敌舰队到来之后开始的。正如他在老女王统治的最后十年中写的那样,尼德兰和爱尔兰的军事行动给英国蒙上了阴影。他懂得在开战之前鼓舞士气的艺术,但他也知道历史的讽刺之处:哈利王说过的话"我们是少数,幸运的少数,一伙好兄弟"将铭刻在每一年的圣克里斯宾节,"从今日至世界末日"[2]。由于伊丽莎白时代新教对礼拜历法的改革,莎士比亚时期的英国从未庆祝过圣克里斯宾节。

莎士比亚还深入思考了战争的代价。伊拉斯谟最著名的格言是"战争的无知"(*Dulce bellum inexpertis*)[3],即"战争对于从未亲历过的人来说是愉快的"。据我们所知,莎士比亚从未亲身经历过战争,但在伦敦,甚至在斯特拉福德,他都见过上过战场的士兵。《亨利五世》一剧中不仅有激动人心的诗句"再次向突破口冲锋"和克里斯宾日的演说,还有普通士兵迈克尔·威廉姆斯的精辟话语,他以伊拉斯谟的精神,告诉乔装的国王一些朴素的真理:"恐怕死在战场上的人极少瞑目而终的,因为打仗就是专门杀人流血,谁会心怀仁慈?"[①][4]

在杰奎斯口中,处于人生第四个时期的军人"爱惜着名誉"。而在什鲁斯伯里战场上的福斯塔夫对于这个说法的态度,就像迈克尔·威廉姆斯对是否能"瞑目而终"的看法一样冷静——就像慈善捐款属于穷人那样,在战场上,心灵的

---

① 《亨利五世》,张顺赴译,北京:外语教学与研究出版社,2015,第85页。

If you know not me,
You know no body.

THE SECOND PART.

VVith the building of the Royall Exchange.
AND
The famous Victory of Queene Elizabeth: Anno 1588.

托马斯·海沃德的无敌舰队剧作扉页

和平只属于上帝。在16世纪90年代，骑士精神的"荣誉"准则有着非常特殊的政治内涵，而与其的关联曾使莎士比亚和他的剧团濒临灾难。

杰奎斯提到的嫉妒、荣誉、动不动要打架以及"寻求着泡沫一样的荣名"，也会使人想起一位从战场上归来的士兵——奥瑟罗，尽管这里的主要问题在于威尼斯并不是他真正的家。这一点也提醒了我们，在莎士比亚的时代，舞台上的战争很可能是全球性的。这位满口发着古怪的誓，胡须长得像豹子一样的军人可能会发现自己从炮口中脱膛而出，现身于各种各样的地方：在佛兰德斯的平原上，在伦敦的街道上，也可能是远渡重洋，在西班牙大陆美洲，或是在地中海东部与土耳其作战。

王家首领

对国家的认同感是通过一些具有决定意义的时刻形成的，而这些时刻通常都涉及暴力。法兰西共和国是在 1793 年 1 月国王被送上断头台的那个时刻得以明确的，而美利坚合众国则是在 1775 年 4 月列克星敦格林大街上响起枪声的那个早晨。

莎士比亚时代的英国也不例外。它的认同感来自一桩王室离婚和一系列出于宗教动机的处决。托马斯·莫尔爵士因反对亨利八世与罗马天主教会决裂，于 1535 年被斩首；托马斯·克兰默，因反对玛丽女王将英国重新纳入罗马天主教会而于 1556 年被烧死在火刑柱上；苏格兰的玛丽女王，因涉嫌参与罗米什·巴宾顿刺杀伊丽莎白女王的阴谋而于 1587 年被斩首。玛丽死后的第二年，无敌舰队的威胁就迫在眉睫。勇敢而饱受压迫的英国人这一流传已久的神话由此形成，以应对未来潜在的挑战。修辞学、历史和戏剧都在这一过程中发挥了作用。

这个自豪的小国当时正处于威胁之下。欧洲已经被一个冷酷无情的帝国接管，而这个帝国正野心勃勃地想要统治全球，它拥有最先进的战争机器、毫不妥协的意识形态，以及极其有效的国内安全保障。入侵部队已经集结起来。英国只能等待，静观英吉利海峡，祈祷。在这样的时刻，国家的斗志是破是立，都将由领导人的发言决定。修辞的力量不需要耗费任何经济代价。它可能只能弥补军事实力方面的一点差距。但如果发言确实令人难以忘怀，它将超越时间，延续下去，子孙后代会记住"这是他们最美好的时刻"。1940 年的情况就是这样。但是在 1588 年，威胁来自信奉天主教的西班牙，当时它不仅控制着欧洲的大片领土，还控制着新世界的大片领土。而这些反抗的话语出自女王伊丽莎白一世之口。

军队就聚集在泰晤士河口的蒂尔伯里，离如今 M25 高速

242　公路过河的地方不远，汽车就是在此排队，等待进入瑟罗克湖边购物中心。在 8 月的一个早晨，女王打扮得像代表古希腊精神的女战神雅典娜，骑着马检阅了她所有的骑兵中队。古典时代的雅典得以流芳百世的一切特质都是英国人十分珍视的：民主、辩论、学习、体育、诗歌、戏剧、帝国。护送童贞女王的是她忠诚的侍臣：莱斯特伯爵（她以前的最爱）、埃塞克斯伯爵（她未来的最爱）、马歇尔勋爵诺里斯，以及其他人。

莱昂内尔·夏普博士是莱斯特的专职教士。他见证了女王陛下致军队的"出色演说"，并且奉命将它记录下来，"在第二天传达给全军"——也就是说，要确保那些因为距离太远而没能亲耳听到伊丽莎白女王讲话的部队知道讲话的内容。感谢无线电技术，1940 年的丘吉尔在一个安全的演播室里向全国发表了演说。而在蒂尔伯里，只有代表才能听到女王本人的声音。为了向全军发表演说，她不得不冒着巨大的风险出现在现场。演讲一开始，她就将风险转化成了优势——

> 我亲爱的人民，曾经有一些担心我的人试图说服我，不能把自己托付给这样全副武装的大批军队，因为担心我遭到叛乱。但我告诉你们，我不愿意活在对忠实可爱的人民的不信任之中。让那些暴君去恐惧吧！我这样做，是把我最大的力量托付给了上帝，把安全保卫托付给了臣民的忠诚和善意。

只有像西班牙菲利普二世那样的"暴君"才需要担心遭到暗杀。一个以爱和宗教责任来统治的女王确实可以获得人民的忠诚，前提是她能消除他们对于由"女性的畸形统治"所引发的任何疑虑——苏格兰清教徒约翰·诺克斯（John Knox）正是因这样的诅咒而获罪的。她勇敢地面对了女性身份这一问题，而不是对它置之不理——

> 所以我在这个时刻到你们中间来，不是为了消遣或享乐。而是抱着参与激战的决心，要同你们生死与共，为我的上帝，为我的王国，为我的人民，献上我的荣誉、我的鲜血，即使将会葬送在尘土中。我知道我不过是区区弱女子之躯，但我有一颗国王的心，一颗英格兰国王的心……不要怀疑，只要你们在军营里同心协力，在战场上英勇无畏，听从我和我的将军，我们不久就能战胜上帝之敌和我国之敌，取得辉煌胜利。[5]

243

和三个多世纪以后的丘吉尔一样，伊丽莎白女王也接受过古典文学的教育。尽管存在着诸多不同，但这两位领导人至少有一段相似的经历：他们童年时代的大部分时间都在学习西塞罗的拉丁语。因此，他们知道修辞的力量依赖对称和重复。"我的荣誉、我的鲜血""为我的上帝，为我的王国""在军营里同心协力，在战场上英雄无畏"，其中最重要的是，对于"国王"的重复和强化——"一颗国王的心，一颗英格兰国王的心"。

一场精彩的演讲能被概括成一个关键词——丘吉尔的"决战时刻"和伊丽莎白的"辉煌胜利"。女王的演讲极具戏剧效果，因此，她的这个关键词像是从舞台上借用而来的。这或许不足为奇。在16世纪80年代，最好的剧团就是由伊丽莎白本人赞助的女王供奉剧团。他们最受欢迎的戏剧之一是《亨利五世的辉煌胜利》。这可能是专业剧团常备剧目中最早的历史剧，讲述了哈利王在"奈德"和"约翰·奥德卡斯尔爵士"的陪伴下，由叛逆青年成长起来，最终在阿金库尔战役中战胜重重困难取得胜利的故事。这些素材是如此精彩，所以十年后威廉·

莎士比亚将其扩充成为三部完整的戏剧——其中最后一部《亨利五世》，就包含了伊丽莎白战前演讲的影子，这曾使得丘吉尔深受启发——

> 克里斯宾节永流传，
> 从今日至世界末日，
> 我们将被永远怀念；
> 我们是少数，幸运的少数，一伙好兄弟。①6

莎士比亚强调君主和普通士兵之间的兄弟情谊，这与伊丽莎白强调对人民的爱甚于对人民的统治是一致的。虽然作者不明的《亨利五世的辉煌胜利》中使用的语言从来没有上升到这样的高度，但它依然使得阿金库尔战役作为典型的反败为胜之战永载英国史册。女王演讲中的"辉煌胜利"一词，正是暗示着英军将会像在阿金库尔战役那样痛击无敌舰队，成就英格兰历史上另一个决战时刻。

在伊丽莎白女王去世后不久，多产的剧作家托马斯·海沃德为了纪念她，创作了一部分为上、下两篇的剧本，题为《无人不识我大名》。下篇还有一个副标题，即《伦敦交易所的建立和伊丽莎白女王的辉煌胜利：1588 年》。击败无敌舰队是这出戏的高潮部分。在舞台上，由年轻男演员扮演的伊丽莎白女王演绎了现实中的女王演讲——

> 现在，高贵的战士们，像我这样唤醒你们的心，
> 下定崇高的决心：如果这里有

---

① 《亨利五世》，张顺赴译，北京：外语教学与研究出版社，2015，第 94 页。

什么人并不爱我们，或深陷于恐惧之中，

我们赋予此人离开营地的自由

对此我们并未心怀不满。

我们是女王的军队，所以我们的心要平等，

因为我将会为这里最卑鄙的人同样抛洒鲜血，

所以失去这样的人对我只有好处。

继续前进吧，我们能遇到的最糟的状况，

不过是一位未婚的女王会成为你的将军。7

海沃德的语言更多地来自莎士比亚对亨利五世阿金库尔之战演讲的戏剧化改编，而不是伊丽莎白女王在蒂尔伯里的演讲。特别值得一提的是，任何"不爱我们，或深陷于恐惧之中"的人都可以离开营地，这其实是来自莎士比亚笔下——

啊，不多要一卒，你宁可明示全军：

无心此战者皆可离队，

并发通行证及旅费。

我们不愿同这些人共死，

因他们贪生怕死。①8

245

从女王剧团的常备剧目《亨利五世的辉煌胜利》，到伊丽莎白女王在蒂尔伯里的演说"辉煌胜利"，到莎士比亚的《亨利五世》，再到海沃德戏剧中对女王演说的戏剧化改编，都完美地揭示了伊丽莎白时代晚期戏剧与历史之间的共生关系。

海沃德在这段演说之后写下了一句舞台指导："他们从一

---

① 《亨利五世》，张顺赴译，北京：外语教学与研究出版社，2015，第93页。

边走下台去，弗朗西斯·德雷克爵士从另一边走上台，带着从西班牙人手里夺来的军旗。"用现代电影的术语来讲，这是一个跳接。如果要制作一部叫作《无敌舰队》的好莱坞大片，我们会使用完全相同的手法，从陆军切换到海军，镜头从蒂尔伯里的营地摇向西，切换到集结在普利茅斯的舰队。港口上方有一片名为"普利茅斯之锄"的绿地，在那里，下面的船只一览无余——其中有三桅大帆船"王家方舟号"、"复仇号"，舰载艇"轻蔑号"和一队全副武装的商船，它们正在焦急地等待着风，等待着消息。西班牙无敌舰队的消息传来时，船长们正在"普利茅斯之锄"上玩滚球。曾成功环航世界的弗朗西斯·德雷克爵士并没有惊慌失措地跑向"复仇号"。他说，有的是时间，先完成这场比赛，再去解决那些西班牙人。英国人的低调、英国人的坚韧决心在此表现得淋漓尽致。

但我们现在知道，好莱坞电影式的故事是不可信的。古希腊人和古罗马人教给伊丽莎白时代的英国人许多事实，其中一个就是第一位历史学家希罗多德同时也是谎言之父。这集中表现在他将历史事件戏剧化，使得英雄们超凡脱俗，并加快事件发生的节奏，"将经年累月的成就／浓缩进一只沙漏"[9]。尽管人们普遍认为"决战时刻"出现在丘吉尔 1940 年 6 月 4 日的演讲"我们将鏖战于海滩"中的高潮部分，但实际上它来自发布于两周之后的另一篇演讲。电视纪录片经常把这两个演讲编辑在一起。出于同样的原因，在康沃尔最南端的力扎尔海域发现西班牙舰队是在 1588 年 7 月 19 日，随后消息就传到了普利茅斯的德雷克，而伊丽莎白在蒂尔伯里发表演说是在 1588 年 8 月 9 日，此时舰队的主力已经侵扰了整个英吉利海峡并开始向敦刻尔克进发。她的演讲中涉及的真正威胁是西班牙摄政王尼德兰总督帕尔马公爵（Duke of Parma）正打算派遣一支 3 万人的入侵部队，乘坐浅底驳船穿越多佛海峡。这段演讲中最著名句子的后半部分说明了这一点，尽管人们一般不会引用它："我知道我不过是区区弱女子之躯，但我有一颗国王的心，一颗英格兰国王的心——我对帕尔马或任何一个欧洲君主胆敢侵犯我的领土边界的行为嗤之以鼻。"

要完全理解伊丽莎白这句话的意义，我们不仅需要了解当时的事件，还要有对于思维习惯和修辞手法的调和。从事件的角度来看，我们需要知道西班牙人和他们的摄政王尼德兰（包括比利时和荷兰）总督帕尔马公爵是站在天主教一方的，而英国人为支持"联省"的新教自由战士而战，是与西班牙人对立的一方。

从更根本的知识层面上看，我们需要知道女王在这里结合了两种传统的思想。首先，有一种观点认为国王有两个身体，即他们自己的"自然身体"和以他或她来具身体现的国家的"政治身体"。从国王的两个身体又可以延伸出王室的"我们"观念，这是一个用复数形式谈论他或她自身——显然是单数——的独特习惯。就莎士比亚所用代词的演变情况而言，莎士比亚的《理查二世》是对国王从他的一个身体中退位之后所发生之事的一种异乎寻常的研究。从政体连续性的理念出发，加冕仪式上出现了这样的欢呼："国王死了，国王万岁。"如果新国王即位，而老国王又健在，就会带来一些重大的问题，莎士比亚在《理查二世》和《亨利六世》下篇中都写到了这些问题。

蒂尔伯里演说的精彩之处在于，伊丽莎白决定自始至终都使用第一人称。人们本以为她会用第一人称来形容她的自然身体（"我知道我不过是区区弱女子之躯"），但当提到她作为女王的身体时，就会转而使用国王惯用的"我们"。但她没有使用惯用语"我们的领土"，她说的是"我的领土"。这是一种非正式的、私人的口吻，旨在使她和她的人民之间产生一种亲密感。当她说"我们不久就能战胜上帝之敌和我国之敌，取得辉煌胜利"时，她使用了"我"这个词，这就使得"我们"指代的是那些为她而出战的士兵。她凭借一种修辞手段，把自己与人民联系在一起。

伊丽莎白坚持使用第一人称单数"我"，也是为了将国王的两个身体与第二种传统观念结合起来，即身体和国家之间的类比。她的演讲不动声色地从她的心转到"我的王国的边界"，因此在一瞬间创造出了以她的身体作为英国地图的意象，就像德雷顿《多福之国》的卷首插图那样。

许多古典和新古典主义作家都使用过将国家比喻为一个身体这一意象。莎士比亚在《科利奥兰纳斯》开篇米尼涅斯与城民的对话中就采用了这一意象——"那戴王冠的头，那警觉的眼，/那敏慧的心，那卫士般的胳臂，/那承载身体的腿，那指挥若定的舌"，等等。关于肚子的说法来自普鲁塔克的《加伊乌斯·马略生平》，但对话中的措辞似乎也与其他来源有所呼应（这一做法在此剧中很少见，因为在莎士比亚所有剧作中，只有《科利奥兰纳斯》取材于单一作品）。据此，学者们推测他查阅过或者是牢牢记住了卡姆登《不列颠遗产》（*Remains*）中的内容，还有李维《罗马史》的英译本和普鲁塔克作品的英译本，但同样有可能的是，他潜移默化地吸收了许多不同来源中的身体/国家类比：它呈现出一种作为司空见惯之事的强大力量。这就是为什么伊丽莎白不需要明确解释她的观点。她希望她的士兵们明白，他们是她王国的武器，而她给予了他们战斗的心。

通常，伊丽莎白女王不会依赖别人帮她撰写讲稿。她是一位受过高等教育的女性，一位成就斐然的古典文学翻译家，一位才华横溢的抒情诗人，一位高超的修辞学家，也是一位诙谐的书信作者，她有一种莎士比亚式的天赋，能根据讲话的目的使用不同的语言。蒂尔伯里的演说与她的其他演说在文体上

是一致的。然而，我们也应该指出，演说是在事件发生多年后
才出版的，因此其真实性受到了质疑。[10] 令人惊讶的是，海沃
德剧本的第一版中并没有把无敌舰队出现之前的场景特别设置
在蒂尔伯里。女王的演说开始流传是在 1623 年，当时反西班
牙情绪重新高涨。直到这时海沃德才修改了《无人不识我姓
名》下篇，增加了一个专门设在蒂尔伯里的场景，并给女王的
角色增添了台词。从无敌舰队入侵到 1642 年清教徒关闭剧场
的这段时期，戏剧在塑造英国女王骁勇善战的英雄形象方面发
挥了重要作用。同样被塑造为英雄的，还有 16 世纪 90 年代
在女王麾下效力的将军，他就是《亨利五世》中"我们圣明女
王的将军"——第二任埃塞克斯伯爵罗伯特·德弗罗（Robert
Devereux）。

14. 埃塞克斯人？一部五幕政治悲剧

第一幕

　　1601年2月7日，星期二，埃塞克斯伯爵的管家盖利·梅里克爵士（Sir Gelly Meyrick）度过了忙碌的一天。我们不知道他在这天早晨的具体行动，不过他给了一个叫巴克的人40先令，偿还了一部分之前雇他来擦枪和给枪上油的费用。埃塞克斯府上准备了大约100件这样的武器，埃塞克斯府是伯爵在伦敦的住所，位于泰晤士河北岸的法律区。沿着现在的斯特兰德大街，这里处于城市的中心位置，西边是位于白厅的宫廷和威斯敏斯特教堂，东边是伦敦城和伦敦塔，河正对岸就是环球剧院。

　　那天的正餐，即一天中最重要的一餐，是在中午吃的。梅里克爵士从埃塞克斯府出发，来到了不远处的圣殿门一带，他的朋友冈特的寒酸住处。跟他共进午餐的有威廉·康斯特布尔爵士（Sir William Constable）、蒙蒂格尔勋爵（Lord Mounteagle）、克里斯托弗·勃伦特爵士（Sir Christopher Blunt）、查尔斯·珀西爵士（Sir Charles Percy）、亨利·卡夫（Henry Cuffe）、爱德华·布歇尔（Edward Bushell）、埃利斯·琼斯（Ellis Jones），也许还有约翰·戴维斯爵士和约塞林·珀西爵士（Sir Joscelyn Percy）。这顿饭一定开得相当早，而且吃得也很快，因为在两点钟以前，他们中的大部分人都已经安安稳稳地坐在戏院里了。他们是坐船渡河到达环球剧院的。此时，海军上校托马斯·李（Thomas Lee）也加入了他们，在埃塞克斯伯爵命运多舛的1599年爱尔兰军事行动之中，他是一位关键人物。

　　在正餐和看剧之间，梅里克爵士似乎短暂地回了一趟埃塞克斯府，大概是为了差事，并告诉手下，如果下午有紧急情况，可以在哪里找到他。因此，他在演出开始之后不久才赶到。"这出戏的题材，"他后来对审讯他的人说，"是哈利王四世以及被弑的理查二世，由宫务大臣供奉剧团的演员出演。"在南沃克区，剧院的演出连同演出结束之后上演的吉格舞一直持续到下午5点钟，在这样一个寒冷的2月下午，天色在5点钟的时候早就黑了，所以宫务大臣供奉剧团上演的可能是缩减过的剧本。

250

演出结束后，这群人随即四散，一些人回到了自己家里，另一些人则去了埃塞克斯府。梅里克回到冈特的家里吃晚饭。然而，就在吃饭的时候，他突然离开冈特家去了埃塞克斯府，因为他得知主人已经被传唤到宫廷去了——在星期六天黑之后事情有了惊人的发展。伯爵收到了一份正式的请求书，要求他立刻到枢密院去，但同时也收到了一封私人信件，警告他不要去，因为有人密谋引诱他去财务大臣府上，并要在那里谋杀他。还有传言说沃尔特·雷利爵士和科巴姆勋爵亨利·布鲁克，正准备趁他熟睡的时候动手暗杀他。因此，埃塞克斯拒绝去枢密院，甚至当枢密院秘书约翰·赫伯特博士亲自送来第二次传唤时也是如此。埃塞克斯和他的追随者在会客厅里开了一场激烈的会议，思考了各种可能的办法。立刻在夜里突袭宫廷？撤退到威尔士，然后离开这个国家？对伯爵来说，逃跑不是一个可能的选项，但他也不想在没有伦敦城支持的情况下采取行动。最好还是等到第二天早上再说。

整个晚上，他的手下都在忙着给支持者们送信，通知他们早上在埃塞克斯府上集合。作为主持家政的管家，梅里克爵士在庭院和走廊之间来回奔波，忙着开会、吩咐仆人、做准备和猜测。在凌晨1点到2点之间，有人看见他的手下带着一袋子弹和一皮袋火药进入了花园。

梅里克回到自己的房间时已经很晚了，他和主人最忠诚的追随者之一、出身卑微的硬汉军人约翰·戴维斯爵士一起躺在那里，度过了余下的夜晚。一位竞争对手曾将戴维斯描述为"阴沟巷里孵化出来的谢普斯塔之子"，谢普斯塔指的是为裁缝剪布料的女工。共用一张床是当时的习惯做法——并不一定会做爱。但人们觉得梅里克爵士和戴维斯爵士一定没有睡多久。他们一定在交谈，谈是什么导致了这次不幸的事件，谈他们对明天的期望。我们本来指望他们也谈过当天看的戏，但有相当有力的证据表明他们没有。去看戏的一伙人之中有人说，他以为戴维斯和他们在一起，但并不确定，而梅里克爵士后来告诉审讯他的人，他记不清戴维斯爵士有没有出现在剧院，尽管后者确实说过如果可能的话他一定会去的。除非梅里克爵士在为他的朋友掩饰，否则他记不清楚戴维斯有没有去看戏这一点，就表明他们当天没有在环球剧院碰面，也不太可能晚上睡在一起讨论演出的优劣或其他与这场戏有关的事情。描绘国王理查二世之死的戏剧似乎是当天的中心，是一起非常重要的事件，但后来却相形失色，显得无足轻重。这一模式我们在后文中还会再一次看到。然而，自相矛盾的是，这个渐渐淡出了人们视线的事件，就像在那个性命攸关的周末的调查中根本没有人提起莎士比亚的名字一样，让我们看到了它的真正意义。

埃塞克斯的追随者天亮后不久陆续到达。熙熙攘攘的人群在院子里，看热闹的人群聚在大门口。10点钟的时候，一个由国玺大臣和首席大法官率领的小代表团从白厅到达此地。在院子里进行了几句充满敌意的交谈之后，埃塞克斯把他们带到了书房，交给硬汉戴维斯来守卫，并由他手下的另一名军官把守着大门，旁边还有三个火枪手，火柴已经备好，随时准备着点燃火药。

即使贵为伯爵，一旦擅自拘禁这样的高级官员，他就没有别的路可走，只能一意孤行。院子里有人喊着"去白厅"，但埃塞克斯向东进了伦敦城,以期能够得到市长大人和治安官的支持。在他沿着舰队街走到卢德门的时候,有 100~200 名贵族、绅士和勇士跟在他后面。他们没有全副武装,整个冒险是没有预谋的,可以说是毫无组织。伯爵大喊大叫,声称他是在保护女王和这座城市,他的敌人把这个国家出卖给了西班牙,然而回应他的似乎只是大惑不解。没有市民因支持他而自发参与活动,只是下午 3 点左右在卢德门那里发生了一场与宫廷军队之间的小规模冲突,他们很不体面地从水路撤退到埃塞克斯府的楼梯上,试图确保建筑的安全并销毁密谋的证据。黄昏时分,他们向一支规模虽小但组织严密的军队投降了,这支军队听命于海军大臣和伯利男爵(Baron Burghley),即埃塞克斯的劲敌罗伯特·塞西尔(Robert Cecil)的同父异母兄弟。在过去的几周里,埃塞克斯和他最亲密的盟友们酝酿了一个不成熟的计划,要去宫廷保护女王,逮捕他的敌人,并将他们送上法庭。但他们并没有走到宫廷。女王伊丽莎白平静地继续着她星期天的例行活动,仿佛什么事也没有发生。叛乱几乎在开始之前就已经结束了。

逮捕、调查和审讯立即开始了。11 天后,第二任埃塞克斯伯爵罗伯特·德弗罗和他地位最高的副官,第三任南安普敦伯爵亨利·赖奥斯利,因叛国罪在威斯敏斯特受审,被判决有罪。埃塞克斯在受审时穿了一件鲜红色的马甲,但他走向断头台时,却穿着一件做工精细的天鹅绒长袍、一套缎子套装,戴着一顶毡帽,整套服饰是纯黑色的。南安普敦伯爵被判处缓刑,收押在伦敦塔内。

3 月初,另五人也因叛国罪受审:克里斯托弗·勃伦特爵士、查尔斯·丹弗斯爵士、约翰·戴维斯爵士、盖利·梅里克爵士和亨利·卡夫。所有人都被判有罪。勃伦特和丹弗斯因有世袭的贵族身份,被授予了在伦敦塔山斩首的特权,而梅里克和卡夫则被吊死在泰伯恩刑场，随后遭到分尸。戴维斯"上来就说出了事件的中心人物，从而救了自己一命"[1]。勃伦特、梅里克和卡夫曾于2月7日在剧场观看了理查二世被杀的一幕，仅仅在一个多月之后，他们本人也在虔诚的仪式中被杀了。

对梅里克的控诉可以分为三个部分。首先，事件发生当天，他在埃塞克斯府上扮演了最主要的角色。他是这座房子的"队长或指挥官"[2]，将其筑成一个防御工事，使得那些进入伦敦城的人有地方撤退，他是"一位忙碌、积极且惹眼的行动者，参与了由女王陛下的副官率领的反对女王军队的防御和抵抗活动"。一个目击者看见他出现在通往前厅的走廊上，把一支火枪架在墙头，准备在伯利走近时向临街的大门口射击。其次，在事件发生前的几天，他把几位绅士赶出了他们位于埃塞克斯府附近的住所，以便埃塞克斯的追随者和共犯有地方住。这成为他参与叛乱预谋的证据。言下之意，参与预谋叛乱就是他的第三桩叛国行为。

叛乱发生前的那个下午，梅里克和后来参加叛乱的人观看的罢黜国王理查二世的戏码，是他们有意促成的，这一点后来也得到了证实。梅里克特意吩咐过。有一个演员告诉他，这出戏太老了，很少有观众愿意去看，如果坚持上演该剧，剧院会遭受损失，于是梅里克多付了40先令，这出戏才得以演出。

弗朗西斯·培根在埃塞克斯及同伙的守灵夜过后，就发表了关于他们遭受审判的第一篇文章，其中清楚地描述了梅里克促成这场演出的动机："他是如此热切地想要亲眼看到这场悲剧，因为他设想不久之后他的主子就会把这场悲剧变成现实，但是上帝却使它降临到了他们自己的头上。"[3]

盖利·梅里克爵士的案件是第一次因委托上演莎士比亚的戏剧而被处死的案例。这里还有一个小小的不公之处，虽然大多数评论家都没能注意到。梅里克并不是那个"促成"或"定制"了上演旧剧《理查二世》的人。那么这件事到底是谁做的？为什么检察官们——大臣罗伯特·塞西尔爵士、首席检察官爱德华·科克爵士和他年轻的法律顾问弗朗西斯·培根——都希望将罪名归于梅里克？他们为什么认为在叛国罪的审判中有必要提起演戏这样琐碎无聊的事情呢？

历史学家发现，有时候"如果……又会怎样？"的反设事实游戏会有帮助。如果埃塞克斯伯爵像剧中的亨利·波林勃洛克那样得到了伦敦城的支持，情况又会怎样呢？如果他们一行确实开进了宫廷，挑起一场血战，威胁到女王本人，那又会怎样呢？由于这场叛乱荒谬地毫无作用，伊丽莎白和朝臣们才得以表现出宽厚仁慈。少数主谋被处死，以儆效尤，但埃塞克斯的大多数追随者得以幸免，最坏的情况不过是被判短暂监禁并处以罚款。如果他们造成的威胁更严重，统治者的反应会更加严苛，对这出戏的处置也会更严厉。我们可以想象一下审讯将会以什么样的方式进行。大多数罪魁祸首不都出现在演出现场吗？勃伦特、梅里克、卡夫，还有戴维斯？约翰·海沃德爵士所著的《亨利四世国王史》（*King Henry IV*）是一本献给埃塞克斯的叛国书籍，并且已经引发了极端后果，环球剧院上演的悲剧难道不是与其具有惊人的相似之处吗？就这一点来说，剧本作者本人必定也会受到审问。这么一来，人们就会发现，虽然他现在是忠贞不渝的宫务大臣亨斯顿勋爵的手下，但他那些已出版的诗歌正是献给了埃塞克斯的得力助手南安普敦伯爵。反埃塞克斯派的主要人物科巴姆勋爵亨利·布鲁克可能会插话说，这个龌龊的写剧本的还写过一部所谓的历史剧，其中充斥着对他可敬的先祖、罗拉德教派殉道者约翰·奥尔德卡斯尔爵士的侮辱。莎士比亚曾被迫将这一角色的名字改为福斯塔夫。

在埃塞克斯叛乱爆发之前的几年，剧作家托马斯·纳什因为在一部名为《狗岛》的戏中写过几句具有煽动性的台词，引

254

发了一场规模远小于此的骚乱而被判入狱，剧院也遭到关闭。所以在当前这个案子中，塞西尔肯定会坚称，环球剧院必须关闭，剧团必须解散，这位莎士比亚大师应该被南安普敦的刷子刷上柏油，扔进伦敦塔。

想象一下这样的情景：莎士比亚的职业生涯在 1601 年 2 月耻辱地结束了。不仅仅是《一报还一报》《奥瑟罗》《李尔王》《麦克白》《安东尼与克莉奥佩特拉》《暴风雨》，后来的那些戏剧都不曾写出来。约翰·海明斯和亨利·康德尔不可能编辑出一部第一对开本戏剧集。幸存下来的只有很少几部四开本作品：叙事诗集、六部历史剧（部分文本含混不清）、四部喜剧和两部悲剧。没有《哈姆莱特》或《第十二夜》，没有《尤力乌斯·凯撒》或《皆大欢喜》。整个英国文学的进程，实际上是西方文化的进程，都将不同。

依照埃塞克斯手下的命令上演《理查二世》事件，在莎士比亚的每一部传记中，以及大多数对伊丽莎白时代戏剧和政治的描述中，都会提上几句。但是对该事件的记载一直以来都与事实颇有出入。标准的描述都假设"这一策略似乎是为了在伦敦民众的头脑中植入一种成功反叛的意识"。因此，斯蒂芬·格林布拉特（Stephen Greenblatt）在他撰写的传记《威尔的世界》（*Will in the World*）中，重复了此前许多评论家的观点。他认为"至少在逮捕事件发生后，当时的政府就是这样看待这场特别演出的，女王本人似乎也是这样理解的"。[4] "我就是理查二世，"她对此十分生气，"难道你们看不出来吗？"但是，委托上演这出戏的那些人的策略，怎么可能在伦敦民众没有叛乱计划的前提下，在他们的头脑中植入叛乱成功的想法呢？埃塞克斯走上街头的导火索，是演出结束后当天晚上枢密院对他的传唤。在随后的调查中，塞西尔一伙人并没有明确地表示出他们对这场演出的看法。至于女王将自己比作理查二世，引述这句话的时候一般都会加上传说中她随后对此的评论："这场悲剧已经在大街上和剧院里上演了40次。"女王是否说过这些话很值得怀疑。即使她真的说了类似的话，后一句的意思也可能被误解了。至关重要的是应该记住，埃塞克斯正在策划的行动是要把那些在他远征爱尔兰失败之后，使他垮台并被逐出宫廷的那些人赶出宫廷，而不是要推翻女王。然而，他的敌人塞西尔一派的策略是给人留下他一直在密谋推翻女王的印象。在审视这个更大的图景之前，让我们先回过头来看看遵他们之命上演的那出戏。[5]

第二幕

安排这出戏似乎是查尔斯·珀西爵士的主意。1601年2月第一个周末之前，他和哥哥乔西·珀西爵士、蒙塔格尔勋爵（Lord Monteagle）以及其他三人一起去环球剧院找演员。剧团的哪几位成员出席了会议现在已经不得而知：现存的文件中只提到"部分演员"。但假设几位主要的股东当时都在场是合理的，或许他们就是当时的宫廷文件中被称为宫务大臣供奉剧团代表的那些人：约翰·海明斯，托马斯·蒲伯、理查德·考利。也许还有主演理查德·白贝芝和驻场剧作家威廉·莎士比亚，但这不是确定无疑的。

唯一可以肯定在现场的是兼任公司经理的演员奥古斯丁·菲利普斯（Augustine Phillips）。他作证说，查尔斯爵士和他的朋友们要求"在下个星期六上演国王理查二世被废黜和处死的剧本，答应比他们普通演出多给40先令"[6]。"普通"一词在这里有两种含义。它可能意味着"比他们平时的酬劳多40先令"。但这个词也指某项商品或服务的固定价格，通常是酒馆里的一顿饭（在伊丽莎白时代，这个词就是指"套餐"）。所以这可能意味着"比御前演出的标准费用多40先令"，也就是说，是 12 镑，而不是 10 镑，10 镑是当时一场宫廷演出的标准价格。菲利普斯和他的同事们最初表示反对，"理查国王的戏实在太老，很久没有上演了，临时找不到多少能演的人"。但这几位绅士一再坚持，演员们最终还是让步了。他们似乎预先拿到了"比普通演出多的 40 先令"。

提出请求的时间不是星期四就是星期五，所以宫务大臣供奉剧团最多有 48 小时的时间来重新记诵台词、掸去服装和道具上的灰尘、为演出做广告。储备剧本的制度就是如此，这里没有什么不同寻常之处。记录中也有其他类似的例子，演员必须应付在最后一刻更换剧目的情况。

这部由宫务大臣供奉剧团上演、被菲利普斯称作"国王理查二世被废黜和处死的戏剧"，是由他们的驻场剧作家威廉·莎士比亚创作的。这出戏是在 1595 年或 1596 年写作并上演的，它在 1597 年以四开本的形式出版，并在 1598 年重印了两次。印刷本中删去了大约 160 行的内容，描述的是理查国王正式交出王位，逆转了加冕仪式上的神圣语言，并打碎了一面镜子。学者们通常认为，这一删减是因为该场景在政治上过于敏感，不宜出版，但没有证据表明确实存在主动的审查行为。这部作品肯定经过了审查是一种由来已久的误解，甚至一些著名的莎士比亚研究学者也持这样的看法。这一场景在 1608 年再版的四开本中作为一个"新附录"出现，并在 1623 年出版的对开本中再次出现，1623 年版本中的这段情节来自剧院的提词本，文本的质量也更高。理查国王叙述此事的顺序变成"用朕自己的泪水，涤荡朕脸上的圣油 / 用朕自己的双手，交出朕的王冠"[7]，这就将废黜变成了退位，从而大大弱化了这出戏的颠覆性。

这就提出了一种学者们普遍忽略了的可能性，即莎士比亚可能是在 1601 年 2 月的事件发生之后，特意加写了这部分，意在让人觉得移交权力的场景是正式且庄严的，而不是最初版本中描述的那样放肆而混乱，还跟埃塞克斯和他的同伙受审一事有了牵连。我们也不能完全排除另一种可能性，即为了给剧本增色，也为了酬谢查尔斯·珀西爵士一行高出普通演出40先令的赏金，莎士比亚在周五匆匆忙忙地添加了这部分内容，让演员们通宵记诵，第二天上午从头至尾排练一次，然后在下午的演出中正式加入这部分。关于退位的那部分台词仍然悬而未决，它虽然是个极其有趣的问题，但对于我们解释1601年2月事件不会产生任何影响。

在16世纪90年代，各个剧场之间竞争激烈，剧目的更替速度很快，只有那些最成功的剧目才会一季一季地保留下来。这就解释了为什么菲利普斯和同事们一开始不愿意为珀西和他的朋友们重演《理查二世》：作为一部已经问世5年的戏剧，它已经"很久没演了"。莎士比亚已经转向了《亨利四世》上篇，这可能是他在商业上最为成功的剧本。之后他又写了《亨利四世》下篇和《亨利五世》。到1601年初，随着《尤力乌斯·凯撒》《哈姆莱特》《皆大欢喜》的相继完成，他已经逐渐远离了英国历史题材。与今天的王家莎士比亚剧团不同，宫务大臣供奉剧团似乎并没有重演《理查二世》并把始于《理查二世》终于《亨利五世》的"四联剧"重新搬上舞台的想法。

现在回到我们在开始部分提到的那个人。虽然盖利·梅里克爵士被处死的罪名之一是他安排了这出戏，但是菲利普斯代表演员们给出的证词中并没有提到他。在审讯中，梅里克本人证实演出是由珀西委托的。他试探性的态度支持了这一观点，即去委托演出的那伙人里并没有他："除了查尔斯·珀西爵士之外，他不知道还有谁安排了那出戏在那个时候上演，但是，他认为的确就是查尔斯·珀西爵士。"[8]

那么查尔斯·珀西爵士是谁呢？他是第八任诺森伯兰伯爵

258

亨利·珀西的小儿子。他的哥哥也叫亨利，在 1585 年继承了世袭的头衔，成为第九任诺森伯兰伯爵。由于对炼金术和天文学的强烈兴趣，亨利也被称为"巫师伯爵"。这个家庭同埃塞克斯有着错综复杂的关系。亨利娶了埃塞克斯的妹妹多萝西·德弗罗，但在政治上与埃塞克斯的对手沃尔特·雷利爵士关系密切。而查尔斯则彻头彻尾属于埃塞克斯一派。他在伯爵手下作战，1591 年在出战鲁昂之前被封为爵士，当时埃塞克斯率领的英国人加入了俾隆公爵和纳瓦拉的亨利的队伍，一起包围了这座城市。后来，查尔斯爵士又参加了镇压爱尔兰叛乱的行动，1598 年在黑水河上的黄浅滩战役中担任了指挥先头部队的上校职位。这次战役对英国人来说是灾难性的，爱尔兰的马歇尔伯爵以及麾下 1500 名士兵死亡。从查尔斯·珀西在登布勒顿教堂的纪念碑上来看，他又矮又壮。但他确实是一位好战士：在黑水河之战中，他娴熟地用战术牵制敌人、掩护撤退。第二年埃塞克斯接手指挥爱尔兰战争，下令让珀西去进攻凯尔城堡（Cahir Castle）。

这场战役失败之后，同埃塞克斯的许多忠实追随者一样，珀西又回到了英格兰，终日无所事事。在这段时期，他的住所似乎是位于格洛斯特郡科茨沃尔德的中心地带——宽街附近的登布勒顿。在一封信中（据维多利亚时代的学者理查德·辛普森说，这封信是因参与埃塞克斯叛乱被捕之后在他身上找到的），他曾这样抱怨道——

> 我被乡村事务缠身，没办法来伦敦。如果我在这里待久了，你将会发现我变得如此迟钝，简直会被人当作乡村法官赛伦斯或者是夏禄。所以，可怜可怜我吧，时常给我捎点消息来。虽然在伦敦，这样的消息还不足以消除我像乡村法官夏禄这样的印象，可是，在格洛斯特郡，这些消

息已经足够我当一位非常体面的绅士了。[9]

写信的日期只能靠猜测——辛普森的说法没有得到证实，查尔斯爵士显然在1601年初就已经来到了伦敦，但信里表明了他对莎士比亚历史剧的兴趣。信中提到了乡村法官夏禄、赛伦斯和格洛斯特郡，因此它显然出自一位非常欣赏《亨利四世》下篇的观众（或读者）之手。考虑到这些戏剧中的核心人物正是来自他自己的家庭——珀西家族，他对这些戏剧的喜爱也就不足为奇了。现实生活中的战士珀西完全有理由把他的先祖哈利·霍茨波当作自己最喜欢的戏剧角色。他带领一伙儿埃塞克斯手下的人去环球剧院，要求观看一场莎士比亚的特别演出，这是非常合理的。我们稍后再来讨论为什么他想看《理查二世》而不是《亨利四世》系列剧，即使他对于后者有着更加浓厚的个人兴趣。

由于参与了埃塞克斯事件，查尔斯爵士在伦敦塔中待了几个月，并支付了一笔500镑的罚款。他的弟弟乔斯林·珀西爵士（Sir Joscelyn Percy）也在委托戏剧上演的一伙人之中，虽然证言中没有特别提到他周六的时候也在场。周日，他参与了埃塞克斯的游行，因此被一直囚禁到了夏天，然后在被处以500英镑的罚款之后释放。

被演员菲利普斯点名指出参与了活动的第三个人是蒙塔格尔勋爵威廉·帕克。作为一名天主教徒，他不反对西班牙为了支持他的教友而入侵英国，并且他也曾经在爱尔兰作战。1599年夏，这位时年25岁左右、鲁莽性急的年轻人在都柏林被埃塞克斯封爵。他被判定为比珀西兄弟更重要的同谋，因此被课以一笔金额远多于他们的罚款，即8000英镑。在枢密院受审时，他在安排这部戏上演的过程中所起到的作用似乎根本没有被提及。几年之后，他在政治上来了一个180度大转弯：1605

260

年 11 月，就是他带领当局人员进入国会地下室，并在那里找到了盖伊·福克斯和他的火药。①

以上就是去环球剧院委托上演这出戏的那些人。现在我们来关注一下他们执行的任务：为什么要安排"国王理查遭到废黜和杀戮的戏码"？

第三幕

下面是首席检察官科克在 1600 年夏天总结出的一段关于历史事件的报告。据说，有一位作者——

> 选取了一段两百年之前的故事，并于去年将其出版，打算用于影射眼下这个时期，情节是一个国王因为治国无方而增税，他的枢密院是出于私人目的进行腐败和贪婪交易的机构；众人纷纷指责国王将利益授予了他令人憎恶的宠臣，贵族们渐渐变得心怀不满，平民百姓在频繁征收的赋税之下牢骚不断，国王因此遭到废黜，并且最终被谋杀。10

如果只读这一段，完全有理由认为这里总结的就是莎士比亚的《理查二世》。

但这出戏是在 1597 年出版的。"并于去年将其出版"这句话暗示科克指的是另一部作品，即约翰·海沃德爵士以无韵文写的历史著作《亨利四世的生平及统治，上篇》（*The First Part of the Life and Reign of King Henry IV*），此书于 1599 年出版，引起了巨大争议。正如科克的摘要所揭示的，

261

---

① 盖伊·福克斯（Guy Fawkes），天主教反叛分子，"火药阴谋"的策划者，企图在 1605 年 11 月 5 日炸毁英国国会及国王詹姆斯一世。

尽管书的标题是"亨利四世",但实际上讲的是理查二世统治时期。它讲述的故事与莎士比亚的戏剧完全相同。这是亨利四世生平的第一部分,集中讲述了他作为亨利·波林勃洛克奋起反抗理查并登上王位的那段时期。此书的下篇部分,本应讲述亨利国王实际统治的那段时期,但海沃德已经没有机会继续写下去了。他的书因为与埃塞克斯伯爵有关而被禁,他本人也被扔进了伦敦塔。在1600年这一年里,对于与出版有关的情况都审查得异常仔细,因为埃塞克斯的敌人试图在法庭上对他提起诉讼,罪名是他在爱尔兰军事活动中的溃败,并且还曾做出戏剧性的失礼行为——他回来之后一大早就冲进了伊丽莎白女王的私人房间,当时她还没有打扮妥当。

首席大法官帕波姆先生问了海沃德爵士几个非常尖锐的问题,其中包括"历史上从未有人提过,他为什么坚持认为臣民可以合法地废黜国王,并为此目的找许多理由来试图说服别人?"[11]和"他不认为提到这段历史对于普通人来说很危险吗?"。海沃德在实践一种新的历史写作形式,或者更确切地说,重振了一种可以追溯到古罗马历史学家塔西佗的古老方式。借此方式,编年史作者笔下的事件进程已经不那么重要了,重要的是讨论政治理论,而政治理论是伟人行动的基础。他著作中的核心部分正是两篇关于限制君主权力的演说。为了国家和法律的利益,人们是否有正当的理由罢免一位涂过圣膏的君主?就像理查统治时期的编年史和莎士比亚的戏剧中所写的那样,卡莱尔主教认为没有,因为国王是上帝在世上的神圣代理人。但海沃德借坎特伯雷大主教之口发表了一番演说——这种做法在编年史上是史无前例的——认为在某些情况下,真正忠于国家的人完全可以对一个坏朝臣环伺的坏国王采取行动。

海沃德的意图绝不是煽动性的,他真正感兴趣的是学术辩论,即一种修辞技艺,先论证一方,再论证另一方("in

262

utramque parte"）。审理埃塞克斯一案中的重要人物弗朗西斯·培根也承认这一点。当伊丽莎白女王问他是否认为海沃德在传播煽动性的思想时，他开了个玩笑："我没有发现他叛国，但是重罪确实犯了不少。"女王问他这话是什么意思，培根回答说，海沃德的全部思想都是从塔西佗那里偷来的。他应该因煽动叛乱而遭到拷打吗？"不，陛下，"培根说，"他是位博学之人，我们不应该拷问他本人，而应该拷问他的风格。"[12] 与其说他是在号召人民拿起武器反抗他们的统治者，不如说这是一场塔西塔式辩论。

然而，脱离上下语境来看，坎特伯雷大主教的演讲确实具有高度的潜在颠覆性。海沃德承认："大主教演讲中提到的那些故事，意在证明废黜了国王和王子的人后来取得了巨大的成功，这些故事并不是摘自其他的编年史，而是他自己生搬硬套的。"[13] 如果这本书是一本类似于学术著作的作品，这个问题可能就无关紧要了。但是海沃德和出版商约翰·沃尔夫犯下了一个致命的错误。当手稿在 1600 年 2 月被送到沃尔夫那里付印时，没有附上书信体的献词或是写给读者的前言。沃尔夫和海沃德一致认为，把这本书题献给埃塞克斯是个不错的主意，"他是一名军人，正要去爱尔兰，而这本书中讲述了跟爱尔兰有关的题材"。[14] 他们很可能还知道，埃塞克斯是塔西佗式的历史著作最显贵的赞助人：由亨利·萨维尔（Henry Savile）英译的第一部塔西佗著作就是献给他的（萨维尔也因此从他那里获得了伊顿公学教务长的职位）。

海沃德当时生病了，所以这本著作是由沃尔夫带给伯爵的。在接下来的几周里，沃尔夫又拜访了埃塞克斯三四次，想听听他的看法，但没能和他说上话。伯爵的部下告诉他，大人正忙着为远征爱尔兰做准备。与此同时，这本书卖得异常火爆，销量比沃尔夫出版的其他任何一本书都要多。书的首印量在 1000~1200 册，三周之内就卖光了五六百册。那个时候，致埃塞克斯的献词吸引了敌人的注意力。献词原本是用拉丁语写的，但翻译成英语后它看起来像是在说"伟大的你充满希望，期待着你在未来的时光中变得更加伟大"[15]，这句话很容易被（错误地）理解为埃塞克斯终有一天会成为国王。

沃尔夫收到了来自坎特伯雷大主教的命令——显然是由埃塞克斯本人提出的——要他将献词从书里拿掉。剩下的五六百册在去掉了献词之后，也很快卖掉了。在复活节前后，这本书变得更加畅销，因此修订之后的新版总共印了大约 1500 册。到圣灵降临节假日时，印刷工作已接近尾声，海沃德准备了一份致歉说明，明确表示这本书没有煽动性的意图。可是这一版全都被英国出版同业公会的管理员送到伦敦主教那里去了，后者把每一本都烧掉了。沃尔夫被判入狱 14 天，并承担了先后两次印刷的高昂成本和其他生产费用，没有获得任何赔偿。

允许第一版印行的伦敦主教许可办公室官员塞缪尔·哈斯奈特（Samuel Harsnett）后来写过一份声明——《揭发罪大恶极的天主教骗徒》（*Declaration of Egregious Popish Impostures*），莎士比亚在写《李尔王》时读过这份声明。哈斯奈特作证说，他一直遭到了误导，认为海沃德的历史"仅仅是我们英国的历史中的一小部分，为了表现作者的才智而进行了修辞上的改编"[16]。他是在这本书附上给埃塞克斯的献词之前批准其出版的，如果他看到了这篇献词，是绝对不会同意的。

所有这些来自海沃德、沃尔夫和哈斯奈特的证据都被收集起来，作为 1600 年夏天对埃塞克斯发起的叛国罪指控的一部分。这一过程中的关键文件是一份摘要——"对埃塞克斯伯爵叛国罪指控的证据分析摘要"。其中包括一些煽动性的声明：一个叫阿拉巴斯特的人〔这指的是威廉·阿拉巴斯特

（William Alabaster），诗人，之前是埃塞克斯的专职教士，现已皈依天主教］"是罗马教宗和西班牙国王为埃塞克斯伯爵加冕为国王的典礼专程派来的"。还有什么比这个更称得上叛国呢？此外，起诉书还称："埃塞克斯似乎被大部分爱尔兰叛乱分子视为他们的特殊朋友；他和蒂龙之间秘密传递着信件和情报，他们两个已经沆瀣一气，认为伯爵应该是英格兰的国王，而蒂龙应该成为爱尔兰的总督。"[17]

这两项指控都是毫无根据的，但埃塞克斯的敌人有充分的理由散布极具破坏性的谣言，以抹黑他的名声。人们可能会猜想，埃塞克斯和蒂龙分别成为国王和总督的惊人意象是否引起了莎士比亚的注意。十年后，他把《暴风雨》的场景设定在一个虚构的岛屿上，并使用了"种植园"这个词，这个词能令人想到爱尔兰，还有弗吉尼亚州。那出戏里密谋着一场叛乱，带着"我要成为国王……特林鸠罗和你自己要当总督"[18]的野心。酗酒的司膳官斯丹法诺就是埃塞克斯的劣化版，后者最赚钱的收入来源是进口甜酒的关税。而"未驯化的畸形奴隶"[19]凯列班也是爱尔兰人蒂龙的翻版？这恐怕只是一种推测性的幻想。

在"对埃塞克斯伯爵叛国罪指控的证据分析摘要"中，紧接着他与罗马教宗、西班牙国王和爱尔兰叛军领袖蒂龙结盟的大胆论断之后的是最关键的指控。摘要的第五点与海沃德《亨利四世的生平及统治，上篇》的出版有关，就是对海沃德、印刷商沃尔夫、颁发许可证的哈斯奈特和其他一些人的审查。但这项指控又增加了一个在现存的任何证词和供词中都没有提及的细节——

> 埃塞克斯自己的行为证实了叛国的意图。他默许了这本关于亨利四世的叛国之作的出版；不仅这件事以及这篇献词本身清楚地解释了这本书的出版是为了什么、为了谁

的利益，而且伯爵本人也经常出现在历史剧的演出现场，并以热烈的掌声来表示支持。[20]

指责埃塞克斯本人"经常出现在海沃德博士的历史剧演出现场"，这让一些学者得出了一个错误的结论，即这本有争议的书可能被改编成了戏剧，并在公共或私人舞台上演。[21] 首席检察官科克说法的真正含义在于埃塞克斯伯爵经常观赏的一出戏的情节与海沃德的著作相同。由此得出的有趣推论是，埃塞克斯伯爵罗伯特·德弗罗不止一次观看了莎士比亚的《理查二世》，并大声鼓掌，表示赞赏。他可能是在公共剧场的观众中特别引人注目，也可能在一场或多场私人演出中大声喝彩。

第四幕

朝臣和绅士们都对戏剧感兴趣，认为它能够准确反映当时的政治。他们出入公共剧院，委托演员进行私下演出。1601年2月7日，埃塞克斯小圈子中的两位主要人物拉特兰伯爵和南安普顿伯爵并没有出现在观众席上，但众人皆知他们是公共剧场的常客。在1599年10月，据说他们每天靠看戏来消磨时间。莎士比亚与这两位都有些关联。他曾把自己的多篇叙事诗题献给南安普顿伯爵，很久之后，似乎又为拉特兰伯爵的弟弟设计过一个倾斜的箴言牌，后者后来继承了拉特兰的爵位。

早在1598年一个晚上，盖利·梅里克爵士就在埃塞克斯府上为伯爵和他的朋友们安排了一场节目。"他们看了两出戏，一直演到半夜1点。"[22] 很可能就有《理查二世》。在此之前两个星期，在动身去法国之前，南安普敦伯爵曾在罗伯特·塞西尔的私人宴会上看过一场演出。鉴于埃塞克斯与南安普顿关系密切，前者很可能也去了看了这场演出。考虑到南安普顿对莎士比亚的赞助，这些演员很可能是宫务大臣供奉剧团的。可能就是在这里，塞西尔目睹了埃塞克斯为《理查二世》的表演大声鼓掌的场景。

埃塞克斯会喜欢什么样的戏剧？他将自己与一种非常独特的思想体系联系在一起。正如历史学家默文·詹姆斯（Mervyn James）指出的，埃塞克斯叛乱处于政治文化的十字路口：它是最后一场保守的、贵族式的、对君主制度的反抗。[23] 下一代人看到的将是一些非常不同的东西：不满将来自下议院而不是来自伯爵，人们谈论的是法治的主权国家而不是国王。

在中世纪时代，君主政体的权力受到了严格的限制。大贵族，特别是北方的大贵族，都严守着自己的自治权。他们实际上拥有私人军队及对其领土的合法控制权。所谓都铎式的政府革命是一次同心协力的尝试，目的在于结束这一切。日益增强的中央控制和天主教，为 1569 年北方伯爵们——其中最为显赫的就是珀西家族——反抗伊丽莎白女王提供了动力。法学理论家和所有那些反复灌输西塞罗式的公民人文主义思想的教育家，都认同都铎王朝的新思想体系，例如，不赞成私下的报复行为。在古老的骑士行为传统中，如果你侮辱了我的荣誉，我就会扔下手套①，实实在在地和你决斗一场，解决我们的分歧。与此恰成对照的是，首席检察官科克和他的得力助手弗朗西斯·培根告诉我们，要遵从这块土地上的普通法体系，让女王的法庭来解决我们的问题。

古老的贵族家庭因此认为他们需要另一个渠道来发泄自身的荣誉感和尚武的骄傲，诸如登基日的刺击赛②，还有 16 世纪 80 年代的尼德兰和 16 世纪 90 年代的爱尔兰战场。菲利普·

---

① 一般用扔下手套一类的私人物品（gage）来表示提出决斗，如果另一方捡起手套，则表示同意参加决斗。

② 登基日刺击赛（Accession Day Tilts），一般在国王登基日举行，最初是为了纪念女王伊丽莎白一世登基而举办的。

西德尼爵士堪称他们价值观的化身：他是骑士传奇史诗《阿卡迪亚》（*Arcadia*）的作者，在大好年华时，在楚特芬战役上死于骑马去营救一名兄弟军官途中。据说当时他无私地把自己的水瓶递给一个垂死的步兵，告诉这个可怜的人"你比我更需要它"[24]。具有这种性情的人鄙视塞西尔一派的新实用主义政治。在西德尼之后的一代人中，他们的旗手就是埃塞克斯。

他骑马纵横骑士比武场和战场。他赞助关于战争和荣誉的书籍。乔治·查普曼翻译的荷马史诗《伊利亚特》的献词将他描述为现代版的阿喀琉斯。诗人塞缪尔·丹尼尔认为他是一个注定要领导全欧洲的骑士精神、发起一场讨伐异教徒的新十字军的人。曾在牛津大学执教的亨利·卡夫是埃塞克斯的一位秘书，在观看《理查二世》的那天，他和他们一同吃了正餐，在临刑之前的演讲中，他畅想了一个"学者和战士"的社会，在这个社会中，"学识和勇气将占据最重要的地位"。[25] 这句话可以作为埃塞克斯一派的宣言标题。

最具挑衅性的是，尽管女王反对，埃塞克斯还是一次又一次地利用他的军事特权，把封爵这一荣誉授予那些曾与他并肩作战的人。这是一种建立骑士"兄弟连"的强大手段，他甚至给南安普顿伯爵和拉特兰伯爵这样的追随者封了爵，而他们实际上并不需要等级较低的爵位。再看一遍出席《理查二世》演出的名单，一个惊人的事实变得异常明显。盖利·梅里克爵士、蒙塔格尔勋爵、威廉·康斯特布尔爵士、查尔斯·珀西爵士、乔斯林·珀西爵士和约翰·戴维斯爵士之间有什么共同之处？他们都是在战场上被埃塞克斯赐予爵位的。

埃塞克斯和他的核心集团就是这种保守怀旧的骑士精神的同义词，所以他们对莎士比亚关于前都铎时代的一系列历史剧大表赞赏也就不足为奇了。那是一个骑士精神大行其道、荣誉得到充分体现的时代，一个让他们回想起男爵都是自己手下人

267

的时代。我在前文中已经提到，查尔斯·珀西看到他的先祖诺森伯兰和哈利·珀西（人称霍茨波）站在舞台上时十分欣喜。出于同样的理由，埃塞克斯的继父克里斯托弗·勃伦特爵士也同他一起去了剧院。勃伦特爵士早在跟随莱斯特伯爵征战时，就在低地国家的战场上被封为爵士。当他看到《亨利四世》上篇中忠实的华特·勃伦特爵士在什鲁斯伯里的战场上英勇牺牲时，一定会会心一笑。至于埃塞克斯本人，他自称赫里福德伯爵——在《理查二世》中，这是波林勃洛克的头衔——以及格洛斯特公爵伍德斯托克的托马斯的后裔，在该剧的开头几幕中，理查二世就谋杀了格洛斯特。那起谋杀案确实是后续行动的导火索。

该剧以一场关于"合乎骑士风范的挑战"[26]的争论开始。波林勃洛克和毛勃雷扔下他们的手套，相约考文垂的决斗场上。他们一对一的决斗随即被国王打断了。国王拿出自己的威仪，驱散了他们的决斗。代表着骑士精神的决斗被简化为一种游戏、一种仪式，就像在伊丽莎白女王登基日刺击赛上那样。荣誉是贯穿全剧的主题，从一开始毛勃雷提到荣誉就相当于他的生命（名声即我命，我命托斯名／名裂即身败，岂可忍偷生）一直到戏的最后，波林勃洛克国王宽恕了卡莱尔主教，因为"朕看得出你义薄云天"。[27]

莎士比亚的历史剧反复上演着从旧的荣誉准则到实用主义治国方略的政治演化进程。毁灭性的内战让英国在此系列历史剧中从始至终血流成灾，直到《理查三世》的结尾部分，亨利七世以救世主的身份出现，红白玫瑰家族之间联姻给内战画下句点。这表明这出戏赞同"都铎神话"，即一个统一的现代国家的出现。在很大程度上这是莎士比亚戏剧题材的来源——《哈尔编年史》和《霍林谢德编年史》——中对玫瑰战争的解读。它解释了为什么亨利八世的随从托马斯·莫尔爵士在他对理查三世生平的描述中（《哈尔编年史》中重印了这一部分，所以也是莎士比亚撰写这部戏剧的主要素材来源），把亨利七世的对手描绘成恶魔一般的、杀害儿童的权谋政治家——驼背理查。

但是从另一个角度来看，如果你是埃塞克斯本人，或者他手下对于过去的军事准则抱有怀旧情结的人，那么这些戏剧中有很多值得赞赏的地方。再没有比阿金库尔战役中的亨利五世更堪称骑士之典范的了（或者可能还真的有？杀死法国俘虏并不能算是多么光荣的行为）。还有《亨利六世》上篇中的塔尔博特勋爵，他英勇地夺取了奥尔良、鲁昂和波尔多（他的儿子就战死在那里）。这是一个极其成功的戏剧人物。托马斯·纳什描述了一万名观众在看到"法兰西人闻之色变的凶神塔尔博特"[28]的死亡时是如何悲痛欲绝：这位悲剧演员（很可能是理查德·白贝芝）的表演是如此震撼人心，以至于观众以为他们看到的是 200 年前躺在战场上流血的塔尔博特本人。那是在1592 年。前一年夏天，埃塞克斯伯爵和他的追随者们仿佛是在追寻塔尔博特的足迹一般，在迪耶普登陆，在鲁昂作战（埃塞克斯的弟弟战死在那里），然后在马歇尔·拜伦的支持下占领了古尔奈。然而接下来的整个冬天，他都在可耻地撤退。在剧场里欣赏塔尔博特的英勇行为，可以算得上他回家之后得到的一点补偿。

莎士比亚巧妙地博得了双方的欢心，他为那些有埃塞克斯式性情的人献上了塔尔博特和霍茨波，而对于那些务实的塞西尔一派，则由福斯塔夫对荣誉准则进行了出色的解构："荣誉能接好断腿吗？不能。能接好断臂吗？不能。能解除伤痛吗？不能。那么荣誉对外科医术一窍不通吗？一窍不通。荣誉是个什么东西？一个词儿。'荣誉'一词是什么？空气。算计得真妙！谁得到荣誉？礼拜三死去的人。"沃尔特·勃伦特爵士死在战场上："这下你可光荣啦！"①29

在所有的历史剧中，《理查二世》最好地践行了埃塞克斯的准则。开头部分的骑士比武场；爱尔兰军事行动的中心地位；布希、巴各特和格林等自私自利的阿谀之徒说动了优柔寡断、柔弱无力的君主，恰似塞西尔及其同党的所作所为。这一切都好像量身定制一般。无论是在公共剧场还是私下演出，埃塞克斯都会显眼地在观众席上发出热烈的掌声，这是完全可以理解的。

有证据表明，他往往靠"典故"，用理查二世的历史来解读当前事件。更重要的是，他的敌人塞西尔从沃尔特·雷利爵士 1597 年的报告中得知了这一点——

> 我向大人［埃塞克斯］转达了您给我的信以及您对我的盛情款待。您的理查二世的典故使他感到非常愉快。我希望这永远不会改变，并且最使我高兴的是，这是通向我们大家的幸福、安宁和进步的真正道路，而且最重要的，这也是为了她，她的事务将因此得到更好的发展。30

这种暗示是隐晦的，它属于敌对双方暂时休战的阶段。雷利似乎是在暗示，在这种情况下，埃塞克斯愿意以一种轻松的方式来对待女王和理查二世之间的对比，而他，即雷利本人，为了他们所有人的利益，希望这种情况能一直保持下去。

但我们很容易感受到，埃塞克斯是一位更加严肃的、类似于亨利·波林勃洛克那样的人物，他是一名严肃的军人，在

---

① 《亨利四世（上）》，张顺赴译，北京：外语教学与研究出版社，2015，第 106、111 页。

1591 年投身法国的军事行动之前，无论何时骑马穿越过伦敦的街道，都会得到人们的欢呼。莎士比亚很可能已经意识到了他们之间的相似之处。在《理查二世》的高潮部分，他对伦敦的波林勃洛克做出了这样的描述——

> 伟大的波林勃洛克公爵
> 骑着一匹烈马得得而来，
> 该马步伐缓慢，神气庄严，
> 似乎也知晓所骑者非等闲之辈，
> 所有人都在摇舌高呼："上帝保佑您，波林勃洛克！"
> 你会认为每一扇窗户都在表白，
> 若干苍老或年轻的贪婪面孔，
> 从窗棂里探出，热切的目光投向
> 他的容颜，而涂满了人像
> 的墙壁，也似乎随即而发声：
> "欢迎您，波林勃洛克！耶稣保佑您！"
> 而他却左顾右盼，
> 脱帽敬礼，他俯下的脑袋，甚至低于骏马的脖子，
> 口中答道："谢谢你们，同胞们，"
> 一边致意应答，一边徐徐而过。[①]31

　　在莎士比亚作为素材来源的编年史中，并没有出现过波林勃洛克如此受人欢迎的景象。这一场景是刻意虚构出来的，为了与被废黜的理查形成对比。理查紧随其后，没有人高呼"上帝保佑他"，尘土和垃圾纷纷被扔出窗外，砸在他的头上。莎士比亚由此说明了这一对表兄弟就像滑轮上的两个水桶，一个

271

---

① 《理查二世》，孟凡君译，北京：外语教学与研究出版社，2015，第 99~101 页。

沉入井底之时，另一个则从井中升起。他在此也醒目地表现出了民众的变化无常。此外，他还精细地刻画了波林勃洛克对那匹烈马管理有方，表明了他高超的治国才能：良好的骑术一向是高效执政者的传统。

然而，在《亨利四世》二联剧中，莎士比亚有意地舍弃了波林勃洛克的形象，他现在已经是国王了，是一个受欢迎的人物。亨利四世没有在人民面前现身，也没有树立一个强有力的执政者的典范，反而在他的王国分崩离析之际偷偷躲在自己的宫殿里，这是对他篡取王位的惩罚。骑在马上接受民众欢呼的是他的儿子哈尔，哈尔成为亨利五世，带领人马在战斗中大获全胜。《亨利五世》第五幕的致辞者描述了他在阿金库尔战役胜利后返回伦敦的场面，其措辞与《理查二世》中对他父亲演讲的描写相呼应。正如在莎士比亚作品中经常出现的那样，历史的车轮一圈又一圈地转动。然而，就我们的目的而言，有趣之处在于，莎士比亚选择在 1599 年夏天，在伦敦人等待从爱尔兰传来消息时上演的一出戏剧中，使用他所有作品中最大胆、最具体的时局隐喻——

> 看哪，思想之轮高速运转，
> 转眼就看见伦敦市民倾巢出迎。
> 市长与他的全体同僚盛装而出，
> 如古罗马元老身后跟大群平民，
> 前去恭迎凯旋的凯撒将军。
> 盛况稍逊却也很类似的先例：
> 我们的圣明女王的将军从爱尔兰荣归，
> 他的利剑扫平了叛乱，
> 多少市民倾城而出迎他归返这和平之城？

而欢迎这位哈利的市民更如潮涌。[1]32

莎士比亚并没有放弃他在政治上一贯的谨慎态度。埃塞克斯很有可能，而不是一定能够用利剑扫平叛乱，而有多少人会为他欢呼，也依然不清楚。但这种比较仍有其大胆之处。当"凯旋的凯撒将军"越过卢比孔河回到罗马时，也有人说他将夺取帝国的皇冠，因此布鲁图和他的朋友们不得不采取激烈的行动以拯救共和国。在伊丽莎白时代后期的宫廷政治中也有这样的时刻，出于对无子嗣的老女王拒绝指定继承人的愤怒，一些人开始怀疑英国是否会出现一种罗马式的共和制政府，枢密院变成元老院，埃塞克斯这样的强权人物出任执政官。

即使不考虑莎士比亚在写下这个暗示时带有半隐晦的政治意图——人们会觉得他差一点儿就成了埃塞克斯的同伙——我们也很容易看出，《理查二世》和《亨利五世》中这两个十分相似的段落很可能会被认为是支持埃塞克斯的。如果我的推断没错，在《理查二世》的结尾部分，骑着高贵骏马的波林勃洛克在欢呼声中穿过整个城市，确实就是让埃塞克斯在看戏时发出"热烈掌声"的场景之一，莎士比亚确实有可能影响到了1601年2月8日发生的事件。

为什么埃塞克斯向右转进入伦敦城，而不是向左转入宫廷？因为他想让人们走到窗前，为他呐喊助威，就像他们支持波林勃洛克一样。他下意识地，甚至是公然地，试图在现实中重演这出戏。但是这整件事情的走向却极不顺利。直到差不多晚饭时候，他的追随者才设法为他弄到一匹马。埃塞克斯并不是骑在波林勃洛克那匹花色的巴巴里宝马背上前行，而是依靠

---

[1] 《亨利五世》，张顺赴译，北京：外语教学与研究出版社，2015，第115页。

自己的双腿。尤其让埃塞克斯难过的是，伦敦的好市民并没有遵循古老的骑士制度。他们中有许多人是清教徒。这些人要么不理会他，要么正忙着上教堂。有些人一个劲儿地抱怨他在星期天游行是对上帝的亵渎。他想要像波林勃洛克那样得到众人的赞许，但讽刺的是，大众对此的反应却是像对待理查那样，"无人喊'愿上帝保佑他'，也无人对他的回来表示欢迎"。[33]

塞西尔和科克在 1600 年夏天"对埃塞克斯伯爵叛国罪指控的证据分析摘要"中指责他"经常出现在演出现场"，他们指的是关于波林勃洛克的崛起和理查二世被废黜和谋杀的戏剧，而不是由海沃德的作品改编的戏剧。在此重申一下：如果不知道事情发生的日期和背景，科克对海沃德历史作品的描述就有可能被当成对莎士比亚这部戏剧的描述。这出戏和这部历史作品叙述的虽是同一件事，但控方忽略了二者的区别。

1600 年夏，试图以叛国罪将埃塞克斯送上法庭的努力有始无终。但在 1601 年 2 月叛乱发生之后，这一控诉被再次提出，而上述的忽略在控诉人头脑中仍然存在。演员奥古斯丁·菲利普斯知道自己说的是什么，他用正确的名字来称呼这部戏剧——他的同僚莎士比亚创作的戏剧《理查二世》。但是控诉人，有趣的是，还有看戏的埃塞克斯及其同伴，一直将其称为"关于亨利四世国王和理查二世被杀的戏剧"，有意无意地把它与海沃德的著作联系起来。同一时代的历史学家威廉·卡姆登（William Camden）在他撰写的伊丽莎白女王统治年鉴中描述了该剧与史实之间的相似之处，这使得科克和塞西尔未能避免上述疏忽——

> 梅里克被指控安排了一出老戏，内容是理查二世国王被废黜的悲惨遭遇，在公共舞台上为那些同谋演出了这场戏，律师们解释说，这就是他干的，因为他们以为当时看

到的舞台表演第二天就会在废黜女王的仪式上上演。一本论述相同事件的著作也出现了类似的责难，该书是前不久由学识渊博的海沃德撰写的，此书题献给埃塞克斯伯爵，仿佛就是为了作为范例来煽动后者废黜女王。[34]

这出戏和这本历史著作都不是为煽动废黜女王而写，但因为埃塞克斯一派卷入了这两部作品的制作过程——一部是在1599年，另一部是在1601年，所以律师们让它们看起来像是出于这个目的。

戏剧历史学家利兹·巴罗尔（Leeds Barroll）甚至认为，"莎士比亚的戏剧被（科克和同僚检察官）认为是由海沃德的著作改编而成的"[35]。没有必要做出这样的假设。正如卡姆登指出的那样，这两部著作涉及同一题材，这就足够了。就重大叛国罪审判的控方目的而言，它们可以被当作同一回事。

274

第五幕

为什么查尔斯·珀西爵士和他的朋友们会安排这场特别的演出呢？他们知道有什么事情即将发生。埃塞克斯府正在准备武器，但是其重点在于防御。2月3日星期二，在南安普敦的率领下，几名来自埃塞克斯核心圈子的成员相聚在特鲁里府上。硬汉戴维斯以埃塞克斯的手迹仿造了一份应急计划清单。他们将从伯爵的敌人——塞西尔派手中强行夺回女王。当时可供选择的行动有很多：占领宫廷、伦敦塔或伦敦城。可以同时占领宫廷和伦敦塔，或者是一个接一个地攻占。对于最佳战略和应不应该使用暴力、使用何种程度的暴力，也展开了一系列争论。戴维斯还列出了一百多位可以信赖的贵族和绅士。但也有人提出了警告，特别是费迪南多·格戈斯爵士。他的反对使得南安普顿惊呼道："那我们就什么也解决不，自我们着手计划以来，已经有三个月甚至更长的时间过去了。"[36]此次会议达成的唯一决议是，每个人都要写下自己的意见，然后把决定权交给埃塞克斯本人。

正是在这种情况下，珀西兄弟、蒙塔格尔和另外三人在两三天后一起去了环球剧院。一场对抗迫在眉睫，但依然没有做出任何决定。需要建立联系，需要坚定的意志，需要表现出明显的团结。正餐和演出是为小圈子里对此加以重视的成员而准备的。废黜女王是他们最迫不得已的选择：这个计划的目的在于把女王从坏朝臣的手中拯救出来。莎士比亚的传记作家和评论家（必须承认，也包括我在内）鹦鹉学舌般重复着这样一种说法：有人故意让伦敦公众为废黜国王做好准备。这种说法简直令人难以置信。

为什么是《理查二世》，而不是其他结合了政治和刀剑来挑起斗志的戏剧呢？比如说，《亨利五世》？答案肯定是，因为《理查二世》可以被合理地描述为埃塞克斯一派的"署名剧"。更重要的是，在埃塞克斯像他的英雄兼先祖波林勃洛克一样被逐出宫廷之后，这个戏剧就呈现出了更强的力度。可以与"署名剧"形成微妙的现代参照的是，现代政党往往倾向于为竞选活动选择一首主题曲，并在所有的集会上反复播放。

埃塞克斯行动的"署名剧"，一出博得了伯爵大声喝彩的戏剧。那么，是不是早在1599年，约翰·海沃德爵士就知道了这一点，他把自己撰写的历史著作题献给埃塞克斯，是否就是因为埃塞克斯喜欢这出戏呢？也许1599年2月他和沃尔夫带着这本历史著作拜访埃塞克斯府，与1601年2月查尔斯·珀西爵士和蒙塔格尔勋爵特别要求在环球剧院安排演出，是出于完全一样的理由。

首席检察官科克忽略戏剧和历史著作之间的区别，本可以有比他所知道的更胜一筹的理由。我怀疑海沃德之所以为埃塞克斯写献词，不仅因为他知道埃塞克斯喜欢这出戏，还因为他实际上在创作这部历史著作时参考了这出戏的印刷本。作为一部历史著作，海沃德的《亨利四世》格外地具有戏剧性。它的大部分篇幅都由对话和提出特定观点的发言组成。这是一种从戏剧台词中习得的技巧。他将书名定为《亨利四世的生平及统治，上篇》，这一事实表明他很可能已经意识到剧作家有可能会写一部二联剧。

1601 年 1 月底，科克和塞西尔又在忙着准备控诉埃塞克斯的叛国罪。可能是为了弄清楚相关问题，他们传唤埃塞克斯于 2 月 7 日晚上到枢密院，从而直接引燃了第二天的决战。海沃德于 1600 年 7 月开始就被扣押在伦敦塔内，此时再一次因他的著作而遭到了质询。一直到伊丽莎白女王去世之后，他才最终获得自由。他辩护称，自己的写作材料几乎都取自爱德华·哈尔等人的权威编年史。科克追问他上述资料来源以外的各种细节究竟来自何处——

276

> 至于理查二世"君主的统治不应受到限制"等说法，如果对其进行正确理解，这些肯定是非常准确的主张；并不是要在非常普遍的意义上去理解，而是要把君主限定在神圣的法律和自然的法律的范围之内；这句话出自写于三年前的一本书，但作者已经不记得了。

并且再次——

> 出于德政（benevolences），他发现了问题所在，却并不出言辩护；当被问及他是在哪里看到这些对伯爵（亨利·波林勃洛克）的描述，即伯爵不会随随便便地露出头部、弯腰、伸直脖子和手臂等，他回答说曾从哈尔等人的

书中看到，波林勃洛克的举止是受人欢迎的，不过具体说来，他还是更偏爱那些第一流的作家。[37]

　　显然，海沃德在编撰他的历史著作时，曾尽可能多地搜集资料。其中有一本书写于三年之前，但他已经不记得作者是谁了。那么，他为什么不会去查阅这样一本书——两年前出版的、薄薄的四开本剧本，他不可能知道作者的名字，因为"威廉·莎士比亚著"这几个字并没有出现在这本书的扉页上？扉页上只写着："理查二世的悲剧。既然他的臣仆，就是尊贵的宫务大臣，已经公然行了这事。伦敦：瓦伦丁·西姆斯为安德鲁·怀斯印刷，在他位于圣保罗教堂墓地的商店里的天使标志之处出售。1597。"既然海沃德以资料源于编年史和传统的学术权威来为自己辩护，那么在审讯时，他就不可能承认，他参考了剧本这样粗俗而虚构的东西。如果确实没有，我们应该如何解释下面的巧合呢？

　　由于莎士比亚和海沃德的作品都是根据编年史写成的，所以它们一定会有很多相似之处，这是可以预见的。但编年史明确指出"德政"是一种特定形式的税收，也许更恰当的称呼应该是"恶政"，它曾在16世纪90年代备受诟病，但是在爱德华四世统治时期出现的，也就是比理查二世要晚上一个世纪。然而，海沃德笔下理查二世的统治却是这样的："在'德政'这个最受欢迎的字眼下，他从人民手中掳走了一大笔钱，而这些钱与这个自由友好的名字毫不相称。"[38]在莎士比亚的戏剧中，属于珀西一派的威罗比勋爵曾抱怨道："每天都有新的苛税设计出来，什么空头券、德政税，我也说不清这许多。"[①39]莎士比亚和海沃德都从《霍林谢德编年史》中引用了"苛税"

---

① 《莎士比亚全集》第三卷，朱生豪等译，北京：人民文学出版社，1994，第35页。

和"空头券",但他们都认为"德政税"出现在理查二世统治时期,这仅仅是一个巧合吗?在剧中,威罗比曾同诺森伯兰伯爵的另一位盟友洛斯抱怨连连,而洛斯此前刚刚说过"平民们因为他苛征暴敛,已经全然对他失去好感"①。[40]与之相应,海沃德在书中也提到了这样的抱怨,"大量的钱财以良好的名目被征敛来,然后落入挥霍无度的新贵们手中"。[41]这里"挥霍无度的新贵们"也呼应了戏剧:波林勃洛克所说的"暴发的新贵们",指的是理查二世的亲信。

在该剧的第二幕,冈特的约翰在弥留之际发表了令人难忘的临终演说,讲述了"这一个英格兰"如何"现在却像一幢房屋、一块田地一般出租了——我要在垂死之际,宣布这样的事实"。然后国王上场,冈特以同样的方式指责他:"你现在是英格兰的地主,不是它的国王。"②[42]任何编年史中都没有出现"地主"这一隐喻的先例,但海沃德的书中写道:"据说王权的利润和收入都来自农地,国王由此使自己成为他领土的地主。"[43]剧中的场景是如此令人印象深刻,以至于海沃德更有可能是在回忆,甚至是在引用剧中的说法,而不是独立地想到了地主这一隐喻。

再来考虑一下对海沃德的审问中特别提到的内容,是关于波林勃洛克"露出头部、弯腰、伸直脖子和手臂"(实际上他写的是"伸出手来")"给每一个平民",从而吸引了"大量民众"来支持他。这似乎不是编年史上的点缀,而是理查在剧中的台词——

---

① 《莎士比亚全集》第三卷,朱生豪等译,北京:人民文学出版社,1994,第35页。

② 同上书,第29、30页。

278

> 朕和此处的布希、巴各特及格林三人
>
> 看到他对平民彬彬有礼。
>
> 他如何以谦恭可亲的礼数
>
> 而深入民心，
>
> 他甚至向奴隶致敬，
>
> 向穷苦的工匠巧笑顾盼，
>
> …………
>
> 他对卖牡蛎的女孩脱帽致意。
>
> 两个车夫向他祝福问安，
>
> 他便腰膝软软，如贡使般答礼。①44

　　莎士比亚和海沃德在这里采用了完全相同的意象，即贵族向平民大众弯下身体。这不太可能只是一个巧合。

　　关于莎士比亚的《理查二世》与埃塞克斯之间的关联，还有一个在我看来更加确凿的证据：甚至在海沃德的书出版之前，剧中的这段话就曾被用来形容埃塞克斯伯爵。埃弗拉德·奎平（Everard Guilpin）在发表于 1598 年的讽刺作品《真实的阴影》（*Skialetheia*）中攻击埃塞克斯，称他为"伟大的费利克斯"——

> 穿过街道
>
> 不管遇见谁，都会摘下帽子。
>
> 当扫街的人不愿意为他祈祷时，
>
> 他所能得到的奉献，还装不满他的帽檐
>
> 谁会不认为他有完美的礼仪，

---

① 《理查二世》，孟凡君译，北京：外语教学与研究出版社，2015，第30~31页。

还是谦卑的忍冬？[45]

在这里，将埃塞克斯比作波林勃洛克是为了讽刺前者，但有时也会以此来赞扬他。稍晚些时候，一首抨击他的对手沃尔特·雷利爵士的匿名诗将后者对普通大众的蔑视与埃塞克斯的平民主义进行了对比，这首诗再次引用了《理查二世》中关于波林勃洛克的段落——

> 盛名在外的埃塞克斯，当他走在街上，
> 会对着一个卖牡蛎的娘们掀起他帽子上的面纱，
> 并以一种谦卑的鞠躬来问候
> 那些羡慕他生活的庸人[46]

海沃德笔下还有其他与莎士比亚相似但在编年史中没有记载的细节[47]，即用枯萎的月桂树标志着灾祸的来临，卡莱尔主教那有说服力的台词"哪个臣子能给君王判罪？"，还有他那带有轻蔑意味的"你们僭称为王的这位赫里福德大人"（比较一下海沃德的说法："有什么人能企图、协助或策划对他的王上施暴而不犯叛国罪呢？……就是你们僭称为王的这位爵爷"），认为篡夺王位在"众生圣洁的基督教国度里"是一件罪大恶极之事，并且显而易见，亨利拒绝赞许谋杀理查的凶手——埃克斯顿的皮尔斯爵士。

海沃德引用了莎士比亚的戏剧是毋庸置疑的，并且引人注意之处在于，那些出现在他们笔下，但编年史中没有提到的细节，正是吸引埃塞克斯关注这个故事的重点，这些细节建立起与现实之间的平行对照，即民众的爱戴扭曲了君主；不公平的税收；耗资巨大而错误的爱尔兰政策；波林勃洛克成为一个平民爱戴的英雄；亨利四世在自己和埃克斯顿之间划清界限，从

279

而暗示着也与理查被谋杀划清了界限。考虑到这些因素，国务大臣和首席检察官将海沃德的历史著作和莎士比亚的戏剧或多或少视作同义词，也就没有什么可指责的了。

塞西尔于 1601 年 2 月 13 日在星法院（Star Chamber）[①]指控埃塞克斯"使当前时代仿若理查二世统治时期，他也想要像亨利四世那样改朝换代……他会撤掉女王陛下的仆人，坐上她的王位，也许会像对待理查二世那样对待她"[48]。再一次，塞西尔指示全国各地的牧师在叛乱发生后的第一个星期天布道：人们可以从每一个布道台上听到，埃塞克斯伯爵做出了英国历史上最为严重的叛国行为，他现已经被安全地囚禁在伦敦塔中。埃塞克斯伯爵曾计划将英国的王冠戴在自己头上，他"谋划着成为另一个亨利四世"，而且"如果没人阻止他，就会成为理查二世以来，在英国发生的最疯狂、最危险的叛乱"。当莎士比亚聆听这篇布道时（假设他那天没有找借口不去教堂），萦绕在他脑海中的会是什么呢？这是很值得我们思考的。

塞西尔、科克和培根一遍遍地讨论海沃德的问题。珀西安排上演的莎士比亚戏剧正中他们的下怀。通过把这出戏和这部历史著作混为一谈，他们就可以把关于老海沃德的争论与 2 月那个性命攸关的周末发生的事件联系起来。

因此，他们很有必要确定这次演出就是埃塞克斯本人安排的。这就是为什么他们谎称这是由埃塞克斯本人的管家梅里克安排的，而梅里克一直负责照管武器，并且有人多次看到他在那个周末与主人窃窃私语。对梅里克本人来说，游戏结束了——他不能否认自己当时确实在剧院里——所以在法庭上重申他在审讯中所交代的话是没有意义的，即安排那出戏不是他，而是查尔斯·珀西爵士的主意。

---

① 1570 年，伊丽莎白女王将参议院司法委员会独立为"星法院"。

演员们没有再次遭到传唤的原因之一很可能是菲利普斯没有对调查人员说出他们想要的名字：如果他供认来找他们的是梅里克，他们就可以说管家是代表主人行事的，因此安排演出的就是埃塞克斯，这样就可以说埃塞克斯对莎士比亚的戏剧做了与对海沃德著作一样的事情。但由于菲利普斯只接触到外围，他们就放弃了追究这件事。

卡姆登看出了科克的意图：把剧本和历史著作混为一谈。他指出了与埃塞克斯交往带给海沃德的后果："对作者来说，这是一件不幸的事，他因为不合时宜地提出了这些而遭到长期监禁。"[49] 不过，这一混淆还有一个更幸运的结果。如果科克传唤了剧本作者，莎士比亚可能会说，海沃德的煽动性著作跟他没有任何关系——他的剧本完成后好几年海沃德才动笔，他怎么可能会与此有关呢？这本书及其与埃塞克斯事件的关联所引发的轰动，与 2 月 7 日的演出之间的隐含联系可能就会随之瓦解。检察官没有区分海沃德的著作与这出戏之间的差异，这是非常适当的。简而言之，查尔斯·珀西爵士委托宫务大臣供奉剧团演出，这一举动很可能延长了海沃德在伦敦塔里关押的期限。海沃德实际上替莎士比亚承担了罪责，使剧作家拥有自由之身，并得以创作更多的戏剧。对此，真的是太感谢他了。

莎士比亚是埃塞克斯的人吗？《理查二世》可能并不是为了影射埃塞克斯而创作的，但它读起来确实像是如此。然而，这部剧与海沃德的历史著作被混为一谈，使得火力都集中在了后者身上，莎士比亚得以悄悄溜进幕后，干干净净。就在埃塞克斯被处死的前一天晚上，宫务大臣供奉剧团再次来到白厅，为女王和宫廷演出。

281

尾声

以上这个故事虽然既复杂又极具戏剧性，但如果少了这个著名的尾声就不完整。

1601 年 8 月。女王陛下在伦敦塔内的账簿和记录保管员、博学的文物研究者威廉·兰姆巴德（William Lambarde）走进了女王位于东格林尼治的私人房间，向女王展示了他撰写的《奥秘之书》（*Pandecta Rotulorum*）。这是一份关于一卷卷、一束束，乃至一包包的羊皮纸和历史文献的摘要。"你看，我还是会读书的。"她说。女王随后大声朗读了献词、题名页和后面的 64 页正文，从约翰国王统治时期一直延续到理查三世统治时期，只在中间停顿了一下，询问一些拉丁词的含义，比如 oblata（贡物）和 literae clausae（密信）。

当她读到理查二世的统治时，她对兰姆巴德说："我就是理查二世。你知道这事儿吗？"他明白这是什么意思：暗指埃塞克斯伯爵。"一位满怀恶意的绅士企图并谋划实施一个如此恶毒的想法，而他曾是陛下最美好的创造物。"女王陛下对此的答复是："忘记上帝的人也会忘记他的恩人；这样的悲剧已经在露天的街道或是房间里上演过四十遍了。"在进一步讨论了威斯敏斯特王家美术馆管理员托马斯·克尼韦（Thomas Knyvet）收藏的理查二世画作和其他文物之后，女王把书塞进怀里，准备去祷告了，"再见，善良诚实的兰姆巴德"。[50] 几周之后，兰姆巴德就去世了。

282　　　这是一个动人的故事，很多莎士比亚戏剧研究者都引用过这个故事，他们认为这一时期的戏剧与强权政治有着密切的联系。许多评论家断定，兰姆巴德和伊丽莎白女王指的一定是埃塞克斯派在叛乱前夕安排演出的《理查二世》，尽管那出戏是在收费的剧院上演的，而不是在露天的街道或是房间里。

问题是，我们不能确定这样的会面是否真的发生过。即便是真的，我们也有充分的理由怀疑这段对话的真实性。并且即便对话被正确地记录了下来，也可能没有得到正确的解释。尽管大多数学者只关注这个故事的字面意义，但它并不能一直追溯到当时那个年代。这次会面在印刷品中首次出现，是在文物学家约翰·尼科尔斯（John Nichols）于 18 世纪 80 年代出版的《大英帝国藏书全集》（*Bibliotheca Topographica Britannica*）一书中。尼科尔斯后来在《伊丽莎白一世女王的发展和巡游》（*Progresses and Public Processions of Queen Elizabeth*）一书中重述了这一事件，由此它变得广为人知。

尼科尔斯在这篇故事的手稿上标明了其出处："这是托马斯·戈弗雷先生于 1650 年 11 月 20 日那天给我的。他娶了兰姆巴德先生的女儿或孙女。由理查德·伯威克带来。"[51] 在那张纸的背面，有来自七橡树的托马斯·兰姆巴德先生的亲笔留言，他是伊丽莎白时代那位文物研究者在 18 世纪的后裔："伊丽莎女王与兰姆巴德先生。这是托马斯·特温斯顿爵士交给我的，他在祖父罗杰爵士的文件中发现了这个故事，上面还附有罗杰爵士的评论。托马斯·戈弗雷先生娶了兰姆巴德的女儿。"

乍一看，这是非常激动人心的。虽然在 1650 年之后大约一百年的时间里，这份手稿一直没有在这个家族中出现，但它可以一直追溯到兰姆巴德的女婿。托马斯·戈弗雷是国王詹姆斯一世的王室司膳官，他的确在 1609 年第二次结婚时娶了兰姆巴德唯一的女儿玛格丽特。两年之后她就离开了人世，但戈弗雷一直活到了 1664 年，所以完全有这样的可能，在 1650 年，通过一个叫理查德·伯威克的仆人或朋友，他把手稿交给了肯特郡的绅士罗杰·特温斯顿爵士，后者在手稿的末尾处做了标记，并把它夹在文件里，后来他的孙子发现了这份手稿，又把它还给了兰姆巴德一家。最初的手稿已经丢失了，但家族关系似乎足以排除它完全是 18 世纪的赝品的可能性。1601 年 8 月 4 日那天伊丽莎白女王确实在格林尼治，根据现在保存在七橡树教区教堂里的兰姆巴德纪念碑，他确实曾是伦敦塔里的

283

账簿和记录保管员。一切似乎都能对上。

但是这份记录是谁、在什么时候写下的呢？它不是用第一人称写的。或者，确切地说，在靠近结尾处，它可疑地从第三人称变成了第一人称单数。没有人认为手稿最初是在兰姆巴德手里。1587 年，他开始抱怨视力下降，并于 1597 年写下了遗嘱。在 1603 年之前他就已经不再写信了，尽管后来有过一封信，是他口授给一位文书助理的。[52] 他在这次会面两周之后就去世了。所以我们根本不能确定他就是这份手稿的作者。根据记录，这份手稿最初属于戈弗雷，所以他也有可能是作者，但他一直到 1609 年才与玛格丽特·兰姆巴德结婚。也许是戈弗雷替兰姆巴德写下了一则简短的笔记，甚至是记录下了他妻子口述的回忆。那么到他结婚、成为这个家庭中的一员时，这则笔记或记忆就至少有 8 年历史了。并且，手稿中记录下的是玛格丽特 15 岁、她父亲临终前的那一刻。此时，这一记录的准确性和技术细节开始变得可疑了。女王大声朗读了整整 64 页兰姆巴德的著作。她询问 *rotulus cambii*（交换卷轴）这类词语的含义，以及 *rediseisnes*（重新定义）的合法性。这是那种会被一个十几岁的女孩牢记了 8 年或更久的事情吗？是垂死的、只能依靠文书助理来写信的男人会一丝不苟地记录下来的事情？

有一个显而易见的方式可以检查所有这些细节。拿来一本兰姆巴德的《奥秘之书》，找到其中提到的那些词语，确保书中从约翰国王统治开始，到理查三世统治结束的叙述正好是 64 页。问题是，尽管兰姆巴德的纪念碑上记载了《奥秘之书》（时间为 1600 年）这一书名，在尼科尔斯之后出版的一系列书目和传记中也列出了这一作品，但大英图书馆中却找不到一本藏品。有些图书馆的藏书曾出现在收录广泛的英国早期印刷作品《简短标题目录》中，而在这些图书馆也没有收藏过一本

《奥秘之书》。没有任何记录表明有人读过或见过这本书。因此，我们不得不假设这不是一本印刷著作，而是一本手稿，一份独特的赠阅本，形式完整，带有献词和题名页。但是，如果女王在这次会面结束后把书塞进怀里带走了，那么她一定会小心翼翼地保存它，它就一定会出现在王家手稿的存放处或者目录中。我们能找到的与它最为接近的东西是一份涵盖了这些内容的手稿副本[53]——如果《奥秘之书》确实存在过的话——写在带有水印的纸张上，其年代可以追溯到乔治二世统治时期，也就是那次事件发生一个多世纪之后。

罗杰·特温斯顿爵士在这些事件中又扮演了什么角色呢？他是一位文物研究者，完全有能力按照《奥秘之书》的风格描述甚至是创造出一部作品，并且在其中点缀上那些拉丁术语和文献，"那些关于罗马、威尼托、阿基坦、法兰西、苏格兰、威尔士和爱尔兰的卷册"。更重要的是，他是一个狂热的保王主义者，是1642年肯特郡请愿事件的主要参与者，结果他被议会监禁，被迫软禁在这个国家。1650年的一天，他收到了这份手稿，并在其中附上了"标记"，这个日子由此具有了相当重要的意义：这份文件仿佛瞬间属于一个完全不同的历史时刻了。一位被废黜、被谋杀的国王。叛乱。一场在街道上演的王室悲剧。在1650年，这更多意味着将理查二世和查理一世、亨利·波林勃洛克和奥利弗·克伦威尔进行对比，而不是把莎士比亚的戏剧与埃塞克斯伯爵和伊丽莎白女王联系起来。对女王"黄金时代"的怀念，以及对邪恶的克伦威尔及其手下的憎恨，很容易使得特温斯顿动手装饰乃至生造出一份年代更加久远的原始手稿。

况且还有那么多听起来就不真实的细节。女王是一位很有造诣的拉丁语学者，她真的会向兰姆巴德询问"oblata"和"literae clausae"这些简单的词语是什么意思吗？像个骄傲的孩子一样对他说"你看，我还是会读书的"？花时间将古物学者撰写的《奥秘之书》大声朗读64页？

　　这里还有一个问题。据说已散佚的原稿的背面写有签名 T. L.，即托马斯·兰姆巴德。在《伊丽莎白一世女王的发展和巡游》中，这一段会面记录"转述自七橡树的绅士托马斯·兰姆巴德"。但是托马斯已于1770年去世，实际上是他的儿子马尔顿·兰姆巴德把家族文件转交给了尼科尔斯。从威廉·兰姆巴德到《伊丽莎白一世女王的发展和巡游》中的印刷文本，多人被牵扯进来——他的女儿玛格丽特、他的女婿戈弗雷、把它带给罗杰·特温斯顿爵士的理查德·伯威克、罗杰爵士和他的孙子托马斯·特温斯顿爵士，然后是托马斯·兰姆巴德、马尔顿·兰姆巴德，最后是约翰·尼科尔斯——因此我们不能肯定女王真的曾把自己比作理查二世，还说"这样的悲剧已经在露天的街道或是房间里上演过四十遍了"。

　　此外，即使她真的这么做了，也没有特别的理由把"这样的悲剧"与莎士比亚的戏剧联系起来。在这个时代，"悲剧"一词——尤其是在莎士比亚的戏剧对话中——通常指的是一般意义上的悲惨事件，而不是特指舞台上的戏剧。"忘记上帝的人也会忘记他的恩人，"伊丽莎白女王说，"这样的悲剧已经在露天的街道或是房间里上演过四十遍了。"即使她确实想到了埃塞克斯，这句话的意思难道不是"忘恩负义和不忠是对上帝和恩人犯下的罪过，但这种罪恶是非常普遍的，每天都在私人住宅和公共场所中上演"吗？在我看来，她更像在谈论日常生活的变化无常——考虑到与埃塞克斯事件之间的联系，宫廷生活更是如此——而不是暗示一些原本没有记录下来的、曾在剧院之外上演过四十多次的莎士比亚或海沃德的作品。

　　但是，正如我们可以在《亨利五世的辉煌胜利》、女王在蒂尔伯里演讲的记录、莎士比亚的《亨利五世》以及海沃德对女王的蒂尔伯里演讲的戏剧化改编中看到的那样，戏剧中的语言的确与宫廷中的语言混合在一起。忘恩负义地对待恩人是它们共同的主题。

在更早的一些场合，伊丽莎白确实曾随随便便地把自己比作理查二世。而我们确实从各个方面都可以察觉到埃塞克斯与波林勃洛克之间的联系。女王应该非常熟悉指控她这位亲信的最终法律程序。她曾与培根讨论过海沃德的书。因此，如果我们决定相信兰姆巴德的说法，那么很可能是伊丽莎白女王以我的解读方式解读了那个致命周末的事件：这场在"露天街道"上演的"悲剧"会不会是指 1601 年 2 月 8 日周日那天埃塞克斯在伦敦城的巡游呢？他是在有意识地模仿剧中波林勃洛克骑着那匹烈马去伦敦的情景吗？在《亨利五世》一开场，致辞者要求观众借助演员的表演，发挥他们"想象的力量"，即《理查二世》对兰姆巴德所谓埃塞克斯——在这里我们还应该算上查尔斯·珀西爵士和他的同伴们——"邪恶的想象"所施加的影响，或许最终确实将戏剧情节转化为政治生活，使其"从舞台上蔓延到整个国家"。

286

15. 文明的冲突

摩尔人大使

1600 年夏天，当塞西尔和科克试图收集证据，以叛国罪将埃塞克斯伯爵送上法庭时，一群来自异国他乡的陌生人出现在伦敦街头。穆雷·罕默德（Muley Hamet）是巴巴里的国王，而当时的巴巴里是位于北非的一大片土地，包括今天的摩洛哥及其以远。穆雷·罕默德梦想着能重新占领西班牙，1492 年格拉纳达陷落后，他的摩尔人民曾在那里与基督徒和平共处好几个世纪，之后还是遭到了驱逐。他派了一名大使，带领 16 人前去谒见伊丽莎白女王，试探性地讨论建立联盟的可能性，即联合英国海军和非洲军队的力量以征服西班牙。[1] 外交使团于 1600 年 8 月初在多佛港登陆，并经水路一路被护送到格雷夫森德。

1600 年的阿卜杜勒–瓦赫德·本·马萨乌德，时年 42 岁，巴巴里国王派驻英国的大使

几天后，他们在无双宫第一次见到了女王。会面以西班牙语进行，由刘易斯·卢克纳（Lewis Lewkenor）担任翻译。会议结束时，巴巴里一方的翻译又用意大利语和伊丽莎白女王私下谈了几句。随后在 9 月进行了几次会面。有传言说，他们将在阿勒颇会师并结盟，从西班牙人手中夺取东印度群岛和西印度群岛，瓜分战利品。但并没有达成任何明确的结论，代表团计划在 10 月底离开英国。之后，由于"他们中最年长的一位，是牧师或先知那样的人物"[2] 的突然死亡（自然原因）而又耽搁了一段时间。因此，在 11 月 17 日女王加冕周年的时候，这群远方来客依然停留在伦敦，观看了胜利庆典。白厅专门给他们建造了一个特殊的观景台。他们最终离开的时间不明。1601 年 2 月 27 日，也就是埃塞克斯事件发生的那个月，穆雷·罕默德写信告诉伊丽莎白他们已经平安归国。这段海上航行需要六七周的时间，因此他们可能在 1 月中旬就离开了，这意味着他们在圣诞庆典期间现身于宫廷，而当时宫务大臣供奉剧团正在女王御前演出。

不管巴巴里代表团是否观看了莎士比亚的戏剧，他们自身已经在伦敦形成了一种特殊的景观，莎士比亚肯定知道他们的存在，并很可能亲眼看到过他们。约翰·斯托曾写道，他们在伦敦逗留的"6 个月时间里"唤起了大众的兴趣——以及敌意。他抨击他们拒绝向英国穷人施舍，并注意到他们在家里自行宰杀的习俗，并在宰杀动物时都面向东方。大使阿卜杜勒-瓦赫德·本·马萨乌德本人坐着——或者更确切地说是站着——留下了一幅画像。这是一个高贵的摩尔人形象，穿着长袍，佩戴着一柄华丽的剑。正如许多评论家已经认识到的那样，本·马萨乌德一定是几年之后莎士比亚构思奥瑟罗形象的出发点。驻伦敦的大使摇身一变，成了威尼斯的将军。

289

地中海剧院

20 世纪的法国历史学家费尔南多·布罗代尔在他包罗万象的专著《菲利普二世时代的地中海和地中海世界》中曾这样写道——

> 从 15 世纪中叶到 16 世纪中叶的地中海西半部是一幅多么奇妙的地缘政治地图啊，这些箭头表明了西班牙帝国主义扩张的新方向和旧方向，以及它为了控制西海而占领和利用的位置……爱奥尼亚海，也就是克里特海，与之形成对比的是奥斯曼帝国海……这两个不同的地中海地区是交通渠道，可以说它们对这两个帝国负有一定的责任……政治仅仅是在遵循潜在现实的轮廓。这两个地中海国家由彼此敌对的统治者统治，它们在物质、经济和文化上都是不同的。双方都是独立的历史区域。[3]

威廉·莎士比亚生活在一个国际影响力不大的小岛上，在地中海的大地缘政治舞台以北很远的地方。他那个时代的冷战（有时也会实际交火）在地中海西部两个超级大国之间展开，战争有时是在陆地上，但主要还是在海上进行。

在政治上，地中海在西西里岛和突尼斯之间狭窄的中点上被一分为二：西半部是西班牙海，东半部属于奥斯曼帝国。西半部的北岸，从加的斯到那不勒斯再到墨西拿，都在西班牙的控制之下。而南海岸从阿卡扎尔到阿尔及尔再到突尼斯，是一个充满不确定性的地区，由附庸国政权和不守规矩的海盗肆意统治。成功的私掠船船员有可能在那里发一笔横财；而一旦被俘，不仅会失去生命，还会失去不朽的灵魂。莎士比亚出生那年，西班牙的新闻报道称，有大量的基督徒在阿尔及尔从天而降。

16 世纪的航海技术就是指紧贴着海岸线航行。"更确切地说，根据一艘拉格桑船的厨房记录，就是在维尔弗朗什买黄油，在尼斯买醋，在土伦买油和咸肉。或者，按照一位葡萄牙编年史家的说法，从一家海滨旅店来到另一家，在一家用正餐，在另一家吃晚餐。"当船只偶尔冒险远航到看不见陆地的地方时，往往会沿着少数几条由来已久的路线航行，即沿着巴利阿里群岛和撒丁岛的南部，从西班牙到意大利，这常常被称为"岛屿航行"[4]；从西西里到突尼斯；从罗德岛到亚历山德里亚；或者从墨西拿海峡或马耳他海峡，经克里特海岸和塞浦路斯海岸到达叙利亚的阿勒颇。这些岛屿都是至关重要的压痛点。如同古巴和菲律宾在后来超级大国竞争的时代具有不可估量的战略重要性那样，在这一时期，对西西里、塞浦路斯和罗德岛的控制至关重要。

实际中的莎士比亚比我们揣测中的莎士比亚更清楚这个事实。我猜想他之所以对岛屿感兴趣，是因为它们在地缘政治的大环境中构成了一个特殊的封闭空间，这或许跟剧院也是城市大环境中的封闭空间类似。岛屿是一个具有试验性的场所，在这里，对立的力量在戏剧性的对抗中聚集在一起。

与戏剧的许多特征一样，这一模式也是由克里斯托弗·马洛建立的。伊丽莎白时代的崇高悲剧是伴随着帖木儿大帝从塞西亚到波斯再到奥斯曼帝国的西进运动而产生的。马洛的《帖木儿大帝》上篇颠覆了中世纪"君主的堕落"（fall of princes）这一主题，是关于一个来自遥远东方的无名小卒推翻强大土耳其帝国的幻想作品。下篇始于一个令人眼花缭乱的种族大集合，西格蒙德国王从基督教世界中带来了他的阵营，"有健壮的匈牙利人、斯拉夫人、日耳曼人、拉特尔人（Rutters）、马弗人（Muffs）和丹麦人"，而敌对的奥斯曼帝国则集合了"希腊人，阿尔巴尼亚人、西西里人、犹太人、阿拉伯人、土耳其人和摩尔人、安纳托利亚人、索里亚人、埃及黑人、伊利里亚人、色雷斯人和比提尼亚人"⁵。奥斯曼军队先是击败了基督徒，接着击败了帖木儿的第三支军队，他们来自"非洲边境城镇"，即摩洛哥的巴巴里领土、非斯和阿尔及尔。这部二联剧讲述了无神论者帖木儿的崛起和衰落，以及奥斯曼帝国的衰落和东山再起。最终打倒帖木儿的是穆罕默德，而不是基督教的上帝。马洛认识到，在地中海东部和整个非洲海岸，基督徒是弱势的、腹背受敌的、处于边缘的少数。

《帖木儿大帝》是一部陆地剧。剧中列举出了当时已知的整个亚洲和非洲地区，但忽略了地中海中的那些岛屿。马洛在《马耳他的犹太人》中填补了这一空缺。他认识到《帖木儿大帝》戏剧上的弱点在于它以片段组成的结构，这是塞西亚牧羊人长途行军的必然结果，因此他编造了一个故事，把基督教和伊斯兰教的竞争集中在一个压痛点上——马耳他岛。作为一个以密探为第二职业的作家，他的目光从入侵转向了颠覆。处于基督教和伊斯兰教之间的第三股力量不再是塞西亚人那样的局外人，而是内部的异族人，即犹太人和混血穆斯林的结合。这个混血儿就是巴拉巴斯的邪恶伙伴以撒莫，他的名字暗示着他是"摩尔人"，但他被描述为"土耳其人"，并且特别指出了他出生在"色雷斯"，因此他可能是一个从巴尔干半岛绑架来的基督徒孩子，被迫皈依了伊斯兰教。使这个问题更加复杂的是，他的名字似乎来自《圣经》，即艾伦的儿子之一，犹太人"以他玛"。

这个典故解释了一个笑话，莎士比亚把《泰特斯·安德洛尼克斯》中的摩尔人命名为"艾伦"，而他对自己的恶行津津乐道，显然是受到了以撒莫的影响。可以这么说，这个角色就是"以撒莫之子"，所以莎士比亚在此机智地用以撒莫父亲的名字来给他命名！

对于伊丽莎白时代的人来说，马耳他这个名字会立刻让人联想到圣约翰骑士团，即对抗穆斯林的基督教朝圣者。因此，犹太人和马耳他可以被视作以矛盾修饰法搭配的一对。[6] 这出戏可能意在揭露基督教修道士是贪婪、好色的伪君子，但犹太人被描绘成背叛这个岛屿的骗子也并不令人惊讶。《马耳他的犹太人》满足了标题带给人的期待。这是一部极受欢迎、影响极大的戏剧。因此，去看新剧《威尼斯的摩尔人》①的观众也可能会怀有类似的期待，即这个摩尔人也是巴拉巴斯或者艾伦那样的人，是一个将威尼斯置于危险境地的野蛮人。[7]

292

奥瑟罗与奥托曼人 ②

《奥瑟罗》一剧反复暗示故事发生在地中海南部沿海地区：一个名叫巴巴里的少女、阿拉伯胶树林、一次在阿勒颇的邂逅。然而，该剧的原始素材来自乔瓦尼·巴蒂斯塔·吉拉尔迪·辛西奥（Giovanni Battista Giraldi Cinthio）的作品《百故事》（*Gli Hecatommithi*），这是一部类似薄伽丘风格的故事集，《奥瑟罗》取材自其中一位威尼斯淑女与一位摩尔船长及其旗官的故事，故事氛围非常模糊，叙事完全局限于情节和对话。这本集子中所有的故事都是由一群逃到马赛的贵族讲述的，他们逃于1527年罗马大劫掠所导致的战争、饥荒和瘟疫，除了这个泛泛的大背景之外，故事本身并没有更明确的现实历史背景。莎士比亚给这个故事赋予了一些地方色彩——威尼斯人、塞浦路斯人和摩尔人——这也许要归功于当时出版的一些书

---

① 即《奥瑟罗》，其全名为《威尼斯的摩尔人奥瑟罗的悲剧》（*The Tragedy of Othello, the Moor of Venice*）。

② 奥托曼人（Ottomite），指土耳其人，此称呼来源于奥斯曼。

籍，如刘易斯·卢克纳于 1599 年翻译的康塔里尼（Contarini）著作《威尼斯的联邦与政府》（*The Commonwealth and Government of Venice*），约翰·波里（John Pory）于 1600 年翻译的"非洲人莱昂"（Leo Africanus）的著作《非洲地理史》（*A Geographical History of Africa*），以及理查德·诺尔斯（Richard Knolles）于 1603 年翻译的《土耳其通史》（*General History of the Turks*）。我们在前文中提到过卢克纳，他在伊丽莎白女王与摩尔大使谈判时担任口译员。波里的书在本·马萨乌德在伦敦逗留期间出版；书的前言中提到了他，并且注明了在白厅中为摩尔人搭建"特别看台"观看加冕周年庆典的日期。

在辛西奥关于摩尔人和那位女士的故事中，威尼斯的元老贵族们只是决定更换塞浦路斯的守卫，选择摩尔人作为新派往塞浦路斯的士兵的指挥官。狄丝德梦娜坚持要与他同行，他们平安抵达塞浦路斯。没有剧中出现的风暴，也没有土耳其人，因为辛西奥的故事场景设置在、事实上也写作于土耳其攻打塞浦路斯之前。莎士比亚对情节进行了更新，并对近代历史进行了虚构改编。他对辛西奥的作品影响最为影响深远的改编是增加了作为背景的塞西尔。将塞浦路斯表现为一个被奥斯曼帝国海洋围困的岛国形象，这无疑受到了马洛处理马耳他问题的启发。

"勇敢的奥瑟罗，我们必须立刻派你 / 去对付我们的公敌奥托曼人。"①8 威尼斯公爵说。观众在这里听到的是一种和音，为一种叫作"语句间隔反复"的修辞手法所强化，在这个句子的开头和结尾，在将军的名字"奥瑟罗"和公敌的名字"奥

---

① 《奥瑟罗》，许渊冲译，北京：外语教学与研究出版社，2015，第 24 页。

托曼"之间有一个声音的回响。如果男主角名字原本的发音是Otello（这很有可能），这一点就会变得尤其明显。奥斯曼是土耳其帝国的缔造者。奥瑟罗的名字暗示着他本人可能来自土耳其，但他却在与自己的故国作战。9

对于莎士比亚和他的同时代人来说，土耳其、阿拉伯和摩尔都代表了来自伊斯兰世界的"他者"，但他们不一定都会被同质化为单一的形象，即通常所说的"蛮族"。与土耳其和撒拉逊的形象形成对比的是，阿拉伯文化经常与学术和文明联系在一起。巴巴里人可以是"勇敢的"而不是"野蛮的"。乔治·皮尔（George Peele）的《巴巴里的阿尔卡萨之战》（*Battle of Alcazar in Barbary*）是一部根据当时发生的真实历史事件改编的戏剧，其中既有"野蛮的摩尔人/黑人穆里·罕默德"，也有"勇敢的巴巴里王穆里·摩洛哥"。10摩尔人可以在战时帮助你对付土耳其人——或者，西班牙人。对于伊斯兰"他者"的判断，不仅取决于思想体系中的刻板印象，还取决于在争夺世界霸权斗争中的外交联系和不断变化的结盟关系等。在《巴巴里的阿尔卡萨之战》的结尾，反派摩尔人穆里·穆罕默德被打败了（在结尾之前，我们看到他在战场上喊着："马！马！一个恶棍换一匹马！"11——这是写于《理查三世》之前很早的一出戏①），巴巴里的王位由阿卜杜勒梅莱克善良的兄弟继承，他的名字也叫穆里·穆罕默德，是一位真正的历史人物，他派出的大使阿卜杜勒-瓦赫德·本·马萨乌德曾于1600年谒见了伊丽莎白女王。

皮尔的剧本将历史事件与一种更普遍意义上的蛮族、他者、恶魔结合在了一起——反派穆里·穆罕默德的周围充满了邪恶和黑暗世界的联想。来看《威尼斯的摩尔人》的观众本来

294

---

① 《理查三世》第五幕中，理查在被杀前曾高呼："马！马！我的王位换一匹马！"

以为会看到类似的场景，但他们看到的却是一个不同寻常的反转。在此剧中，与恶魔和应受谴责的行为联系在一起的，是一个诡计多端的威尼斯人。

"摩尔人"一词在早期现代英语中主要指一种宗教身份，而不是种族身份。摩尔人的意思是"穆罕默德的"，也就是说穆斯林。在早期现代英语中，这个词经常被用来泛指"非我族类"，即"非基督徒"。对于该剧最早的观众来说，奥瑟罗这个人物最引人注目的特点可能就在于他是一位虔诚的基督徒。这出戏的"背景"在第一个场景中就已经设定了，当时伊阿戈正在吹嘘自己的军事美德，这与卡西奥对战争技艺只有"理论"知识形成了对比（卡西奥来自佛罗伦萨，那里也是马基雅维利等战争理论家的故乡）——

> 我呢，摩尔人亲眼看见我在罗德岛，
> 在塞浦路斯，在基督徒或异教徒的战场上，
> 是怎样打仗的……①12

这寥寥几行台词就能使人直接感受到基督教和异教徒之间的对抗，战斗的焦点集中在罗德岛和塞浦路斯。然而，令人吃惊的是，这位摩尔人是为基督徒而战，而不是为异教徒而战。

再来看看奥瑟罗对塞浦路斯那场醉酒斗殴的反应——

> 难道你们都变成了土耳其人，
> 动手打起自己人来了？这样像野蛮人

---

① 《奥瑟罗》，许渊冲译，北京：外语教学与研究出版社，2015，第 11 页。

一样打闹，难道不怕丢了基督徒的脸！①13

这样的基督徒语言出自一个穆斯林、一个摩尔人的口中本身就是一个悖论。这表明奥瑟罗是一个皈依者。伊阿戈说他要让奥瑟罗放弃的"洗礼"不是发生在他出生的时候，而是在他皈依的时候。该剧通过伊阿戈的阴谋诡计，使得奥瑟罗又改变了自己的基督教信仰。从这个意义上说，伊阿戈呼唤"地狱里的神灵"，奥瑟罗在剧终前承认自己应该下地狱，就都是合情合理的了。

在伊丽莎白时代，转变信仰的问题在对欧洲基督教和奥斯曼帝国关系的认识中具有至关重要的地位。短语"成了土耳其人"14进入了日常生活。"背叛信仰者"变成了一种戏剧中的类型。在《索尔曼和珀尔塞达的悲剧》(*The Tragedy of Solyman and Perseda*，1588年，作者可能是托马斯·基德)中，一个叫巴斯利斯库斯的人转变成了土耳其人，与基督徒不同，土耳其人承认他作为一名士兵的价值和优点。此剧因表现了英军士兵的军饷微薄而轰动一时，但是巴斯利斯库斯也作为一个自吹自擂的骑士而遭到了大家的嘲笑。笑点集中在当他转变成土耳其人也就是说当他受割礼的时候，身体上被割去的那一小撮皮肉。

伊斯兰教对16世纪的欧洲人来说是一股强大的外来力量。"成了土耳其人"意味着要转向对立的那一方。这种转向可能会以多种不同的方式发生：一些旅行者在吸收了对方的文化之后转变了自己的信仰，另一些人则因为战败而成了奴隶，希望转向之后就能获得释放。人们很容易忘记有多少英国私掠船船员成了奥斯曼帝国的奴隶——举个例子，曾有2000名妇女向

295

---

① 《奥瑟罗》，许渊冲译，北京：外语教学与研究出版社，2015，第52页。

詹姆斯国王和国会请愿，请求他们帮助赎回自己被穆斯林囚禁的丈夫。[15]

如果莎士比亚曾通读诺尔斯的《土耳其通史》，他就会知道，土耳其人每隔三年就要向居住在巴尔干半岛的基督徒征税：税收的形式是敛去 10000~12000 个孩子。他们被带离国土并被强行改变信仰（施行割礼），然后受训成为士兵。他们在土耳其军队中组成了一群令人生畏的骨干，被称为"（土耳其苏丹的）禁卫军士兵"（janizaries）——《巴巴里的阿尔卡萨之战》中就有这么一支精锐的卫队，而《帖木儿大帝》中也提到了禁卫军士兵是一群"受过割礼的土耳其人和好战的、背叛信仰的基督徒"[16]。而奥瑟罗是一个反面意义上的禁卫军士兵，他不是一个从基督徒转变成与基督徒对抗的穆斯林，而是一个从穆斯林转变成与穆斯林对抗的基督徒。虽然卢克纳曾披露说，威尼斯军队的统帅总是一个"异乡人"，但是从历史上讲，像奥瑟罗这样从穆斯林转变成基督徒要比反方向的转变罕见得多。

伊丽莎白时代"摩尔人"一词的第二个意义在于种族和地理方面，它指的是毛里塔尼亚人或当地的居民，该地区位于北非，相当于今天摩洛哥和阿尔及利亚的一部分①。当伊阿戈在戏剧的结尾部分欺骗罗德里戈，说奥瑟罗"会到毛里塔尼亚去，并且把美丽的苔丝梦娜也带走"[17] 时，他唤起的正是这种意义上的联系。从人种学上说，摩尔人是巴巴里人和阿拉伯人的混血穆斯林后代。他们在 8 世纪征服了西班牙。奥瑟罗的第二件武器是一把西班牙的剑，或许就是为了纪念此事件。

---

① 当时的毛里塔尼亚并不是指今天的非洲国家毛里塔尼亚，而是古代北非地中海沿岸的一个地方，包括现在的摩洛哥和阿尔及利亚的一部分地区。

考虑到当时西班牙帝国是英国的头号大敌，英国人很可能会产生某种看待摩尔人的矛盾心理——他们可能确实推翻了基督徒，但那也是西班牙天主教的基督徒。腓力二世最担心的是格拉纳达残余摩尔人的起义与土耳其入侵同时发生，正如伊丽莎白一世最担心的是爱尔兰叛乱与西班牙入侵同时发生。[18] 事实上，土耳其人采取的是一种不同的路径：1570 年，在摩里斯科人起义和腓力对格拉纳达的种族清洗结束后不久，他们袭击了塞浦路斯。

欧洲基督徒反对奥斯曼帝国的联盟由于欧洲本身在宗教改革后四分五散而变得不稳定。欧洲北部信仰新教的地区和南部信仰天主教地区之间的争斗，比信仰基督教的地中海西部和信仰伊斯兰教的地中海东部之间的战斗更持久、更直接、更激烈。独立的小政权，如威尼斯和英国，发现自己正在为能够在地中海的舞台上立足而交涉，因此巴巴里大使们出现在了伦敦，1571 年威尼斯因失去塞浦路斯而备受打击。

在旅行指南《帕切斯的朝圣》（*Purchas his Pilgrimage*）中，阿尔及尔被称为"基督教世界的鞭子、蛮族之壁垒、欧洲的恐惧、两个西方之国（意大利和西班牙）的缰绳、岛屿中的祸害"。[19] 北非——奥瑟罗和凯列班的诞生地——是一个恶魔般的"异乡"。但是与此同时，土耳其及其附属国也是英国重要的贸易伙伴。16 世纪末 17 世纪初正是阿尔及尔商业繁荣的黄金时代，而在海的另一端，阿勒颇是通往中国的丝绸之路上一个重要的贸易站点。

在《奥瑟罗》中，把奥瑟罗"变回"野蛮人的不是土耳其人，而是伊阿戈。如果我们想在此剧中解读出有关当时政治的"信息"，那么新近册封的国王供奉剧团可能对这位刚登基不久的国王说："现在的威胁不是来自外部，不是那些外国势力，也不是那些土耳其人——他们已经被打败了，正如你在勒班陀一

297

战后的诗中写的那样——不，危险来自那些狡猾而自利的政客，敌人恰恰是在我们自己的阵营里。"[20] 人们甚至可以凭借信仰天主教和同情西班牙这两个特征来辨认出这个敌人。为什么一个威尼斯人会起伊阿戈这样一个西班牙名字，让人联想起孔波斯特拉的圣伊阿戈——人称马塔莫罗斯的摩尔人杀手？[21]

我们是否应该将此看作该剧的部分内核，即 16 世纪晚期英国和土耳其之间具有一种亲密关系，因为它们有一个共同的敌人——信奉天主教的西班牙？我们发现 16 世纪 80 年代伊丽莎白在伊斯坦布尔的外交官曾经指出，英国新教和伊斯兰教都反对偶像崇拜，而崇拜偶像正是西班牙和罗马教宗的特征。女王实际上曾经把一些神像的碎片寄给苏丹王，以此作为一种友善的象征。

伊阿戈曾说："不，这是真的，否则我就是土耳其人。"[22] 这句话有很深的讽刺意味，因为正是伊阿戈完成了土耳其人的使命，即破坏基督徒的聚居地。这三个主要角色都颠覆了观众原本的期望：奥瑟罗是一个反面意义上的禁卫军士兵，苔丝梦娜是——与人们对于威尼斯女人的成见刚好相反——一个贞洁的威尼斯女人，而基督徒伊阿戈执行了土耳其人的任务。

也就是说，这出戏不太可能像波里（Pory）在 1600 年翻译的《非洲人莱昂》（*Leo Africanus*）和诺尔斯在 1603 年翻译的《土耳其通史》一样，意在直接干预当时的外交策略。莎士比亚在戏剧中使用历史因素，但是他的戏剧将地缘政治纳入了人际交往。这些戏剧并不是意在公开挑起争论，剧中提出的是问题和讨论，而不是宣传和立场。这就是为什么在新的文化环境中，它们的含义如此容易发生变化。

然而，有充分的证据表明，莎士比亚在写《奥瑟罗》之前不久曾熟读诺尔斯的《土耳其通史》。[23] 这其中似乎有一个确定无疑的联系：莎士比亚在第一幕第三场中对土耳其人是前往罗德岛还是塞浦路斯的不确定性来自何处？很可能是来源于诺尔斯著作中的一个段落，里面描述了 1571 年 4 月发生的事情。前一年，土耳其的塞利摩斯皇帝制订了入侵塞浦路斯的计划。他给了一位叫皮尔·巴沙的人一个任务，皮尔是出身低贱的匈牙利人，他"转变成了土耳其人，并且拿起了武器"。皮尔与基督徒英勇作战，相应地也获得了极高的地位。他被塞利摩斯派去阻止威尼斯人向驻塞浦路斯的军队派遣援军。据诺尔斯所述，他离开了君士坦丁堡，穿过普罗庞提斯 ① 和赫勒斯滂 ②（这两个并列的名字可能让莎士比亚久久难以忘怀——还记得庞提克海 ③ 吗？它一直流向普罗庞提克和赫勒斯滂）。但皮尔随后听说威尼斯出现了瘟疫，因此威尼斯人不太可能在短期内发动反攻。因此，他转而袭击了威尼斯人占领的基克拉泽斯群岛之一——忒涅多斯岛。当他的上级将军穆斯塔法把他召唤到罗德岛，打算把两支军队联合起来向塞浦路斯进发时，皮尔随即打消了之前的念头。我们在此将这一历史上的转折与剧中信差宣布的消息进行对比——

> 土耳其帝国
> 开往罗德岛的舰队在途中
> 和后卫兵船汇合了。
> …………
> 大约有三十条船。现在舰队
> 调转船头航行，显然

---

① 普罗庞提斯（Propontis），土耳其马尔马拉海旧称。

② 赫勒斯滂（Hellespont），土耳其达达尼尔海峡。

③ 庞提克海（Pontic sea），指黑海。《奥瑟罗》第三幕第三场中曾提到"黑海的冰流滚滚向前……奔向普罗庞提克和赫勒斯滂"。

是要开向塞浦路斯。①24

说得更确切些，诺尔斯讲述了安杰洛斯·索里安纳斯如何受命带着他的兵船去见威尼斯大使，后者带着土耳其要求占领塞浦路斯的最后通牒——剧中的信差无疑就是取材于此，这位兵船上派来的人说："安哲罗大人派我到公爵府 / 来报告。"②25

一段时间以来，大多数学者已经认可了作为莎士比亚素材来源的诺尔斯，但叛教者皮尔·巴沙的意义却被忽略了。一个信奉基督教的匈牙利人转变成了土耳其人，并对威尼斯人控制的塞浦路斯组织进攻。我怀疑正是皮尔的故事给莎士比亚提供了这样一种灵感，给威尼斯的摩尔人被派去保护塞浦路斯这一辛西奥笔下的故事赋予了深度和历史特色。像皮尔一样，奥瑟罗出身寒微，后来成长为一位伟大的将军，并在此过程中改变了宗教信仰。但他是一个反向的叛教者。

在诺尔斯作品中还有另一段发人深省的文字。威尼斯人是怎样在一开始就控制了塞浦路斯？在 15 世纪早期，这里还是一个独立的王国，但在 1523 年，王位传给了缺乏勇气、只顾享乐的约翰王。诺尔斯写道："正是由于他所受的那种柔弱而女性化的教育，（他）在所有事情上都更像一个女人，而不是男人。"他的妻子接管了对塞浦路斯的统治，而他却沉溺于空虚的享乐。他的妻子由她的奶妈指导。而奶妈则听从她自己的女儿。"所以人们通常说，是女儿统治着奶妈，奶妈统治着王后，王后统治着国王。"结果是王国的混乱、篡位、内战，并最终形成了一个联盟，由威尼斯人来协助其恢复秩序。威尼斯

---

① 《奥瑟罗》，许渊冲译，北京：外语教学与研究出版社，2015，第 23 页。

② 同上书，第 22 页。

人买通了长久以来一直声称对该岛拥有主权的埃及人，并在一个多世纪的时间里和平地统治着该岛。但是，塞利摩斯一世征服了埃及，并且塞利摩斯二世在 1570 年重申了埃及的主权要求，但现在他代表的是土耳其帝国。他进攻塞浦路斯，占领了首都尼科西亚，并且在次年借助穆斯塔法和皮尔·巴沙的舰队，占领了坚固的法马古斯塔港。

莎士比亚改写了这一段历史。他遣走了土耳其人，并暗示了对于这个岛来说真正的危险其实来自内部，即公民社会的崩溃。塞浦路斯人最初是如何因势单力薄而失去了对自己岛屿的控制，这就是一个很好的例子。想想奥瑟罗对卡西奥酗酒的严厉反应，他认为曾经从土耳其人手中拯救出来的威尼斯人正在自我毁灭，并且"闹得全岛人心惶惶"[26]。再想想对于伊阿戈的计划来说，至关重要的是要使得卡西奥相信，奥瑟罗是受他的妻子支配的——于是，苔丝梦娜变成了我们将军的将军，就像塞浦路斯老约翰王的妻子那样（幸运的是，她并没有受到奶妈的控制）。威尼斯将塞浦路斯视为一个对抗土耳其人的重要基督教前哨，但是在剧中，它从自身内部而不是外部遭到了"异教化"。

在这方面，塞浦路斯总督蒙太诺是一个有趣的人物。除了名字之外，他看上去更像是一个塞浦路斯人，而不是来自威尼斯的摄政者。他先是被称为"塞浦路斯人"，后来又被称为"塞浦路斯的勇士"。他欢迎奥瑟罗和威尼斯人的到来，如同很久之前威尼斯曾在柔弱的约翰王统治之后帮助塞浦路斯恢复秩序。但是卡西奥和蒙太诺之间的争吵象征着威尼斯即将失去塞浦路斯。神意以暴风雨的形式介入，意味着这个岛屿并不是被土耳其占领了，而是因为内部分裂而变得摇摇欲坠。伊阿戈说："这样我就可以煽动这些塞浦路斯人起来闹事。"[①][27] 塞浦

---

① 《奥瑟罗》，许渊冲译，北京：外语教学与研究出版社，2015，第 45 页。

路斯是一个被占领的国家，内乱和内战的危险比来自外部的威胁更大。

也许是为了给詹姆斯一世统治早期的爱尔兰上一课，就像剧中虚构的土耳其舰队一样，1596年和1597年前往爱尔兰的西班牙舰队也曾被风暴驱散——但这并没有使占领爱尔兰的英国驻军轻松一些。莎士比亚是一位典型的生活在后无敌舰队时代的英国人，正如他在自己的历史剧中所表现的那样，对统治的真正威胁往往来自叛乱，而不是入侵。

奥瑟罗以一个吻结束了自己的生命，这个吻是黑人和白人的拥抱，也许象征着东方和西方、欧洲国家和东方国家各方美德的和解。但在他带回威尼斯的信中，他希望能被人们记住的公众形象是他在基督教徒和土耳其人的对抗中，在叙利亚最东端的阿勒颇作为基督教捍卫者的形象。在刺死自己的过程中，他意识到自己已经变回了土耳其人。通过杀死苔丝梦娜，他已经放弃了基督教文明，并将自己罚下了地狱。作为象征，他拿回了自己伊斯兰教的标志——头巾，割礼——这些在他成为基督徒时已经被放弃了的东西。他殴打了自己的威尼斯妻子，还中伤了这个国家。他已经成了土耳其人。然而，使他成为土耳其人的，不是土耳其帝国，而是诡计多端的威尼斯人，那个"老实的"伊阿戈。

16. 莎士比亚和詹姆斯一世时代的地缘政治

与波希米亚人的联系

罗伯特·格林的通俗传奇故事《潘多斯托》（*Pandosto*） 讲述了波希米亚国王误以为他的妻子怀上了他的老朋友，即西西里亚国王的孩子的故事。莎士比亚将这个故事改编成戏剧《冬天的故事》，其中最著名的改动是让蒙冤的王后复活，但是他做出的最令人费解的改动是将这两个王国颠倒过来。嫉妒的怒火燃烧在西西里，而不是在波希米亚。

布拉格的冬天怎么说都要比巴勒莫的冬天更冷一些。因此，按照原本的故事情节，把莱昂特斯冰冷的宫廷设在白雪覆盖的欧洲中部，把夏日放牧的场景安排在阳光明媚的西西里——顺便说一句，这里正是田园牧歌之父忒俄克里托斯（Theocritus）的出生地——不是更好吗？如果赫麦娥妮注定要成为俄国沙皇的女儿，从地理和王朝的观点来看，把她嫁给附近的波希米亚王国的国王，而不是遥远的地中海岛屿上的国王，难道不是更合情理吗？

人们对此提出过各种各样的解释。也许莎士比亚改动的目的是让潘狄塔成为西西里的女儿，让她进一步接近她的神话原型普罗塞耳皮娜，那位使得冬去春来的人物。[1]或许是因为"西西里岛一向以嫉妒和复仇而闻名，而波希米亚及其虚构的海岸则是浪漫传奇频繁发生的地点"。[2]该剧的最佳编者斯蒂芬·奥格尔（Stephen Orgel）认为，海难和安提哥诺斯之死的发生地点应该是波希米亚海岸，而那里其实是内陆，这与西西里刚好相反，后者实际上是一个岛屿，正如这出戏的名字一样，这一改动意在"将行动从地理空间中移除，就像将它从历史时间中移除一样"[3]。

这些解释与戏剧所属的类型有关。它们源自一种看法，即认为这出戏属于传奇、神话、田园诗、传说，并且要求我们将波希米亚和西西里与早期现代欧洲地缘政治现实分离开来。如果莎士比亚在一部历史剧中对调了英格兰和苏格兰，类似的解释很有可能并不会出现。但我们应该假定莎士比亚式的传奇故事完全脱离了历史和地缘政治吗？《暴风雨》对治国之道和王朝关系兴趣浓厚，《辛白林》是莎士比亚对政治历史学家所谓的英国问题进行的两种延伸式思考之一。《冬天的故事》始于卡密罗和阿契达摩斯之间的对话，用的是侍臣的语言，而不是仙子的语言。即使是提到了"仙子"这个词，也会立刻让人想起爱德蒙·斯宾塞的民族主义浪漫长诗《仙后》，对于伊丽莎白时代的人来说，浪漫诗和田园诗同样可以成为探索朝臣礼仪和赞美王室的有力方式。

莎士比亚在创作晚期的所有剧本之前，已经清楚国王供奉剧团将会比其他任何剧团更频繁地受命在宫中演出。他会不会停下来想一想，《冬天的故事》中的波希米亚和西西里亚，《暴风雨》中的米兰和那不勒斯，这些地名会在外交方面引起什么样的反响？毕竟，早在十年前，他就因偶遇了约翰·奥德卡索爵士（Sir John Oldcastle）的后裔而认识到，给一个特定的名字赋予不恰当的关联是很容易冒犯他人的。无论这种情节与历史上的现实距离多么遥远，提到波希米亚和西西里王国，尤其还是在宫廷观众（可能包括来访的外交官）的面前，将不可避免地与地缘政治产生或明或暗的联系。

在莎士比亚父亲生活的年代，英国与这两块土地之间的关联在政治方面是毫无差别的。作为神圣罗马帝国的皇帝，查理五世统治了欧洲大部分地区，包括西西里和波希米亚。但是在莎士比亚生活的时代，哈布斯堡王朝已经分裂为西班牙和奥地利两个截然不同的分支。在这个时代，这两个王国分属于不同的势力范围。西西里或者更确切地说是两西西里王国，一个由岛屿组成；而另一个（也被称为那不勒斯王国）位于意大利南部，是西班牙腓力二世地中海帝国的中心。波希米亚（现捷克共和国西部三分之二的地区）则成为神圣罗马帝国的核心。当鲁道夫二世在 1576 年成为皇帝时，他将政权所在地从维也纳迁到了布拉格。在莎士比亚的时代，西西里亚的王位属于西班牙，而波希米亚国王则是哈布斯堡帝国的高级世俗选民。

另一个关键的区别是在宗教方面。西西里信奉天主教，而在过去的 200 年里，波希米亚人一直不属于罗马教廷——1419~1420 年的胡斯起义实际上是欧洲的第一次宗教改革。用现在鲁道夫二世传记作家的话来说，"如果成为新教徒就意味着在道德问题上反对教宗、反对教会并持坚定的原教旨主义立场，那么大多数捷克人都可以算是新教徒的先锋"[4]。

尽管《冬天的故事》是虚构的故事，但事实上在创作该剧的时代，坐在西西里亚王位上的是西班牙的腓力三世国王，而拥有波希米亚王位的则是鲁道夫二世皇帝。伦敦的詹姆斯宫廷和布拉格的鲁道夫宫廷之间有着密切的联系。鲁道夫的宫廷以对英国知识分子的热情好客而闻名，从巫师约翰·迪一直到后来成为全欧洲最著名诗人之一的年轻女子伊丽莎白·简·韦斯顿都是座上宾。这两位君主之间也有惊人的相似之处，他们都对巫术兴趣浓厚，都希望通过不同教派之间的联姻来促成欧洲和平。[5]另外，鲁道夫沉迷于炼金术、自然巫术和蔷薇十字会，这不是他忧郁的个性而导致的古怪癖好，而是为了——詹姆斯国王对巫术的兴趣也是如此——以此来跨越正在使他的帝国深受折磨的宗教分裂，以实现更深层次的宗教愿景和团结。当然，巫术和王家联姻也是最近研究莎士比亚的学者关注的主题。

相反，尽管詹姆斯的王后是天主教徒，国王也曾多次试图让他的孩子与西班牙联姻，但英国人产生于无敌舰队乃至更久之前的、对一切西班牙事物残留的敌意，依然没有消失。在这种情况下，在决定将西西里国王和波希米亚国王的故事改编成戏剧，并且知道此剧迟早会成为宫廷剧目的时候，这一改动似乎是极其合理的。莎士比亚认为让一个非理性、残忍且亵渎神明的君主与西班牙而不是鲁道夫联系在一起，是比较明智的。我并不是认为莱昂提斯是腓力的化身，或者波力克希尼斯就是鲁道夫的化身，而仅仅是指在使用欧洲诸国的国名时需要一点策略。

莎士比亚对波希米亚这一奥地利—日耳曼哈布斯堡领土的象征使用的策略确实奏效了，《冬天的故事》于1612年至1613年詹姆斯国王女儿伊丽莎白的婚礼庆典之时在宫廷上演，而且不会产生任何尴尬——伊丽莎白嫁给了哈布斯堡家族的王子腓特烈，也就是帕拉廷选帝侯——碰巧，他后来成了波希米亚的国王。

由斯蒂芬·奥格尔编辑的牛津版《冬天的故事》触及了与波希米亚的关联，但没有提到西西里在莎士比亚时代的状况。然而，有确凿的证据表明，莎士比亚知道它是由西班牙控制的。他的另一部西西里题材的戏剧《无事生非》以马特奥·班德罗（Matteo Bandello）写的一个故事 [6] 为素材，故事就发生在西班牙夺取西西里政权的那一时刻。莎士比亚用陆军代替了班德罗笔下的海军，但唐·佩德罗的墨西拿显然是掌握在西班牙人手中。

不管莎士比亚将西西里和波希米亚对调背后是否隐藏着他对地缘政治的敏感性，《冬天的故事》仍然可以被视为一部围绕着南北轴心而展开的戏剧，而不是像《奥瑟罗》那样的东西走向。该剧将世间万物进行了匪夷所思的融合，促成了古典文明的早期现代重生。阿波罗震怒，奥维德笔下的皮格马利翁重生为朱里奥·罗马诺①；场景设置在温暖的希腊岛屿上的德尔菲神谕神庙、一个非常英式的剪羊毛宴会和一个私人小教堂，走到小教堂之前要先经过一个画廊，教堂中有一个看上去像是圣母的雕像。与此同时，剧中关键的地理结构是激情奔放、由宫廷——天主教？——主导的南方和更无拘无束、气候温和的北方之间的对立，普通人（牧羊人和小丑）在北方亦有发言权，就像他们在信仰新教的世界里那样——那里的《圣经》有用当地方言写成的版本。

306

阿尔及利亚风暴

大约在阿拉贡家族占领西西里150年后，阿方索五世占领了那不勒斯王国。西西里和意大利南半部在16、17世纪都处于西班牙的控制之下。西班牙王室在意大利北半部也占据了相当大面积的领土，包括要塞城市米兰。这又让我们想到了《暴风雨》。我们倾向于认为该剧中的米兰是一个自治的公国，而那不勒斯是一个拥有主权的王国。考虑到以上这些因素，我们认为通过米兰达和腓迪南的婚姻所建立的王朝关系代表了意大利小城邦的某种南北统一，旨在制衡罗马教宗的权力。在剧中虚构的来世情节中，阿隆索的儿子腓迪南将会成为那不勒斯国王和米兰公爵。而在近代意大利的现实历史中，米兰和那不勒斯都处于西班牙国王的统治之下。[7]

《暴风雨》的编者们已经注意到了"腓迪南"这个名字——也许还有"阿隆佐"，我们能感受到它与"阿方索"相似[8]——与西班牙对那不勒斯的统治有着多么深刻的联系。阿方索五世

---

① 朱里奥·罗马诺，意大利画家，因创作色情作品而名声不佳。《冬天的故事》第五幕第二场中写道："公主听说宝丽娜保存有她母后的雕像。那座雕像是意大利杰出大师朱里奥·罗马诺多年的心血，最近才完成。若这位大师可永生，且能赋予所雕之像以生命……"

是第一位来自伊比利亚的那不勒斯国王，他的王位由私生子腓迪南继承，腓迪南努力维持着他的王国，抵御土耳其人侵、贵族起义和来自威尼斯人的敌意。腓迪南的儿子，即另一位阿方索，继承了他的王位，在短暂且不得民心的统治后，他做出了普洛斯彼罗式的退位："将国家让给了他的儿子腓迪南……他自己航行到西西里岛，在那里专注于研究、孤独和宗教。"⁹这一位腓迪南在将那不勒斯输给法国人之后，撤退到西西里，在西班牙人和威尼斯人的协助下收复了那不勒斯，然后突然死去，由此私生子腓迪南这一脉的统治结束。此后，西班牙国王改派总督来统治那不勒斯王国。有人认为莎士比亚熟悉威廉·托马斯撰写的《意大利史》，此书概述了这四代阿方索和腓迪南的历史，但即使抛开具体的素材来源不谈，这些名字本身也带有西班牙王权的光环。

威廉·华纳（William Warner）在《阿尔比恩的英格兰》（*Albion's England*）①一书中曾写道："自由的意大利诸岛，其中一部分由西班牙人所有／如那不勒斯和米兰，前者是王国，后者是公国。"¹⁰当我们将这一戏剧与帝国统治联系起来思考时，会受到以下观念的冲击，即米兰是一个被殖民的城邦，而那不勒斯王国其实是受到西班牙统治的。对于詹姆斯一世时代的观众，特别是具备历史和外交知识的宫廷观众来说，他们很有可能认为普洛斯彼罗是阴谋诡计的牺牲品，而阴谋诡计的背后可能是邪恶的西班牙，而不是任何帝国的冒险家。或许我们应该把他看作流离失所的维希将军，而不是塞西尔·罗德（Cecil Rhodes）的原型。但是，也许我们不应该将他设想成以上两位，因为《暴风雨》的惊人之处在于没有提及与任何西班牙有关的问题，也没有任何若有所指的锚地。这并不是西班

---

① 阿尔比恩是不列颠或英格兰的古称。

牙治下意大利版本的《无事生非》。

《暴风雨》开始的一幕发生在一艘从突尼斯开往那不勒斯的船上。第二幕中关于迦太基和"寡妇狄多"的对话，使得评论家们将这次航行与维吉尔的《埃涅阿斯纪》和罗马传奇式的建城故事联系起来解读。剧中人物对罗马遗产的反思与对米兰和那不勒斯之间虚构联盟的反思产生了类似的效果：它使得观众从意大利的角度来思考国家和主权。但 16 世纪和 17 世纪早期的现实之中，突尼斯实为西班牙和奥斯曼帝国之间的导火线。就像莎士比亚绝口不提西班牙治下的那不勒斯和米兰那样，他对于克拉丽贝尔"非洲"丈夫的忠诚问题也保持着饶有意味的沉默。他没有告诉我们应该将这段婚姻设想于发生在历史上的哪段时期，是在突尼斯作为西班牙傀儡国的时候，是在它处于阿尔及尔的海盗王乌鲁赤阿里（Euldj Ali[①]）自主统治下的时候[11]，还是在阿里得到土耳其人的支持之后？

阿尔及尔的问题与此类似。推断西考拉克斯确实曾与魔鬼联姻，表明了凯列班是某种形式的异族通婚的产物。《暴风雨》写作的那个时代的阿尔及尔，曾被布罗代尔称为"一种混色织物"[12]。那里收押着大约两万名囚徒，其中大约一半是基督徒（葡萄牙人、佛兰德人、英格兰人、苏格兰人、匈牙利人、丹麦人、爱尔兰人、斯拉夫人、法国人、西班牙人和意大利人），另一半是"异教徒及偶像崇拜者"（叙利亚人、埃及人、日本人、中国人、埃塞俄比亚人，以及新西班牙的居民[②]）——"当然，每个国家都有一批背叛自己宗教的人"。塞缪尔·珀切斯（Samuel Purchas）估算，大约有 20 万名基督徒居住在阿尔

---

① Uluç Ali Paşa，转变成土耳其人的意大利人，原名 Giovanni Dionigi Galeni，于 1519 年生于意大利卡拉布里亚，1587 年死于土耳其的伊斯坦布尔，曾担任奥斯曼帝国的海军总司令。

② 新西班牙，16 世纪至 19 世纪西班牙所有殖民地国家的总称。

及尔，其中大多数都是叛教者。[13] 但是，莎士比亚并没有确切地把凯列班写成基督徒与穆斯林结合的产物，而是提出了多种更加抽象的可能，比如人与魔鬼、人与动物、陆地生物与海洋生物（"奇怪的鱼！"）。这种从地中海环境的特殊性中进行抽象化的过程是《奥瑟罗》的标志性特点，其对于该剧的后作也有至关重要的作用。

在《暴风雨》中，莎士比亚小心地避免提到任何精确的历史时间或地理位置。最明显的一点是，他没有说出这个岛的名字或位置。关于突尼斯和迦太基的对话让人确切地注意到与真实历史进行对应的危险，注意到以普鲁塔克和弗鲁爱林所钟爱的那种平行对应的方式进行论证的危险——

> 贡柴罗：这突尼斯，先生，是当年的迦太基。
>
> 阿德里安：迦太基？
>
> 贡柴罗：我向您保证，是迦太基。
>
> 安东尼奥：他的话比那神奇的竖琴更神。①
>
> 西巴斯辛：他不光建了城墙，还盖了房子呢。
>
> 安东尼奥：他下一个化不可能为可能的事会是什么？
>
> 西巴斯辛：我想他会把这个岛放进口袋带回家，跟他儿子换个苹果。
>
> 安东尼奥：然后把苹果籽撒到海里，种出更多海岛。②[14]

贡柴罗错了。突尼斯并不在迦太基原先的位置上。这个

---

① 在希腊神话中，安菲翁（Amphion）的竖琴奏出的音乐曾使底比斯的城墙自己重建起来，但是没有建造出房屋，所以说贡柴罗的话比竖琴还神。

② 《暴风雨》，彭静禧译，北京：外语教学与研究出版社，2015，第39页。

现代城市在物质和政治两方面都不是那座古代城市的翻版。安
东尼奥暗示说，设想古代的历史可以重现就是在设想一种比安
菲翁的竖琴演奏出的、能重建底比斯城墙的音乐"更神"的
可能。

同样，这个岛屿的现实也不符合贡柴罗想象出的"黄金时
代"形象。因此，我们必须警惕把《暴风雨》当作现代的《埃
涅阿斯纪》，把这个岛当作地中海或新世界帝国的寓言这样的
平行对应。与此同时，这个岛屿不具有地方特征的性质——它
的乌托邦性质——又在鼓励观众把它捡起来，就好像它是贡柴
罗的苹果那样，并"把苹果籽撒到海里"，让其他岛屿——加
勒比海的、爱尔兰的，等等——从其中神奇地生长起来。

《暴风雨》的艺术使不可能的事情变得轻而易举。通过掩
盖 16 世纪地中海地区的真实历史，莎士比亚把他的戏剧从同
时代的地缘政治中抽离出来，并赋予它活在后来的历史中的可
能性。在莎士比亚的有生之年，所谓的大英帝国 [15]——超出爱
尔兰之外的其他地区——尚不存在。地缘政治从地中海地区到
大西洋地区的大陆性转移才刚刚起步。抽离《暴风雨》中的历
史确定性无异于一种魔术戏法，它制造了一种错觉，认为莎士
比亚预言了后来的大英帝国历史，也促成了 20 世纪后越战时
代和冷战时代的后殖民地区对这出戏最常见的解读方式。

《奥瑟罗》位于基督教和伊斯兰教之间东西双方的边界，
可以说奥瑟罗本人就是世界两大主要宗教之间的媒介。《冬天
的故事》以天主教的南方和新教的北方为背景展开。《暴风雨》
又使用了马洛在《马耳他的犹太人》中的策略，把整个世界压
缩到一个孤岛上。但其中有一点不同。莎士比亚本可以把他的
戏剧场景设置在西班牙东部的巴利阿里群岛，让凯列班成为一
个叛徒，普洛斯彼罗成为逃离西班牙政权的流亡者，斯丹法诺
和特林鸠罗成为英国的私掠船船员。但他没有这么做。他用一

个暗黑版的乌托邦取代了马耳他，从而使得这个岛屿变成了一个纯粹的概念空间——或者更确切地说，是一个纯粹的戏剧空间，因为正是在这里，我们最强烈地感受到了岛屿和剧院之间的相似性。因此，这出戏作为一部关于北方、南方、东方和西方的戏剧具有了特别的可读性。

第五个时期

法官

然后是法官！

胖胖圆圆的肚子塞满了阉鸡，

凛然的眼光，整洁的胡须，

满嘴都是格言和老生常谈；

他这样扮了他的一个角色。

1600 年前后的一个圆形木盘，是一套展示人类不同年龄和职业的木盘中关于"律师"这一主题的

17. 在克里门律师学院

大多数的莎士比亚传记会指出，从 1585 年 2 月双胞胎哈姆奈特和朱迪思受洗开始，到 1592 年秋天伦敦戏剧界明确地提到他的名字，即罗伯特·格林嘲讽他是"摇撼舞台者"，在这中间七年的时间里，他从人们的视线中消失了。围绕着这七年所谓"失去的岁月"，一直存在着多种猜测。他是在乡下担任塾师，还是在兰开夏郡某一个不服从新教的天主教家庭里做家庭教师？他是不是参加过尼德兰战争，或者去意大利旅行过？他是否受过法律方面的训练，即给律师打下手，而这曾是他的剧作家同僚托马斯·基德职业生涯的开始？或者他只是在斯特拉福德帮忙打理家族生意，然后在 1587 年前后离开家乡去伦敦寻找出路，而这要么是出于他自己的意愿，要么是为了逃避因为在托马斯·路西爵士（Thomas Lucy）位于查勒科特的鹿园偷猎而遭到指控？

以上这些推测依据的都是道听途说和间接证据。[1] 学者们有时偏爱其中一种，有时则倾向于相信另一种。传说中与兰开夏郡的联系曾在 20 世纪 30 年代和 90 年代流行，但在 21 世纪早期就不足为信了，偷猎的说法长久以来都被奉为正统，但在 20 世纪遭到了嘲弄，因为路西在查勒科特没有鹿园——但这一说法在 21 世纪初又重新得到追捧，因为人们发现在查勒科特确实有一个养兔场，那里当时应该养着家兔、野兔、野鸡和狍子。

塾师们都很喜欢"莎士比亚曾经是一位塾师"这一推断。它有很可信的出处，可以追溯到他的一个演员同僚的儿子，所以他很可能确实做过塾师，尽管更可能的是在中部地区或威尔士边境，而不是兰开夏郡。但他的戏剧中对于塾师的行事方式和伊丽莎白时代课堂教学的丰富知识，完全可以从他作为学生的经历中获得。

314　　　律师们则偏爱"莎士比亚做过律师"的说法。[2] 依据间接的证据推断，这一情形貌似也是合理的，但他的戏剧中对于律师行当和伊丽莎白时代法庭实践的丰富知识，也完全可以从他作为诉讼当事人的经历中获得。

关于这段"失去的岁月"，我们可以确定无疑的一点是，所有声称莎士比亚在 1585~1592 年在档案记录中销声匿迹的传记作家和学者都错了。[3] 在 1588 年的"米迦勒学期"①，斯特拉福德的莎士比亚这个名字两次出现在一份原告文件中，该文件是为在一年后的 1589 年 10 月 9 日向威斯敏斯特的女王王座法庭提起诉讼而起草的。在这份文件中，约翰·莎士比亚的儿子威廉曾因两起事件而被列为诉讼当事人。这也许正是莎士比亚与伦敦之间缺失的一环。

乡村法官夏禄的来源

　　夏禄　来，来，来，握握手，兄弟；握握手，兄弟。凭十字架发誓，你来得真早！赛伦斯贤弟，近来如何？

　　赛伦斯　早安，夏禄老兄。

　　夏禄　我的弟媳、你那贤妻好吗？最漂亮的令嫒、我的干女儿爱伦好吗？

　　赛伦斯　哎，漂亮什么呀，见笑见笑，夏禄老兄！

　　夏禄　绝无虚言，老弟。我敢肯定我的侄儿威廉已经是大学者啦，他还在牛津吗？

　　赛伦斯　是啊，老兄，我花钱不少啊。

　　夏禄　他肯定马上要进伦敦律师学院了。我从前读的

_____

① 部分大学的秋季学期于米迦勒节（每年 9 月 29 日）前后开始。

是克里门律师学院 ①，他们现在谈起我还口口声声"疯狂的夏禄"哩。

赛伦斯 他们当时叫你"浪子夏禄"，老兄。

夏禄 我的绰号多得很，而且我无所不为，为所欲为。我一个，一个是斯塔福德郡的小约翰·不值钱，一个叫黑乔治·赤裸裸，一个叫弗朗西斯·贪婪，一个来自科兹沃尔德的威尔·尖叫。在伦敦所有的律师学院中，这四个家伙最胡闹。可以这样说，哪儿有漂亮妞儿我们了如指掌，最漂亮的我们也能随叫随到。还有杰克·福斯塔夫，现在叫约翰爵士了，当时还是个孩子，给诺福克公爵托马斯·毛勃雷当侍童。

赛伦斯 老兄，这个约翰爵士就是马上要来这里招兵的那个人吗？

夏禄 就是这个约翰爵士，正是此人。我亲眼看见他在宫廷门口打破了斯科金的脑袋，那时他还是个血气方刚的小子，个子不到这么高。就在同一天，我在葛雷律师学院的后面，同一个名叫参孙·鱼干的水果贩打了一架。啊，从前过的日子多么疯狂！眼看好多老朋友都死啦！②4

莎士比亚的一些戏剧依靠几个主要角色，而另一些则是由众多地位相当的角色组成的整体。因此，比如说，《亨利四世》上篇就很像一台三个人的戏，三分之二的对话都仅仅由三个角色完成：福斯塔夫、哈尔和霍茨波。有 7 个角色说的台词超过了 40 行。然而，在《亨利四世》下篇中，有 40 行以上台

---

① 克里门律师学院（Clement's Inn）要比伦敦四法律师学院（Inns of Court）略逊一筹。

② 《亨利四世（下）》，张顺赳译，北京：外语教学与研究出版社，2015，第 63~64 页。

词的角色数量增加到了 19 个，福斯塔夫、哈尔和霍茨波三人组被更多的主要角色取代。我们明显感受到了霍茨波的消失，但不同之处在于，上篇主要关注荣誉准则与哈尔王子的军事和骑士美德的发展，而下篇更注重公民美德，提供了一个更广阔的社会全景，其中也包括农村社会。地位仅次于福斯塔夫和王室成员的主要角色是乡村法官夏禄和首席大法官（Lord Chief Justice）：他们分别是地方司法代表和国家司法系统的负责人。地方人士占的比重略微大一些。

在莎士比亚的时代，首席大法官即高等法院王座庭庭长，主持普通法法院，即女王王座法庭、民事诉讼法庭和税收法庭。在首席大法官的管辖范围和上议院大法官（Lord Chancellor）管辖下的所谓衡平法庭（Court of Equity）之间，经常存在着法律上的分歧，而且往往是不体面的地盘之争。事实上，这两个法庭就分别位于威斯敏斯特议会大厅的两侧。该剧上演时担任首席大法官的约翰·波普汉姆爵士（Sir John Popham）以少年时放荡不羁而闻名。甚至流传着他曾被吉卜赛人偷走，或者曾经拦路抢劫的故事。这些传言暗示了他过去是一个典型的浪子，当然，这也正是哈尔王子的生活和他成长为亨利五世的模式。

在《亨利四世》下篇中，莎士比亚对于地方与国家的彼此结合表现出了浓厚兴趣。在戏剧的开头部分，快嘴桂嫂就提出了针对福斯塔夫的债务诉讼。她碰巧在街上遇到了大法官，于是他就着手解决这个问题。在债务人法庭上提出的小额索偿能够呈到大法官面前，这种想法是故意为之且荒唐可笑的。两个来自天差地别的社会阶层的人相遇，其意义在于将大人物与小人物生拉硬套在一起，含蓄地表示英国人民都处于同一法律的管辖之下。

格洛斯特郡的治安法官夏禄和赛伦斯，体现了都铎王朝试图通过地方官员网络来统一国家行政的过程。授予约翰·莎士比亚一枚纹章——这使得威尔·莎士比亚成为绅士——的理由之一在于他是埃文河畔斯特拉福德镇的治安法官兼执达吏，即女王陛下的官员和镇上的长官。当纹章院官员威廉·德希克爵士以"演员莎士比亚"这样的人不是绅士为由，反对授予莎士比亚家族盾形纹章时，得到的反馈依然是，约翰·莎士比亚是埃文河畔斯特拉福德的地方官员，是当地的治安法官。

治安法官一职可以追溯到 12 世纪狮心王理查的统治时期，并在都铎时代得到大大加强。治安法官通常是在社区中拥有良好地位的人，他们自己不一定受过高级别的法律培训。他们的主要权力之一是把不守规矩的人绑起来以"维持治安"（端正行为），这正是莎士比亚在与弗朗西斯·兰利（Francis Langley）就剧院租金发生争执时遭遇的命运。他们还管理武器的使用、监督济贫法的实施，并履行征召职责，也就是清点身体健康的人，一旦需要，就随时征召他们入伍——《亨利四世》下篇中乡村治安法官夏禄和赛伦斯的情节正是在这种情况下展开的。

从威廉·兰姆巴德的日记中，我们可以感受到乡村治安法官的生活——我们上次提到他还是在讨论埃塞克斯叛乱的时候。这是他作为一名治安法官在家乡肯特郡上任的第一天："我被任命为治安法官，那天我同时还协助召集艾尔斯福德三个地区的法官们持枪在莫林、通布里奇和伯勒格林集合。"兰姆巴德很快发现他不得不花很多时间来管理那些小酒馆，"我把托马斯·钱伯斯、威廉·科辛和汤布里奇的托马斯·诺勒姆送进了监狱，因为他们顽固地经营着酒馆，这违反了多个下令取缔酒馆的法条"。他有责任处理当地社区可能发生的暴力事件，但有时他的管辖权也与教会法庭的管辖权重叠。在任职的第一年要结束时，兰姆巴德在笔记中这样写道——

317

我命令对来自西尔镇的琼·皮茨福德寡妇和同城的爱丽丝·海勒斯进行惩罚，因为她们生了两个私生子，还要惩罚同一个镇上的托马斯·伯德和托马斯·比格，他们两人都是车工，据传是以上两个私生子的父亲。第二天，照此命令，托马斯和爱丽丝被拘押在七橡树村的一辆马车里，而琼则在车尾遭到了鞭打；那位比格则在此之前很早就已经逃走了。[5]

夏禄和赛伦斯，这两位略微有一些腐败、总是在舞台上显得情感过于丰富的治安法官角色，召唤出的就是一个由这种小官场组成的世界。

学者们中流传着一个由来已久的传统，即试图把乡村法官夏禄和莎士比亚可能认识的某个人联系起来。他会不会是以托马斯·路西为原型？这位本地的绅士兼治安官据说曾因为莎士比亚的盗猎行为而把他赶出了小镇。这个观点的依据是在《温莎的风流娘儿们》的开头部分有夏禄参与的第一段对话中，提到盾形纹章的时候好几次出现了"lucies"[①]一词。另一位可能的人选是脾气暴躁的威廉·加德纳，他是萨里郡的治安法官，在法庭下令将莎士比亚绑起来以"维持治安"事件中，他也有参与。但莎士比亚并不是那种把舞台上的人物角色明确建立在自己认识的真实人物基础之上的作家。他更像一个自嘲者，一个从这里、那里搜集个性特征细节的人。这二位乡村法官身上可能带有路西和加德纳的影子，但如果确实有的话，也可能有其他人的。

318

---

① 莎士比亚原文中使用的词语是 luces，即绣在纹章上的狗鱼，这个词与路西谐音。

家庭律师

"我从前读的是克里门律师学院。"乡村夏禄在与来访的亲戚赛伦斯交谈一开始就这么说过。后来，他在福斯塔夫谈论琴·耐特渥克时又说——

> **夏禄** 是啊，她肯定老了。她必定老了，当然要老。她同耐特渥克生下小罗宾的时候，我还没上克里门律师学院哩。
>
> **赛伦斯** 那是五十五年前了。①6

这一段对话的结尾是福斯塔夫的名句"我们听见过夜半钟声哩，夏禄先生"，但是其中引起我兴趣的一句则是"我还没上克里门律师学院哩"。他们听到的夜半钟声从何而来？当然是来自斯特兰德大街上的圣克里门教堂，这一教堂以其钟声而闻名，并且就坐落在王家高等法院附近。

现代的观众可能会认为克里门学院是某种酒吧或招待所。毕竟，它不是著名的伦敦四法律师学院之一——林肯律师学院、格雷律师学院（1594年，这里有过一场《错误的喜剧》的演出）、内殿律师学院和中殿律师学院（1602年这里上演的《第十二夜》远近闻名）。克里门实际上是一所大法官法庭律师学院，跟伦敦四法律师学院相比，它少为人知，也少有人研究。

它之所以得名，似乎是因为它最初是上议院大法官办公室内为大法官法庭办公人员服务的机构，所有令状都必须从这里获得。在15、16世纪，这里逐渐成为事务律师和辩护律师

---

① 《亨利四世（下）》，张顺赴译，北京：外语教学与研究出版社，2015，第69页。

的培训场所。基本的法律指导很可能是由四法律师学院的律师们提供的。每一家大法官法庭律师学院都与一家四法律师学院存在松散的联系——它们之间的关系有点像直属学校，虽然大法官法庭律师学院的毕业生完全有可能去其他的律师学院，而不是与他的大法官法庭律师学院有联系的律师学院。到 16 世纪末，出现了一种划分模式，这种划分在目前的英国法律界仍然存在，即出庭律师（在较高法庭进行辩护的人）和事务律师（接待客户的第一站）之间的区别，这一划分因四法律师学院和大法官法庭律师学院之间的区别而得以强化，律师们均受到此一区分的严格限制。

贯穿《亨利四世》下篇的市民生活场景有一种很强的时代感。故事背景可能是中世纪的，但实际上是伊丽莎白时代的。对于莎士比亚和他的观众来说，检阅花名册和法官的浮夸是再熟悉不过的事情了。如果我们严格地从字面上推敲，国王亨利四世去世前不久敲响的午夜钟声应该是发生在 1413 年初。乡村法官夏禄说他五十五年前曾就读于克里门律师学院。这么说来那就是在 1358 年——这是一个连大法官法庭律师学院都还没有出现的时代。很明显，这里设想的其实是当时的世界，夏禄是 16 世纪 90 年代末的乡村法官，他曾在 16 世纪 40 年代就读于克里门律师学院。

莎士比亚是那个年代唯一在作品中提到克里门律师学院的剧作家——实际上也是唯一提到它的作家。所以他是怎么知道这个地方的？《亨利四世》下篇中对格洛斯特郡的场景描述非常明确，为什么他要特别强调这一所大法官法庭律师学院，并明确指出乡村法官夏禄曾接受过的法律训练？

答案就在于"其实并没有失去的那七年"中发生的莎士比亚诉兰伯特（Lambert）一案。琼·阿登是莎士比亚母亲玛丽·阿登的姐姐，她嫁给了埃德蒙·兰伯特，住在位于斯特拉福德南部的荒野巴顿，这个村庄曾在《驯悍记》中出现过。琼和埃德蒙·兰伯特夫妇可能是莎士比亚的弟弟妹妹——埃德蒙和琼——的教父母，这表明他们两家人关系密切。然而不幸的是，莎士比亚一家和兰伯特一家之间的关系同约翰·莎士比亚的经济状况一起恶化了。当他在 16 世纪 70 年代后期与债权人陷入困境时，约翰·莎士比亚将玛丽·阿登在威姆考特（Wilmcote）拥有的一处名为艾斯比思（Asbies）的房产抵押给了兰伯特夫妇，以此来筹集新的资金。一场旷日持久的关于抵押赎回的复杂纠纷由此开始。

　　1587 年 9 月 26 日，埃德蒙·兰伯特的儿子约翰同意向莎士比亚一家支付 20 英镑，以换取威姆考特房产的绝对产权，这份协议中提到了财产继承人威廉·莎士比亚的名字。但这只是口头上的约定，钱实际上并没有支付。第二年夏天，约翰·莎士比亚多次前往斯特拉福德记录法庭（小额赔偿法庭）向另一位欠债人追讨钱财，但均未成功。因为确实需要钱，1588 年 9 月 1 日，他找到巴顿荒原上的约翰·兰伯特，再次表示，只要能拿到这 20 英镑，他和妻子、儿子将放弃对艾斯比思的所有权。约翰·兰伯特拒绝了，由于此事涉及规模较大的财产事务，超出了地方记录法庭的职权范围，于是莎士比亚一家在伦敦的国家法庭提起了诉讼。一份在 1588 年米迦勒学期前后提交给威斯敏斯特女王王座法庭存档的起诉书中记录，"上述约翰·莎士比亚和他的妻子玛丽，还有他们的儿子威廉·莎士比亚"随时准备确认约翰·兰伯特拥有上述房产，并将向同一位约翰·兰伯特交付有关上述房产的所有文件和证据。他们想要的只是一笔钱，作为房产转让的回报——现在他们要求 30 英镑和赔偿。

　　在起诉书的第一段，我们了解到约翰和玛丽·莎士比亚以及儿子威廉是经由他们的律师约翰·霍伯恩（John Harborne）

320

来提交诉状的。[7]霍伯恩来自离斯特拉福德不远的小镇诺尔（Knowle）。在伊丽莎白时代的职业关系和家庭关系的小世界里，人们常常会发现，一个关系网可以很快地建立起来。诺尔也有姓莎士比亚的人家，而约翰·莎士比亚的祖辈就来自附近的洛克索尔（Wroxall）。在斯特拉福德的圣十字公会教堂中，可以找到霍伯恩家族的名字，而诺尔的公会教堂中也可以发现阿登家族和莎士比亚家族的记录。莎士比亚一家雇用霍伯恩作为他们的律师可以说是再合适不过了。

在1571年的中殿律师学院"议会"记录中，我们发现了这样一则录用许可："约翰·霍伯恩，来自克里门律师学院，是沃里克郡诺尔镇的托马斯·霍伯恩之子，他将应财务主管的要求，代替巴尔萨泽·柯普莱成为男管家的手下。"[8]在接下来的几年里，霍伯恩从中殿律师学院的众多管家之中脱颖而出，成为男管家长，同时他的仆人被提升为小男管家，以表彰"他在配膳室从事的漫长而艰苦的工作"。男管家长成为律师学院的会员，从提供服务转变为从事实际的法律活动，这一现象其实并不罕见。到了1588年，霍伯恩已经开始掌管中殿的内庭。作为男管家长，他有相当多的行政职责。例如，我们可以看到这样一个条目，"下令，负责保管模拟法庭记录的管家必须把在学期中于新学院举行模拟法庭的人的姓名和情况记录下来，其他的名字和案件，将在法庭和大法官法庭律师学院里登记"。[9]霍伯恩向上流动的形式与莎士比亚的类似，获得一个初级管家的职位，这使他能够从大法官法庭律师学院擢升到四法律师学院，并在那里获得一个立足点，通过自己的努力成为一位非常成功的律师，最终发家致富。他在圣克里门教堂附近买了一栋房子，他的儿子也跟随他进了中殿律师学院，最后在牛津郡的塔奇利买下了一大片地产，并与一位伯爵的侄女成婚。这是一个很好的例子，能够说明17世纪早期英国可能实现的社会阶层流动。

1600 年，在霍伯恩的赞助下，罗利·沃德（Rowley Ward）进入了中殿律师学院，他来自斯特拉福德附近的巴福德，他的其他赞助人还包括斯特拉福德的托马斯·格林（Thomas Greene），此人是莎士比亚的表兄弟，后来成为女王王座法庭的大法官，并最终成为中殿律师学院的财务主管（在此之前，他曾任斯特拉福德镇上的秘书兼法律顾问，并曾在莎士比亚的新宅租住过）。然而，在 1609 年，约翰·霍伯恩却拖欠了会费。他被下令支付罚金，否则就会丧失他掌管的内庭。

在上述 1588~1589 年的案件中，霍伯恩担任莎士比亚一家的代理人。按照程序，本应由他和对方的律师在威斯敏斯特女王王座法庭代理此案。这个案件本应该送到沃里克郡的巡回法庭去审问证人。裁定结果将会被报告给威斯敏斯特的法庭，并以此来做出审判。但哈姆莱特所说的“法律上的延误”在当时绝非罕见。由于某种原因，最初的案件巡回被推迟了整整一年，一直推迟到 1589 年的米迦勒学期。最终听证会被安排在希拉里学期（英国大学春季学期，即 1590 年 1 月），但令人沮丧的是，在女王王座法庭的记录中没有进一步提到这个案件。大多数案件都是在庭外和解的，所以这个案件可能也是庭外和解——虽然可能并没有让莎士比亚一家满意，因为整整八年之后，即在 1597 年，他们将这桩案件提交到上级大法官法庭重新审理。这一次，代表全家人出面操办这一事务并支付法庭费用的很可能还是威尔·莎士比亚。

1588 年，当莎士比亚诉兰伯特案第一次被提交到威斯敏斯特女王王座法庭时，霍伯恩律师正忙于自己在中殿律师学院的工作，而他的妻子和孩子们则住在圣克里门的住所。显而易见的问题是：莎士比亚一家应该派哪个成员去伦敦委托他？约翰·莎士比亚在财政状况崩溃之前，有时会和朋友理查德·奎尼一起去伦敦，代表斯特拉福德市政委员会处理法律事务。但是在1580年他被课以一大笔罚金，因为在伦敦法院审理另一起涉及他的案件时，他没能出庭。如果当时他没有去伦敦，那么7年后他也不太可能会去了。由此可以断定，去的一定是威廉，当时他已经24岁了，作为他父亲的继承人成为这场诉讼的一方。那是在米迦勒学期开始之前的某一个夏日，要么是在霍伯恩的中殿房间里，要么是在他位于现在斯特兰德大街上的住所，威廉将此案件委托给了他。

这并不是说乡村法官夏禄就是霍伯恩的写照，当然，霍伯恩接受过的法律培训胜过大多数的乡村法官。但事实是，在这个至关重要的案件中，这个家庭的律师就来自克里门律师学院，而莎士比亚被指名为诉讼的当事人，所以很可能是他委托了霍伯恩，这也很好地解释了为什么《亨利四世》下篇中回忆法律训练时会反复提及克里门律师学院。这种微小的细节在莎士比亚兴趣广泛的记忆中就像一根刺一样难以抹去。

霍伯恩参与了对兰伯特一家的诉讼是莎士比亚在1588年，即西班牙无敌舰队出现那一年曾在伦敦现身（不是兰开夏郡，更不用说是国外了）的有力证据，当时戏剧正开始流行，风头最盛的就是马洛的戏剧。这会不会就是他决定留在城里，在一个比他父亲尚在苦苦挣扎的乡下小镇更大的舞台上碰碰运气的时刻呢？

莎士比亚的法律生涯

人们常常能注意到，莎士比亚的戏剧中充满了法律元素。[10]作为一个拥有产业的人，他知道物权法的纷繁细节和技术术语：来自这个语义场的语言恰如其分地出现在他的戏剧和诗歌中。在他伟大的戏剧作品《威尼斯商人》中，乔装改扮的鲍西娅英明地裁决了夏洛克诉安东尼奥一案，这是其戏剧作品中一个著名的套路，法律上的细节堪称戏剧性的妙计：欠下的债应该用肉来偿还，却不能让基督徒流下一滴血。关于淹死的奥菲利亚是否有资格得到一个完整的基督教葬礼，掘墓人对此诙谐而东拉西扯的争论直接或间接地揭示了对哈尔斯诉佩蒂一案（*Hales v. Petit*）——一个著名的自杀案例（*felo de se*）——的了解。历史剧和悲剧中提出了许多为莎士比亚时代的观众所熟悉的法律难题，但如今的我们对它们一无所知。《特洛伊罗斯与克瑞西达》讨论了"自然法"问题，《亨利五世》讨论了战争法问题。与私生子有关的继承法问题在《约翰王》中福康勃立琪家的继承权之争中具有至关重要的地位，而是否有可能通过与长子继承相对的凯尔特酋长继承制（tanistry）的方式继承王位，这在《哈姆莱特》和《麦克白》中都有提及。教会法（Ecclesiastical law）不仅影响了前文讨论过的淫秽法庭案件的处理方式，也影响了对《哈姆莱特》中克劳迪斯和格特鲁德的婚姻是否涉及乱伦这一棘手问题的处理方式。

324

　　以上事件都可以轻而易举地从街上和酒馆里，从阅读和诉讼的经验中获得。托马斯·德克尔在他的《海鸥角帖书》（*Gull's Hornbook*）中谈到，在酒馆里与外行交谈时，律师们总是会说个不停——

　　　　法令、债券、保证书、地权让渡、追讨、审计、租金、津贴、担保、封地、制服、起诉书、宣布非法、赠予不动产、判决、委托、破产、罚款，以及诸如此类的可怕的事情，以至于如果有一名中尉跟他的小混混在隔壁房间用餐，他会认为这些人真的在变魔法。[11]

　　哈姆莱特在墓地一场中滑稽地模仿了类似的律师酒馆谈话——

有一个骷髅，谁说这不会是个律师的骷髅呢？他那巧舌如簧、曲言夺理而今安在？他那诉讼案件、维权卷宗、机谋诈术，现在何方？为什么他竟然放任这个愚鲁之徒用脏兮兮的铁锹在他的脑壳上乱戳，却不控告他犯了人体侵害罪？哼！这家伙生前也许是个地皮大买家，满嘴唠叨什么土地抵押、欠债具结、地权让渡、双重担保、产权证书诸如此类的术语。现在他那精明的脑瓜里塞满了精微的泥土，这是不是他所获得的有保障的地权让渡或有保障的产权保证呢？他的所谓双重担保怎么没有担保他多买点地皮，却只能至多担保他获得一小块坟地？说什么"双重"，这坟地的面积绝不会超过双重契约书的长度和宽度啊！要说他拥有的各类土地产权证书恐怕多得连这坟坑般大的盒子都装不下，可这么多土地产权证书的拥有者怎么就偏偏不能使自己多占点容身之地呢？哈？ ①12

莎士比亚戏剧所揭示的法律知识很少超出这类通俗的行话。与许多同时代作家的戏剧作品中提到的术语相比，这可以说是微不足道的，比如沃里克郡同乡约翰·马斯顿，他曾在中殿律师学院接受过教育，因此他的剧本充满判例法、法庭术语和律师学院的思维方式。但我们也不能排除莎士比亚曾在16世纪80年代接受过某种初级法律教育的可能性。

325　　许多成功的作家都在大法官法庭上出现过，例如，多产且一度备受推崇（尽管现在早已被遗忘）的威廉·华纳就曾是一位民事诉讼律师。进入大法官法庭律师学院的前提是你应该是一个绅士的儿子，但有时这也被视为一种跻身绅士阶层的

---

① 《哈姆莱特》，辜正坤译，北京：外语教学与研究出版社，2015，第136页。

方式。

威廉·库姆比莎士比亚年长一些，他也来自斯特拉福德，出身背景和莎士比亚非常相似。这两家人彼此非常了解。库姆也从斯特拉福德去了伦敦，他设法进入了另一所大法官法庭律师学院——新学院。他从那里毕业之后进入中殿律师学院，完成了法律方面的学习，之后回到沃里克郡，成为一名成功的律师。和霍伯恩类似，他的经历揭示了法律的低级分支机构是如何为那些出于种种原因无法进入牛津大学或剑桥大学的人提供一条通往成功的可能道路。让我们再看一眼夏禄和赛伦斯——

> **赛伦斯**　哎，漂亮什么呀，见笑见笑，夏禄老兄！
>
> **夏禄**　绝无虚言，老弟。我敢肯定我的侄儿威廉已经是大学者啦，他还在牛津吗？
>
> **赛伦斯**　是啊，老兄，我花钱不少啊。
>
> **夏禄**　他肯定马上要进伦敦律师学院了。我从前读的是克里门律师学院，他们现在谈起我还口口声声"疯狂的夏禄"哩。①13

约翰·莎士比亚拮据的经济状况意味着威廉不能去上牛津大学，而这本应该是一个聪明的斯特拉福德镇男孩选择的道路。一个叫威廉的男孩，因为负担不起读牛津大学的费用而满腔怨恨，那么律师学院，尤其是大法官法庭律师学院，就成为通向绅士阶层和专业人士的另一途径。考虑到沃里克郡、克里门律师学院和中殿律师学院之间的关系网，这一小段对话透露了莎士比亚筹划过走霍伯恩和库姆这条路，这种推测应该是合

---

① 《亨利四世（下）》，张顺赴译，北京：外语教学与研究出版社，2015，第63页。

情合理的。我们可以浮光掠影地想象出他在克里门学院登记入学的情景。

在大法官法庭律师学院举办的圣诞狂欢宴会上，经常会上演学生自己创作并表演的戏剧。威尔会不会组织过这样的戏剧演出，然后因为拖欠学费被赶出校门，只能在专业的剧院一试身手？

326

我们先把这些推测放在一边，毫无疑问，当莎士比亚试图向霍伯恩解释兰伯特案件的错综复杂之处时，他在法律方面的知识将会漫无边际地增长。他的法律词汇在物权法领域尤其丰富。我们必须记住，伊丽莎白时代的文法学校对学生古典文学方面的训练不仅关注宗教，也关注法律。学童的修辞技艺也是律师的修辞技艺。每个人都要学习就一个问题的两个方面进行争论的技艺，而这种技艺被莎士比亚改头换面地运用在戏剧创作中，他将此能力拓展为以平等的情感对待处在对立关系上的人物。

人们有时认为，被托马斯·纳什轻蔑地称为"新手"的（这一般是对于律师或法律工作者的称呼）[14]，即那些没有接受正规的大学古典文学训练的剧作家，不仅有托马斯·基德，还有威廉·莎士比亚。无论莎士比亚是否是一个新手或者律师的学徒，毫无疑问，他与在法律方面受过训练的同时代人一样，有为了辩论——更不用说经济上的收益——而操纵语言的能力。在喜剧《两位智者和其他愚夫》(*Two Wise Men and All the Rest Fools*，也有人认为这部喜剧是乔治·查普曼的作品）中，这一点得到了完美的剖析。下面这段话是一个叫诺维林多①的角色在出场后不久说的——

————————

① 诺维林多（Noverindo）是由"新手"（noverint）一词改写而来。

这些都是至关重要的时刻（如你所见），他必须投出，再去收回；仔细考虑，反复斟酌；翻腾，翻滚；仔细思量，下定决心；提出赞成意见，再收回反对意见，驳斥，拒绝；像扔雪球一样抛出疑团和灾祸，再筑起堡垒和防御工事来阻挡，接受这些创伤和疤痕，并敷以药膏；总之，不管发生什么事，都要准备好足够的热情和友善，以及一切能把他的最爱保留在钱包里的细枝末节。[15]

这段话打开了一扇窗户，从中我们可以一窥法律思维是如何运作的。但是除此之外，它也揭示了修辞思维的反复无常——也许还有，究竟何为莎士比亚风格。

18. 马基雅维利之后

马基维——非常邪恶

　　莎士比亚的创作生涯很可能始于1589年，当时他正在等待兰伯特一案在威斯敏斯特的首席大法官法庭上审理。很可能就是在那一年早些时候——这是从剧中提到当时吉斯公爵遭到暗杀这一事件判断出来的，他是法国宗教内战中天主教派系的领袖——克里斯托弗·马洛深受欢迎的剧作《马耳他的犹太人》进行了首次公演。莎士比亚可能不在演员阵容中，但他肯定位列观众之中。《泰特斯·安德洛尼克斯》中的艾伦是对马洛笔下以撒莫的回应，《威尼斯商人》中的夏洛克也是对犹太人巴拉巴斯的回应，然而剧中的纠纷是通过法庭而不是沸腾的大锅和大屠杀来解决的。

　　马洛的悲剧有着不同寻常的开头。开场白并不是像在《亨利五世》中那样，由某个无名的致辞者来念出，而是由一个演员来念的，他乔装打扮成佛罗伦萨的政治理论家尼科洛·马基雅维利。他的名字被改写成了英国式的"马基维"（Machevil），暗示着"非常邪恶"（much evil）。马洛将马基雅维利描绘成一个恶魔般的形象，并将他与剧中邪恶的反派人物——来自马耳他的财阀、犹太人巴拉巴斯——联系在一起。与此同时，他利用这位马基雅维利式发言人，对主权的本质提出了一系列极具颠覆性的建议。正统的政治理论认为国王和地方官员是上帝在现世的代表，他们的权威得到了神圣法律的认可。而马基雅维利对此的回答是，有效政府的唯一基础就是原始权力——

> 我相信宗教不过是小孩子的玩具，
>
> 我亦坚信世上本没有罪，只有无知。

> 天上的飞鸟会述说过去发生的杀戮：
>
> 听到这样的蠢话我简直感到羞愧。
>
> 许多人会谈论王权这一头衔：
>
> 凯撒有什么权利成为一国之君？
>
> 强权先立王，法律最可靠
>
> 就像德拉古那般，这都是用鲜血写成的。[1]

328

宗教不过是一种幻觉；人类的知识不需要神的恩准；由谁来统治，是"威权"而不是"正义"决定的；最有效的法律不是建立在公正的基础上，而是建立在以古希腊立法者德拉科〔我们从他的名字中衍化出了"严酷"（draconian）这个词〕为典范的严苛之上。莎士比亚时代的英法两国思想家因为马基雅维利持有以上这些观点而将他妖魔化了，但是对于马洛来说，这种思考不堪想象之事的行为，使马基雅维利成为他笔下过于自负的英雄典范。

莎士比亚在政治上要谨慎得多。他的致辞者和"发言者"试图与观众建立一种富有想象力的同谋关系，而不是激怒他们。但他也认识到了马基雅维利在戏剧方面的非凡魅力，并创造了一系列类似的人物——摩尔人艾伦、理查三世、伊阿戈和《理查三世》中的埃德蒙。这一类人物吸引他的地方不是他们颠覆性的政治观点，而是这些毫无悔意的恶棍在舞台上的华丽派头。在杰奎斯关于人生各个阶段的说法中，第五个时期是古板的。法官代表的是中年人的尊严。我们现在可以说，法官的形象是一个地方官式的有地位的人，带着他的扬扬自得，他虔诚的陈词滥调，还有他的大腹便便。而马基雅维利正是戳破法官幻想泡泡的绝妙手段。他是典型的反原型：法官应该为社会发声，而马基雅维利只为自己发声。

是什么让《理查三世》比之前的三联剧《亨利六世》更胜

一筹？答案是理查戏剧性的自我意识，他颠倒正义并完全乐在其中。在《亨利六世》上篇中，塔尔博特是一位声名显赫的兵戎英雄，而琼·拉·普赛尔是一个引人入胜的半喜剧性反派。《亨利六世》中篇中充满了不可思议的能量（癫狂的玛格丽特王后）和多样性（杰克·凯德和牢骚满腹的镇民）。而在下篇中，我们目睹了一个绝佳的戏剧场面，即以一顶纸糊的王冠来嘲弄约克，然后将他刺死。但直到格洛斯特的理查开始高歌猛进，我们才遇到了一个具有福斯塔夫或伊阿戈那种引人注目的舞台表现力的人物。在《亨利六世》下篇第三幕中他第一个长独白的高潮部分——戏剧传统中经常将这段演说移花接木到《理查三世》中去——理查宣称他"能言善辩，堪与涅斯托尔比肩""善变颜色，绝对胜过那变色龙""精于变形，普洛透斯甘拜下风"。①² 这每一个形象都是演员的技艺，表现了他有说服力的语言和自我转变的力量。

　　理查补充说，他将"教给凶残的马基雅维利本领"。在《理查三世》中，马洛让马基雅维利说开场白的方式又被莎士比亚大胆地向前推进了一步。他省去了开场白，以理查引人入胜的独白"现在，我们寒冬的心境"作为情节的开始。马洛通过一种突出的结构设计，让巴拉巴斯扮演了马基雅维利的角色，而莎士比亚笔下的理查则自己扮演了这一角色。他宣布，由于驼背，他无法在舞台上扮演情人，但是他可以接受成为舞台上的恶人。另外，他在第二场中表现出他实际上可以胜任情人的角色——他成功地向安妮夫人求爱，即使她公公的尸体就躺在现场，即使她知道她的第一任丈夫就是命丧理查之手。正如他承诺的那样，他能言善辩，到了淋漓尽致的程度。在第三

---

① 《亨利六世（下）》，覃学岚译，北京：外语教学与研究出版社，2015，第78页。

幕中，他像普罗透斯那样改变形象，以圣人的面貌再次出现。凭借一种演说家的技艺，即说出的话与实际上的想法意思相反——"我不能，也不会"³接受王位，他赢得了伦敦市长和市民的支持。

合法性和仪式

我们可以欣赏理查，但永远不能以为莎士比亚相信马洛的马基维，认为强权即公理，根本就没有合法的君主，宗教只是小孩子的玩具。与几乎所有同时代的剧作家不同，威廉·莎士比亚从未写过使他触犯法律的剧本。事实上，他似乎以能够镇定地处理潜在的爆炸性题材而闻名。当负责签发舞台表演许可的宫廷宴乐长对亨利·切特尔的戏剧《托马斯·莫尔爵士》提出强烈的反对意见时，莎士比亚被请来重新修改剧中最微妙的涉及民众骚乱的场景。

330

在莎士比亚补写的那一部分中，托马斯·莫尔爵士的修辞建立了和谐，成为正义的化身（如果正义尚存的话）。以一种具有特色的平衡手法，莎士比亚首先用丰富多彩的细节使民众中的普通人生动起来，这样他们就再不只是漫画式怪诞可笑的人物了。因此，多尔说，莫尔"使我的兄弟亚瑟·沃钦斯成为赛弗中士的卫士"⁴，这正见证了莫尔对人民的关切。我们之前从未见过亚瑟·沃钦斯这样的角色，这一创新是典型的莎士比亚式尝试。但接下来莫尔的话语掌控了局面。他的演讲将两种关于政治正义的、彼此对立的理论结合在一起。一方面，有一种古老的观点认为王权来自上帝，因此尊重国家秩序是一种宗教义务——

> 因为神已将他的职分借给了王
> 关于恐惧、正义、权力和命令，

命令他统治，并希望你们服从。[5]

另一方面，有一种（听起来更为现代的）观点认为，法律的维持取决于社会契约，而社会契约只有通过富有想象力的同理心才能得到最好的理解。莫尔说，这样的说法其实意味着，把你自己想象成穷人和无依无靠的人。应该给予他们尊重和过平静生活的权利，而这也是你期望法律所给予你的。在当时的情况下，需要保护的是胡格诺派移民——该剧似乎创作于伦敦骚乱爆发之后不久，当时发动骚乱的学徒们声称"异乡人"，即因法国宗教战争而流离失所的新教难民，夺走了他们的工作。托马斯·莫尔爵士请舞台上的民众，乃至剧院中的观众，设身处地地想象一下那些被迫遣返的寻求庇护者的处境——

> 让他们离开，让这你们发出的骚动
> 摧毁了整个英格兰的威严。
> 想象一下，你们看那些不幸的陌生人，
> 他们背着婴儿，带着微不足道的一点儿行李
> 拖着沉重的步伐走向送走他们的港口和海岸，
> 愿你们在自己所愿的位上坐得稳如君王。
> 你的争吵使权威完全沉默了
> 你们戴着的皱领就代表着你们的心声。
> 你们得到了什么？让我告诉你，你们曾经教会我
> 傲慢和强有力的手段如何才能取胜，
> 秩序应该如何被平息下去，以这种方式
> 你们谁也不应该活至耄耋
> 至于其他匪徒，随他们的想入非非
> 若以同样的手段，同样的理由，同样的权利，
> 你会遭到鲨鱼的攻击吗？人群就像贪婪的鱼

吞噬着彼此。[6]

　　没有证据表明莎士比亚读过理查德·胡克（Richard Hooker）撰写的《教会政治法规》（*Laws of Ecclesiastical Policy*），这是伊丽莎白时代政治和解的最终声明，是在莎士比亚撰写系列历史剧的十年间写成并出版的。但在莫尔的演讲中，莎士比亚阐述了一个与胡克的理论非常接近的政治观点。是的，君主和地方官员是上帝在人间的代理人，但与此同时，他们有义务去推行一种自然法则，这一法则可以通过理性来揭示，就像剧中环环相扣的论述一样，如果我们像鲨鱼那样去攻击别人，别人也会攻击我们，"人群就像贪婪的鱼/吞噬着彼此"。

　　从某种意义上说，法律的地位高于君主，而不是相反。正是这一立场引发了关于废除君主是否合理的争论。如果一个国王是不公正的，那么就可以将他称为"暴君"，继而人民，或者至少是地方官员，就有权利废黜他。在《圣经》和古典范例中都可以找到类似的观点，16世纪的政治论文中也出现了对此层出不穷的争论，特别是因为约翰·加尔文的新教神学打破了上帝、教宗和国王之间的联系。莎士比亚的历史剧和悲剧中都不乏篡位者（甚至在他的喜剧中也有，尤为引人注目的是《暴风雨》中的安东尼奥）。他们通常都是自私自利的马基雅维利式人物。但这并没有使得莎士比亚不加批判地为国王的神圣权利辩护：当理查二世或亨利六世未能履行统治责任时，国家随即濒临瓦解。

　　作为一个篡位者的儿子，亨利五世非常清楚他得到王位并不是顺理成章的。既然不能依赖王权神授理论——那样王位就应该属于理查，而不是他的父亲——他就不得不求助于自然法则和理性论证。他与迈克尔·威廉姆斯和约翰·培茨在阿金考

332

特之战的前一天晚上争论过，提出了一些尴尬的问题。"于我而言，与国王同生死是最大的慰藉，因为他的事业是正义的，他所进行的战争是光荣的。"乔装打扮的"哈利王"说。威廉斯回答说："这些我们就不懂了。"只有上帝才能就这桩事业是否正义做出最后的审判。培茨说："我只知道我们是国王的臣民，这就够了。"这样对平民是有好处的，"如果他进行的是不义之战，我们只是听命行事而已，罪不在我"。威廉斯不愿放过这一点——

> 可是如果这场战争不得人心的话，国王自己所造的孽就大了，欠的命债就重了。所有那些在厮杀中被砍掉的腿、臂和头将在最后的审判之日重合为一体，齐声呼冤叫屈，"我们死在异国他乡啊"——有的诅咒，有的喊军医救命，有的为抛下的可怜妻子悲号，有的惦记着未还的欠债，有的担忧自己的幼子无依无靠。恐怕死在战场上的人极少瞑目而终的，因为打仗就是专门杀人流血，谁会心怀仁慈？如果士兵死不瞑目，那将他们引上死路的国王就罪大恶极了——因为违反君命即违反臣民的本分。①7

对此，亨利举出了一长串的类比，试图证明"臣民为国王尽忠是其本分，但他的灵魂属于他自己"。然而，这场辩论动摇了他，在众士兵离开后的独白中，他独自面对着这样一种可能性，即整个堂皇的王权不过是一场类似戏剧的表演——

> 而国王所享百姓所无是什么？

---

① 《亨利五世》，张顺赳译，北京：外语教学与研究出版社，2015，第84页。

除了排场，大庭广众的排场？

无益的排场，你究竟为何物？

你是何方神圣？比膜拜你者，

身受更多的凡人之忧虑愁苦。

你收了多少租金，进账几何？

啊，排场，给我看你的价值。

你凭什么引人崇拜？除地位、

头衔和仪式外，你还有什么？

你令人心怀敬畏惶恐，

但令人敬畏者并不比

心怀惶恐者多得其乐。

你所常饮之物，

非景仰之甘汁还是谄媚毒液！

啊，如你病卧，伟大之伟大，

令你的排场为你疗疾祛患吧！　①8

王权所依赖的"排场"可以成为一种"令人心怀敬畏惶恐"的手段，这种观念正是马基雅维利式的。莎士比亚在政治方面的狡计表现在他不像马洛那样借马基雅维利之口说出这种思想，而是让他笔下最英勇的国王来说。在《李尔王》中，像爱德蒙这样完全信仰马基雅维利的人说"合法"只不过是一个"动听的说法"，这是一回事；而哈利王说"排场"可能是"无益的"，用双关语来说，这甚至是一个空洞的"幻象"，那么这就是另一回事了。②

---

① 《亨利五世》，张顺赴译，北京：外语教学与研究出版社，2015，第86~87页。

② 这里"无益"（idle）跟"幻象"（idol）同音。

这个发生在阿金库尔之战前夕的复杂场景揭示了一点，即对于莎士比亚来说，政治是一个值得展开严肃辩论的问题。辩论的前提是对立的观点，双方的观点都应该有其正确性。莎士比亚并没有把自己的政治观点强加于人。他给听众留下了一定的空间，让他们自己做决定，而这本身就是一种将思想自由的力量赋予人们的方式。

在因宗教纷争而四分五裂的英国，进行公开辩论的危险性是显而易见的。伊丽莎白女王、她的议会和地方官员都充分意识到他们执掌权力的不确定性。他们不能仅仅依靠君权神授理论。毕竟，苏格兰的玛丽女王已经被她的新教臣民驱逐了，而伊丽莎白（最终还是不情不愿地）同意将她处以死刑。与此同时，在尼德兰，人民正在奋起反抗他们的统治者——西班牙的腓力二世，英国人民也站在他们这一边。

起义总是危险的事情。即便按照莎士比亚式的平衡做法，也不能让当局接受《托马斯·莫尔爵士》一剧。"完全不能提到起义，无论起义是出于什么原因。"[9]宴乐长曾这样下令，结果就是这个剧本渐渐被淹没在手稿之中。直到19世纪，一位学者才第一次意识到，这几页珍贵的文字正是莎士比亚流畅的、几乎不加标点的手笔。与海明斯和康德尔在《第一对开本》序言中给人们造成的印象相反，莎士比亚交给剧团的手稿中几乎没有涂改，他为《托马斯·莫尔爵士》写下的这一幕表明他即使在创作时也是字斟句酌的。

选择莎士比亚来修改《托马斯·莫尔爵士》中特定的一场，也许是因为他在《亨利六世》中篇成功塑造了杰克·凯德的形象。这位来自肯特郡、擅长煽动群众的角色在舞台上是一位极具吸引力的人物，因为他和看戏的老百姓说着同样的语言。他的插科打诨为人们提供了从贵族的高谈大论和低级狡诈中喘息的机会，他的属下狄克的那句台词"我们要做的第一件事儿，就是把律师统统杀光"[10] 在每个时代都能引起观众赞同的笑声。但是，莎士比亚以正是以他父亲不具备的识文断字能力为生的，他不太可能赞成仅仅因能读会写就将村中的教士处以绞刑。并且，凯德对未来英格兰的设想本身就是自相矛盾的。

> **凯德** 所以，胆子要放大些，你们带头儿的胆子就很大，发誓要进行改革。往后在英格兰卖三个半便士的面包只卖一个便士，三道箍的酒壶一律改成十道箍的，我要把喝淡啤酒的人宣判为大逆不道。所有的国土都为公众共有公用，我的坐骑要牵到齐普赛街去放青；等我称了王，我肯定能称王——
>
> **众** 上帝保佑陛下！[①11]

这是一种具有两面性的"改革"。廉价的面包、不掺水的啤酒和土地公有听起来像是乌托邦，但凯德并不是真的想建立代议制政府，而是想要自己当国王。在 20 年后的《暴风雨》中，莎士比亚对侍臣贡柴罗的"共和国"理想玩了一个类似的把戏："没有至高无上的君权——/ 但他想在这个岛上称王。"[12] 如果莎士比亚拥有一个伊甸园，那它不会是古老的歌谣"亚当耕田夏娃织布时 / 哪儿有什么淑女和绅士"中描绘的尚未产生阶级差别的世界，而是一位英国绅士的田庄，凯德擅自闯入的那处清净幽雅的居所——肯特郡亚历山大·艾登的花园。

政治上的变色龙

莎士比亚的政治信仰就像他的宗教、他的性取向以及其他

---

① 《亨利六世（中）》，覃学岚译，北京：外语教学与研究出版社，2015，第 82 页。

一切与他有关的重要问题一样难以捉摸。正是因为他不为任何一个立场辩护，他的作品才有可能在后续时代中因不同的背景而得到重新诠释。在去世之后的四个世纪里，他被塑造成了各种截然相反的思想体系的辩护者，其中许多思想体系已经完全过时了——我们不应该忘记，在宽容和自由民主成为价值观图腾之前，他就已经在写作了。

但是，将他挪用到政治方面与他自己的做法是一致的：他也是一个挪用时代事件的高手。他汲取古罗马的政治结构，将其映射在自己的时代和国家里，取得了令人着迷的效果——在他那个时代，几乎所有作家都使用过这种技巧。《鲁克丽丝受辱记》设置在从君主制到共和制的过渡时期，《科利奥兰纳斯》发生在共和时代，《尤力乌斯·凯撒》的情节发生在一个至关重要的时刻，当时被拥为王的人拒绝了王位，但共和国还是崩溃了。《安东尼与克莉奥佩特拉》以帝国的开始结尾，《泰特斯·安德洛尼克斯》将罗马帝国接近衰亡的时刻搬上了舞台，那时这一伟大的城市即将被来自北方的"野蛮人"部落洗劫。《李尔王》和《辛白林》在古不列颠找到了现代的回声。而那些历史剧讲述的对象既是莎士比亚的现场观众，也是他之前的好几代人。

其他几部戏剧则以同一时期的意大利作为参照。人文主义的学识和商业旅行意味着，伊丽莎白时代的人对不同于本国世袭君主制的其他形式的政府持开放态度。他们非常欣赏威尼斯，认为这个建立在岛屿上的城邦国家是反对教宗的典范，也是现代化和贸易实力的典范。威尼斯没有君主，只有一个复杂的寡头政治体系，英国旅行者注意到了这一点，借助刘易斯·卢克纳翻译的孔塔里尼（Contarini）的著作《威尼斯共和国与联邦》（*The Commonwealth and Republic of Venice*，《奥瑟罗》的重要素材来源），莎士比亚这样的读者也接纳了这样的政治体系。

就在不久之前，历史学家们还经常断言，在 17 世纪之前，英国没有什么人信奉共和思想——使克伦威尔共和国成为可能的知识上的准备，是在英国人砍下国王头颅几年之前才出现的。然而最近的研究表明，情况并非如此：在莎士比亚的时代，即使不会公开地讨论共和思想，拥护共和的言论也是普遍存在的。例如，反对王权的罗马历史学家塔西佗的作品得到了广泛的阅读和讨论，他被公认为最冷静的历史学家，他的著作对政治人物的行为进行道德方面的洞察，并与对他们作为统治者的价值评估结合在一起。根据这一角度，我们可以称莎士比亚的几部戏剧"具有塔西佗式的风格"。塔西佗式的风格在尤斯图斯·利普修斯（Justus Lipsius）翻译的《编年史》献词中得到了很好的体现："看吧，这就是上演我们现代生活的剧场：我看到统治者在一个段落中起而反抗法律，而其他地方的臣民在别的段落里反抗统治者。我找到了可能摧毁自由的手段，以及为重新获得自由而做出的徒劳努力。我读到过因暴虐而遭到推翻的君主，以及强权永远不会忠于滥用它的人。"[13] 这段话同样可以作为莎士比亚历史剧和政治悲剧的概述。

337

塔西佗式的历史与埃塞克斯伯爵的圈子密切相关。在 1601 年 2 月的事件发生之后，莎士比亚不得不迅速改弦更张。

在那个决定性的日子，只有一位绅士殒命，他来自威尔士，是盖利·梅里克爵士的密友，名叫欧文·索尔兹伯里（Owen Salusbury）。一个部署在圣克里门教堂尖塔上的狙击手击中了他。他的亲戚、来自登比郡莱文尼（Llewenni）的约翰·索尔兹伯里（John Salusbury）站在另一方的立场上，与埃塞克斯展开了激烈的战斗。几个月后，伊丽莎白女王为约翰·索尔兹伯里封爵，以表彰他的忠诚。人们以他的名义整理了一本诗集来纪念这一时刻，名为《爱的殉道者》[14]，其中的大部分内容都是约翰爵士手下一位名叫罗伯特·切斯特（Robert Chester）的家臣创作的漫无边际的寓言故事。在这个故事中，童贞女王被描绘成神秘的凤凰，而约翰爵士则化身为以忠诚著称的斑鸠。剧作家本·琼生、乔治·查普曼、约翰·马斯顿和威廉·莎士比亚都应邀为同一主题写诗。与其他三位不同，莎士比亚通常不会接受这样的委托，但他为凤凰和斑鸠，即童贞女王和她忠诚的朝臣神秘主义的联姻贡献了自己精彩的小插曲。这是他与忠诚的索尔兹伯里而非不忠的索尔兹伯里结盟的良好方式。

查普曼可能也在玩类似的把戏，因为他与埃塞克斯的关系甚至比莎士比亚还要密切。他翻译的荷马《伊利亚特》附有一篇献词，把埃塞克斯描述为现代的阿喀琉斯——鉴于埃塞克斯崇尚骑士精神和军事荣誉，这是一个显而易见的类比。《特洛伊罗斯与克瑞西达》写于1601年的戏剧性事件发生之后不久，很可能是莎士比亚对于自身立场微妙的重新调整。

《特洛伊罗斯与克瑞西达》中涉及阿喀琉斯、阿伽门农、埃阿斯、赫克托耳等人的军事情节，主要源自荷马史诗及其衍生作品，其中最著名的是由乔治·查普曼以典雅的英文诗体翻译、于1598年出版的七卷本《伊利亚特》。关于特洛伊罗斯与克瑞西达的爱情故事，包括潘达洛斯试图把他们撮合在一起的努力，以及克瑞西达在希腊阵营中的不忠行为，都来源于乔叟的《特洛伊罗斯和克瑞希达》（*Troilus and Criseyde*）。对以上两种情节的处理方式都是略带嘲讽。这部剧中的爱情故事是反浪漫的，而军事情节是反史诗的。莎士比亚对特洛伊战争中的典型英雄进行了反英雄主义表现，大大削弱了查普曼新译的荷马史诗中的风格和态度。该剧的开场诗以查普曼式的高亢风格提到了"众君王生性骄傲""头戴王冠头饰""坚固的城墙""坚甲利刃"，但第一幕始于特洛伊罗斯的话语"我要再次解下甲胄"，接着他形容自己"比女人的眼泪还软弱……比深夜的处女还胆怯"。①15 坦承自己"女性化"的语言从战争的男性气概中抹去了所有的魅力。但是接下来，爱的语言也经历了一个类似的过程，潘达洛斯将爱的艺术比作做面包，求爱的过程就是从磨面到过筛，从揉捏到发酵，再到冷却。特洛伊罗斯用富有宫廷气派的语言将他的爱情理想化，但同时也把他的欲望比作伤口，说它是"我心头的伤口"。②16

疮痂、脓疮和腐烂流脓之类的词语贯穿了全剧，而满嘴污言秽语的忒耳西忒斯则对战争做出了最真实的评论。在第二场中，我们第一次看到了对赫克托耳的描述，他是传统意义上最高贵的英雄。然而在这里却说他性情暴躁，斥责他忠诚的妻子安德洛玛刻，并殴打给他披挂盔甲的仆人。一个高尚的人应该尊重他的妻子和仆人，因此赫克托耳的名誉从一开始就受到了质疑。从殴打给他披挂盔甲的仆人到赫克托耳不光彩的结局，即因为一个虚荣的行为而丧命，这期间有一个清晰的发展脉络：他为了穿上一个被杀战士诱人的金甲而卸下了自己的盔甲。

荷马史诗中另一个伟大英雄埃阿斯的首次出场更具揭露性。阿勒克珊德说："他们说他不一般，与众不同很过硬。"这听起来像在夸赞这位史诗英雄自立自强的高尚品质。"所有的男人都硬啊，除非他们喝醉、生病，或者没有腿。"③17 克瑞西达这样回答道。她将"很过硬"做了纯字面上的理解，因此贬低为不体面的生理反应。果然，事实证明，埃阿斯确实是一个

---

① 《特洛伊罗斯与克瑞西达》，刁克利译，北京：外语教学与研究出版社，2015，第 10、12 页。

② 同上书，第 14 页。

③ 同上书，第 17 页。

不怎么英勇的笨蛋。

339 　　至于伟大的阿喀琉斯，他已经退出了战斗，和他的同性恋情人帕特洛克罗斯整天在帐篷里厮混，拙劣地模仿着其他希腊将军夸张的言谈举止。《特洛伊罗斯与克瑞西达》一次又一次地揭示了以英雄范式和宫廷爱情来表现出的价值体系塑造的高尚华丽外表，与庸俗低下的现实之间的矛盾。在哲学层面上，这一效果会令人产生深刻的困惑：它是在质疑一个绝对的道德价值观是否能够存在。

19. 国王剧团

从伊丽莎白女王时代到詹姆斯一世时代：从英格兰到不列颠

埃塞克斯事件是莎士比亚与政治灾难最接近的一次。总 是老谋深算的他，也许自此决定以后要更加谨慎，少跟叛乱分子，多跟法律规条打交道。老女王去世之后不久，他的剧团就成了国王供奉剧团。他们是成名的演员了，比任何对手都更频繁地应召入宫。他们担任的王室侍从官一职没有任何俸禄。每个人可以获得四码半的猩红色制服布料，由锦衣库总管负责，用以陪伴国王陛下列队穿过伦敦城；他们还要服侍卡斯提尔王室总管，后者后来成为西班牙国王的大使，萨默塞特宫（Somerset House）和平条约结束了长久以来的战争。

在创作于16世纪90年代的历史剧中，莎士比亚总是把自己的国家称为英格兰。他143次使用"英格兰的"一词，其中有126次出现在伊丽莎白时代创作的戏剧中，只有17次出现在詹姆斯一世时代撰写的戏剧中。詹姆斯一世时代的事件几乎只出现在《麦克白》和《亨利八世》之中。前者涉及英格兰与苏格兰之间的对战，后者则以对都铎时代的怀念而著称。另外，他17次使用"英格兰人"一词，其中有16次是在伊丽莎白时代的戏剧中，剩下的一次出现在《亨利八世》中。他在《亨利五世》中使用过一次"英格兰女人"一词。简而言之，伊丽莎白时代的莎士比亚是一位英格兰剧作家。相比之下，詹姆斯一世时代的莎士比亚则是一位不列颠剧作家。

说得更确切一点，詹姆斯一世时代的莎士比亚是一位公开支持他的王室赞助人创建（或重建）不列颠王国计划的剧作家。在为詹姆斯国王宫廷所写的《辛白林》一剧中，他近50次使用"不列颠"一词来表示国家，或者用"不列颠人"来表示国民。"大不列颠的"一词只出现了4次，《辛白林》和《李尔王》中各用过两次。在《辛白林》中出现的两次分别是"大不列颠的旗帜"和"大不列颠的王权"。《辛白林》和《李尔王》与詹姆斯国王的野心有密切的联系，他想要将英格兰和苏格兰两个独立的王国统一为一个国家，然而这一企图最终还是遭到了伦敦和爱丁堡议会的阻挠。

《辛白林》是一首田园幻想曲，也是一个神话故事，其中少不了邪恶的继母和毒药（多亏了一位好心的医生，毒药原来只是迷睡药），还是一部关于罗马人在天神朱庇特的庇护下进犯不列颠的戏剧。在《第一对开本》的目录中，此剧的标题是《不列颠国王辛白林》。莎士比亚笔下的另一位不列颠国王是李尔王，他犯下的错误是把王国分成了三个部分。《第一对开本》的编者之所以将《辛白林》归类为悲剧，可能是因为它跨越了国家历史和命运这两大不相上下的高地。然而，虽然在《李尔王》中国家分裂，满目疮痍，无疑是一个负面的例子，但或许是为了让观众感到宽慰，因为詹姆斯国王新近坐上了苏格兰和英格兰两国王位，《辛白林》的结局是完全正面的："从没有这样结束过战争，/ 染血的手未洗，就这样庆祝和平。"①1

辛白林据说是基督出生那年在位的不列颠国王，当时的罗马皇帝是奥古斯都。莎士比亚的观众们应该知道，尽管不列颠人靠贝拉律斯、吉德律斯和阿维古斯（分别化名为摩根、波利多和卡德华）占据要道、以弱胜强，取得了奇迹般的胜利，辛白林最终还是同意向罗马皇帝奥古斯都进贡。该剧的结局预示着"奥古斯都式的和平"，即想象不列颠能与罗马平起平坐。威尔士的米尔福德港是剧中一处关键地和参照点。那些对历史和政治更有了解的观众也许会想到，这里正是亨利·都铎

---

① 《辛白林》，彭发胜译，北京：外语教学与研究出版社，2015，第153页。

1485年登陆的港口——他是《理查三世》中的里士满伯爵，也是后来的国王亨利七世。同一年玫瑰战争结束，都铎王朝建立，接着局面得以扭转，在当代的罗马帝国面前占据了上风，这开始为不列颠人建立一种印象，即他们的国家是上帝选择的基督教帝国，是奥古斯都帝国的接替者。

342

想象一下詹姆斯国王观看这部戏剧时的情景：他也许会把自己看成辛白林和奥古斯都的复合体，既是不列颠国王，又是新罗马帝国的皇帝。从人物塑造的角度来看，对国王辛白林的描写少得惊人。他的内心世界从未向我们敞开，就像李尔王和这部戏中的伊诺根公主一样。在漫长的结尾中，他所做的似乎就是提问、表达惊讶和祝福。如果他这个角色的用意在于提供一种对于不列颠国王詹姆斯的间接描述，那么就合情合理了。过分密切地探询君主的内心活动是不行的。相反，辛白林是最理想的观众，在宫廷表演中，国王总是会坐在大厅的中心位置上。

谋杀和背叛

这是一个你的一举一动都被密切监视着的世界。通过上帝、撒旦和国家机器。一个你必须选择立场的世界，总是有关于选择善还是恶、救赎还是诅咒的绝对主张——没有灰色地带，没有自由共识，没有容忍，也没有温和的英国式妥协。启蒙运动梦想建立的是理性的国家，由世俗的政治来剥下宗教的狂热和偏见，但这样的国家当时尚未形成。这就是《麦克白》的世界。

随着监视和偏执狂症状的出现，一些特定的词汇可能会触发莎士比亚最初观众头脑中的警钟——"暗杀""邪恶的神器""这可悲的时代行将面临可怕的动乱""妖妇以假作真之模棱话"。这是一部关于叛国罪的戏剧，在它写作之前不久，国家的安全部门就挫败了一起企图一举颠覆王室、司法制度和议会成员的阴谋。正是在此剧中，莎士比亚唯一一次用了"动乱"这个爆炸性的词。这绝不是一个巧合。

在莎士比亚时代，戏剧是一种颇具危险性的艺术形式。由于没有报纸和电视，所以能让公众聚集起来获得信息、在宗教和政治等重大问题上遭到欺骗或者引发思考的地方只有两个：教堂和剧院。公共布道，尤其是约翰·多恩在圣保罗教堂进行的布道，是一项能吸引大量观众的观赏性活动。但是来自讲坛的信息总是非常正统的。全国每个教区都定期举行宣讲服从国王和法律的布道。国王是上帝在人间的代表。政治上的异议是与魔鬼达成的契约。

而来自舞台的信息则有所不同，较少受到官方威仪的影响。在这里，伦敦人民可以目睹暴君——那些显然应当遭到废黜的国王，以及叛乱分子和诡计多端的政客。虽然总有一些善良顺从的声音夹杂其中，叛乱分子和弑君者总是以失败告终，每一个剧本都要经过政府审查，但这些都无法阻止观众认同其中的离经叛道和自作主张。正如马尔康所言，麦克白和麦克白夫人确实是"屠夫已灭，那妖后亦亡"[①]2，但是有哪个演员更偏爱马尔康这个角色而不是麦克白呢？有哪位观众会希望麦克白夫人成为讲坛上的布道者所吹捧的那种沉默而顺从的妻子，成为所有妇女都应该效仿的榜样呢？剧院是危险的，因为麦克白——还有理查三世、《奥瑟罗》中的伊阿戈和《李尔王》的爱德蒙——就是比他们道德高尚的对手更引人入胜，更富戏剧性。

考虑到公共剧院固有的政治危险，以及戏剧中男扮女装的跨性别扮演所导致的亵渎（最早扮演麦克白夫人的是一个十几

---

① 《麦克白》，辜正坤译，北京：外语教学与研究出版社，2015，第106页。

岁的男童伶，想想看！），到底为什么还会允许剧院这样的地方存在？确实出现过这样的时刻：越界的言行导致一场演出被叫停。在 16 世纪 90 年代末，一出名叫《狗岛》的戏曾使当局大为恼火，于是下令拆除所有的剧院。但这实际上并没有发生，因为宫廷还需要演员。从技术上说，在环球剧院或玫瑰剧院进行的每一场公开演出都是一次排练，是为下一次在庆典之夜奉诏入宫演出做好准备。像《麦克白》这样的悲剧，大部分情节都发生在夜晚或阴天，阴郁的台词又如此黏滞，如果是在宫廷的室内烛光中上演，而不是在环球剧院的日光里，那么演出效果就会好得多。

344

关于《麦克白》的创作背景，最重要的一点是应该记住它诞生于詹姆斯一世统治早期，莎士比亚的剧团不再是宫务大臣供奉剧团，而成为国王供奉剧团，演员们的正式地位是王室侍从官。结果就是麦克白家族试图诬告王室侍从官谋杀了国王邓肯，而撰写这一情节的莎士比亚自己就是王室侍从官。

詹姆斯国王一直被阴谋和叛国的恐惧困扰，这并不是毫无缘由的。他是苏格兰女王玛丽和达恩利亲王的儿子。他尚在母亲腹中的某一天，她和她的朋友兼顾问大卫·里奇奥正在圣路德宫吃晚饭。他们听到一阵喧嚣，达恩利带着全副武装的随从走进房间。里奇奥吓坏了，躲在他怀孕的女主人背后，但他们还是把他拉了出来，刺伤了他。他一路尖叫着被拖走，之后又被捅了 56 刀。在詹姆斯出生几个月之后，达恩利的府邸被炸毁，他本人也被掐死了。玛丽和博思韦尔伯爵都曾被怀疑是谋杀达恩利的凶手，博思韦尔伯爵迅速与妻子离婚，迎娶了玛丽。这种不受欢迎的关系导致了她被废黜，因此詹姆斯在年仅一岁时就成为苏格兰国王。在这样的情形下，任何有关在苏格兰权力中心发生暴力行为的戏剧都会引起他极大的兴趣。

1603 年，在詹姆斯继承英格兰王位仅仅几个月之后，推翻他并以他的表姐阿贝拉取而代之的阴谋就大白于天下。她对王位的继承权可以说与他不相上下——与此类似的是，麦克白是邓肯的亲属，根据一种对古代苏格兰法律的解释，合法的继承人应该是他而不是马尔康。第二年，国王供奉剧团试演了一出新剧《高里的悲剧》（*The Tragedy of Gowrie*），该剧是基于1600 年詹姆斯国王从一起暗杀事件（或可能是伪造的）侥幸逃生创作出来的。在两场满座演出之后，该剧被叫停，因为"人们认为王侯尚在世时，不宜将他们搬上舞台"[3]。考虑到三年前埃塞克斯一伙人委托的《理查二世》特别演出差点毁了这个剧团，他们这次居然会冒着风险上演这出新剧，着实令人惊讶不已。人们不禁要问，凭着莎士比亚的谨慎天性和一贯避免惹祸上身的处世态度，他是否有可能当时身在斯特拉福德而不是在伦敦。这种政治判断上的失误不是他一贯的风格。又或者他确实参与创作了《高里的悲剧》，甚至可以说就是剧作者——这就是当时那个隐约与他的名字联系在一起的丑闻。

当《高里的悲剧》在南沃克引起轰动时，河对岸的盖伊·福克斯着手用火药填满上议院下面的地窖。1605 年 11 月 5 日，这个阴谋大白于天下，举国震动。审判和处决紧随其后，其中最具争议的是对加内特神父（Father Garnet）的审判和处决，他是英格兰耶稣会团体的领袖，还是几名密谋者的忏悔神父（尽管他本人可能反对这一阴谋，并且确实揭露了另一个早先的天主教阴谋，因为他担心它会给他的信徒团体带来可怕的后果）。在审判中，加内特"含糊其词"，用双重意义来搪塞，避免自己牵涉在这起犯罪中，或犯下发假誓和披露忏悔内容的罪过。

加内特被判绞刑，但没有遭到拖曳和分尸。有些人认为，即使有了这样的减刑，判决还是太严厉了。随着一声大叫"住手，住手"，一部分群众阻止刽子手在加内特一息尚存的时候砍下他的身体，另一些人则拽着他的腿，以确保他能很快死去。《麦克白》中的看门人曾说道，"一定是个昧着良心说含混话的家伙，对着正义的天平，两边都能赌咒发誓；他打着上帝的旗号干了背信弃义的事，可他的含糊其词却不能让他混上天堂"①，或者当麦克白夫人说到苍天窥透黑幕时，她曾高叫"住手，住手"②4，由此我们一定会得出这样一个结论，即火药阴谋事件及其后果在莎士比亚的脑海中留下了不可磨灭的印象，不下于"可悲的时代行将面临可怕的动乱"，因为密谋此事的几个主使的据点正是他的家乡沃里克郡。

但他已经从《高里的悲剧》被迫中止上演事件中吸取了教训。要把当时发生的事件搬上舞台，有点太露骨了。通过一部历史剧，我们可以间接地了解到火药阴谋事件。因此，莎士比亚翻开霍林谢德的《苏格兰编年史》，发现了麦克白的故事：弑君者、在血海中跋涉的野心家，最后是暴君的倒台。为什么选中了这个故事？可能是由于詹姆斯国王声称自己就是班柯的后裔。而在《苏格兰编年史》中，班柯是麦克白的同谋。莎士比亚再一次改编了历史：他把班柯变成了一个无辜的受害者，并强调他的儿子弗里安斯活了下来。当 1606 年这出戏在宫廷中、在詹姆斯国王的面前上演时，"通灵姐妹"向麦克白展示预言中的一代代国王将会"延续到地老天荒、末日雷鸣"，一定会引起一阵特别的骚动。人们会认为这代代相继的国王从班柯和弗里安斯开始，一直延伸到坐在宴会厅最堂皇的宝座上的那位国王。

346

---

① 《麦克白》，辜正坤译，北京：外语教学与研究出版社，2015，第 38 页。

② 同上书，第 23 页。

　　《麦克白》中充斥着詹姆斯国王所关注的问题：王位继承权、英格兰和苏格兰的关系、巫术、君权神圣、对火药的担忧、叛国和阴谋。作为一位博学之人，国王发表过一篇论文，解释为何君主是上帝在人间的摄政王，而在另一篇论文中则为巫术或"鬼神学"的真实性辩护。他自认为在区分巫术的真伪指控方面堪称行家。传统习俗认为，国王具有以"触摸"的方式治愈瘰疬病（被称为"国王邪恶病"）的神圣力量，他本人对此非常感兴趣。

　　宗教和政治是天衣无缝地结合在一起的。《圣经》说造反是巫术犯下的罪，如果君主是上帝在人世的代表，那么密谋反对他就是与"邪恶的神器"达成协议——在火药审判中，像加内特这样的教士会被描述为男性版的女巫。人们普遍认为，叛国不仅仅是一种政治行为，正如一位现代学者所说，它是"一种占有的形式，一种违背、破坏自然规律的行为。地狱势力为了他们自己灭绝一切的目的，为了恢复专制残暴和混乱的统治而杀害合法的国王"5。

347　　在人世间，杀死国王是对自然犯下的终极之罪。麦克杜夫凝视过黑暗的中心，看到国王身体上"伤口深深，/宛若洞开着道道毁灭之门"，接着他回到舞台上，大喊着："啊，天哪！天哪！天哪！""说不出、想不到的惊天大变。"①6 这里用的语言是在暗示圣保罗中的著名段落，关于上帝在天国为爱他之人所准备的难以言喻的奇迹。相比之下，麦克杜夫暂时进入的是地狱王国，那里由一个醉醺醺的看门人把守。他继续说道："劫难而今达于极顶！"②7 艺术家的极顶，传统上是对于神创造的秩序的复制。但这里的艺术却是劫难和死亡："该遭天谴的

---

① 《麦克白》，辜正坤译，北京：外语教学与研究出版社，2015，第41页。

② 同上。

凶手破门入侵／王上圣体之宫／窃走了宫中的生命！"要理解这出戏，就必须密切注意诸如"该遭天谴"此类的词语，即政治上的暴力行为是以宗教信仰的措辞来表现的。"叛逆已经犯下了他最大的恶行"[8]，在某个良知作痛的时刻，麦克白曾这样说过。他最大的恶行，不是它的：叛国不再只是一个概念，而成了一个活生生的东西。他是魔鬼的信徒，在政治舞台上悄然而行，带来无数的难眠之夜，有罪的男人因恐惧和可怕的噩梦而浑身颤抖、大汗淋漓，而有罪的女人则渐渐陷入疯狂。

1606 年。那时莎士比亚已经完全是国王剧团的人了，然而，令人惊讶的是，就是在发生了恐怖事件和国家审判的那一年，在年底的圣司提反日前夜，在白厅中的国王陛下面前，莎士比亚对正义和权威的脆弱和虚伪发起了最猛烈的攻击。这就是詹姆斯国王观看《李尔王》演出的那个晚上——

什么，你发疯啦？人没有眼睛是看得见世间百态的。用你的耳朵看哪：看那法官痛骂那可怜的小偷。听好，耳朵凑过来：换个位置，猜猜看，哪个是法官，哪个是小偷？你见过农夫养的狗对着乞丐汪汪叫吧？……那家伙要躲那狗，跑了吧？从这里你就看出权威的伟大形象：狗若当道，就得服从它。

你这恶差役，停下你的毒手！

你凭什么鞭打那妓女？袒露你自己的背吧：

你火热地想要跟她干那勾当，

却为此而鞭打她。放高利贷的绞死诈骗的。

衣衫褴褛露出大罪恶；

锦衣皮裘隐藏一切。罪恶披上金，

司马的坚矛不折而自断；

披上破衣，侏儒的草杆也刺得透。

348

谁都没有犯罪，没有，我说，没有：我来批准。
相信我，朋友，我有权柄能
堵住控告者的嘴。你去配一副眼镜，
学那低级的阴谋家，看不见却
假装看得见。①9

---

① 《李尔王》，彭镜禧译，北京：外语教学与研究出版社，2015，第 104~105 页。

第六个时期

老叟

第六个时期变成了精瘦的、趿着拖鞋的龙钟老叟，

鼻子上架着眼镜，腰边悬着钱袋；

他那年轻时候节省下来的长袜子套在他皱瘪的小腿上，显得宽大异常，

他那朗朗的男子的口音又变成了孩子似的尖声，

像是吹着风笛和哨子。

意大利即兴喜剧中的老丑角：他是位于中间的那位老人，两根竖在他头部后面的手指，表示他被人戴了绿帽子

20. 对莎士比亚退休生活的普遍误解

老丑角

精瘦的、趿着拖鞋的长马裤（Pantaloon）？第六个时期是以一条裤子来命名的吗？啊呀，不是这样的。"Pantaloon"最初是一个戏剧方面的术语，是意大利即兴喜剧（dell'arte）中的一种角色类型。第六个时期最明白不过地提醒我们，我们终其一生都在扮演一系列的角色。Pantaloon代表着权威和年长的一辈。在即兴喜剧中，他一般是一个瘦瘦的笨老头，穿着红色的服装，戴着便帽，脚上穿着土耳其拖鞋，衣服是紧身的上衣和松松垮垮的裤子——长马裤。

年龄应该能带来智慧和权威。它应该是值得尊敬的——根据爱德蒙在《李尔王》中为陷害他的兄弟爱德加而写的信，"现今以老为尊的规矩"，使雄心勃勃的年轻人无法获得财富，"直到我们老得无法享受"。[1] 而在莎士比亚的舞台世界中发生的现实并不是这样。正如克莉奥佩特拉所说，"年龄的增长并不能改掉我的愚蠢"[2]。上了年纪的爱侣安东尼和克莉奥佩特拉的行事方法并不比年轻的罗密欧与朱丽叶更明智。莎士比亚的戏剧中有许多这样的父亲，因自己的年龄和地位而要求得到别人的尊重和服从，但他们没有得到尊重，也并不总是值得尊重。从《驯悍记》中的巴普提斯塔·米诺拉、《仲夏夜之梦》中的伊吉斯，到朱丽叶的父亲、夏洛克、《哈姆莱特》中的波洛纽斯以及李尔王自己，莎士比亚一遍又一遍地描写那些试图为自己的女儿包办婚姻或阻挠女儿婚事的父亲们，他们表现出的不是智慧，而是愚蠢。

---

① 《李尔王》，彭镜禧译，北京：外语教学与研究出版社，2015，第23页。

因此，人就是这样从第五个时期不可避免地滑向了第六个
时期。老波洛纽斯在动身去巴黎之前对雷欧提斯提出了父亲般
的劝告，用法官的口吻说着"明智的格言和现代的事例"，但
不久他就转向了老丑角式的浮夸。更重要的是，他实际上是一
个卑鄙的政客，根本没有实践他所宣扬的正直。在即兴喜剧
中，老丑角经常是女主人公的父亲、监护人或年长的求婚者，
经常成为小丑拿来取乐的对象。哈姆莱特对波洛纽斯的挑逗，
就是他已经接替了死去的宫廷小丑约利克的迹象之一：他既是
主人公，又是小丑。

喜剧的核心在于年轻人战胜老年人，在于生活的力量战胜
煞风景的清规戒律。老丑角往往很瘦，这是他过分吝啬的标志。
莎士比亚花了更多的笔墨来描写那些厚颜无耻的胖子，比如约
翰·福斯塔夫爵士和托比·贝尔奇爵士。"你以为你有德行，就
不会再有蛋糕和啤酒了吗？"[3] 相较于美德，剧院总是更偏爱蛋
糕和啤酒。《第十二夜》中的马伏里奥不是一个老人，但他是剧
中的老丑角。他早早地就在人生的第六个时期安顿下来了，比
预期的时间要早得多。他是个彻头彻尾的清教徒，自封为秩序
的守护者，在那个名叫伊利里亚的国家里，他是唯一出来扫兴
的人，而那里的所有其他人都处于年轻的第三个时期——情
人。因此，"老丑角"是一种邀请，邀请我们把莎士比亚对年
老和愚蠢的种种表现视为人生旅途中的同伴。年老和愚蠢这一
对搭档登峰造极的体现就是李尔王和他的小丑，对此我们将在
下文中适时探讨。

虽然在写下杰奎斯关于人生七个时期的这番话时，莎士
比亚的体会可能还不够深刻——他未到行将就木的年纪就去世
了。81岁的李尔王是想象力和观察所得到的结果，而不是个
人经验的蜕变。莎士比亚在宫廷演出时，他看到的是一位脾气
暴躁的、即将步入七旬的老女王，但他自己的命运是在刚满52

岁时就离开人世。杰奎斯描绘的老丑角形象可能会让现代观众想到一个穿着拖鞋、戴着眼镜、手拿烟丝袋的退休老人。将这一形象与其创作者的生活联系起来，会让人忍不住想要探讨莎士比亚的退休生活。假定他像普洛斯彼罗一样放弃了自己的法术，把所有的书都沉没在海底。自19世纪早期浪漫主义勃兴以来，普洛斯彼罗就一直被视为莎士比亚的化身。他的收场白也因此被当作莎士比亚告别舞台之辞。有些流行的传记依然会推测在1611年完成《暴风雨》之后，这位剧作家"告老还乡"，回到斯特拉福德，在财产交易、小额诉讼和自满的乡村绅士生活中安度此生。但这只是一种普遍的误解。

莎士比亚职业生涯的轮廓

告老还乡的绅士一般都会参与当地的公民事务，比如成为治安法官之类的。莎士比亚对成为镇议员或地方法官以弥补他父亲的失势毫无兴趣。他也不愿卷入紧邻斯特拉福德镇的威尔考姆山（Welcombe Hills）上一些田地的圈地纠纷。莎士比亚的"表亲"（也可能只是亲戚？）托马斯·格林和他的妻子莱蒂斯，曾经与莎士比亚的妻子安妮·哈瑟维在位于教堂街和死巷拐角处的豪宅——新宅里共同居住了一段时间，格林在备忘录里写下了这么一段，标注的日期是1614年11月17日——

> 昨天我的表亲莎士比亚来到了伦敦，我过去看望了他。他告诉我，他们向他保证，他们圈地只打算圈到福音灌木丛那里，然后径直向北（把峡谷的一部分留在田野中），一直到克罗普顿树篱的大门，其中包括了索尔兹伯里的那块地，并且他们的意思是在4月勘察土地，然后给出满意的答复，而不是在那之前——他和霍尔先生都说，他们认为4月之前什么都不会做。[4]

"放轻松，"莎士比亚说，"我们说的这块地比许多人推测的要小，而且一整个冬天什么也不会发生，等到明年春天对这片土地进行勘察的时候，可能整件事情都已经告吹，什么都不会发生。"1614 年 11 月，他在伦敦见到了格林，后者进城来是为了追踪托马斯·库姆（Thomas Combe），也就是提议圈地的人。就在莎士比亚去世前 18 个月，有人曾在伦敦确定无疑地看到过库姆。

莎士比亚唯一一次在伦敦购置而不是租赁房产是在 1613 年 3 月，当时他在黑僧剧院附近买了一间很大的门房。尽管购买这处房产的主要目的是投资，但购买日期表明，莎士比亚在生命的最后几年里一直在伦敦活动。格林显然知道他在伦敦城什么地方，所以在斯特拉福德的家人大概也知道他在伦敦的租住地。1614 年 12 月中旬，格林回到斯特拉福德，并写信给莎士比亚——这可能意味着此时莎士比亚已经在伦敦待了一个多月。

莎士比亚的职业生涯轮廓清晰，但仍然充满了种种难以确定的细节。他先是做了演员，那很可能是在 16 世纪 80 年代。后来，他表现出了为剧团常备剧目改写剧本的才能。1592 年，罗伯特·格林的小册子《千万悔恨换来了一点儿聪明》表明，莎士比亚显然是从演员转型为剧作家的。那一年早些时候，斯特兰奇勋爵供奉剧团在玫瑰剧院上演了"哈利六世"——几乎可以肯定，这就是我们现在称为《亨利六世》上篇的那部历史剧——得到了观众的热烈反响。就在他的事业起步之时，剧院却被迫关闭了很长一段时间，一开始是担心发生公众骚乱，后来又是因为瘟疫。在长期的禁演期间，莎士比亚试着以诗人的身份，把他的《维纳斯与阿都尼》和《鲁克丽丝受辱记》献给南安普敦伯爵。当 1594 年夏天剧院重新开放的时候，一个新剧团在亨斯顿勋爵亨利·凯里的支持下成立了，亨斯顿勋爵是伊丽莎白女王的宫务大臣，负责宫廷庆典。宫务大臣供奉剧团是以股份公司的形式建立的，莎士比亚正是股东之一。既然其他几位股东以前都在斯特兰奇勋爵供奉剧团工作过，那么莎士比亚很可能也是。残缺不全的现存证据表明，他自己在新剧团里并没有扮演过多少角色。他的主要身份是剧团内部剧作家，每年为剧团创作三部新剧。他很有可能还监督甚至润色了其他剧作家提交的剧本，但是我们已经难以复原他这部分工作的原貌了。

　　莎士比亚事业的第二个重大转折点出现在新国王詹姆斯统治的初期。1603 年 5 月至 1604 年 4 月，剧院由于瘟疫暴发而再次关闭。接下来是 1604 年的 5 月至 9 月，1605 年 10 月至 12 月，1606 年 7 月到 1610 年 2 月的大部分时间，只在 1618 年 4 月到 7 月间剧院短暂重新开放。年老的伊丽莎白女王去世时，莎士比亚正处于权力和创造能力的巅峰。詹姆斯给予莎士比亚及其同僚至高无上的荣誉——成立国王供奉剧团，由国王亲自赞助。但是在詹姆斯统治英格兰的最初六年半，公共剧院一共关闭了四年多，开放的时间还不到两年。

355

　　这一事实对莎士比亚产生了巨大的影响，但传记作家们有时并没有完全认识到这一点。他已经从剧团股份中赚了不少钱，足够他在斯特拉福德买一幢大房子，还有农田和其他财产。他再也不必忍受巡回演出的种种不适了。很有可能，在瘟疫肆虐的那些年，他大部分时间都是在家里度过的，只是一只脚还留在伦敦，另一只脚更加牢固地扎根于斯特拉福德，尽管他并没有参与当地政府或社区公民生活的愿望。

　　有几处并不完整的证据表明，莎士比亚在这段时期彻底放弃了表演。他出现在本·琼生的戏剧《各人性情不同》（*Every Man in his Humour*，1598 年）和《西亚努斯》（*Sejanus*，1603 年）的演员名单中，但是，不像理查·白贝芝、约翰·

海明斯、亨利·康德尔和国王剧团的其他同僚那样，他没有出演《狐坡尼》（*Volpone*，1605 年）、《炼金术士》（*The Alchemist*，1610 年）或《喀提林》（*Catiline*，1611 年）。我们可以由此推测出，在 1603 年至 1604 年瘟疫肆虐时，他就停止了登台演出。也许他在第 110~112 首十四行诗中提到的羞耻感，就与他做出这一决定有关。

　　《第一对开本》中也包括了一份莎士比亚戏剧的"主要演员名单"。这本大部头著作的一位早期读者在其中几个名字旁边草草地做了些注解。[5] 理查·白贝芝："根据报告"。约翰·洛温："亲眼所见"。约瑟夫·泰勒："知道"。威廉·奥斯特勒："听说过"。他记录下的是他对这些演员的了解。在莎士比亚的名字旁边，他写下的词是"ceast"或"least"，也可能是"best"（这个单词的首字母已经难以辨识了），以及"制作"（for making）。当时，"剧作家"和"写剧本的"这两个词尚未流行开来，一部戏剧的创作者往往被称为"制作人"（maker）。例如，在一本题为《上帝对铁石心肠且死不悔改的罪人的雷霆之怒》（*The Thunderbolt of God's Wrath against hard-hearted and stiff-necked Sinners*）的著作中，克里斯托弗·马洛被称为"诗人，也是肮脏的剧本制作人"。因此，这位读者写下的神秘莫测的评论可能是在暗示，莎士比亚"最适合"（best）写作，而不是表演。或者，作为这些剧本的"制作人"，他的表演是"最少的"（least）。未经证实的剧院传说往往将他与小角色联系在一起，比如《哈姆莱特》中的鬼魂和《皆大欢喜》中骑在奥兰多背上的老仆人亚当。如果莎士比亚是一种类似于舞台导演的角色，就像彼得·昆斯在《仲夏夜之梦》中组织排演《皮拉缪斯与忒斯彼》那样，那么他自己向来充当配角也就说得过去了。但是，如果这个读者写的是"ceast for making"，那么这就意味着莎士比亚一开始是个演员，后

356

来又兼做演员和剧本制作人，但最终他停止了表演，只从事剧本创作。不管按照以上哪种解读方式，都可以看出这位对国王剧团所知甚详的早期读者将莎士比亚与戏剧创作而非表演联系在一起。

比《第一对开本》中的注释更明白无误的，是新近在1607年的王室记录中发现的一份"短剧演员"名单。[6]这份文件列出了主要演员白贝芝、演员兼剧团经理海明斯、剧团小丑阿明和国王剧团的其他成员——但没有莎士比亚。莎士比亚如果当时还在演戏，毫无疑问会在宫廷演出。这是最有力的一则证据，表明在詹姆斯一世统治早期瘟疫肆虐的年代，莎士比亚已经不再承担四处巡回演出的苦差。

这段时期他的写作效率大大降低了。如果不能在环球剧院上映，那么推出过多的一大批新喜剧又有什么意义呢？既然伦敦的各个剧院大部分时间都处于关闭状态，并且已经储备了足够的保留剧目，那么莎士比亚似乎把精力集中在创作一些冗长而复杂的悲剧上，这些悲剧可以在他们应召入宫时演出。《奥瑟罗》《李尔王》《安东尼与克莉奥佩特拉》《科利奥兰纳斯》《辛白林》都位列他篇幅最长、诗句最铿锵的戏剧名单之中。他的另一部詹姆斯一世时期创作的主要悲剧《麦克白》，只有一个篇幅较短的版本流传了下来，表明在他去世之后又遭到了改编的迹象，而与另一位剧作家托马斯·米德尔顿（Thomas Middleton）合作的《雅典的泰门》似乎并不能完全算作成功。每部戏剧似乎都是在两个反差巨大的世界中穿梭：《奥瑟罗》中的威尼斯和塞浦路斯，《李尔王》中的宫廷和野外，《安东尼与克莉奥佩特拉》里的罗马与埃及，《科利奥兰纳斯》里的罗马与"别处还有一个世界"，《辛白林》里的宫廷和威尔士的乡野，《麦克白》中的苏格兰和英格兰，以及《雅典的泰门》中的雅典和树林。大致的趋势是渐渐远离罗马、雅典或宫廷，从

357

交易的生活过渡到悠闲的生活。这就是莎士比亚在写作时躲避瘟疫的过程。所以，如果说 1611 年之前有过一位斯特拉福德的莎士比亚，那么基于同样的理由，在 1611 年之后出现的大体可以算是伦敦的莎士比亚。

流言蜚语通常都始于些许事实。1660 年英国复辟后，埃文河畔斯特拉福德的教区牧师约翰·沃德准确地记录了当时莎士比亚仅有两个女儿和一个外孙女尚在人世。他还在日记中做了如下记录——

> 我听说过莎士比亚先生天资聪颖，不事雕琢；年轻时他一直在戏院工作，但上了年纪之后他一直住在斯特拉福德镇，每年给剧院写两出戏，为此他每年会得到一大笔报酬，我听说他每年差不多要花一千英镑。[7]

难以置信的巨额年度支出表现出了流言的夸张程度，但其中主要的论点并不是特别值得怀疑，即莎士比亚在职业生涯早期投入戏剧中，但后来就在斯特拉福德的家中生活。沃德这一记录的引人注目之处在于，它暗示着莎士比亚在晚年实际上是在斯特拉福德生活和写作的，他为演员写出了后期的那些剧本，但他本人并没有真正参与演出。

有证据表明——主要是基于欠税——莎士比亚曾居住在主教门一带，然后在 16 世纪 90 年代末搬到位于南沃克区的克林克，紧邻环球剧院。17 世纪的最初几年，他住在银街的芒乔伊家。但是，值得注意的是，从 1604 年秋天他操办玛丽·芒乔伊和斯蒂芬·贝洛特的婚约，到 1612 年 5 月在威斯敏斯特法庭以"来自沃里克郡埃文河畔斯特拉福德的绅士威廉·莎士比亚，时年 48 岁"的宣誓应召出庭，一直没有确定的证据表明他曾在此期间出现在伦敦。这一点与他缺席琼生后期的剧作卡司以及 1607 年的宫廷演出人员名单是一致的。

相比之下，这些年间他在斯特拉福德的活动是毫无疑问的。1605 年，他在邻近的三个村子里投资了一大笔钱，租下了"玉米、谷物、草叶和干草的什一税"，还有整个斯特拉福德教区的小额什一税。这花去了他大约 440 镑，差不多相当于 21 世纪早期的 10 万镑。有人推测，他应该是更有兴趣留下来监督这笔巨额投资的表现，而不是回到伦敦观看自己的剧本上演。他还忙于在斯特拉福德法庭打官司，有一个案子从 1608 年 8 月一直拖到了 1609 年 6 月。

大多数传记作家倾向于忽略这样一个事实：我们无法从形式上证明莎士比亚从 1604 年秋季至 1612 年初夏确实在伦敦。我们心照不宣地认为他曾过来提交他的作品，并为合作剧本而跟其他人碰头，但这仅仅是一个假设。考虑到在这一段时期，大部分时候公共剧场都因瘟疫而闭门谢客，所有的伦敦人都在为自己的性命担忧，尽可能远离伦敦对他来说才是明智的做法。只有当他的戏剧在宫廷上演时，他才会真正想去伦敦。但他并没有出现在 1607 年的演员名单中，这使得我们应该认同这样一种可能性，即 1606 年圣诞节后的那个晚上，他没有出现在白厅，在国王陛下面前出演《李尔王》——他缺席了这样一个重大场合。

如果他确实缺席了，人们就不得不问一句为什么。取得了如此之多的成就之后——君主和伯爵的喜爱、绅士的地位和王室侍从官的头衔——错过宫廷中的喝彩将会是令人难堪的。一种可能的解释是健康状况不佳。更黑暗的推测是出现了一些迫使他远离宫廷的丑闻。是那组十四行诗中有关于他名声"污点"的暗示吗？任何出现了患病迹象的朝臣都必须远离国王，直到他们痊愈。[8] 如果莎士比亚感染了梅毒，或者更切中要害地说，如果有人认为他感染了梅毒，那么事实上他就不得不像泰门一样遭到流放。

　　换句话说，莎士比亚也许从未完全退休，但他半退休的时间可能比我们想象的要早得多。考虑一下他写作时的合作模式。他自己的职业生涯是以修改旧剧本开始的，并且他最早的一些原创作品就是合作完成的——可能有家庭悲剧《法沃斯汉姆的阿登》（*Arden of Faversham*）中的一两场，可以确定的是历史剧《爱德华三世》中关于索尔兹伯里伯爵夫人的所有场景。关于他何时为《托马斯·莫尔爵士》写了出了出色的群众场景，学术界存在着激烈的争论，但这一写作表现了他早年创作中的典型任务。在《泰特斯·安德洛尼克斯》一剧中有乔治·皮尔的痕迹，而《亨利四世》上篇中也有托马斯·纳什的痕迹，尽管在这两个例子中，我们都不能完全弄清楚莎士比亚是在独立地修改这两位剧作家的早期作品，还是在积极地与他们合作。在很大程度上，加入宫务大臣供奉剧团之前的莎士比亚是一个与他人合伙创作的剧作家。

　　然而，到了 1594 年之后，随着宫务大臣供奉剧团的成立以及莎士比亚获得了作为剧团剧作家的新地位，至少在 1603 年之前，他都是独自写作的。对于宫务大臣供奉剧团之前的戏剧，如《亨利六世》系列剧中，合作作者究竟参与到了什么程度，学者们向来争论不休，但是每一部诞生于宫务大臣供奉剧团时期的戏剧都是莎士比亚单独创作的：《错误的喜剧》《爱的徒劳》《仲夏夜之梦》《罗密欧与朱丽叶》《理查二世》《威尼斯商人》《亨利四世》《无事生非》《亨利五世》《皆大欢喜》《尤力乌斯·凯撒》《哈姆莱特》《温莎的风流娘儿们》《第十二夜》《特洛伊罗斯与克瑞西达》。在这份内容丰富的清单上，我们或许还可以加上《理查三世》《约翰王》《爱的成就》，尽管人们对于前两部的创作日期没有达成一致意见，最后一部也早已失传。詹姆斯一世时代最早的几部戏剧也是单独创作的，如

《奥瑟罗》《一报还一报》《终成眷属》。《麦克白》《李尔王》，也许还有《安东尼与克莉奥佩特拉》，这些都是 1606 年为宫廷演出而创作的大戏。

但在瘟疫肆虐、剧院关闭的年代，自他早期的职业生涯以来，莎士比亚首次重启了协同创作的模式。我们无法否认托马斯·米德尔顿参与了《雅典的泰门》的创作，乔治·威尔金斯在《泰尔亲王佩力克里斯》中的参与也是可以确定的。在这个时候，莎士比亚可能还与米德尔顿合作创作了一部业已失传、名为《四剧合一》(*Four Plays in One*) 的戏剧，或者更确切地说是系列短剧。四部短剧中唯一流传下来的是阴郁而引人入胜的《约克郡悲剧》(*Yorkshire Tragedy*)，大多数学者认为它出自米德尔顿之手，但在 1608 年这部短剧以《W. 莎士比亚创作的约克郡悲剧》为标题出版。至少在第一场戏中，即使没有他本人的直接创作，也保留了他的风格。

《泰尔亲王佩力克里斯》是一部有着严格分工的合作作品。威尔金斯写前半部分，莎士比亚写了后半部分。这不是通常的合作创作模式。这表明威尔金斯先是着手创作这部戏剧，随后便放弃了（或者，按照我们现在的说法，"放弃了这个项目"），改由莎士比亚来完成这个剧本。但在《雅典的泰门》中，场景协作的分配更为错综复杂，这是一种更为典型的积极合作的特征。米德尔顿是一个彻头彻尾的伦敦人，在瘟疫肆虐的那几年里依然坚持在伦敦生活。协同创作的《雅典的泰门》和《四剧合一》也许就是莎士比亚的第一次半退休，他有意无意地打算将更多的日常写作工作交给伦敦人——尽管附带条款是他将继续独自创作新的大型剧目，以备在国王面前演出，尤其是在圣诞节期间。《科利奥兰纳斯》《辛白林》《冬天的故事》《暴风雨》都属于后一类。

出于某种原因，与米德尔顿的合作并不算成功。没有任何记录表明《雅典的泰门》真正在舞台上上演过——当然剧团常备剧目中也没有它的一席之地。莎士比亚把注意力转向了另一个可能的接班人——约翰·弗莱彻。后者曾有过成功的合作创作经历："博蒙和弗莱彻"一度成为"写作伙伴"这一说法的代名词。据说他们的关系异常亲密，已经到了共用一张床、一衣柜衣服和一个妓女的地步。弗莱彻的作品《女人的战利品或被驯服的驯养者》（*The Woman's Prize; or, The Tamer Tamed*）可能激发了莎士比亚的兴趣，这是弗莱彻独立创作的作品之一，是对《驯悍记》的一种有意识的回击。在这个故事中，彼特鲁乔遭到了第二位妻子的报复（就像阿里斯托芬创作的古希腊喜剧中的吕西丝特拉塔一样，她领导了几位妻子发起报复，拒绝和她们的丈夫同床共枕，直到她们的诉求被满足）。莎士比亚也对博蒙和弗莱彻在戏剧《菲拉斯特，或者爱血流不止》（*Philaster; or, Love Lies a-Bleeding*）中开创的悲喜剧罗曼史这种新风格印象深刻。他写《辛白林》时，大量借鉴了此剧中的技巧。

所以到了 1612 年，弗莱彻被认定为是接替莎士比亚，成为国王供奉剧团内部剧作家的人选。瘟疫已经退散，常备剧目也需要更新。弗莱彻创作了三部合作戏剧，轻松地胜任了他的角色。王室记录显示，1613 年 5 月，国王剧团经理约翰·海明斯因剧团演出的一些剧目而获得报酬，这些剧目有老有新，其中就包括《卡登诺》（*Cardenno*）。这出戏显然大获成功，因为在 1613 年 6 月 8 日为萨沃伊公爵的大使进行的特别演出中再次上演了该剧。该剧改编自塞万提斯《堂吉诃德》（*Don Quixote*）1612 年的英译本，借 18 世纪一部面目全非的改编作品而间接流传了下来。早在 17 世纪，最初的版本就以《卡登尼欧的历史》为书名做了出版登记，作者是弗莱彻先生和莎士比亚先生，但实际上这本书从未出版。

此剧在宫廷的成功有可能促成了莎士比亚与弗莱彻的密切合作，他们创作了另一部新剧：《千真万确，表现了亨利八世统治时期的一些重要事件》（*All is True, representing some Principal Pieces of the Reign of Henry Ⅷ* ）。亨利·沃顿（Henry Wotton）记录了这部剧于 1613 年 6 月 29 日第一次上演时遭遇的不幸。

现在，把那些国家大事抛在一边，我告诉你一些本周在河对岸发生的事情，让你开开心。国王剧团有一出新戏，名叫《千真万确，表现了亨利八世统治时期的一些重要事件》，这部戏中有许多表现王权和威仪的极其壮观的场面，甚至连舞台上的垫子都是如此；骑士团的骑士们戴着圣乔治十字架和嘉德勋章，侍卫们穿着绣花外套，以及其他诸如此类的东西，这很快就建立起了一种非常熟悉的堂皇气氛，如果不是荒谬的话。现在，亨利国王在红衣主教沃尔西的宅邸里开了一场假面舞会，而某个侍从官在进场的时候被烟火击中了，其中有些纸屑或别的什么东西落在茅草屋顶上并燃烧起来，起初人们以为那不过是一团迟迟没有散去的烟雾，他们的目光都专注在戏上。它先是在内部缓缓燃烧，然后成串地掉落下来，在不到一小时的时间里就把整幢建筑烧成了平地。建筑的材料是烧毁的直接原因，然而除了木头和稻草，以及一些被丢下的披风之外，并没有别的损失；只有一个人的马裤被烧掉了，要不是他有先见之明，用一瓶麦酒把火扑灭了，他本人也可能会被烤焦的。[9]

沃顿的描述揭示了国王剧团是如何在舞台上竭力表现出"王权和威仪"的：从地板上的席子到服装上的嘉德勋章和圣

362

乔治十字架，一切都是精心设计的，"建立起了一种非常熟悉的堂皇气氛"。然而，有趣的是，将穿过白厅和威斯敏斯特的王家游行转化为在南沃克边缘地区一家茅草盖顶的剧院里铺着席子的舞台上的戏剧表演，确实也让堂皇显出了几分"荒谬"。

归演员们所有的环球剧场是 1599 年由他们自己建造的，这使演员们从此前深受其扰的房东纠纷中解脱了出来。剧院在 1613 年盛夏毁于一场大火，这对于国王剧团来说是一桩灾祸。为了增加收入，他们被迫再次踏上巡演之路——秋天，他们出现在牛津、斯塔福德和什鲁斯伯里——但冬天他们依然需要在黑僧剧院上演保留剧目，并随时准备应召赴宫廷演出（1613 年 11 月两次，1614 年 1 月一次，2 月有数次）。然而令人惊讶的是——人们猜测这可能要归功于海明斯的商业头脑——他们在 1614 年夏天重建了剧院，新剧院比之前更大，也更好。

为了新剧院的开幕，一出引人入胜的新剧必不可少，从开场白中提到的"我们的损失"可以判断，《两贵亲》可能就是在这个时间首次公演的。当 1634 年这个剧本付梓的时候，题名页上写着，这部"绅士约翰·弗莱彻先生和绅士威廉·莎士比亚先生合写的"戏剧在黑僧剧院上演时得到了热烈的掌声。其他有力的证据也表明，弗莱彻和莎士比亚在环球剧院被焚毁和重新开放之间的一段时间内合写了这部剧——这揭示了一种密切合作的模式。1613 年冬天至 1614 年，这部戏可能在白厅为宫廷上演过，在黑僧剧院为贵族上演过，之后又在夏天在新的环球剧院上演。这说明 1613 年底，甚至直到 1614 年的一段时期莎士比亚依然在工作。他在这段时期的活动，与在 1613 年购买黑僧地区的门房，以及 1614 年秋天在伦敦与格林会面的记录是一致的。这怎么能算告老还乡呢？

21. 主要的喜剧演员

"以及他的其他伙伴"

宫务大臣供奉剧团一直很受好评，每年都在宫廷演出中率先出场。1594年圣诞节期间，莎士比亚曾与理查·白贝芝和威廉·坎普一起在宫廷演出，这是最早将他们三个列为剧团共同收款人的记录。在同一个时期，宫务大臣供奉剧团还在一个律师学院的晚间宴饮活动时上演了《错误的喜剧》，这在当时可能是一个首次上演的新剧。这个新剧团表现出色，广受欢迎。白贝芝是剧团的悲剧主演，其对手是海军大臣供奉剧团的爱德华·阿莱恩，后者以克里斯托弗·马洛笔下悲壮的悲剧角色而闻名。坎普是剧团中的小丑。悲剧演员、小丑和剧作家一起在女王面前为剧团的圣诞演出领取报酬，这样的画面极富冲击力。它将莎士比亚和他的同伴紧密地联系在一起，提醒我们，他是为白贝芝写下了那些悲剧角色，为坎普（坎普于1599年离开剧团后，又为他的继任者罗伯特·阿明）写下了那些小丑角色。

在莎士比亚之前，伊丽莎白时代并没有任何剧作家像他那样成为剧团的内部成员。剧团几乎总是一种紧密结合的组织。在中年时期，莎士比亚的主要人际关系就是与宫务大臣供奉剧团其他成员之间的友谊。没有什么文件能比演员兼剧团经理奥古斯丁·菲利普斯的遗嘱更能体现他们之间的亲密关系了。在调查《理查二世》与埃塞克斯伯爵叛乱之间的联系时，就是菲利普斯代表他们所有成员发言的。菲利普斯死于1605年初夏。他在遗嘱中没有遗忘任何剧团成员，也就是雇工，即扮演较小的角色，按出演的剧目数量计酬；他的"伙伴们"，即那些扮演主要角色并分享利润的股东们；以及扮演妇女和儿童角色的学徒演员。

　　一则，我在死去时将会得到英国法定的 5 镑钱，我将
其遗赠给我所属剧团的雇员，让他们平分这笔钱。一则，
我将赠给我的伙伴威廉·莎士比亚一枚 30 先令的金币，我
的伙伴亨利·康德尔一枚 30 先令的金币，我的仆人克里斯
托弗·比斯顿一枚 30 先令的金币，我的伙伴劳伦斯·弗莱
彻 20 先令的金币，我的伙伴罗伯特·阿明 20 先令的金币，
我的伙伴理查德·考利 20 先令的金币，我的伙伴亚历山
大·库克 20 先令的金币，我的同伴尼古拉斯·托雷 20 先
令的金币……一则，我将赠给最后一位学徒塞缪尔·吉尔
本总计 40 先令，还有我那件鼠灰的丝绒马裤、一件白色
的塔夫绸紧身上衣、一身黑色的塔夫绸套装、紫色的斗
篷、剑和匕首，还有我的维奥尔琴。一则，我将赠给我的
徒弟詹姆斯·桑兹总计 40 先令和一把西塔琴、一架三弦
琴和一架鲁特琴，在他的学徒合约期满时交付给他。[1]

　　白贝芝和海明斯被指定为遗嘱的执行人。他们每人得到了
一个价值 5 英镑的银碗。

　　这份文件中囊括了全部的剧团生活世界。演员多才多艺：
他必须能够在这一刻使用剑和匕首，在下一刻演奏维奥尔琴、
西塔琴、三弦琴或鲁特琴。（三弦琴是一种类似吉他的乐器，
一般用来演奏西塔琴的低音部分。）服装的重要性：比起剧本
来，服装往往更能消耗剧团的预算。师傅和学徒之间的纽带，
无论是从前的学徒还是现在的学徒：传统上学徒和师傅是在一
起生活的，这种习俗加强了他们之间的联系，让他们有机会在
深夜和清晨一起练习台词。逐级晋升的可能性：库克和托雷一
开始是学徒——最早在舞台上扮演朱丽叶、比阿特丽斯、鲍西
娅、罗莎琳德、维奥拉等莎士比亚在伊丽莎白时代创作的伟大
女性角色的演员，很有可能就是他们——但到了 1605 年，他

们已经可以参与分红了。剧团前辈对后辈的慷慨：康德尔、弗莱彻、阿明和考利都是不久前才成为股东的，而比斯顿只是一个"仆人"。最重要的是，"我的伙伴威廉·莎士比亚"获得的首要地位：他是名单上的第一个名字，也是得到遗产最多的几个人之一。我们可能会发觉这两个人之间有一种特殊的联系，因此推测是他们组成了剧团的商业头脑，是他们日复一日地将演员和作品塑造成型。

莎士比亚自己就是一位演员，他每天和其他演员一起工作，从 1594 年到职业生涯结束，他一直在为同一个团队写剧本，以上这些原因都部分地解释了为何他如此执着地把世界看作一个舞台，把人的一生看作一系列不同角色的演出。哈姆莱特款待过一个来到埃尔西诺的剧团，此剧团在几个关键的细节上——如与一个新的童伶剧团存在竞争——如同一面镜子，反映了莎士比亚自己剧团的真实情况。"扮演国王的演员我会以礼相待，"王子说——

> 我自有酬劳敬献这位陛下；冒险的骑士须持刀荷盾；叹息的情人不可毫无回报；脾气古怪的角色须始于暴躁而终于平和；小丑角色须能使那班一逗就乐的观众捧腹大笑；女主角须能不受干扰地进行发挥，要不然诗体剧文就荒腔跑调了。①2

国王、冒险的骑士、情人、脾气古怪的人、小丑、女主角：哈姆莱特对演员的了解表明，某种程度上的角色定型在莎士比亚的戏剧中是司空见惯的，这种做法可以从他的剧本中偶

---

① 《哈姆莱特》，辜正坤译，北京：外语教学与研究出版社，2015，第 64 页。

尔出现的倾向，即使用诸如国王、小丑、私生子和大言不惭者这种类型化的称呼中得到证实。将处于人生第六个时期的老人认定为老丑角，就是这种思维方式的表现。

人们不可避免地想要知道，当莎士比亚凭空构思出新的国王、情人、脾气古怪的人或老丑角时，他是在为哪位演员创造角色？关于这一点的证据非常令人难以捉摸。我们手头有一份名单，是在本·琼生的喜剧《各人性情不同》中出演的"主要喜剧演员"，这部喜剧于1598年由宫务大臣供奉剧团首次公演。名单分为两栏：威廉·莎士比亚在一栏最上边，理查·白贝芝在另一栏的最上边。在他们之下是奥古斯丁·菲利普斯和约翰·海明斯、亨利·康德尔和托马斯·波普，威尔·斯莱和克里斯托弗·比斯顿，威尔·坎普和约翰·杜克。比斯顿和杜克只是小角色，他们很快就跳槽到其他剧团去了（尽管比斯顿是个不错的消息来源——莎士比亚年轻时曾在乡下当过塾师，这一说法就是通过他了解到的）。莎士比亚身边的重要演员——也就是剧团的股东，在业务经理收取宫廷演出的报酬时，他们通常被称为"他的其他伙伴"——是白贝芝、菲利普斯、海明斯、康德尔、波普、斯莱和坎普。[3] 其中四人死于莎士比亚之前，而他在遗嘱中提到了另外三人。

令人遗憾的是，琼生的名单并没有将演员与剧中角色的名字对应起来。在确定莎士比亚的国王、冒险的骑士、情人、脾气古怪的人、女主角和小丑的人选方面，另外一份演员名单，虽然日期有点可疑，但可能比《各人性情不同》的名单更有帮助。[4] 这是老剧《七宗死罪》下篇（*The Seven Deadly Sins Part 2*）的"剧情简介"或后台分镜。这出戏本身已经失传，但剧情简介已经足够说明一些问题了。理查·白贝芝扮演一位残暴专横的国王，奥古斯丁·菲利普斯扮演一位软弱无能的国王。在《各人性情不同》上演之前不久离开了剧团的乔治·布莱恩（George Bryan）在此剧中扮演一位勋爵或顾问。托马斯·波普出演了一个滑稽的角色。约翰·海明斯扮演的似乎是"致辞者"角色，而亨利·康德尔则饰演了一位年轻的贵族。坎普演小丑。库克和托雷也在其中，还有其他几个学徒演员，包括一个名叫"内德"的人，他可能就是爱德蒙·莎士比亚，是他哥哥的学徒（所以很有可能和哥哥住在一起）。学徒演员中地位最高的应该就是托雷和库克，然而对于他们的特征我们所知甚少。或许可以推断，其中一位比另一位身材高大得多，因为莎士比亚经常写到一对女性好友，一个身材高挑、雪肤金发，另一个身材娇小，头发和肌肤的颜色也比较深（比如海伦娜和赫米娅、罗莎琳德和西莉亚、比阿特丽斯和希罗）。托雷和库克都出生于 1583 年，所以我们不能通过谁年纪更大来判断谁的个子更高一些。

368

把哈姆莱特的角色类型和《七宗死罪》的剧情简介结合在一起，我们或许就会开始觉得能够重建莎士比亚戏剧的原始演员阵容。以"磕磕巴巴"而著称的海明斯曾在《哈姆莱特》中扮演波洛尼厄斯，在《终成眷属》中扮演拉佛吗？当康德尔终于升级，可以参与分红时，他就可以出演《李尔王》中的爱德加和《麦克白》中的马尔肯了吗？但我们很快就会发现，除了饰演主要角色的白贝芝和属于小丑的一般戏份，所有这些都只是猜测。我们甚至不能确定最初扮演福斯塔夫的是坎普还是蒲柏。

尽管如此，我们还是可以勾勒出这些演员们的职业生涯，并探究他们的人生中是否存在着与莎士比亚类似的模式，即趋向于在乡下拥有财产而逐渐远离舞台（并不是完全放弃）。在现实生活中，有哪位"主要喜剧演员"在现实生活中变成了精瘦的、趿着拖鞋的龙钟老叟？

奥古斯丁·菲利普斯第一次走入人们的视线是在 1593 年

瘟疫肆虐的夏季，他曾与斯特兰奇勋爵供奉剧团的人一起巡回演出。在第二年，他一定是最早加入宫务大臣供奉剧团的演员之一。1595 年 5 月，《穿着拖鞋跳吉格舞的菲利普斯》已经进行了出版登记。那这么说他自己很可能并不是那个趿着拖鞋的老丑角，而是创作了一个以跳吉格舞为特色的角色？吉格舞是在主剧之后上演的短笑剧。剧中混杂着歌曲、舞蹈、闹剧和污言秽语，非常受欢迎——一些观众在傍晚的时候才入场，是专门来看吉格舞的。菲利普斯在遗嘱中留给学徒们的维奥尔琴、西塔琴、三弦琴和鲁特琴表明他是一位有天赋的乐器演奏家，因此也是吉格舞表演中的主要演奏者。但他还出演了其他重要的角色，并且担任剧团的业务经理。他在埃塞克斯事件发生后成为剧团的发言人，这表明了他的重要性。1599 年，有五位演员每人购买了新建剧院 10% 的股份，他正是其中之一，而这个新剧院就是环球剧院（他们以此成功摆脱了旧的"剧院"手伸得太长的恼人房东）。其他四位各拥有 10% 新剧院股份的演员是莎士比亚、波普、海明斯和坎普，其余 50% 股份归白贝芝家族的人所有。

369

同莎士比亚一样，菲利普斯的社会地位也在逐渐向上流动。众所周知的是，纹章院的一名官员曾因向诸如"演员莎士比亚"这样的可疑人物颁发纹章和"绅士"身份而大发牢骚。而不太为人所知的是，纹章院的一名初级官员也曾发出类似的抱怨："演员菲利普斯的名字刻在巴道夫勋爵威廉·菲利普老爷（Sir William Phillipp, Lord Bardolph）的金纹章上，将这位爵爷的纹章分割成了四块。"[5]这表明，不管是以欺诈手段还是以货真价实但肯定有些自说自话的方式，菲利普斯都声称自己与巴道夫勋爵有亲缘关系。这很容易让人联想到剧团内部的一个笑话，莎士比亚给福斯塔夫的一个同伴起名叫巴道夫，并让菲利普斯扮演这个角色，还让他出演一个小角色"巴道夫勋爵"。因此，在《亨利四世》下篇的开头部分，当门房问"我怎么通报您的姓名？"，菲利普斯饰演的巴道夫勋爵回答："你去通报伯爵，/ 巴道夫勋爵求见。"我们了解演员们的性情，这几句台词会让他们在后台笑得不能自已。仅仅几行之后，巴道夫勋爵就谈到了"一位有教养有名望的绅士"。[6]这话显然正中靶心：菲利普斯确实是第一代以职业身份获得社会地位的演员之一。到了1604年，他已经有财力在莫特湖乡间买一幢别墅，正如莎士比亚在斯特拉福德镇买下了新宅一样。然而，与莎士比亚不同的是，他并没有活到享受半退休生活的那一天。1605年5月，在立下那份遗嘱一个多星期之后，"身虽病弱，头脑和记忆力却依然强健"的菲利普斯就离开了人世，留下一位孀妻和五个孩子。

比莎士比亚小四岁的理查德·白贝芝来自戏剧世家。他的父亲詹姆斯在肖迪奇建造的"剧院"是这片土地上第一个专门建造的永久剧院。从此意义上说，他堪称这个行当之父。詹姆斯有两个儿子，与莎士比亚年纪相当的卡斯伯特继承了他父亲的创业传统。他投资了宫务大臣供奉剧团和他们的剧场，让他的弟弟迪克①留下来做演员。据说悲剧演员白贝芝就像古典神话中的变形之神普罗透斯："他是如此彻底地转变成了自己的角色，一旦脱下自己的衣服，直到这场戏结束之前，他就再也不是（甚至在后台也不是）他自己了。"[7]他是最早扮演理查三世、罗密欧、哈姆莱特、奥瑟罗和李尔王的演员，似乎也是约翰·韦伯斯特描述过的可以作为榜样的演员典范："通过一个完整而意味深长的身体动作，他牢牢抓住了我们的注意力。坐在高朋满座的剧院里，你简直可以看到从四面八方的耳朵里牵出了无数的细线，而位于中心的就是演员。"[8]因此，这位伟大

370

————————

　① 迪克是理查德的昵称。

演员与众不同的神奇能力在于牢牢把握住整座剧院，以想象中的细线牵住每一位观众的耳朵。而这一切就发生在一个嘈杂忙乱的露天日光剧场。白贝芝在 1619 年去世之前一直在演出，人们为他写下了数量众多的悼词以表怀念。有的洋洋洒洒，其中一篇哀叹哈姆莱特、李尔王和奥瑟罗都随他一起离世了。有的简洁有力到了极致："白贝芝退场了。"还有一篇，出自剧作家托马斯·米德尔顿之手，认为他的死就像戏剧世界的日全食——

> 天文学家和星象学家，今年
> 只记载了四次日月食；然而却发生了五次
> 死亡降临于白贝芝——
> 这就像是戏剧界的日全食。[9]

约翰·海明斯比莎士比亚小两岁，也来自西米德兰兹地区的乡间。他在 11 岁时被送到伦敦，在杂货店当学徒。在经过了 9 年的辛劳工作之后，他在快满 21 岁生日的时候成了自由民——具体是如何、何时以及为何，我们不得而知——完成了从杂货店到戏剧界这一不同寻常的转变。学徒期结束之后不久，他就娶了一位有戏剧背景的年轻寡妇——当时年仅 17 岁的丽贝卡·克奈尔。她曾嫁给一位名叫威廉·克奈尔的演员，当 1587 年女王供奉剧团巡回演出至牛津郡泰姆市时，克奈尔在与另一位男演员的打斗中丧生。海明斯和丽贝卡育有 14 个孩子，其中一个长大后成为剧作家，写下了已失传的喜剧《追野兔，或者冒失鬼》（*The Coursing of a Hare; or, the Madcap*），以及流传至今的《犹太人的悲剧》（*Jew's Tragedy*），剧中充满了莎士比亚式的引用和模仿。

同菲利普斯一样，海明斯在 1593 年随斯特兰奇剧团一起巡演，并在 1594 年成为宫务大臣供奉剧团最初的分红者之一。他吸取了在杂货店学到的经验，给师从自己的"男孩子们"提供食宿，以在师傅和学徒之间建立一种法律上的纽带。在将宫务大臣供奉剧团转变成国王剧团的王室认证中，海明斯的名字紧随在莎士比亚、白贝芝和菲利普斯的名字之后。当剧团于 1619 年重新注册的时候，他已经位列名单之首了。在菲利普斯死后，是海明斯为应召演出而筹集资金。王室记录称他是负责在宫中"呈现"国王剧团剧作的人，这表明他应该花了很多时间与宫廷宴乐署联络，承担了各式各样的职责，这些职责如今一般由制片人、舞台经理和剧院经理一起分担。脱离杂货商行业的自由民常常会成为极其成功的商人。海明斯接受过职业培训，足以接管剧团经理一职，并带领他的同伴们度过瘟疫和火灾的艰难岁月。海明斯可能是 1623 年出版莎士比亚第一对开本戏剧集的主要发起人，在 1630 年去世时，他已经是个相当富有的人了。一首描绘环球剧场之火的诗歌将他称为"磕磕巴巴的海明斯"，他很有可能就是那个在舞台上扮演老丑角，并在生活中也成为龙钟老叟的人。

　　因为《第一对开本》序言中的联合署名，约翰·海明斯的名字和亨利·康德尔永远联系在了一起。他们已经联名写进了历史，比博蒙和弗莱彻之间的牵绊还要牢不可破。康德尔是一位较年轻的合伙人。很可能他一开始是宫务大臣供奉剧团的"雇工"，当乔治·布莱恩在 1597 年成为首位与伙伴们分道扬镳的始创股东时，康德尔才升到了股东的地位。在很长一段时间里，康德尔及其妻子与海明斯和丽贝卡夫妇住得很近，都在伦敦城的圣玛丽·阿尔德曼伯里教区，离莎士比亚寄居的头饰制作商芒乔伊家不远。康德尔离世的时候已经是一位绅士了，在城外拥有一幢住宅（位于当时一个叫富勒姆的村庄）。

　　托马斯·波普（Thomas Pope）是另一位最早的股东，因

372　喜剧角色而闻名。他死于 1603 年。人们对他所知甚少，只知道他在宫务大臣供奉剧团成立之前已经当了很多年演员。早在 1586 年，他和乔治·布莱恩、威尔·坎普一样，是丹麦大使亨里克·拉梅尔（Henrik Ramel）的随从，是一队英国"乐手和杂技演员"中的一员。他们陪同拉梅尔一起回到位于埃尔西诺的丹麦宫廷，并在那里表演了几个月。这是一种令人心仪的假设，即波普就是《哈姆莱特》中的演员甲，他到访埃尔西诺的宫廷并在那里表演，就像十多年前他在现实生活中所做的那样。更有可能的是，他向莎士比亚说了一些当地风光，也许是描述了现在仍能在克伦堡城堡（Kronborg Castle）的阳台上看到的火炮平台，该城堡位于现在的赫尔辛格（Helsingor）港口之上。虽然冒着像是电影《莎翁情史》（*Shakespeare in Love*）中场景的风险，但他们之间肯定有过以下对话。莎士比亚："我想要加上几个从前的同窗好友，他们监视哈姆莱特，而且总是两个人成一组——汤姆，你去过埃尔西诺，给他们起几个丹麦名字吧。"波普："嗯，当我和乔治、威尔在那里的时候，我们曾为宫殿的主人乔治·罗森格兰兹演出过，还有丹麦元帅彼得·吉尔登斯吞。"莎士比亚："罗森格兰兹和吉尔登斯吞？真是好名字。太感谢了，汤姆。"

　　波普、布莱恩和坎普在 16 世纪 90 年代早期同斯特兰奇勋爵剧团一起回到了英格兰。威尔·坎普成为宫务大臣供奉剧团的明星之一，他在吉格舞部分担任领舞，唱着押韵的歌曲，跳着下流的舞蹈，同时在主要的剧目中扮演小丑。他的许多吉格舞作品直接或间接地流传了下来。在其中一个故事中，一个小丑（通常是主角）的情妇被一个教堂司事骗走了。他躲在教堂司事挖的坟墓里，突然跳出来夺回了她，仿佛是一个死而复生的鬼魂。莎士比亚有没有可能在《哈姆莱特》的墓地场景中利用过这种喜剧手法，将一个类似的情节转变成了另一种更阴郁的用意？另一部坎普的吉格舞短剧《引吭高歌的辛普金》（*Singing Simpkin*）或许为《温莎的风流娘儿们》提供了一些线索。老守财奴娇美年轻的妻子引诱了一个叫作"咆哮"的大兵，为了不被回家的丈夫发现，大兵躲进了一只箱子，结果发现辛普金已经在箱子里了，他已经抢先一步给老家伙戴了绿帽子。这部吉格舞短剧中出现了"人生的七个时期"和哈姆莱特列举的演员类型的简化版本。在《引吭高歌的辛普金》中，用哈姆莱特的命名方式来说，我们有"吹牛的骑士"、"脾气古怪的人"、小丑和女士，或者用杰奎斯的说法，那就是情人、士兵和老叟。莎士比亚喜剧的结构通常都会涉及这些原型，但他使其进一步复杂和个性化了。因此，在《温莎的风流娘儿们》中，过分嫉妒、"脾气古怪"的丈夫是一个相对年轻的男人——福特，而不是传统的外遇喜剧中老守财奴式的丈夫。上了年纪的角色是福斯塔夫——那个自吹自擂的骑士。

关于福斯塔夫的部分是为波普的还是坎普而创作，这一问题仍然悬而未决，但坎普毫无疑问就是《爱的徒劳》中的考斯塔德，《罗密欧与朱丽叶》中的彼得（奶妈的仆人），《仲夏夜之梦》中的波顿，《威尼斯商人》中的朗斯洛特·高波，《无事生非》中的道博雷。他在1599年离开了剧团，一路载歌载舞去了诺维奇，这给剧团留下了一个难以弥补的空缺。传统的说法是他和莎士比亚在小丑即兴表演的问题上闹翻了，但这种说法没有其他更确凿的证据，只有哈姆莱特曾经对演员们做出的刁难："你们那些丑角念白时，绝不要超过脚本规定的台词。"①10

代替坎普的是罗伯特·阿明，他更多依靠机智的头脑而不

①《哈姆莱特》，辜正坤译，北京：外语教学与研究出版社，2015，第82页。

是肢体来产生喜剧效果。正如许多评论家注意到的，这就是莎士比亚后期的丑角在风格上产生变化的原因。《皆大欢喜》中的试金石（起这个名字也许是因为阿明曾当过金匠学徒）、《第十二夜》中的费斯特、《特洛伊罗斯与克瑞西达》中的忒耳西忒斯、《终成眷属》中的拉瓦契、《冬天的故事》中的奥托吕科斯，以及最重要的李尔王的弄臣傻子，都在不同程度上具有智慧、机智和愤世嫉俗的特点，这显然是写给一位以言语的幽默为特质而不是坎普那样天真无知的丑角。虽然所有这些丑角都喜欢揭露大人物的虚伪，但这并没有妨碍阿明像莎士比亚那样向更高的阶层流动。他自己也获得了盾形纹章和绅士身份。

伟大的戏剧不仅取决于剧本的质量和演出中某一位演员的才华——有充分的证据表明，莎士比亚以及同时代的其他剧作家提供了前一种要素，而白贝芝、坎普、阿明和他们的伙伴组成了后一种——但也取决于演员之间的化学反应。关于他们之间的相互影响，离我们最近的是约翰·韦伯斯特为1604年国王供奉剧团上演的约翰·马斯顿剧本《满腹牢骚》（*The Malcontent*）安排的暖场前戏。在一场绚丽浮夸、虚张声势的表演中，理查德·白贝芝和亨利·康德尔上场了，还有约翰·洛温（John Lowin，是最近才加入剧团的，他后来成为剧团的主要演员之一）和约翰·辛克劳（John Sinklo，一个瘦骨嶙峋的人，莎士比亚为他写了《亨利四世》下篇中执事甲这样的小角色——他也可能是最早扮演安德鲁·艾古契克的演员）。他们为观众暖场、为接下来的主戏做准备，是通过……扮演自己来完成的。

威尔·斯莱拿着一个矮凳进场，后面跟着一个情绪激动的"管头饰的"（化妆师或后台的道具管理员）。斯莱假装是一个大胆的年轻观众，声称他有特权拿着矮凳坐在舞台边上。管头饰的人对此非常不满：这也许是不对外营业的"私人"剧院中的惯例，但在环球剧院这样的行为是不能接受的。"我用性命担保，你就把我当成一个戏子就成，"斯莱说，"不行的，先生。"管头饰的人说，他很清楚眼前这位正是一个演员。然后斯莱解释说，他以前看过这个演出，并且把其中大部分的笑话都记在了本子上，所以，他可以高高站在凳子上，给演员的表演提建议。他要求跟"哈里·康德尔、迪克·白贝芝和威尔·斯莱"谈一谈。然后，辛克洛走了进来，他和斯莱就前一天晚上在一个平民家里吃晚饭的话题开着非常粗鲁的玩笑，其中包括测量这家女主人的"口子"开得多大。随后白贝芝、康德尔和洛温走了进来。

白贝芝和斯莱就后者帽子上的羽毛展开了一些对话，其中直接引用了哈姆莱特和奥斯里克之间关于同一主题的对话，这强烈地暗示着奥斯里克的场景（是后来补充进《哈姆莱特》的）是一个十分欢迎的小插曲，很可能是由白贝芝和斯莱出演的。接着演员们讨论了他们即将演出的这出戏，特别提到它最初是为一个童伶剧团创作的，但现在，它（连同增补部分）却神秘地出现在了自己的剧团剧目中。斯莱从一个侧面表现了演员"出色的记忆力"。他提出下 100 英镑的赌注，尽管没有学习过正式的"记忆术"，但只要在齐普赛街的那些金匠店门前走一趟，他就能记住所有的店标，并当场复述出来。

还有一些关于特洛伊战争的小玩笑，其中特别提到了阿喀琉斯的同性恋倾向。白贝芝不得不下场，为他在主戏中的出场做准备，斯莱用一段即兴开场白结束了暖场，这听起来很像是对《皆大欢喜》收场白（略微淫秽的）戏仿："先生们哪，我拜托你们，为了你们对女人的爱，愿你们都能有软和的垫子；而且，女士们哪，我拜托你们，为了你们对男人的爱，愿你们有更随和的名声。"[11] 经常去看戏的人自然能领会其中的暗示和笑料，即使没有那些演员的加持，也是一出惹人喜爱的小短

375

剧。如果那个真名威尔·斯莱、假扮成观众的演员曾在《驯悍记》的暖场部分扮演戏仿莎士比亚的"观众"角色——克里斯托弗·斯莱——那这部分表演就更有一番趣味了。

甜心威廉的泻药

在白贝芝和伙伴们在《牢骚满腹》的暖场部分扮演自己的前几年，剑桥大学的一些学生演员就曾在舞台上扮演过白贝芝和坎普，当时他们正在演出一部特别编写的圣诞剧《从帕纳萨斯归来》下篇（*The Return from Parnassus Part 2*）。

"白贝芝"和"坎普"让一些学生（同样由学生扮演）试演莎士比亚笔下的理查三世和托马斯·基德《西班牙悲剧》中的希罗尼莫。学生们试演的部分是"现在是我们满腔怨愤的冬天"和"是谁赤身裸体躺在床上呼唤希罗尼莫？"（这是《西班牙悲剧》中最著名的一场，主人公穿着睡衣现身，他在夜里被人叫来，发现自己的儿子遭到谋杀，于是立誓为他复仇。）《从帕纳萨斯归来》一剧中到处是关于年轻学生的笑话，笑他们自以为可以引用《罗密欧与朱丽叶》和《维纳斯与阿都尼》中的句子来追求女孩："我们拥有的只是在剧院里收集来的纯正莎士比亚作品和零碎诗句！"[12]

《从帕纳萨斯归来》的作者和部分演员很可能在《哈姆莱特》在大学上演之前就看过这部戏，但《从帕纳萨斯归来》也清楚表明作者非常熟悉伦敦的戏剧界。有一段特别的演讲极其引人遐思。"白贝芝"建议，通过教学，学生们也许能自己动手写一段剧本。"坎普"回答说——

> 大学里的生花妙笔大多都不灵，他们浸透了奥维德和"变形记"这两位作家的气味，读了满脑子的《普罗塞耳皮娜和朱庇特》）。怎么，我们的老伙计莎士比亚把他们都

比下去了，对了，还有本·琼生。哦，本·琼生真是个讨厌的家伙，他是贺拉斯一手培养的，是一个给诗人喂催吐药的人，而我们的莎士比亚伙伴却给了他一副泻药，使得他名誉扫地。

这是一个拿普通演员取乐的段子——坎普表现出了他的无知，他认为"变形记"是一个作家的名字，而不是奥维德的作品——但它也暗示了所谓的"诗人战争"，它震撼了当时的戏剧界。

"真的，双方真是闹得不可开交，"罗森格兰兹曾对哈姆莱特说，"而国民不以起哄为非，总想挑动他们强争恶斗。有一个时期，编剧的人在剧本里不渲染一下编剧家和演员之间如何唇枪舌剑地干仗，这剧本就卖不出钱。"①13 这场争论始于本·琼生和他的对手剧作家约翰·马斯顿之间一场关于诗歌风格和人物塑造方法的争论，是由童伶剧团在"私人"剧院上演的，但在 1601 年，它又登上了环球剧院的公共（或者说"平民"）舞台，传播甚广，并引起了莎士比亚剧团的注意。罗森格兰兹所说的"双方真是闹得不可开交"，很可能是暗指琼生的剧作《蹩脚诗人》（*Poetaster*）——它于 1601 年春由王家礼拜堂童伶剧团演出——和在接下来的秋天由宫务大臣供奉剧团出演的《乖僻诗人的解脱》（*The Untrussing of The Poet*），此剧在第二年以《讽刺作家的鞭笞》（*Satiromastix*）为标题出版，作者是托马斯·德克尔。

关于莎士比亚是如何被牵涉进德克尔所谓的"这是可怕的诗人战争，是最近发生在贺拉斯二世（琼生）和一伙儿才智贫瘠的蹩脚诗人之间的战争"这一问题，学者们已经花费了大量

377

① 《哈姆莱特》，辜正坤译，北京：外语教学与研究出版社，2015，第 64~65 页。

的笔墨。莎士比亚参与其中的主要证据是《从帕纳索斯归来》下篇中的一段，这部戏剧是 1601~1602 年的圣诞假期期间在圣约翰学院创作的，正是在《讽刺作家的鞭笞》在伦敦上演之后不久。"怎么，我们的老伙计莎士比亚把他们都比下去了，对了，还有本·琼生。哦，本·琼生真是个讨厌的家伙，他是贺拉斯一手培养的，是一个给诗人喂催吐药的人，而我们的莎士比亚伙伴却给了他一副泻药，使得他名誉扫地。"这段话到底是在暗示什么？

在《蹩脚诗人》的高潮部分，罗马诗人贺拉斯（琼生的自我表现）给克里斯皮诺斯（这个角色代表的是马斯顿）喂催吐的"药剂"，克里斯皮诺斯随后吐出了马斯顿那些措辞古怪的诗歌碎片。这句暗示的第一个部分在《从帕纳萨斯归来》中表现得明明白白。但是第二部分呢？《讽刺作家的鞭笞》很明显是对于《蹩脚诗人》的回应。剧中有这样一个场景：克里斯皮诺斯（代表马斯顿）和德米特律斯（代表德克尔）去找贺拉斯（代表琼生），"像你的医生一样，我们要让你排出／你那病态的、危险的思想"。[14] 在他们说服他放弃讽刺风格的努力失败后，在贺拉斯参加一出宫廷假面舞会时——其中包括"风格奇异的服装"，这让人联想起"奥维德《变形记》"中的动物变形——他们让他当众出了丑。对于《从帕纳萨斯归来》第二部分中暗示的内容，有一个显而易见的解释，它说的就是最近上演的这出戏，尤其是里面还提到了奥维德的《变形记》。泻药就是《讽刺作家的鞭笞》对于《蹩脚诗人》中的催吐药的回应。

然而，这部戏的付印版本被归在德克尔名下，那么莎士比亚和《讽刺作家的鞭笞》又有什么关系呢？为什么剑桥的作者把泻药算在他头上？最明显的解释是，在剑桥那出戏上演的时候（1601 年圣诞节）莎士比亚的剧团刚刚演出了《讽刺作家的鞭笞》，但当时此书尚未出版。[15] 戏剧演出做宣传时，通常侧重剧名而不是作者。几个月后，此剧在印刷时才跟德克尔的名字联系起来，因此这位剑桥的作者很可能以为这出戏就是莎士比亚写的，因为他知道莎士比亚是宫务大臣供奉剧团的剧作家。

由于《从帕纳萨斯归来》中的暗示早于《讽刺作家的鞭笞》的出版，所以这位剑桥作家——或者是向他转述内容的熟人——一定在伦敦的舞台上看过这出戏。他会不会是看到了莎士比亚在剧中演出，进一步加强了后者与琼生吃下的泻药之间的联系？如果确实是这样，那么莎士比亚扮演了什么角色？

考虑到当时几乎所有的主要剧作家都在一部或多部参与"诗人战争"的戏剧中被诙谐地影射到了，那么在以亚当·皮刺夏爵爷（Sir Adam Prickshaft）的名字取乐的角色中，德克尔拿莎士比亚开了一个温和的玩笑，这并不是没有可能的。莎士比亚并不反感用他自己的名字开玩笑。将"shake"（摇晃）和象征着生殖器的"speare"一词组合在一起，尤其再加上名字"Will"（意愿），这就有了很多下流的可能性。Shake-speare会不会改头换面成了Prick-shaft？[①]那么"爵爷"也有可能是在取笑莎士比亚获取纹章和绅士地位的野心吗？本·琼生早就取笑过莎士比亚新获得的盾形纹章触目的黄色以及上面傲慢的箴言"不是没有权利"，他在《各人性情不同》中加入了一个叫索格利亚多的角色，此人是一个结交权贵、攀龙附凤的乡下人，后来得到了一枚黄色的纹章，上面的箴言是"不是没有芥末"。至于名字亚当，根据戏剧传统，莎士比亚在《皆大欢喜》中扮演过仆人老亚当（old Adam）。亚当·皮刺夏爵爷是一位糟糕的业余作家，一个愚蠢却颇有野心的绅士诗人。

---

① Speare 和 Prick 两个词都有"阴茎"之意。

假如由这一行当中的顶尖高手威廉·莎士比亚大师来扮演，那真的会是一件非常诙谐有趣的事情。

亚当·皮刺夏爵爷的开场白听起来很熟悉："来，来，来，进去，进去，进去，到新郎那儿去，今天早上尝一杯烧酒，你接下来的一整天都会是晕晕乎乎的。你来得真早，昆体良·肖瑟爵士。"16 这明显是在影射莎士比亚最受欢迎的角色之一的开场白，即《亨利四世》下篇中的乡村法官夏禄："来，来，来，握握手，兄弟；握握手，兄弟。凭十字架发誓，你来得真早！赛伦斯贤弟，近来如何？"①17 此外，剧中还有一个贯穿始终的关于亚当·皮刺夏的笑话："他只剩下了一撮头发，他的王冠被剪掉了一部分——我认为秃顶是一种极好的品质。"18 创作一首赞扬他秃顶的颂歌组成了情节的一部分。不管对于现存的各式莎士比亚肖像画存有多少疑虑，有一个事实是可以肯定的：他的头顶是秃的。如果这个角色与莎士比亚毫无关系的话，那么他的名字、对《亨利四世》的直接暗示，以及亚当·皮刺夏爵爷是个秃顶诗人的事实，就将构成一个非同寻常的巧合。皮刺夏是羞辱了贺拉斯/琼生的诗人之一，所以如果莎士比亚扮演了这个角色，并且剑桥的作者目睹了这一场面，那么他笔下"我们的莎士比亚伙伴却给了他一副泻药"可能就是在暗指演员兼作家莎士比亚，甚至仅仅指演员莎士比亚。

对亚当·皮刺夏爵爷的刻画可能确实温和地嘲弄了莎士比亚，不管他是否真的扮演过这个角色。他可能还在《讽刺作家的鞭笞》中扮演了另一个角色，并且鉴于我们对作为演员的莎士比亚的了解，他更有可能出演的正是这一角色。1610 年赫里福德的约翰·戴维斯爵士写过一首讽刺短诗，其中提到一位

379

---

① 《亨利四世（下）》，张顺赵译，北京：外语教学与研究出版社，2015，第 63 页。

以扮演国王的角色而闻名的剧作家。一个由来已久的戏剧界传说认为，老国王哈姆莱特的鬼魂曾是莎士比亚最精彩的表演。如果莎士比亚曾经在颇受欢迎的喜剧《磨坊女儿》(*Fair Em*)中扮演过征服者威廉（这个可能性很大），那么这则关于公民妻子的粗俗轶事"征服者威廉"就有了额外一层含义。将这些联想与一个事实联系起来，即德克尔将诗人的行为从《蹩脚诗人》中的古罗马时代转移到了诺曼时期的英格兰，那么当宫务大臣供奉剧团上演《讽刺作家的鞭笞》时，安排威廉·莎士比亚出演威廉·鲁弗斯国王（征服者威廉的儿子）这个相对次要的角色，就是非常有可能的了。在主人威廉国王的庇护之下展开小剧作家之间的竞争，这堪称德克尔对莎士比亚至高无上的赞美。在故事的高潮部分，国王被冠以"我高贵甜美的威廉"[19]这样的称呼，这给了我们一个强烈的暗示。莎士比亚正是以诗歌的甜美而著称。剑桥大学教授威廉·科维尔（William Covell）曾在 1595 年的一则笔记中写道："《鲁克丽丝》中莎士比亚的甜美，《阿都尼》中莎士比亚的浪荡，都是值得称道的。"1598 年，弗朗西斯·梅尔斯提到莎士比亚的十四行诗加了糖（因此很甜），而理查德·巴恩菲尔德（Richard Barnfield）的静脉里则淌着蜜。约翰·威弗（John Weever）在 1599 年称他为"甜言蜜语的"莎士比亚。在《从帕纳萨斯归来》上篇，一个叫古利奥的学生引用了《维纳斯与阿都尼》中的一节，另一个叫英吉约索的学生回以"甜蜜的莎士比亚先生"。在下篇中，一位名叫朱迪西奥的人讲述了莎士比亚"更甜美的诗中如何包含着让人心动的句子"。[20] 在《从帕纳索斯归来》中，对莎士比亚使用泻药的暗示必定是基于现场观看演出，而不是阅读出版的剧本。如果此剧的作者去过环球剧院，看到莎士比亚扮演的威廉国王主持了给琼生施泻药的过程，那么他在舞台上以白贝芝和坎普的口吻说出"我们的莎士比亚"，

380

就能说得通了。

莎士比亚参与了这场演出，这或许能够解释琼生何以在《讽刺作家的鞭笞》问世之后又给《蹩脚诗人》增加了几行"致歉对白"。琼生说，因为他讽刺过这些演员，所以他不介意他们通过讽刺他来多赚点票房。但有一点让他很失望——

> 他们之中只有一人，让我觉得伤感
>
> 他天性高洁，却被其他人带着
>
> 加入了那些无耻之人的行列 21

"其他人"一定是马斯顿和德克尔，那么，谁是那个"天性高洁"却被他们卷入了这场争端的人？有可能是白贝芝和他

罗伯特·阿明：试金石、费斯特、拉瓦契以及李尔王的弄臣傻子的扮演者

的伙伴们，但更明显的是指莎士比亚，琼生后来称赞过他诚实、"开放和自由的天性"。我猜想，甜蜜的威廉不是通过写作给琼生下了泻药，而是通过出演德克尔的戏剧。[22] 批评家们没能看到这一点——这导致他们像《特洛伊罗斯》中的埃阿斯和《第十二夜》中的马伏里奥那样被其他事情转移了注意力——因为人们忘记了在伊丽莎白时代，莎士比亚依然活跃在舞台上。他并不是一味孤独地坐在格子间里写作，而是"伦敦戏剧界"中的一员。

381

22. 愚学家

打开西勒诺斯的盒子

在莎士比亚全集索引中，"哲学家"一词只出现过10次。

在《威尼斯商人》中，有一位郁郁寡欢的人追求过鲍西娅，他被人们比作"哭泣的哲学家"[1]赫拉克利特，后者曾为人们忙于积累财富而忽略了好好抚养自己的孩子而哭泣。哲学家是剖析人类愚蠢和虚伪之处的人。《皆大欢喜》中的杰奎斯就很符合这一描述。

但是《皆大欢喜》表现的是忧郁的人与愚人之间的对立。不同于杰奎斯的哭泣，愚人是通过笑声来剖析愚蠢的。吊诡的是，也许只有愚蠢的人才拥有真正的智慧。"哲学家"这个词在《皆大欢喜》中出现了两次。试金石称柯林为"天才哲学家"（natural philosopher），这是他听到柯林切合实际的智慧之言后做出的回应（"雨水淋了会湿，火烧了会烫"[2]——这是一种非常有哲理的说法）。在这里，"natural"这个词有双重含义：在试金石看来，这个词的意思是"愚蠢"（村里的白痴就被人形容为"natural"），但对于观众来说，它也表明柯林所说的是自然的真理——这与宫廷恰成对照。李尔需要学习的正是自然的真相，而不是宫廷的奉承。《李尔王》一剧的结构发展与《皆大欢喜》有惊人的相似。李尔王带着他自己的试金石——傻子去了乡下，但他也接触到了下层社会的朴素智慧和美德，比如格洛斯特的佃农老人。

《皆大欢喜》中第二处提到"哲学家"是在"没开化的哲学家"一语中。它紧随"傻子自以为聪明，聪明人知道自己傻"[3]之后。这是苏格拉底最广为人知的名言。在16世纪，这已经是一句人所共知的谚语；伊拉斯谟在传播甚广的《箴言集》中也引用了这句话。其中最长的一段箴言讲的是"亚西比德的西勒诺斯"（Sileni of Alcibiades）[4]。西勒诺斯是一种外表丑陋的盒子，但打开之后就会露出藏在里面的神。伊拉斯谟说，苏格拉底就像一个西勒诺斯的盒子，长着蠢笨的鼻子和乡下人的脸。从表面上看，他是一个语言简单、不讲究外表、木头木脑的乡巴佬，但他的内心却蕴藏着深刻的智慧，他最明智的洞见就是他其实一无所知。基督也曾被视作西勒诺斯式的人物，因为他卑微的外表、他的贫穷、他为权贵所拒绝、他生活在旷野。根据伊拉斯谟，事物真正的本质是隐藏最深刻的，不容易为人所知，当然也不容易被那些拥有财富和地位的人发现——这些都只是外在的东西。苏格拉底的诡论性智慧、基督的博爱精神——他建议把另一边的脸转过去，而不是以表面上合理的以眼还眼来报复——都是意料之中的价值观念的倒置。伊拉斯谟对此的形容是"praeposterum"（倒转），这是一种逆转的修辞手法。这句箴言的英译恰如其分地使用了"topsy-turvy"（颠倒错乱）这个词。李尔王在他最疯癫也是神智最清醒的时候说过："什么，你发疯啦？人没有眼睛是看得见世间百态的。用你的耳朵看哪：看那法官痛骂那可怜的小偷。听好，耳朵凑过来：换个位置，猜猜看，哪个是法官，哪个是小偷？"[①][5]

视觉只能给你一个肤浅的表象：法官的长袍和小偷的褴褛衣衫表明了分配给他们的角色。但是闭上你的眼睛倾听，法官的痛骂之声是对爱与宽恕法则的冒犯，并不下于任何偷窃行为。长袍和毛皮外衣掩盖了一切。《李尔王的悲剧》讲的正是外表和衣着的欺骗性，它并不尊重那些掌握权力的人。李尔王脱下他的华服时，也打开了西勒诺斯的智慧之盒。

---

① 《李尔王》，彭静禧译，北京：外语教学与研究出版社，2015，第104页。

　　试金石关于聪明和愚蠢的格言表明，莎士比亚的戏剧对传统理性哲学的主张持怀疑态度，反而对"聪明的愚蠢"这样的悖论更感兴趣。当他在喜剧中第四次使用"哲学家"一词时，这种怀疑态度表现得十分明显。在《无事生非》中，里奥那托因为克劳狄奥指责他的女儿不忠而心急如焚，这既玷污了女儿希罗的名誉，也抹黑了他们家族的名声。他拒绝听从兄弟的"忠告"：一时的情绪压倒了理性的建议。人们总是劝告那些沉浸在悲伤之中的人"忍耐"，但当他们自身遭受痛苦时，却往往难以忍耐。里奥那托说——

> 我只是血肉之躯。
> 那些哲人挥舞如椽之笔，
> 对人世的苦难轻蔑、嘲讽，
> 恍若神明。可一旦牙疼起来，
> 还不是疼得要顿足捶胸。①6

　　这里的讽刺是明确针对斯多葛学派的，这种哲学宣扬在面对逆境时应该"忍耐"，并建议我们应该希求成为能够超越苦难的神，尽量不受命运的影响。考验斯多葛学派的极限是罗马戏剧的主旨之一。

　　莎士比亚曾 10 次使用"哲学家"一词，其中有 4 次是在喜剧中，而没有一次出现在历史剧中。另外 6 次则出现在两部非常接近的悲剧中。这两部悲剧都遵循着类似的模式，一个人从很高的地位跌落下来，从城市或宫廷流落到了几乎连灌木都没有的密林或暴风雨中。主人公满怀对其同类的愤懑，生活在这个"与世隔绝"的空间之中。

---

　　① 《无事生非》，解村译，北京：外语教学与研究出版社，2015，第 78 页。

两部悲剧之一是《雅典的泰门》。杰奎斯可能自认为是一个哲学家，但这部戏剧中出现了莎士比亚笔下唯一的职业哲学家：艾帕曼特斯。他是杰奎斯所信奉的犬儒主义哲学的极端体现。犬儒主义者把斯多葛学派反对世俗的倾向发挥到了极致。俗话说，犬儒主义者就是没穿希腊短袍的斯多葛主义者。其中的典范就是第欧根尼，他拒绝"文明"，回归"自然"生活，四处流浪，口无遮拦。艾帕曼特斯是莎士比亚笔下的"哲学家"。然而，对艾帕曼特斯和杰奎斯来说，犬儒主义只不过是一种姿态、一种表演——他们实际上都很享受交际和美食。真正的犬儒主义者其实是泰门自己。在第二幕中，傻瓜和艾帕曼特斯一起出场时曾说道："亲哥蜜姐追不得，妇人女流随不得，哲人有时候倒是可追可随的。"①[7] 就像在莎士比亚剧中多次出现的那样，主人公将傻瓜的话又进行了更深层次的发挥。泰门追随的就是哲人的道路，他没有去追求情人，而是变成了另一个第欧根尼，拒绝一切世俗享乐，死在海边的洞穴里。

对于《李尔王》本身，情况也是如此。"哲学家"这个词在剧中一共出现了 3 次，都是在茅舍一幕中。"先让我跟这位哲学家谈一谈。/ 为什么会打雷？""尊贵的哲学家，请您来陪我。""我要跟我的哲学家在一块儿。"我们还应该加上这一段中的另一句"我要跟这位有学问的底比斯人说句话"。[8] 因为哲学起源于古希腊，所以"底比斯人"就是"哲学家"的同义词。这里甚至可能是在特指一位来自底比斯的第欧根尼式哲学家——犬儒主义者克拉底。[9]

385

---

① 《雅典的泰门》，孟凡君译，北京：外语教学与研究出版社，2015，第 37 页。

那么，李尔的哲学家又是谁呢？那就是可怜的卑德阑汤姆。为什么李尔将一个显而易见的疯子称为他的哲学家？剧中还有哪些其他类型的"哲学家"？汤姆所替代的又是什么人？

格洛斯特将这一切归咎于星象："最近的日食月食不是好兆头。"[10] 爱德蒙反驳道："人这色魔真是会推诿，把自己淫荡的本性怪在星星头上！"[①][11] 他认为，通常被认为由"自然秩序"造成的事物，实际上是"习俗"使然——对他来说，长子继承制和加在"私生子"之上的污名就属于这一类。这里所阐述的立场与蒙田篇幅最长的文章《雷蒙·塞邦赞》（"An Apology of Raymond Sebond"）的结论部分相似：一个国家所憎恶或禁止的风俗，必定会受到另一个国家的赞扬或实践。然而，如果除了习俗别无所有，没有神授的等级制度，那么价值体系又将从何而来？爱德蒙把"自然"作为生存和自我追求的原则。在这一点上，他被视为一种典型的霍布斯主义哲学家，信奉一种原始竞争的学说，而蒙田则主张基督教的爱和谦卑。[12] 而这也许就是爱德蒙在戏的末尾表现出来的趋向，他试图做些好事，并发现自己原来是受人爱戴的。

386

与此同时，格洛斯特的哲学取向转向了斯多葛学派，即寻找死亡的恰当时机。自杀不成之后，他说道："今后我要忍受 / 痛苦，直到它自己喊 / '够了，够了'，才死。"[②][13] 但他无法维持这种立场。在第五幕第二场，当李尔和蔻迪莉娅战败的时候，格洛斯特又"了断了生趣"，想要寻死。爱德加则以斯多葛式的忠告回应道："人必须忍受 / 离开世间，一如忍受来到世

---

① 《李尔王》，彭静禧译，北京：外语教学与研究出版社，2015，第 24、25 页。

② 同上书，第 101 页。

间：/ 要等时机成熟。"①14 但是这个等待时机成熟的想法行不通：爱德加向格洛斯特表明身份的时机不对，反而加速了他父亲的死亡。

因此，本剧的模式就是斯多葛式的安慰并没有奏效。在第四幕中，爱德加反思了自己的处境，鼓舞自己说最坏的情况不过如此，可是接下来他双目已盲的父亲出现，他立刻感到困惑起来——事情比以前更糟了。如果说爱德加的例子揭示了斯多葛式安慰的不足之处，那么奥尔巴尼的例子则表明了对于上天正义的信仰也并不尽善尽美。他的信条是好人会尝到"美德的酬劳"，而坏人应该饮下"应得的毒杯"。15 这个计划对坏人有效，但不适宜于好人。在最后一场，奥尔巴尼试图精心安排一切，以从混乱中恢复秩序，但伴随他的每一个决定而来的，都是新的灾难。他欢迎恢复了身份的爱德加，接着就听到了格洛斯特的死讯，然后是两位王后的死讯；接着垂死的肯特上场；当听到蔻迪莉娅将被处以绞刑的消息时，奥尔巴尼说："求神明保佑她！"16 但是当李尔王抱着她进来时，她已经被吊死了——诸神并没有保佑她。接下来奥尔巴尼试图把权力交还给李尔——李尔随即死去。然后他试图说服肯特和爱德加分裂王国，但肯特立刻离开赴死。这出戏最后部分的演说 17 暗示了一个最终的教训：斯多葛式安慰是没有用的，说出我们的感受强过那些"于理当说之言"。

所以斯多葛派哲学失败了。作为哲学家的苦汤姆还有另一个方面的作用：提供了另一种可供选择的极端立场。这与《雅典的泰门》中的观点十分相似，即最真实的哲学家也最愤世嫉俗。泰门和汤姆——名字上的相似有什么用意吗？——把拒绝世俗物品、财产甚至衣服的哲学思想发挥到了极致。他们是犬

---

① 《李尔王》，彭静禧译，北京：外语教学与研究出版社，2015，第 117 页。

儒主义者，是不穿希腊短袍的斯多葛派。

借助约翰·弗洛里奥翻译的蒙田《雷蒙·塞邦赞》，莎士比亚得以了解到第欧根尼最著名的箴言——

> 的确，当我想象一个全裸的人（是的，是男性，这个性别似乎拥有并质疑着最令人赏心悦目的美），看到他的缺陷、他的天生的屈从和各种各样的不完美之处；我发现我们有比其他任何生物更多的理由来隐藏和掩盖我们的裸体。借用那些大自然更加厚爱的生物，用它们的美丽来装饰我们，用它们的羊毛、毛发、羽毛和丝绸来包裹我们，这应该是可以谅解的。[18]

比较一下李尔王的说法："难道人就只是这样吗？善待他吧。蚕，你不欠他丝；兽，不欠他皮；羊，不欠他毛；麝，不欠他香。啊？这里有我们三个是过于复杂的。你是事物的本相：没穿衣服的人不过是可怜赤裸的两脚动物。"[①][19]蒙田认为，说人类"天然地"比动物优越，是神选出的最高造物，这样的假设是傲慢且不合逻辑的。因为在赤身裸体的自然状态下，我们的身体与动物相比有缺陷、弱点和"各种各样的不完美之处"，而动物则有羊毛、毛发或羽毛装点，而我们从动物那里借来这些给自己穿戴。李尔王看到"苦汤姆"一如初到这世间一般赤身裸体，没有蚕丝、兽皮或羊毛（更不用说麝香），于是也撕脱掉自己的衣服，以回到自然状态。

蒙田随笔的影响是该剧批判斯多葛主义的关键。"人是什么样子的？"蒙田曾这样问道。

---

① 《李尔王》，彭静禧译，北京：外语教学与研究出版社，2015，第77页。

让我们这时想一想孤独的人，没有外援，赤手空拳，得不到上帝的圣恩和眷顾，因而也没有形成他本身的尊严、力量和基础。让我们看一看他这副模样能够存在多久。……这个可怜脆弱的创造物，连自己都不能掌握，受万物的侵犯朝不保夕，却把自己说成是他既没有能力认识、更没有能力统率其一小部分的宇宙的主宰，还有比这个更可笑的狂想吗？①20

李尔的错误在于他试图控制他并不了解的东西。在暴风雨中，气候是"天穹壮观地移动"，它不受人控制，也不为人着想。蒙田的文章针对的是那些认为理性是我们的最高能力并标志着人类主体力量的人："傲慢是我们天生的弱点。在所有的生物中，人类是最悲惨、最脆弱的，因此也是最骄傲、最轻蔑的……我跟我的猫儿嬉闹的时候，谁知道是不是她在玩弄我，而不是我在戏耍她呢？"人是上帝创造的唯一"在光秃秃的大地上赤身露体"的生物，"除了从别人那里掠夺的战利品之外，没有别的东西可以遮盖和武装自己"——其他动物有外壳、毛发、皮毛或羽毛。此外，"繁衍是最主要的自然活动，我们拥有一种特殊的构造，最适宜于那样的用途"21——然而，我们是唯一会对裸露的生殖器感到厌恶的动物。李尔王在他臭名昭著的、关于硫黄坑的长篇大论中表达了蒙田引用过的厌恶之情。即使这样，李尔王的话也可能并不是出于莎士比亚本人对女性的厌恶。它们属于一种具有历史意义的哲学传统，或者更恰当地说是反哲学的传统。

---

① 《蒙田随笔全集》第二卷，马振聘译，上海：上海书店出版社，2009，第107页。

蒙田的作品是以经验为名义对于抽象智慧做出的永恒批判。正如《无事生非》中关于哲学家和牙痛的那一段表明的那样，在莎士比亚的职业生涯中，他一直在进行类似的批评。在面临行动的时候，他总是觉得理论上有所欠缺。他更感兴趣的是人们的表现，而不是他们的言论。毕竟，他自己就是个表演者。在创作《李尔王》之前，他阅读过由弗洛里奥翻译的蒙田作品，这为他长期以来的实践提供了更为明晰的哲学基础。

蒙田曾经说过："我知道什么？""我知道经验。"他在最后一篇随笔中这样自我回应。在《雷蒙·塞邦赞》的结尾，他建议我们能做的全部就是依靠神的恩典，依靠上帝："没有他的帮助，我们所做的任何尝试，没有他的恩典之光，我们所看到的任何事情，都是空虚而愚蠢的。"[22] 这是又一次明确指向斯多葛主义的抨击。拯救我们的是"我们的基督教信仰"，而不是"斯多葛式的禁欲美德"。雷蒙·塞邦认为人可以从创造自然的秩序和理性中推断上帝。蒙田标题中的"辩"[①]一词具有讽刺意味。这篇随笔彻底驳斥了塞邦的自然神论，指明人所需要的其实是盲目而非理性的信仰。

《李尔王》也得出了类似的结论，但不是像蒙田那样通过思考，而是通过付诸行动——通过表演来实现的。它从对深层次原因进行理论和哲学方面的探究，转向更具实际性地信仰人类行为的表面真理，并且信任从直接经验中获取的智慧。

奥尔巴尼说（在原本的四开本中，他的形象比在修订过的对开本中更加丰满）——

---

① 英译文标题中用的是 apology 一词。

即使见不到上天的复仇天使

速速下界惩罚这种暴行，报应终究会来；

人类自己必定会互相吞食，

就像深海的怪物。[23]

格洛斯特被弄瞎以及康沃尔被杀的消息一出，奥尔巴尼立即遭到了嘲笑。他把杀死康沃尔的仆人视为神圣审判的代理人，但他无法理解为何格洛斯特会被弄瞎。然而，爱德加在最后一场中，试图以一种非常残忍的"以眼还眼"的审判方式理解此事："他在黑暗堕落之处生下了你 / 因而赔上了他的眼睛。"[①][24] 但是这种神圣审判的观念当然不能解释蔻迪莉娅的死。我们应该回忆一下莎士比亚对于取材来源——作者不详的旧剧《雷尔王》（*King Leir*）——做出的两大改动：去掉了大团圆式结局，即蔻迪莉娅被肆意杀害，以及整个故事的背景从基督教世界移到了异教世界。上面引用的奥尔巴尼台词与《雷尔王》中的非常相似——

公正的耶和华，全能的主

这广袤大地上一切事物的主宰

尔怎能忍受如此无耻的行径

得不到公正的报复？[25]

390

当剧中的肯特和雷尔王即将被贡妮芮和丽根派来的杀手杀害时，他表达了以上这些情绪。但是，随即有一种和蔼的神意出手干预：雷声响起，凶手战栗着扔掉了手里的尖刀。在《雷尔王》的末尾，正义还是来临了。贡妮芮和丽根被打败，雷尔

---

① 《李尔王》，彭静禧译，北京：外语教学与研究出版社，2015，第125页。

和蔻迪莉娅也重回王位。

去掉其中基督教的价值观和结构：那么你还拥有什么？你把人类当成了互相掠夺的怪物。你没有价值结构或可靠的知识。这里表达的东西跟《雷蒙·塞邦赞》很像，但没有基督教式结尾。不过在它成为莎士比亚"智慧的愚行"中的一个部分之后，一种神性就被偷偷带到了李尔王的原始自然世界。

愚人颂

莎士比亚为旧剧《雷尔王》增加的关键人物是傻子和苦汤姆。他们使我们得以从《雷蒙·塞邦赞》转向另一部"反文艺复兴"[26]式作品。苏格拉底说最聪明的人也就是知道自己一无所知的人，伊拉斯谟不仅在《箴言集》中引用了这句话，而且在《愚人颂》中也引用了这句话。

伊拉斯谟笔下的愚人信奉的第一个观点是，只有她才能带来快乐。证据是当她走上前来说话时，你的脸会亮起来；你以前一直很沮丧，但她一上台你就振作起来。这不就是发生在剧中傻子身上的事吗？李尔王的傻子一出场，你就感觉愉快不是吗？演说家试图通过精心准备的演讲来消除听众心中的烦恼和悲伤。但愚蠢一现身，就能瞬间实现这一点。傻子的只言片语比格洛斯特和爱德加斯多葛式的理性化更能说明李尔的困境。

这就是宫廷傻瓜的魅力所在。他很有趣，并且在聪明的修辞学家颠倒事实的时候，只有他说了真话。只有傻瓜才能够说出真相而不至于引起不快。对于傻子来说，心里所思所想总是会直接地在脸上表现出来："对我来说（你一定想想看）没有什么装模作样的余地，因为我不能说一件事，想的却是另一件事；我在各个方面都一直忠于我自己。"[27]伪装自己的人总是会在不知不觉中暴露自己的真实身份。该剧的开场就邀请我们将说话直白的人与那些说一套想一套的人进行对比：蔻迪莉娅、肯特与贡妮芮、丽根对比。宫廷中的悲剧在于你只能通过说假话来获得更高的地位。讲话坦率的肯特被迫乔装成仆人凯幽斯。

生物学是对理性化哲学的冒犯。每个人，包括斯多葛派的哲学家，如果想有后代，都不得不做同样的有辱斯文之事。生命本身并不是来自身体的体面部分，而是来自如此愚蠢的部分，只有伴随着窃笑才能提起。伊拉斯谟在《愚人颂》中就是这么说的，这与李尔王说的"让通奸兴旺吧"有着相同的（反）智性传统。愚人还指出，我们喜欢的婴儿也是缺乏智慧的。变老就是一种返老还童。在荒野和重聚那一场中，李尔王失去了把握现实的能力，但也是他最为快乐的时刻。

斯多葛派哲学家试图被理性而非激情支配。但伊拉斯谟认为，要想成为智者，就必须压抑自己的情感，这样的观念是不人道的。最重要的是去"感觉"[28]——如同格洛斯特被迫学会的那样，不是理性地看待世界，而是"有感觉地"看待世界。《愚人颂》指出，友谊是人类最高的价值观之一，而它正是取决于情感。那些对李尔伸出友谊之手的人（傻子、扮成凯幽斯的肯特、先是扮成苦汤姆后来又扮成农民的爱德加）和对格洛斯特表示出善意的人（仆人、老人）既不是智者，也不是富人。

我们是由激情和身体支配的。我们在生活中扮演了一系列不同的角色，而这些角色都是我们无法控制的。在《愚人颂》看来，"凡人的一生，不就只是某种戏剧吗？"[29]历史意识和政治姿态都轻薄如气息；它们只不过是短暂而又时常可笑的表演，即人类生活的一个部分。"我们出生时会哭，因为来到 / 这傻瓜的大舞台。"[①][30]"这些愚蠢的凡人做了这些个蠢事，众神只不过是拿他们当消遣罢了。"[31]在世界这个大剧院里，众神是观

392

---

① 《李尔王》，彭静禧译，北京：外语教学与研究出版社，2015，第105页。

众，而我们是舞台上的傻子。按照愚人的观点，我们看到国王和其他人没有什么不同。君主的装饰不过是一套戏服：这是愚人和李尔王两人共同的发现。

愚人告诉我们疯狂有两种类型。一种渴望金钱、欲望和权力。这是丽根、康沃尔、爱德蒙及其同伴们的疯狂。而他们的疯狂正是李尔和泰门拒斥的。第二种疯狂是可取的，是一种愚蠢的状态，在这种状态中，"某种令人愉快的胡言乱语或思想上的错误，会把它所支配的人从一切惯常的小心谨慎中解脱出来，并使他以多种方式重新得到愉快的享受"[32]。这种"思想上的错误"是愚蠢之神赐予的特殊礼物。因此，当李尔王的神智无拘无束时，他在疯狂中跑来跑去，像一个在乡下度假的孩子，那时他是快乐的。"瞧，瞧，一只老鼠！安静，安静，用这片烤过的奶酪就行了。"[①][33]这让我们脸上露出了笑容，尤其是因为那里其实并没有老鼠。在对开本中，李尔王在生命的最后时刻再次要求"看，看"。蔻迪莉娅已经死了，但他欺骗自己相信她还活着——羽毛在动，她的呼吸在镜子上留下了雾气。他最后的话说的就是错觉她的嘴唇在动——"看她，看，她的嘴唇，/看那里，看那里！"[34]她的嘴唇没有动，就像那里其实没有老鼠一样，但是最好不要让李尔王知道这一点。哲学家说被欺骗是悲惨的。愚人则回答说，"不被欺骗"是最可悲的[35]，因为没有什么比"人的幸福在于事物的本来面目"这一观念更远离真理了。

我们现在已经远离了对传统智慧的追求，远离了波洛尼厄斯老丑角式的陈词滥调："理如昼夜相交替：/对自己，勿自

---

① 《李尔王》，彭静禧译，北京：外语教学与研究出版社，2015，第102页。

欺 / 不自欺者人不欺。"①36 欺骗可能是一件好事，这出更加黑暗、更加矛盾的戏剧如是说。正如聪明的傻子所说，"我想学撒谎"。37 在这出戏的开场，出自贡妮芮、丽根和爱德蒙之口的谎言是毁灭性的，但蔻迪莉娅——傻子的替身——必须学会撒谎。一开始，她只会说实话（也因此遭到了驱逐），但是后来当李尔王说她有理由虐待他的时候，她撒了个漂亮而慷慨的谎："没有理由，没有理由。"38

393

伊拉斯谟《愚人颂》的结尾部分对基督教的"疯狂"进行了严肃的赞美。基督说救恩的奥秘对于智慧之人隐而不显，是专赐给愚人的。他喜欢跟平民百姓在一起，身边的人不是有钱有势的人，而是打鱼的人和地位低下的妇女。他本可以骑上狮子，却选择骑驴。他的语言中充满了纯朴、自然的东西——百合花、芥子、麻雀。我们可以比较一下第四幕中李尔的语言，他提到了鹪鹩、狗和水罐。基督教最根本的愚蠢之处在于它要求人丢掉自己的财产。李尔王在第一幕中假装这样做，但实际上他想要保留"权力、尊贵，以及国王应有的荣耀风光"②39。只有在失去骑士、服饰和理智之后，他才找到了幸福。

但他也变得善良了。这一点是通过细节提示给我们的。在第一幕中，他依然喜欢发号施令。即使在暴风雨中，他仍不断提出要求："过来，解开这个扣子。"40 然而，到了最后，他学会了说"请"和"谢谢"："劳驾您解开这颗扣子，谢谢您，先生。"41 他开始学习真正的礼貌不是在宫廷，而是通过他表现出了对于苦汤姆的爱，后者是一个不合时宜的形象，是他自己的形象："你把一切都给了女儿？你竟落到这种地步？"42 真正

---

① 《哈姆莱特》，辜正坤译，北京：外语教学与研究出版社，2015，第32~33页。

② 《李尔王》，彭静禧译，北京：外语教学与研究出版社，2015，第14页。

的智慧并不是来自格洛斯特和爱德加斯多葛式的安慰，也不是来自奥尔巴尼对神圣天意的不幸信仰，而是来自那些跟愚蠢和爱情有关的时刻，就像下面的对话——

> **爱德加**　保佑你五智不亏！①
> **肯特**　天可怜见！陛下，您常夸口
> 要保守的耐性，如今哪儿去啦？ 43

耐性是斯多葛派引以为豪的。它可以说是类似百位骑士那样的家臣。想要获得真正的智慧，你就必须学会放手。你须得让五智和理性消失，必须保留的是怜悯和祝福。这两者也是394 《李尔王》的核心。怜悯是指某些特定行为的表现，比如对陌生人表示善意。从哲学家 J. L. 奥斯汀（J. L. Austin）的意义上说，祝福就是一种表演，表演是一种话语，它通过被讲述或说话人做出某一特定行为的方式来影响一种行为。通常情况下的祝福往往伴随着一个小而有力的动作，这种动作在莎士比亚那个时代光秃秃的舞台上具有至关重要的地位。

尽管蒙田和莎士比亚的语言都很有创造性，但他们也对人类先于语言的一面深感兴趣。在《雷蒙·塞邦赞》中，蒙田注意到动物也能够表达情感。狗会以一种方式吠叫，马听了就知道它在生气，但马会以另一种方式嘶鸣，很明显地表现出它丝毫没有为此感到不安。事实上，我们不需要受过教育就能以语言来表达我们的情感并与他人交流，甚至眉毛和肩膀也能讲出一种富有表现力的语言。至于双手——

---

① 五智指五种精神官能，即一般常识、想象力、幻想力、计算力、记忆力。

> 我们能用双手做些什么？难道我们不是用双手控诉、
> 恳求、许诺、履行、呼召、解雇、告别、离开、威胁、祈
> 祷、恳求、否定、拒绝、要求、赞美、数数、坦白、忏
> 悔、恐惧、羞愧、怀疑、指示、命令、煽动、鼓励、发
> 誓、作证、控告、谴责、赦免、伤害、轻视、蔑视、鄙
> 视、奉承、鼓掌、祝福、谦虚、嘲笑、和解、推荐、提
> 升、高兴、抱怨、悲伤、不适、绝望、呼喊、禁止、宣示
> 沉默和惊讶？ [44]

蒙田所列出的情感、行为和欲望都是可以用双手来表现的，这就像李尔王在他的戏剧中经历的一连串冗长故事。演员，用他的手势和身体其他部分的姿势，能够在最本真的意义上表演出整个人类的全部。

从命令到疑问再到恳求，是莎士比亚为旧剧《雷尔王》中的国王角色赋予的最引人注目的新发展。在《李尔王》中，旧剧中标志性的基督教外部装饰已被掏空，取而代之的是一种过程性的、表演性的、对于存在本身的探讨。但尽管有异教徒的背景，伊拉斯谟和蒙田的——也就是说，反文艺复兴的——基督教的愿景，仍然存在：那就是愚蠢和爱。

傻子和汤姆教我们把"哲学"，即"爱智慧"这个理念拆开。"哲学"一词来源于希腊语 philos，即"爱"，以及 sophos，也就是"智慧"。《李尔王》中的自然史以爱的名义拒绝了智慧的法则。伊拉斯谟伟大的讽刺之颂歌用一个简洁的词形容了那些追求智慧的人之愚蠢。但是在《愚人颂》的最后，当人们发现真正的智慧确实荒谬地存在于愚蠢之中时，这个词就有不再具有嘲笑的意味了。这是伊拉斯谟在他的拉丁文本中插入的一个新造的希腊语词，这个词同时也向他的朋友托马斯·莫尔爵士表示了敬意："Morosophos" [45]。"Moros"在

希腊语中不仅代表莫尔的名字，也有"愚蠢"之意。这个复合词用来形容创作《李尔王》的莎士比亚也许再贴切不过了。在写这出戏时，他不是历史学家，也不是哲学家。他是一位愚学家。

第七个时期

遗忘

终结着这段古怪的多事的历史的最后一场，
是孩提时代的再现，全然的遗忘，
没有牙齿，没有眼睛，没有口味，没有一切。

"死者的财富"（Mortui divitiae）：来自杰弗里·惠特尼（Geffrey Whitney）的著作《选择的象征》，富人和穷人能带入坟墓的唯一财产都是"一条裹尸布"。或者，正如哈姆莱特所说，凯撒、亚历山大大帝和小丑约里克都同样归于尘土

23. 有备无患

你有可能终其一生都不会成为学童、情人、士兵、法官，或者（如果你英年早逝的话）老叟。只有第一个和最后一个时期是不可避免的。杰奎斯的最后几场戏将极度衰老与死亡无缝衔接了起来。你永远不知道会在什么时候，精瘦的、趿着拖鞋的老叟舒适的退休生活将让位给"孩童时代的再现"——极度衰老的时期。正如福斯塔夫提醒我们的那样，老人光秃秃的脑袋和圆圆的肚子让他从头到脚看起来又像是个婴儿了——尤其是当他开始流口水，说话口齿不清、语无伦次的时候。老年人失去了牙齿，发现自己只能像婴儿一样用牙床来咀嚼。"孩子"（infans）这个词不仅适用于那些还没有发展出理性思考和言谈技艺的年轻人，也适用于那些已经失去了这种技艺的老年人。当杰奎斯的演说以"没有牙齿，没有眼睛，没有口味，没有一切"结束时，莎士比亚的写作技巧是如此精湛，以至于我们难以分辨清楚从衰老（"孩童时代的再现"）到死亡（"全然的遗忘"）的过渡——究竟是在何时发生的。牙齿脱落、视力衰退、味蕾迟钝，但只有安睡在坟墓里的头骨才会"没有一切"。

所有的人生故事，无论是像戏剧中那样离奇且充满变故的，还是像莎士比亚那样枯燥而高尚的，最后都以死亡而告终。即使是喜剧这种传统上用以庆祝生命活力的形式，也带有死亡的气息。从马凯德先生入场（他的名字暗示着死亡信使墨丘利）宣布法国国王驾崩的消息，《爱的徒劳》中的庆祝活动停止，到奥莉薇亚为哥哥哀悼不已，《冬天的故事》中的迈密勒斯不会和母亲一起复活，莎士比亚一直拒绝否认死亡。他的历史剧中往往尸横遍野，正式地说，虽然海明斯和康德尔在编辑《第一对开本》时将它们与悲剧区分开，以组成关于国家历史的系列剧，但其实当中许多都是悲剧。虽然亨利国王系列剧

400　混合了更多的戏剧类型，但当关于理查国王的三部戏剧首次以四开本或八开本的形式出版时，它们都被明确地命名为悲剧：《理查二世的悲剧》《理查三世的悲剧》《约克公爵的真正悲剧》（《亨利四世》下篇的原名）。从荷马的《伊利亚特》和希腊悲剧，经由塞内加以拉丁语重新阐释过的欧里庇得斯作品，到马洛的那些著名戏剧，即在莎士比亚开始职业生涯时爱德华·阿莱恩纵横舞台主演的那些戏剧，戏剧中崇高的诗意想象往往是由悲剧主导的。这种人类与遗忘的对抗，我们称之为死亡。

烛光下的塞内加英译本

　　"悲剧"一词作为一种通用的类型描述，在伊丽莎白时代翻译古罗马剧作家塞内加的作品时成为英语中的习惯用法。1599年，《最严肃、最审慎的作家卢修斯·安纽斯·塞内加的第六部悲剧，题为"特罗亚"，其中有不同种类的同主题附加内容，新近由贾斯珀·海沃德用英语写成》一书出版。一年后，《塞内加的第二部悲剧提厄斯忒斯》再次由贾斯帕·海沃德进行"忠实于原文的英译"。英国出版同业公会将《特罗亚》登记为"专著"，而不是悲剧。再一次，当《俄狄浦斯的悲剧……出自塞内加之笔》于1563年出版时，它被登记为"悲惨的历史"。这表明，"悲剧"这个词在当时还不是一种常见的、对于某种剧作类型的简称。但一直到16世纪末，情况都确实如此，从波洛纽斯在对戏剧体裁的论述中——他将塞内加当成了"沉重"戏剧的同义词——我们就可以看出这一点。

　　塞内加的悲剧是什么样的？它由五幕组成，幕间由合唱队分隔。情节是对过去发生的可怕事件的反应，这一点往往是由鬼魂来提醒我们的。主角很难被轻易贴上英雄或恶棍的标签。通常他或她是被召唤来复仇的。但戏剧发生在他的脑海中，而不是在舞台上。我们经常听闻血腥、残酷和耸人听闻的暴力，

但往往都是间接的。这是一种读给人听或供人阅读的戏剧，而
不是让人观赏的戏剧。最主要的趣味在于语言——修辞、语言
形象、格言，对"Nuntius"（信使）的种种精心安排的描述。
戏剧由一系列自我定义的独白组成，罪恶问题与知识问题在其
中是密不可分的。自我发现一旦达成，死亡就是唯一的去向。
塞内加的哲学随笔思考的是如何以理性的力量来平息激情，而
他的悲剧展示了当激情失去控制时会发生什么。

401

1581 年，塞内加《十悲剧》在伊丽莎白时代的各个译本被
汇编为一卷。在这本书的前言中，托马斯·牛顿权衡了哲学与
激情之间的关系："哲学的句子凝重，多愁善感的语言沉重，明
智合理事物的权威战胜了罪恶、散漫的生活、放荡的交易和放
纵的情欲。"[1]但这是对悲剧的读后感，而不是对悲剧的观后感。
在为格林的《梅纳风》（*Menaphon*）所写的序言中，汤姆·纳
什注意到，"在烛光下阅读英文版的塞内加作品，会发现许多
好句子……整村的，或者应该说整把的悲剧对白"[2]，但他接
着表示，在将塞内加的语言艺术榨取一空之后，为流行舞台工
作的剧作家需要从别处，例如，俗艳华丽的意大利中篇小说那
里，去寻找戏剧性的情节。

塞内加为职业剧作家提供的是结构和格言。托马斯·基德
的《西班牙悲剧》以鬼魂和复仇行为的人格化开始，而《提厄
斯忒斯》则始于鬼魂和复仇的狂怒。莎士比亚曾以拉丁语原文
的形式引用过希波吕图斯吁求众神的的一句名言："你们为何迟
迟听不到、看不见那些罪行？"[3]在伊丽莎白时代，悲剧中独白
部分自我反省的修辞正是从塞内加笔下的角色那里学来的——
但只是其中的一部分，因为它的灵活性与奥维德笔下女性的书
信体自我表达（《女杰书简》）更为相似。就其核心而言，流行
的悲剧并不是塞内加式的。当流行所必需的不是哲学思考，而
是充满奇观和由喜剧性发酵的行动时，塞内加式悲剧又怎么可

能会流行呢？

受过良好古典教育的菲利普·西德尼爵士认为，伊丽莎白时代剧院上演的"悲喜剧杂种"，"既不体面也不谨慎"，既没有悲剧应有的"赞赏和同情"，也没有对于喜剧而言"正确的娱乐精神"。他看不起当时的戏剧："这些既不是恰当的悲剧，也不是恰当的喜剧，而是国王和小丑的混合体。"⁴西德尼是在 16 世纪 80 年代早期写作的，他可能想到的是类似于《波斯国王冈比西斯的生活：一部哀伤的悲剧，夹杂着愉快的欢乐》（*A Lamentable Tragedy mixed full of Pleasant Mirth, containing the Life of Cambises King of Persia*）这样的作品。这是一部历史久远的老剧，莎士比亚也曾戏仿过。（福斯塔夫曾说："我说话必须充满激情，用冈比西斯王的激昂腔调。"①⁵）但我们没有理由认为西德尼可能会对基德、马洛或莎士比亚持更积极的看法，他们只不过是国王和小丑的混合体中比较出名的几个。对西德尼来说，这种令人遗憾的标准中只有一个例外。他看过一出戏，戏中"充满了庄严的演讲和动听的语句，达到了塞内加风格的顶峰，同时也充满了引人注目的道德感，这是这出戏最乐于传授的，也正因此达到了诗歌艺术的极致"⁶——他也抱怨此剧不遵守时间和地点统一的古典法则，这就使他的赞赏不过是点到为止了。

这出戏就是《高布达克的悲剧》（*The Tragedy of Gorboduc*），于 1562 年 1 月 6 日在内殿律师学院首次上演，当月晚些时候，经过正式的王室宣召，此剧在白厅中女王陛下面前再次上演。值得注意的是，此剧问世的时间跟贾斯珀·海沃德英译的塞内加作品出版时间十分相近。该剧的两位作者都是内殿律师学院

---

① 《亨利四世（上）》，张顺赴译，北京：外语教学与研究出版社，2015，第 57 页。

的学生，他们是托马斯·诺顿（Thomas Norton）和托马斯·萨克维尔（Thomas Sackville），两人都来自富裕家庭（萨克维尔的父亲是亨利八世第二任妻子安妮·博林的表亲）。《高布达克的悲剧》经常被描述为英国的第一部悲剧。它无疑是现存最早的、曾在舞台上演的、以当时的本地语言写成的、模仿古典悲剧形式的戏剧，也是第一部以五步抑扬格无韵诗形式创作的戏剧，这种形式后来成为 16 世纪 90 年代晚期以及 17 世纪初期那些伟大悲剧的主要形式。它经常在内殿律师学院上演，并于 1565 年正式出版，所以模仿此剧事实上并不难。但它对公共剧院几乎没有产生什么影响。

　　英国的塞内加式悲剧是由来自精英阶层的业余作家为宫廷或受过学术训练的观众创作的，主要是用来私下阅读或在大厅里朗读（通常是在宴会上），就像听演讲或辩论一样。这首先与英明决策有关。在《菲利普·西德尼爵士的一生》（*Life of Sir Philip Sidney*）中，福尔克·格雷维尔（Fulke Greville）曾写道，古老的悲剧用意在于"以例证说明人类生活中灾难性的悲惨境遇，而秩序、法律、教义和权威都无法保护无辜之人免受邪恶之力的侵害，因此，从那忧郁的幻象中，激起了对于神圣天意的恐惧或抱怨"[7]。这里的关键词是"邪恶之力的侵害"。格雷维尔与其他学识渊博的伊丽莎白时代英国人一样，把塞内加的戏剧放在他的生平中来考察，而他本人与罗马帝国狂妄的威权走得非常近。克劳狄认为塞内加与卡里古拉的妹妹有染，因此将他驱逐，后又将他召回，任命他做尼禄的导师和演说撰稿人，而最终，他被指控密谋暗杀皇帝，塞内加别无选择，为了保全自己的名声，只得在浴室中了断性命。那些可能会被称为"伊丽莎白时代的精英版塞内加"的作家，也遵循着类似的"劝导君主"传统。萨克维尔在完成了《高布达克的悲剧》后半部分之后，为《地方官之镜》（*Mirror for*

403

Magistrates ）贡献了"暖场"（Induction）和"白金汉的陷落"（Fall of Buckingham）两部分：它们的主题都是关于权力的运作，关于宫廷中的野心及其毁灭。

《高布达克的悲剧》最初是在女王枢密院的成员面前上演的，它将一场关于继承权问题和内战危险性的辩论搬上了舞台，而在童贞女王统治早期，当她把国家的正统宗教信仰从天主教转向新教时，继承权和内战都是在当时引发激烈争论的焦点。这个故事取材自古老的英国编年史传统，可以追溯到蒙茅斯的杰弗里于 12 世纪撰写的《不列颠王记》（*Historia Regum Britanniae*）。高布达克极不明智地决定分割他的国土；他的儿子费雷和波雷为了继承权而发生争吵；波雷杀死了费雷，为了报仇，他的母亲又杀死了他；阿尔巴尼公爵费格斯召集军队试图夺取王位，内战随即爆发。

二三十年后，类似的"古不列颠"题材剧开始在公共剧院上演，这些戏剧的作者不详，如《雷尔王的真实历史纪事》（*The True Chronicle History of King Leir*，约 1590 年）和《洛克林》（*Locrine*，约 1594 年。该书的扉页上印着"W.S."，但几乎可以肯定不是莎士比亚的作品）。但是风格已经与之前的剧作迥然不同。公共剧院偏爱情节和场面，而《高布达克的悲剧》在很大程度上是一部涉及大量塞内加式辩论的静态作品。所有的情节都发生在幕后，在一系列的信使发言中被转述出来。通过成对的场景设置——君主首先得到一个好的导师，然后是一个坏的导师——观众的注意力集中在政治思考上。这出戏中充斥着塞内加主题的道德箴言。关于运气的变幻不定——

> 凡人欢乐的代价，
>
> 它们是多么短暂，多么容易褪色，

404

> 多么变化多端，我们所拥有的是多么脆弱，
>
> 除了死亡，没有什么是确定不移的，
>
> 人类和整个世界都亏欠于他
>
> 而他们终将完结——

斯多葛式的自我忍耐——

> 心是完整的，勇气是自由的
>
> 从无力的衰微到无益的绝望，
>
> 能给予人的无非是安全或名望
>
> 是拥有不可战胜的精神的崇高勇气，
>
> 还是以一种更加幸福的方式死去。[8]

古典主义和新古典主义悲剧更关注人们对可怕事件做何反应，而不是事件本身。复仇是悲剧的原型主题，因为它是一个更早之前的行为导致的最激烈的反应。《高布达克的悲剧》被分为经典的五幕形式，在每一幕之前都有一个哑剧，血腥行为被象征性地预见，然后在接近一幕终了时，在信使的口述中再次得到叙事性重建。然后是进行道德说教的致辞者出现，这一幕到此结束。辩论构成了这出戏的大部分，它们是对从播种危险的种子到收获血腥旋风这段时间的见证。悲剧就是发生在这段"间歇"（interim）。不同类型的导师就是主要人物可以做出的选择的外部化身，从这个意义上说，他们在结构上类似于传统道德剧中的罪恶与美德这两种形象。人物的作用是在政治辩论中传达出不同的立场；而戏剧互动中的人情味仅仅是前者的一个结果。作为性格发展媒介的独白是不存在的。

在 16 世纪 90 年代的公众戏剧中，悲剧依然发生在"间歇"，但播下的种子和收割的旋风都出现在我们的眼前，主人

公面临的种种选择开始得到更深入的探索，这通常是通过独白来进行的。政治的心理层面开始和政治本身具有同样重要的地位。因此，布鲁图对"间歇"做出了极其有力的描述——

> 在一件惊天动地大事的实施
> 与最初动议之间，整个间歇
> 都像是幻景，或可怖的梦境。
> 这个时候神魂与肉体的官能
> 正在激烈辩论；人的心境，
> 就像小小的王国，正在经受
> 一场叛乱的冲击。①9

《尤力乌斯·凯撒》将历史上最著名的政治刺杀事件改编成了戏剧，但此时的叛乱仅仅是一个象征，象征着在重大的一天到来之前，一个人在这个不眠之夜经受的精神动荡。

最著名的只供阅读而不是上演的悲剧，或称"案头戏"（closet drama），来自16世纪90年代彭布罗克的圈子。彭布罗克伯爵夫人亲自翻译了法国新古典主义剧作家罗伯特·加尼耶（Robert Garnier）创作的《马克·安东尼》（*Marc Antoine*）。玛丽·西德尼出版于1592年的《安东尼厄斯》经常被认为是英国第一部由女性创作的悲剧。如果加上限定词"完整"和"已经出版"，那么情况属实，但考虑到崇高的经典悲剧针对的并不是多样化的观众，那出版这一事实就显得有些异乎寻常。其实玛丽·西德尼并不是学识渊博的贵族夫人中第一位将悲剧"英译"的。这一头衔属于乔安娜（也叫简）·

---

① 《尤力乌斯·凯撒》，傅浩译，北京：外语教学与研究出版社，2015，第33~34页。

拉姆利（Joanna Lamley），在此之前的半个世纪，她就已经将欧里庇得斯的悲剧《奥尔斯的伊菲革涅亚》（*Iphigenia at Aulis*）中的一部分翻译成了英文（可能是通过伊拉斯谟的拉丁文版本转译的），并强调了戏剧中歌颂女性自我牺牲美德的部分。乔安娜·拉姆利以亨利八世宫廷中特有的人文主义风格，在欧里庇德斯的异教叙述中加入了许多基督教的典故。

406

加尼耶的《马克·安东尼》取材自普鲁塔克。莎士比亚在大约 15 年之后把它搬上了公众舞台。地方官加尼耶以塞内加的形式将来自普鲁塔克的素材改编成了戏剧，以此对 16 世纪法国内战的悲剧进行反思。玛丽·西德尼的英译本《安东厄奥斯》包含了平民组成的合唱队——先是埃及人，然后是罗马士兵——但它强调的不是大多数人，而是少部分人。这出戏探讨的是，如果允许大人物将一己私欲凌驾于他们的公共职责之上，可能对国家政体造成怎样的损害。要想成为一个情人，就要冒着失去作为统治者的判断力的危险。

我们不应贸然下结论说玛丽·西德尼翻译并出版她的译本，是在公开地影射当时的政治事件，而不是打算将其作为一个更普遍的典范，但此剧的主题确实是与 16 世纪 90 年代初英国宫廷的关注点高度相关的。这段时期，埃塞克斯伯爵开始对女王产生了相当大的影响。西德尼圈子出于对新教美德的坚定信仰，着力于将伊丽莎白塑造成高贵的罗马人，而不是感性的克莉奥佩特拉。塞缪尔·丹尼尔的《克莉奥佩特拉》（出版于1594 年），是写给他女性赞助人的剧本续集，进一步探索了能够扳倒一个王室家族的情爱激情所具备的潜力。福尔克·格雷维尔也是西德尼圈子中的一员，他毁掉了自己创作的《安东尼与克莉奥佩特拉》，因为他担心里面的女王和一名伟大的战士"为了肉欲而放弃整个帝国"[10] 可能会被"解读为或歪曲为影射当今的政府或统治者"。"看到类似的例子不是以韵文来表现，而是以真正的事实，即埃塞克斯伯爵的得宠和倒台（以及从始至终都值得爱戴的女王和人民）"，格雷维尔的"再次考量"是"要多加小心"。我们现在又回到了那一场《理查二世》的特别演出。丹尼尔的第二部塞内加式悲剧《斐洛塔斯》（*Philotas*）——关于一位著名士兵和一个反对亚历山大大帝的阴谋——的命运就恰当地展示了谨慎的必要性：它是在埃塞克斯倒台之前几年为私人演出而创作的，但倒台之后此剧曾由女王的宴乐署上演，并被歪曲为埃塞克斯阴谋的讽喻，这直接导致了丹尼尔不得不应召到枢密院为自己辩解。

格雷维尔最著名的诗句出现在《穆斯塔法》（*Mustapha*）中的一个合唱部分，此剧是他流传下来的两出塞内加式悲剧之一——

> 啊，人性是如此令人生厌！
> 生在一种法则之下，却要受另一种法则的约束：
> 生来徒劳，却不可虚幻，
> 被创造成病态，却被命令为健全：
> 这些迥然不同的法则定义的是怎样的自然？ [11]

这里的多种悖论提供了一种专属于新教甚至是加尔文主义式的悲剧：我们在肉体的统治下，孕育、出生、衰老、死亡，但在精神上，我们受制于一种要求克制肉体欲望的法则。这种情绪只属于私下阅读的案头戏，因为这一悖论只能通过个人的信仰行为来解决，而这种信仰行为依赖于私下的隐秘修行——对良心的审视、对《圣经》的深思和自律的祈祷。

探讨哲学就是学习死亡

当人们在公共舞台上探索人类身体和精神的二元性悖论

时，这一悖论必须通过可视的途径来表现，而不能像格雷维尔那样用修辞来表现。在此可以举出两个最有力的例子，即马洛的浮士德博士和莎士比亚的哈姆莱特。哈姆莱特自己也谈到这种二元性——

> 人这玩意儿真是不得了！高贵的理智！无穷的能力！体态端庄！举止出色！行动有如天使！颖悟宛若天神！世界的娇花！万类的灵长！——然而对我来说，这一撮泥土的精华又算什么？①12

哈姆莱特的舞台形象是具备多种才能的"文艺复兴全才人"，他既是军人、学者，又是朝臣，集人生成熟阶段三个时期的表现于一身。私下里，他试图将人类这种造物的许多块拼图拼在一起：他发现很难从"理解"过渡到"行动"。他在自言自语中提到布鲁图所谓的"间歇"，并且在反思他父亲不合时宜的谋杀和他母亲草率的再婚时，他无法继续维持人类可爱可亲这一信仰。只有在面对墓地和骷髅时，他才能够接受身体的屈辱，也就是葬礼仪式上的话语所暗示的，当奥菲利亚的送葬队伍入场，哈姆莱特扔下小丑腐烂的头颅——

> 我们就此将她的身躯归还大地，泥土归泥土，灰烬归灰烬，尘埃归尘埃，我们确信她能再次复活，得到永生，我们的主耶稣基督必要按他能使一切屈服于自己的大能，改变我们卑贱的身体，相似他光荣的身体。13

408

---

① 《哈姆莱特》，辜正坤译，北京：外语教学与研究出版社，2015，第63页。

哈姆莱特为语言与物质之间的区分而困惑不已——语言是崇高的理性媒介，是令人钦佩的表达能力——而物质是身体和行为的实质。这出戏始于一些虚无缥缈的东西，即道德上的律令、阴间父亲发出的命令。需要解决的第一个问题是幽灵是否确有实体。哈姆莱特的悲剧性困境在于他要复仇，但是又不能容忍自己成为克劳狄那样的禽兽。这一困境是通过自言自语（话语、自我）和行动（行为、与他人接触）的二元性来表现的，其中还混杂着该剧不安分的自我意识：《捕鼠器》中的卢西亚纳斯在从语言进展到行动的过程中没有遇到任何困难，但他作为演员的身份提出了一种可能性，即执行所要求的行动可能就是表演。哈姆莱特有一个存在主义式问题：他希望做他自己，而不是扮演一个角色（复仇者），但在这出戏的大部分篇幅中，他都无法将自己的愿望与作为人类就意味着拥有一套社会关系这一认识调和起来（尤其当他是王子时，就更会受到社会关系的约束），他的身体既像他的母亲那样充满了欲望，又像他的父亲一样终有一死。

409　　文学体裁是一种建构经验的手段。正如但丁《神曲》的标题提醒我们的那样 [1]，基督教的结构本质上就是喜剧的结构。它期待着复活的那一天，如《死者下葬辞》中所说，"我们卑贱的身体"将会被抛弃，我们将会拥有耶稣基督那样"光荣的"（永恒的、纯洁的、属灵的）身体。伊丽莎白时代的悲剧通常会以成堆的尸体被运走埋葬而告终。伊丽莎白时代的观众一定会自问，在剧中死去的那些人当中，哪些人的灵魂应该得到拯救。哈姆莱特和雷欧提斯宽恕了彼此，雷欧提斯临死前做了一个祷告，祈求在审判日到来之时不要让他为哈姆莱特的死负责，哈姆莱特也不必为他和他父亲的死负

----

① 《神曲》的标题 Commedia 原意为"喜剧"。

责。这里没有提及奥菲利亚，因为她的死亡——正如我们从掘墓人对埋葬仪式的争论中得知的——是一个可疑的情况，因为自杀意味着该下地狱，而意外死亡则留下了救赎的可能性。

在"生存还是毁灭"的独白中，哈姆莱特担忧的是来世；在他临终前的那一番话中，他更关心的是他的历史将以何种方式留存在尘世中。观众不知道他最终的目的地，就像他们也不知道自己的目的地一样。在新教所描绘的世界图景中，一颗高贵的心——这是霍拉修对好友最后下的断言——并不是得到救赎的保证。"晚安，亲爱的王子，愿众天使／用轻歌伴您安息！"①14 这是希望的表达，而不是事实的陈述。哈姆莱特最后强调要细述他的故事，他的历史，他死后的名声，这是伊丽莎白统治时期戏剧逐渐与宗教脱离的标志。掘墓人提醒我们，异教英雄亚历山大大帝和宫廷小丑约里克也迎来了同样的结局。只有化为尘埃是确定无疑的。

但是哈姆莱特似乎已经为此做好了准备。正如许多评论家注意到的，他从英国归来时就已经判若两人："注定是现在，就不会是未来；注定不是未来，就一定是现在；虽然现在未发生，以后终究会发生。顺其自然吧。"②15 他此时的心境已经可以称得上一种斯多葛式的逆来顺受。或者，更严格地说，因为他将古典主义的成就"乐意""恒常"与基督教意义上的"天意"（"那兴衰成败，终必由冥冥中的老天安排 16……一只麻雀的死都是命中注定的"③）结合了起来，所以我们应该称之为新斯多葛式的逆来顺受。

---

① 《哈姆莱特》，辜正坤译，北京：外语教学与研究出版社，2015，第 155 页。

② 同上书，第 149 页。

③ 同上书，第 144、149 页。

410　　　　哈姆莱特是一位了不起的阅读者。在该剧首次出版的版本中，当他开始"钻研一本书"时，他说出了那段"生存还是毁灭"的独白。[17]一本书和一个哲学"问题"。对于伊丽莎白时代受过教育的英国人来说，哈姆莱特正在阅读的是西塞罗的《图斯库兰问题》（*Tuscular Questions*），这一点应该是显而易见的。像哈姆莱特这样受过大学教育的人，读的应该是这本影响深远的著作的拉丁语版本，但这本大作在1561年也有英文版问世，标题十分吸引人：《五个问题，是马克·塔利·西塞罗在他的图斯库兰纳姆庄园里提出的：本书是后来由他本人撰写的，与其他多部著作一样，是用拉丁文写给他的密友布鲁图的；现在，由内殿律师学院的研究生约翰·多尔曼翻译成英语》。以对话形式讨论的"问题"（辩论）中的第一个，就是"死亡是否邪恶"。西塞罗的结论最终来自苏格拉底被判处死刑时做的著名演讲（柏拉图《对话录》中的《苏格拉底的辩护》记录了此事），那就是我们不应该害怕死亡。为什么？因为在死亡之后，灵魂要么依然存留下来，要么没有。如果没有，那么死亡"就像无梦侵扰的睡眠"[18]。如果灵魂得以幸存，那么它就会如哈姆莱特所说，去到"那未经发现的国土从古至今／无孤旅归来"[①][19]，在那里它将会遇到公正的审判者。一位曾经有过美好生活的人，死后也没有什么值得畏惧的。哈姆莱特的问题是，如果他遵照父亲的要求复了仇，或者如果他在生活的不幸中绝望地自杀，那么他就会成为杀人凶手或自杀者，因此当他遇到最终的审判官时必将心怀恐惧。在他到达死亡的"顺其自然"状态之前，必须先经过一段漫长的自我征程。

---

① 《哈姆莱特》，辜正坤译，北京：外语教学与研究出版社，2015，第77页。

有一本书与他的这一旅程类似，能让我们更接近哈姆莱特的思想活动，它就是《蒙田随笔》。学者们争论在 1603 年弗洛里奥的译本出版之前，莎士比亚是否已经读过它。有证据表明他很可能没读过，但他与蒙田思想运作的方式如此相似，以至于哈姆莱特看起来像是读过蒙田，尽管他根本不可能真的读过。

设想一下，如果哈姆莱特确实读过蒙田的作品，那么他本可以在一篇名为《塞亚岛的习俗》的文章中找到关于自杀利弊的思考。但以他的性格来说，吸引他注意力的应该是第一册中一篇明显受到西塞罗《五个问题》影响的文章，叫作《探讨哲学就是学习死亡》。作为一名受过大学教育的读者，他应该接受过这样的训练，即将自己阅读中遇到的最精辟的智慧箴言抄写在摘录簿中，即所谓的"读书札记"。下面是由弗洛里奥翻译的蒙田作品中的一些句子，我们可以想象这位威腾伯格的贵族学生是如何抄写它们的（用的就是曾在策划谋杀罗森克兰茨和吉尔登斯吞的"另一封国书"中助他一臂之力的"端庄漂亮"的笔迹）——

> 西塞罗说，探讨哲学不是别的，只是准备死亡。尤因探讨与静观可以说是让我们的灵魂脱离肉体而独自行动，有点儿像在学习与模拟死亡；或者也可以说，人类的一切智慧与推理归根结蒂，就是要我们学习不怕死亡。[1][20]

哈姆莱特会喜欢这里的双重意义。探讨和静观是对死亡

411

---

[1] 《蒙田随笔全集》第一卷，马振骋译，上海：上海书店出版社，2009，第70页。

的一次小小的预演，因为这意味着从生活的喧嚣中退场。与此同时，哲学的最终内容是认识到我们都将死亡，因此，正如公爵在《一报还一报》中所说的那样，我们应该"确信必有一死"[21]。

公爵对克劳迪奥的训诫是一种典型的新斯多葛主义，即融合了古典式的顺从和基督教式的对世界的轻蔑。蒙田和哈姆莱特的侧重点与此略有不同。他们试图培养的不是对世界的蔑视，而是对死亡的蔑视。他们教导自己应该对此做好准备，但不应畏惧。蒙田说过，傻瓜对待死亡恐惧的方式就是将它抛在脑后。而智者一边保持对此的思考，一边继续自己的生活——

在所有美德的益处中，最主要的就是对死亡的蔑视，它为我们的生活提供了一种安逸的宁静，并让我们品尝到它那纯净而亲切的滋味……我们人生旅程终点就是死亡，这是我们不可逃避的最终目标：如果这让我们感到恐惧，使我们每跨出一步都战战兢兢……我们须得学会挺身而出，用坚定的意志与它战斗……为了打落它的气势，我们必须采取逆常规而行的办法。不要把死亡看成是一件意外，要看成是一件常事，习惯它，脑子里常常想到它。时时刻刻让它以各种各样的面目出现在我们的想象中。马匹惊跳，瓦片坠落，针轻轻一刺，立即想到："如果这就是死亡呢？"这时候我们要坚强，要努力。欢天喜地的时候，总是想到我们的生存状态，不要纵情而忘乎所以，记得多少回乐极会生悲，死亡会骤然而至。……死亡在哪里等着我们是很不确定的，那就随时恭候它。……我愿意大家行动，大家尽量延长生命的功能，死神来时我正在园子里种菜，不在乎它，更不在乎园子还没种完。[1]22

　　我们不知道莎士比亚是不是也在新宅的花园里种菜，但有理由相信，他会和蒙田一样，希望以这样的方式结束自己的生命。顺其自然。

---

① 《蒙田随笔全集》第一卷，马振聘译，上海：上海书店出版社，2009，第 75~78 页。

24. 作为伊壁鸠鲁主义者的莎士比亚

"所有的线条都汇聚于此"

除了斯多葛主义之外，还有其他选择。再一次，这一典范是由蒙田提供的。尽管他灵活的头脑和强壮有力的联想风格使得他能够在哲学（和反哲学）的种种可能性之间自由游走，在蒙田的三部随笔集中依然存在一个大致的趋势，第一部强调斯多葛式的决心，第二部转向激进的怀疑论，第三部中出现了一种与之前有所不同的接纳，即对于身体需要和精神纪律的接纳。斯多葛主义者总是试图压抑他们的肉体欲望，就像圣保罗教派的基督徒以一种更极端的方式践行的那样。然而蒙田在他最后一本随笔的核心部分写了一篇很长的文章，标题简单地叫作《论维吉尔的几首诗》，他在其中做出了 16 世纪最诚实和明确的关于性欲的描述，以及性欲是如何永远不会消失的，无论我们变得多么衰老，多么没有尊严。令人震惊的是，他从教会教义的角度出发，认为享受性爱是一切事物的中心："世界上所有的运动都屈服于这种结合，这是一个无处不在的问题；在这个中心，所有的线条都汇聚于此，所有事物都朝向此处。"[1]如果我们要问为什么几乎所有莎士比亚的作品——他的悲剧、喜剧以及诗歌——都充斥着关于性欲的语言，而且常常是以持续不断的淫秽文字游戏来表达的，我们也许应该让提问者直接去看蒙田的这句话。

在斯多葛主义的基础上加上对身体需求和关于事物原始物质性的认识，你会得到什么？答案是一种强大的哲学，它给文艺复兴造成了一种很大的负面影响，但这可能是莎士比亚最为接近的一种信念。

《蒙田随笔》第三卷是沿着以下思路展开思考的。命题：

快乐是幸福生活的开始和结束。自然，我们想要快乐，或者至少不需要快乐的对立面——痛苦。因此，我们应该设法满足自己的欲望。但有些快乐会产生随之而来的痛苦，因此是不可取的。蒙田问道：如果我们饮酒之前而不是之后就会产生宿醉感，那么我们还会喝酒吗？（麦克白夫人："一袭锦袍竟使你曾有的壮志／沦为酒后醉汉？……不禁容颜煞白、神色仓皇？"[1]2）快乐可能会要求我们限制自己的欲望。精神上的快乐往往大于身体上的快乐，因为前者更加持久。因此，远离纷扰可能是一种特殊的快乐，而从混乱的市民生活中解脱出来就能获得这种快乐。

就像莎士比亚在戏剧中一样，蒙田在他的随笔中思考了斯多葛派忍耐不幸的决心具有的价值和局限性。蒙田在《论恒常》中写道，不管你如何控制自己的理智，当耳边有枪声响起时，你也会控制不住地颤抖；当你身旁的建筑物倒塌时，你依然会不可避免地面色苍白、紧张。这里再次强调了，关键在于身体感觉是经历必不可少的一部分：斯多葛主义相信纯粹的理智有力量控制自我，而圣保罗教派强调二元性，试图将不朽的灵魂与终有一死、自我屈辱的身体区分开，而以上两种观念都疏漏了身体感觉对于经历的必要性。如果要真正走向幸福之路，我们可能需要活得比塞内加或圣保罗所规定的更放松、更灵活——

> 人不应按照自己的脾性与心意斤斤计较。我们的看家本领是懂得应付不同的局面。认定一种方式非此不可，这是存在，不是生活。最美丽的心灵是善于灵活适应的心灵。[2]3

---

① 《麦克白》，辜正坤译，北京：外语教学与研究出版社，2015，第28页。

② 《论三种交往》，《蒙田随笔全集》第三卷，马振聘译，上海：上海书店出版社，2009，第28页。

灵活适应就是纯粹的存在与充实的生活之间的区别。如果我们能够找到莎士比亚那本弗洛里奥翻译的《蒙田随笔》，可能会发现这样的句子下面重重划了线，或者在边缘做了标记或类似于"真正的智慧"这种批注。

这种思维方式的塑造首先应归功于古希腊哲学家伊壁鸠鲁，他在一个被称为"花园"的哲学共同体中实践了自己的信仰，多少有些令人惊愕的是，妇女和奴隶都没有被"花园"拒之门外。伊壁鸠鲁卷帙浩繁的原始著作大部分都失传了，但是罗马人对其的诗歌体改编作品——卢克莱修的《物性论》，可能是有史以来最伟大的哲学史诗——保存了下来，一直流传到了文艺复兴时代。莎士比亚不太可能读过卢克莱修的作品，但他在阅读蒙田时，会读到许多来自其作品的引文以及对他的伊壁鸠鲁思想的思考。

一位卢克莱修的读者会发现一个与基督教或真正的柏拉图主义完全不同的世界图景。除了原子在真空中不可预测地运动外，宇宙中其实一无所有。人不过是原子的聚合体，在人死后原子又再次分散到宇宙之中。没有不具实体的灵魂，没有什么永生不死，没有干预我们事务的活跃的上帝。既然死亡是虚无，也就没有迷信的必要。因此，美好的生活是通过友谊、对周围的人的善意和对快乐的追求来实现的——但有一个附带条件，即过分放纵欲望不会带来持久的幸福。

在莎士比亚时代，伊壁鸠鲁主义遭遇了高度的怀疑，有以下两个原因，一是它是无神论的，二是它似乎允许感官放纵。日内瓦版《圣经》的一个旁注指责伊壁鸠鲁"嘲笑和讥讽所有的宗教"[4]。一个正统的伊丽莎白时代英国文人，比如约翰·戴维斯爵士，在他的长诗《管弦乐队》（*Orchestra*）中，将宇宙想象成由上帝安排的和谐舞蹈，他把卢克莱修与伊壁鸠鲁的原子偶然性思想看作一个病态大脑产生的幻觉——

> 或者我们目之所见的周围的一切
>
> （那些病态的大脑正是这样告诉懒散的睡神）
>
> 都只不过是聚在一起的尘粒，
>
> 这个堂皇的建筑是怎么建成的？
>
> 它们又是怎样聚集在一起的呢？
>
> 说这一切不过是偶然的人错了，
>
> 是爱使它们在和谐有序的舞蹈中相遇。5

此外还有《炼金术士》（*The Alchemist*）中贪婪的感官主 416
义者老饕·财神爵士这一怪诞形象，本·琼生将伊壁鸠鲁主义
塑造为一种自我放纵的哲学，从而赋予其舞台生命。

莎士比亚并不是卢克莱修无神论或原子论的拥戴者。在
《尤力乌斯·凯撒》中，卡修斯信奉伊壁鸠鲁哲学，而布鲁图
则是斯多葛主义者。但当不祥的渡鸦、乌鸦和鸢取代了大雕的
位置，盘旋在卡修斯的军队上空时，卡修斯将这种变化解释为
一种神圣的象征，因此被迫改变了他的伊壁鸠鲁信仰，即上帝
不会干涉人类事务——

> 你知道，我从前坚信伊壁鸠鲁
>
> 及其主张；现在我改变了看法，
>
> 有点儿相信预示吉凶的征兆了。①6

"有点儿相信"这话说得不错：他并没有完全放弃伊壁鸠
鲁式的对于预言和征兆的怀疑。

莎士比亚有时确实把伊壁鸠鲁主义与纵欲过度联系在一

---

① 《尤力乌斯·凯撒》，傅浩译，北京：外语教学与研究出版社，2015，第98页。

起。因此，贡妮芮曾这样谴责李尔王的一百名骑士和随从——

> 他们太过放肆、荒唐、大胆，
> 我们这宫廷受到他们举止的污染，
> 成了放荡的客栈：伊壁鸠鲁式的享乐、纵欲
> 使它变得更像是酒馆或妓院，
> 而不是高雅的宫廷。①7

在《温莎的风流娘儿们》中，浮德少爷曾这样谴责肥胖、好色的约翰·福斯塔夫爵士："这是哪门子该死的伊壁鸠鲁式的老贼啊！"8麦克白以此嘲笑那些背叛他的人："逃吧，叛逆的王公，尽管与英格兰的伊壁鸠鲁饭桶们同道。"9此外，庞培也曾对马克·安东尼和克莉奥佩特拉埃及式的生活方式表示不屑："伊壁鸠鲁式的厨师／用吃不厌的调味汁刺激他的食欲。"10

但当我们考虑到这些话语的上下文时，莎士比亚对伊壁鸠鲁派的同情就变得显而易见。我们应该赞同贡妮芮，还是该死的福斯塔夫？鄙视西华德和其他帮助麦克杜夫和马尔康从凶残的麦克白手中拯救流血的苏格兰的"伊壁鸠鲁饭桶们"？比起安东尼和克莉奥佩特拉的夜夜笙歌，他是不是更喜欢罗马式的清寒简朴？在贪吃方面，福斯塔夫堪称与老饕爵士不相上下，但有一点明显的不同。他并不在乎财神（金钱），而是体现了真正的伊壁鸠鲁式美德，即善良和友谊，这一点并不下于他对美食、美酒和寻欢作乐的追求。

人们经常盛赞莎士比亚能一视同仁地对待笔下的所有人物。但他其实没有。确实有一些人物是他更加偏爱的。福斯塔

---

① 《李尔王》，彭静禧译，北京：外语教学与研究出版社，2015，第34页。

夫和克莉奥佩特拉就是其中的典范，而他们都是真正的伊壁鸠鲁派。就像蒙田那样，他们拒绝否认身体的存在。

罗马的傻瓜

莎士比亚擅长逆向思维。他拿起那个时代的寻常事物，将它们颠倒过来——或者像《泰特斯·安德洛尼克斯》中那样，切掉它们的头，将它们烤成馅饼。罗马是文明的同义词，而哥特人是野蛮的代名词。由此，莎士比亚认为，罗马也有可能和哥特的荒野一样野蛮。罗马的斯多葛学派认为，为了保持健康，需要严格地控制情绪，所以莎士比亚曾宣称情绪需要宣泄的出口："愁肠百结，好比置身烤炉，一气不透 / 生生地炙烤呵，叫你心如死灰，渣烬残留。"①11

布鲁图在《尤力乌斯·凯撒》中自认为是斯多葛主义者，他相信无论生活变得多么糟糕，都只能穿上名为"忍耐"的盔甲来默默忍受。但到了最后关头，他却无法再保持这一立场：正如卡修斯不得不接受预言的力量一样，布鲁图违背了自己的原则，自杀身亡了。莎士比亚一直对言行不一，对哲学立场如何在行动和环境的压力下走向崩溃深感兴趣。

普鲁塔克在《卡厄斯·马歇斯·科利奥兰纳斯传》中，对这位罗马将军做了一个简短的描述。这位将军在科利奥里城中紧闭的大门背后英勇奋战，因而得到了科利奥兰纳斯这个别名。

418

　　因为这位马歇斯具有智慧的天性和伟大的心灵，这奇妙地激发了他的勇气，使他在行动上光明磊落，或者至少

① 《泰特斯·安德洛尼克斯》，韩志华译，北京：外语教学与研究出版社，2015，第50页。

做出了这样的努力。但另一方面，他又缺乏教养，脾气暴躁，没有耐心，不愿向任何人屈服，这就使他粗鲁无礼，没有礼貌，因此完全不适合与任何人交谈。[12]

正如马歇斯这个名字所暗示的那样，科利奥兰纳斯具备所有尚武的美德。他的悲剧在于他完全秉持英勇（拉丁文为 virtus）的信条，并没有任何文明生活所需的美德。他拥有一位朴素克己的罗马妻子，通常与一位贞洁的女伴（凡勒利娅，与克莉奥佩特拉的女伴查米恩恰成对照）一起出现。当他的儿子小马歇斯（堪称他父亲的翻版）因用牙齿撕下一只蝴蝶的翅膀① 而受到赞扬时，我们就可以想象到科利奥兰纳斯是在怎样的养育方式之下成长起来的。"愤怒就是我的食物。"伏伦妮娅说道。也许是为了补偿丈夫的早逝，她养育了一个时刻准备为罗马效忠的愤怒的年轻人。谁都能看出来，她其实更希望自己上战场——在该剧结尾处她也确实是这么做的。如果《安东尼与克莉奥佩特拉》讲的是罗马精神消亡的悲惨后果，那么《科利奥兰纳斯》就是关于坚持这种精神所导致的悲惨结局。"世人公认，"考密涅斯说——

> 勇敢是最大的美德，
> 勇者最受尊崇。要果真如此，
> 那我现在说的人，
> 就举世无双了……②[13]

---

① 在莎士比亚的原文中，小马歇斯"咬牙切齿地把它撕碎了"（见《科利奥兰纳斯》第一幕第三场）。

② 《科利奥兰纳斯》，邵雪萍译，北京：外语教学与研究出版社，2015，第53页。

"要果真如此"，科利奥兰纳斯自己的说话方式却与此相反，正是他自己所谓"专横的'应当'"。如果给"如果"留出位置，那么他的整个世界图景就会受到质疑。

《科利奥兰纳斯》使得英勇的绝对化身与其他声音进行了充满敌意的对话。就像在《尤力乌斯·凯撒》中一样，情节不是从主人公，而是从民众开始的，普鲁塔克相信历史是由伟人的行为塑造的，他从来没有给过民众任何发言权。在罗马共和国早期，即公元前 5 世纪，罗马面临着两种威胁：来自邻邦（以安丁姆和科利奥里为据点的伏尔斯人）的外在威胁，以及贵族和平民分裂造成的内在威胁。科利奥兰纳斯这位尚武的英雄以武力成功地应对了外部威胁，但当他试图以同样的方式处理内部事务时，却导致了他的放逐和最终的死亡。开场的那一幕表明，民众确实有理由起事：城民甲痛切地抗议社会不公，"因为肚子饿没面包吃，不是爱报复人"。[①14] 这种情况下需要的是外交技巧；而科利奥兰纳斯总是"只身一人"，他相信刀剑的行动而不是甜言蜜语，他坚决不肯妥协。只有面对前来恳求他宽恕这座城市的母亲、妻子和儿子时，他的骄傲和渴望超凡脱俗的愿望才会有所缓和。伏伦妮娅以家庭的纽带苦苦相劝；在她雄辩的恳求之后，科利奥兰纳斯沉默了一会儿，他此刻的沉默是莎士比亚笔下最有表现力的沉默场景之一。他抛弃了对男子气概的信仰，接受了家庭的纽带，而这样做实际上等于签署了自己的死亡判决书。他第一次完全认可了他人的主张，摆脱了绝对自我的束缚。他意识到自己做了什么，这给他带去一种心灵的平静。在提及不可避免的结局时，他说"随它去吧"[15]，这一语气中透露出的是斯多葛式的逆来顺受。

419

---

① 《科利奥兰纳斯》，邵雪萍译，北京：外语教学与研究出版社，2015，第 8 页。

科利奥兰纳斯探讨的是如果缺乏"柔韧性"会造成什么样的后果，而蒙田继伊壁鸠鲁之后，也将"柔韧性"认定为美好生活得以存在的基础。《安东尼与克莉奥佩特拉》把转变的自我这一概念发挥到了极致。这一出莎士比亚的伊壁鸠鲁式悲剧，情节一直蔓延到地中海世界，与此同时它也为神话中维纳斯（爱的原则）和玛尔斯（战争之神）的邂逅披上了一种基于史实的外观。这出戏是建立在一系列对立之上的：女性与男性、欲望与责任、床笫与战场、衰老与青春、斯多葛主义和伊壁鸠鲁主义，以及最重要的，埃及和罗马。

亨利·科克拉姆（Henry Cockeram）与莎士比亚《第一对开本》同年出版的《英语词典》（*English Dictionary*）中，就收录了"克莉奥佩特拉"这一条目："一位埃及女王，她先是得到了尤力乌斯·凯撒的宠爱；之后马修斯·安东尼又被她迷得神魂颠倒，情陷埃及帝国，而这导致了他的毁灭。"[16] 伟大的立法者或勇猛的战士可以被情欲的诱惑毁灭，这样的想法在那个时代已经是老生常谈了。一本更早的字典曾经提醒读者，《圣经》中的所罗门王"在智慧和知识上超凡绝伦"[17]，但"依然因为宠爱女人而犯了糊涂，犯下崇拜邪神的罪过"。"犯糊涂"（dotage）一词 ① 最初的定义是"发疯或脾气暴躁，像老年人一样做傻事"。溺爱是违背理智的行为，因此爱得太深就会失去理智。与此同时，这个词也被用来形容人上了年纪，衰老使人的理性衰退，使得老人再次变成了孩子。

该剧一开场，一名罗马部下就说道："唉，我们的将军竟如此痴恋／真不可思量。"在罗马人看来，统治他们伟大帝国的三人之一竟然像一个被爱情冲昏头脑的青少年那样行事，这简直是奇耻大辱。也许他确实是老年糊涂了，开始步入人生的

---

① dotage 一词有两方面的含义：年老糊涂和溺爱。

第七个时期，即第二个童年。在埃及人看来情况恰恰相反，欲望的力量能够超越狭隘的部落政治世界。安东尼在两难之间摇摆。前一刻他亲吻克莉奥佩特拉，感叹"生命的荣光就在于能够这样"，而下一刻他又说："我必须挣断这副坚硬的埃及镣铐 / 否则我将在沉沦中迷失。"[18]

罗马精神意味着在理性的约束下克制激情，但在埃及人看来，爱是一种既不能也不应该被束缚或衡量的东西，它的力量无边无际。安东尼和克莉奥佩特拉的爱情"必须发现新的洞天"[19]。爱的媒介是诗歌。在这出戏中，莎士比亚比以往任何时候都更自由地发挥了他的诗意才情。尽管开场的几句台词出自一位罗马人之口，但其风格是忠于克莉奥佩特拉的。它遵循着五音步的诗歌韵律，为流畅柔美的埃及意象——以丰饶的尼罗河贯穿全境——铺平了道路，打破了严苛冷峻的罗马精神。

与文艺复兴传统中将奥古斯都时代理想化的做法相反，《安东尼与克莉奥佩特拉》把屋大维描绘成了一个讲话拐弯抹角的实用主义者。该剧关注的不是从共和国向帝国的巨大转变，而是马克·安东尼如何从军事领袖转变成了情欲的奴隶："留心看看，你就可以明白 / 他本是这世界上的三大柱石之一，/ 现在已变成娼妇的玩物了。"[①][20] 在罗马人眼中，肉欲把安东尼贬得一文不值，丧失尊严乃至成为笑柄，但剧中的诗意语言一直到结尾都在为这对情侣高唱赞歌（"这世上再不会有第二座坟墓 / 环抱着如此赫赫有名的一对情侣"），他们死后的结合是宇宙和谐的象征。屋大维自己也不得不承认死后的克莉奥佩特拉看起来"仿佛还要用她那坚不可摧的迷魅之网 / 再俘获一个安东尼"。"网"（toil）一词暗指性爱时的大汗淋漓，但"迷魅"表明，

421

---

① 《安东尼与克莉奥佩特拉》，罗选民译，北京：外语教学与研究出版社，2015，第10页。

即使是最具有罗马精神的角色，现在也无法再把安东尼和克莉奥佩特拉仅仅看作自欺欺人的老糊涂。克莉奥佩特拉的临终之言仍然在空气中回荡；诗歌语言的力量是如此强大，以至于敏感的听众会半信半疑地认为，克莉奥佩特拉真的已经丢弃了身上的其余元素，变成了"火和风"。正如查米恩所说，她是"一位风华绝代的佳人"。她既是一个普普通通的女人，也是独一无二的女王，是尼罗河的毒蛇；她象征着尼罗河的丰饶，以及生命本身的热度。[21]

在普鲁塔克的《马克·安东尼传》中，安东尼声称自己是大力神赫拉克勒斯之子安东的后裔；对于莎士比亚笔下的克莉奥佩特拉来说，他是一个"赫拉克勒斯那样力大无比的罗马人"。第四幕中一个奇异的场景从侧面表现了他对这位神话中最伟大的英雄的忠诚之情，当时在舞台下响起了双簧管的乐声，兵士乙对此的解释是"安东尼敬爱的天神赫剌克勒斯/现在离开他了"①。[22] 在安东尼和克莉奥佩特拉互换衣服这一令人难忘的场景中，安东尼的"菲利皮宝剑"② 变成了女人的"头饰和长袍"[23]，这暗示的不仅是玛尔斯和维纳斯（战争和爱情）的异装，还有孔武有力的英雄赫拉克勒斯和吕底亚女王翁法里，她控制了他的意志，指派他同侍女一起纺纱。后一个故事在文艺复兴时期经常用来提醒人们要提防女性的诡计，但莎士比亚乐于在舞台上展现克莉奥佩特拉的魅力。

虽然《马克·安东尼传》对女主人公表现出了空前浓厚的兴趣，但普鲁塔克叙述的历史结构总是围绕着男主人公的生活而展开。莎士比亚的戏剧改变了这个焦点，转而将克莉奥佩特

422

---

① 《安东尼与克莉奥佩特拉》，罗选民译，北京：外语教学与研究出版社，2015，第113 页。

② 指安东尼在菲利皮之战中击败布鲁图和卡西乌斯时使用的宝剑。

拉的死亡而不是统帅安东尼的殒命作为故事的高潮。这种女性视角站在一直以来支配着历史演进的男性声音的对立面。在叙事声调和语言上，《安东尼与克莉奥佩特拉》称得上一部"女性化"的经典悲剧：埃及的烹饪、华丽的卧榻和打弹子的太监，都与冷峻的罗马建筑和严苛的元老院政事形成了鲜明的对比。

在戏剧的结尾，年轻的屋大维·凯撒开始独自掌管帝国。他将成为奥古斯都，被视为开明帝国君主的化身——成为莎士比亚的赞助人、雄心勃勃的詹姆斯国王的典范。但剧中所有的诗歌呈现出的都是埃及式、伊壁鸠鲁派的风格。从艾诺巴勃斯对锡德纳斯河上的画舫令人神往的回忆，到克莉奥佩特拉为迎接毒蛇的死亡之吻而最后一次穿上王袍，描述女王的语言仿佛对听众产生了魔力。戏剧创造幻象的能力与她魅惑诱人的法术浑然一体。

她堪称完美的女演员，可以随时改变自己的情绪，何时郑重其事，何时嬉笑玩闹，让周围的人捉摸不透。在语言上，她有一种绝妙的天赋，能将高雅语调与充满色欲的粗俗言语结合在一起："啊，幸福的马儿啊，你能够把安东尼驮在你的身上！"[①][24] 她也是莎士比亚悲剧中唯一可与《皆大欢喜》中的罗莎琳德和《威尼斯商人》中的鲍西娅等喜剧女主角相媲美，拥有超群智慧的女性。"富尔维娅死得了吗？"[25] 她假装不相信地问道，此处一语双关，即死亡意指达到性高潮。她这里是在暗示说，罗马人的妻子都是些不解风情的女人。克莉奥佩特拉是长大成人之后的朱丽叶：她对自己的身体拥有绝对的自信，能够从性行为中得到乐趣，是两性关系中的主导。

---

① 《安东尼与克莉奥佩特拉》，罗选民译，北京：外语教学与研究出版社，2015，第31页。

然而，她的能力也有黑暗的一面。她不仅用她的性诱惑和帝王权威来引诱和迷惑男人，还玩弄他们，使他们丧失男性气概。她痛殴带来噩耗的信使。她的主要朝臣是两位侍女，即查米恩和伊拉丝。普鲁塔克曾抱怨说，安东尼整个帝国的事务都是由这两个在卧室里给克莉奥佩特拉梳理头发、佩戴头饰的女人决定的。她的随从中仅有的男性是太监玛狄恩和希腊人艾乐克萨斯，而后者的名字是同性恋性欲的同义词。

莎士比亚既是一位现实主义者，也是一位浪漫主义者；既是一位老练的政治家，也是一位登峰造极的诗人。他对安东尼人生轨迹中大起与大落的表现同样得心应手。他总是既在戏中，又在戏外；在他所创造的戏剧世界中，他既是一个情感投入的参与者，又是一个超然的、冷眼相看的评论者。因此他创造了一个全新的角色艾诺巴勃斯，故事中唯一没有史料记载的主要角色。艾诺巴勃斯身上体现了伊壁鸠鲁和蒙田所推崇的柔韧自我，但可悲的是，他最终认识到，柔韧只会将他领向死亡。他痛斥自己放弃了最重要的伊壁鸠鲁式美德——友谊。他聪明、风趣，既爱与人结伴，又能谨慎地跟人保持距离；他对女人充满了理解和钦佩，但跟男人相处时最觉自在（与茂那斯结盟、与阿格里帕竞争，都能够使他产生一种同性之爱的战栗），他在评价别人时不偏不倚，冷静分析，但当理性凌驾于忠诚之上，导致他抛弃朋友和主人时，他的内心却充满了悲伤和羞愧。艾诺巴勃斯可能是莎士比亚描绘出的最接近自己心灵的写照。

最后的话

莎士比亚单独创作的最后一部戏剧《暴风雨》中的最后一场戏始于普洛斯彼罗，他受到了爱丽儿的启示，决定要宽恕而非复仇——

> 尽管他们罪大恶极令我痛心疾首，
>
> 我还是站在高贵理智这边，
>
> 压抑怒火：难能可贵的举动是
>
> 善行而不是复仇。他们既已悔悟，
>
> 我想达到的唯一目的里就不再增添
>
> 怒气。去，去释放他们，爱丽儿，
>
> 我的法术我要解除，他们的知觉我要恢复，
>
> 让他们变回原来的自己。①26

424

　　此处得到启示的不仅仅是普洛斯彼罗，还有莎士比亚本人。对这一场景有所启发的著作也启示了贡柴罗在该剧早先部分提到的关于理想国家的言论——这部著作就是由约翰·弗洛里奥英译、于 1603 年出版的《蒙田随笔》。

　　在《蒙田随笔》第二卷的中间部分，有一组文章莎士比亚似乎读得特别仔细。《论父子情》论及遗产、家庭管理和因年老而受到的尊敬等问题，这些都是《李尔王》中的主题。之后的一篇讨论了古代帕提亚人的军事战术，《安东尼与克莉奥佩特拉》曾对这一主题进行了细致的描写。再后面的一篇是《论书籍》，蒙田首先推荐的作家就是普鲁塔克。普鲁塔克式的戏剧《雅典的泰门》《科利奥兰纳斯》《安东尼与克莉奥佩特拉》是莎士比亚在詹姆斯一世时代最重要的作品。最后一篇文章是《雷蒙·塞邦赞》，它是《李尔王》中许多想法的重要来源。

　　在《论书籍》和《雷蒙·塞邦赞》之间有一篇名为《论残忍》的文章，它在一开头就表示当善良的倾向受到考验时，真正的美德就会显露出来。

---

① 《暴风雨》，彭静禧译，北京：外语教学与研究出版社，2015，第 85 页。

　　有的人天性温良宽宏，不在乎遭受凌辱，自然是一种难能可贵的举动；然而有的人遭受凌辱勃然大怒，在理智的劝导下，压制了复仇的怒焰，经过一番思量终于自我克制，岂不是更值得称道。①27

　　蒙田笔下"一种难能可贵的举动"启发莎士比亚写下了"难能可贵的举动"，他的"痛心疾首"也改头换面成了莎士比亚的"令我痛心疾首"。但他们之间的联系远远超出了这些词汇层面上的精确呼应。这两个段落都阐述了当"理性"战胜了"复仇"的欲望时，"美德"才能够实现。《论残忍》带着蒙田特有的矛盾性特征，在本质上讨论的是对于怜悯的需求，而这是普洛斯彼罗必须学习的基本美德。28

　　紧接在普洛斯彼罗引用过的这一段之后，蒙田开始为伊壁鸠鲁哲学辩护。蒙田对古代世界受恶语中伤的思想家表现出了明显的同情，这样的描述散见于《蒙田随笔》之中。莎士比亚在阅读蒙田的过程中发现伊壁鸠鲁的以下观点时，很可能会与伊壁鸠鲁惺惺相惜：真正的智慧在于满足地活在当下，而不是焦虑地省思过去和未来；假设一个人的自我可能安置在胃里；认识到法律对社会是必要的，因为"没有法律，人类将互相吞噬"29；承认欲望和感官享受是人类本质的一部分；对斯多葛式坚忍的信仰的质疑——"当伊壁鸠鲁的智者因伤心或烦恼而哭泣时，伊壁鸠鲁不仅能够原谅他这样做，而且会劝服他这样做"30；将文本中或人类相遇的多种可能解释与宇宙中原子的多种可能转向和连接相类比——"我们把事情公开了，把它抛洒得沸沸扬扬。我们从一个主题中创造出一千个主题；在增

---

① 《论残忍》，《蒙田随笔全集》第二卷，马振聘译，上海：上海书店出版社，2009，第83页。为了与原文呼应，引文略有修改。

殖和分裂的过程中，我们又陷入了伊壁鸠鲁原子的无穷无尽之中"[31]；最后是对追求公共荣誉和死后荣名的抵制，可以总结为一句伊壁鸠鲁式的箴言，而它也能够成为莎士比亚最完美的座右铭——隐藏你的生活。

我们需要破除一个古老的迷思，即随着《暴风雨》的落幕，莎士比亚的戏剧生涯也画了句点。他为舞台写下的最后的话语可能不是米兰公爵普洛斯彼罗的台词，而是《两贵亲》结尾处雅典公爵忒修斯的一番话——

> 神啊，令人迷茫，
> 如此来捉弄我们！总是让我们
> 为所缺而欢笑，为拥有而悲伤，
> 脱不了幼稚。让我们对现有的
> 一切表示感激，将无法明了的
> 事情交神明来处理。一起走吧，
> 我们的举止要合乎时刻的变化。[①][32]

426

对于神明和他们愚弄我们的方式，我们只能自嘲地耸耸肩。我们认识到我们从未完全摆脱幼稚及其行为方式。这是一个通过修辞学上的平衡搭配来表达的悖论："总是让我们／为所缺而欢笑，为拥有而悲伤。"我们实在应该为我们所缺乏的感到悲哀，为我们所拥有的感到高兴，但这样的逆转，才是使我们成为人类的真谛：一种悲喜剧式的悲喜交集。对我们所拥有的一切表示感激，并拒绝对"我们无法明了的事情"展开神学或哲学上的争论。如果莎士比亚的告别确实是忒修斯的这番话，而不是普洛斯彼罗的，那么这就将使他身处以下两种观念

---

① 《两贵亲》，张冲译，北京：外语教学与研究出版社，2015，第139~140页。

之间，即伊壁鸠鲁的"我们所知的只是经验，而不是神性"，以及几个世纪后的哲学家路德维希·维特根斯坦（Ludwig Wittgenstein）的自我否定法则："对于不能言说者，我们必须保持沉默。"

最后的命令是"我们的举止要合乎时刻的变化"，这句话乍听起来像是在重述《李尔王》的结语："这国殇的重担我们必须扛上肩。"①33 但其实并不是。《两贵亲》的结局既有丧礼，也有婚礼。葬礼上的烤肉冷却之后依然会摆放在结婚餐桌上，而不再会有痛苦的哈姆莱特抱怨心情的突然变化。会有悲伤，但也会有欢笑。人们会大吃大喝，满足福斯塔夫的伊壁鸠鲁式享乐主义。由此，莎士比亚写下这最后几句台词，将他创造的无边无际的世界浓缩在一个小小的果壳之中。

---

① 《李尔王》，彭静禧译，北京：外语教学与研究出版社，2015，第131页。

25. 退场和再次上场

纪念 W. 莎士比亚大师

莎士比亚，我们很疑惑，为何你这样匆匆离开
从世界的舞台到坟墓的后台。
我们以为你已经死了，但是你付诸铅字的作品
告诉你的观众，你依然一直向前
步入他们雷鸣般的掌声之中。一个演员的技艺
可能会死去，又在下一幕再次出场。
那只是通向死亡的退场；
而这是华丽的再次上场。

——詹姆斯·马贝，收录在《第一对开本》中的纪念诗

根据斯特拉福德镇上流传的小道消息，"莎士比亚、德雷顿和本·琼生有过一次愉快的会面，他们好像喝得太多了，因为莎士比亚似乎就此感染热病去世了"。[1]关于这一点，我们可以在复辟之后不久担任教区牧师的约翰·沃德的日记中找到相关记录。沃德似乎还记下了他打算与莎士比亚当时在世的女儿朱迪斯·奎尼（Judith Quiney，苏珊娜已于 1649 年去世）会面，但她死于 1662 年，当时他还没来得及进行这一文学史上最有价值的会面。因此，对于饮酒聚会传闻的真实性也就没有办法证实。传记作家认为，如果真有这样的事情发生，那一定是在斯特拉福德镇。虽然德雷顿的大部分文学生涯都是在伦敦度过的，但他是沃里克郡人，他的一位女赞助人就住在斯特拉福德郊外的克利福德·钱伯斯村。莎士比亚的女婿约翰·霍尔曾用一种加了紫罗兰糖浆的催吐剂治好了德雷顿的间日热。

428　　　莎士比亚在几个月之前就立好了遗嘱，而通常情况下，一个人只有在认为自己死期将至时才会这样做，所以我们推测，他的身体状况已经不适宜去伦敦旅行了。但这只是一种假设。我们不能否认另一种可能性，即莎士比亚身体状况好转，打算最后一次回到伦敦安排事务，并跟本和迈克尔在美人鱼酒店度过了一个夜晚，在拥挤的人群中感染了热病。由于英国4月的潮湿天气，在返回斯特拉福镇的旅途中他的病情加重了。毕竟，单纯的醉酒通常是不会引起发烧的。

　　也有可能整件事是虚构的：性情暴躁的本·琼生并不喜欢迈克尔·德雷顿，所以他们一起向垂死的莎士比亚告别也纯属幻想。唯一确凿的事实是埃文河畔斯特拉福德镇圣三一教堂的教区记事录里的埋葬记录"绅士威尔·莎士比亚"，教堂圣坛的墓碑上刻着一段诗文诅咒胆敢移动下面尸骨的人，圣坛北墙上的纪念碑记载着莎士比亚逝世于1616年4月23日，终年53岁。同一块纪念碑上还记录着他具有苏格拉底的智慧和维吉尔的技艺，"迅捷的天性同他一起死去了"，然而"他所写下的一切／仍然具有生命，仍在书中发挥着他的才智"。多亏了他的著作，莎士比亚的艺术在他死后依然长青。

　　"一个演员的技艺／可能会死去，又在下一幕再次出场"，詹姆斯·马贝在他为七年后出版的莎士比亚戏剧全集所作的一首纪念诗中这样写道，此诗才思敏捷，然而长久以来一直遭到低估。一个演员在演出的那几个小时内会变成另一个人。每当演出结束，那个人就会死去。在悲剧中，演员表现出死亡和复活的场景，在这一刻说出临终的话，在下一刻又起身鞠躬。然而，舞台上的演员总是知道，在每一场演出结束时，一个有血有肉的形象就此消失，永远不会再回来。那些消融在空气之中的，是麦克白幽暗神秘的"可怜的演员"和普洛斯彼罗的"我们这些演员"，脆弱和易逝就是演员自身特有的形象。正如同马贝所说，演员可以"在下一幕再次出场"，但"那只是通向死亡的退场"。而另一方面，一部出版的戏剧则是"华丽的再次上场"。通过变成铅字的作品，作家可以将欢呼喝彩的辉煌时刻延续几个世纪，也可能是永远，而对于演员来说每天最多持续几分钟，并且在引退之后，就再也听不到了。

《第一对开本》中的每一首赞美纪念诗都以莎士比亚通过他的著作获得了第二人生这一意象结束。在马贝的诗之前是伦纳德·迪格斯的诗，他说斯特拉福德的纪念碑可能会随着时间的流逝而消失，但是"充满智慧的著作"将确保莎士比亚"不但不死，/ 而且头戴桂冠，永生永世"。而在迪格斯诗作之前的诗出自休·霍兰德之手，和马贝一样，他将坟墓的形象比作演员在演出之后回归的"后台"。这首诗将莎士比亚短暂的生命和他长青的作品做了对比："虽然他的生命诗行短暂，/ 但他诗行的生命永远不会消失。"位列这三首短诗之前的，是本·琼生篇幅较长的悼亡诗《追忆我的挚爱，作家威廉·莎士比亚大师和他留给我们的作品》——"作家"一词全部大写，似乎是在暗示作者的长青和演员的已逝之间的对比。琼生悼亡诗结尾处的意象是莎士比亚作品的"光芒"慈爱地照耀并影响着"萎靡的舞台"。[2]

莎士比亚最令人难忘的特质究竟是什么？无论你在哪里寻求，得到的答案都是一样的。在《第一对开本》的题名页上印有雕版作者像，对页上是琼生的另一首诗，诗中说，刻版师很好地描绘了莎士比亚的脸，但如果能"描绘出他的才智"，刻版师就或许会创作出一幅超过艺术史上所有雕版作品的版画。但是，我们当然不可能创作出再现莎士比亚头脑内部和外部的可视化作品，读者就应该翻开书页阅读，而不是仅仅停留在画面上。琼生自己的机智观点是，这部作品本身就是世界上有史以来最伟大的才智所留下的印记。

在他的长诗中，琼生认为莎士比亚的"才智"如此伟大，可能是上天再不会恩赐给世间的。"才智"也是莎士比亚教堂纪念碑铭文中最重要的词语。它在圣三一教堂圣坛的另一块墓碑上再次出现，那是莎士比亚死于1649年的女儿苏珊娜的墓碑："具有超出一般女性的才智……多少是来自莎士比亚的遗传。"因此，对于他那些最初的崇拜者来说，莎士比亚最伟大之处就在于他的"才智"。

对于我们来说，这个词会让人联想起奥斯卡·王尔德俏皮的名言（"除了我的天才，我没什么好申报的"）。然而对于琼生和他的同代人来说，这句话还有更多的意味。古英语中的"才智"一词（"wit"或"gewit"）指的是作为意识和思想中枢的心智，因此失去心智就意味着失去才智。到了16世纪，这个词不仅指思考和论证的能力，还被用来指称某个尤其具有这种能力的人。由于语言是表达思想的手段，所以"才智"与语言天分有着特别的联系——在此，我们可以看到这个词含义更为有限的现代词义的起源。在约翰·弗洛里奥于1598年出版的英意词典《一个词汇的世界》（*A World of Words*）中，意大利语单词"mente"被定义为"灵魂中最高级也是最重要的一个部分，即人的心智、理解力、才智、记忆力、意图、意志、忠告、回想、劝告、审慎、判断、思想、意见、想象、自负、知识、心灵、智慧、远见或先见之明"[3]。在赞扬莎士比亚的才智时，琼生不仅是暗指他出众的语言能力，也是在暗指他一整套的精神力量。

我撰写此书的目的，是要完全从16世纪的角度来探讨莎士比亚的才智。除了他"语言富于才智，言谈诙谐自负或机智优雅"[4]之外，我们还探讨了他的记忆、忠告、审慎、意见、远见和其他。莎士比亚并不像约翰·弥尔顿后来所说的那样，是一个自然的孩子，"啼鸣出野蛮狂热的自然之音"[5]。他是一位了不起的人造的——这个词在 16 世纪是一个具有正面意义的词——作家。用弗洛里奥的定义来说，他是以 accorgimento（警惕、远见、技巧、诡计、机智）和 acutezza（敏锐、方针、微妙、才智或视觉上的活泼），以及 intellétto（理解力、才智、判断力、能力、知识、技能、理性、话语、感知、智力、感觉或判断）来写作的。而这些都是作家、思想家和演说家最受人钦佩的特质。这就是为什么《第一对开本》中收录的第二首诗，即本·琼生精心打造的纪念赞美诗将莎士比亚称为"时代灵魂"。

但莎士比亚是否自认为是一个死后还会一直拥有读者的作家？他的许多十四行诗展现了通过写作来实现不朽这一意象，然而莎士比亚似乎并没有亲自见证他的十四行诗一经写出就付梓，以此来寻求不朽。他在世时没有像本·琼生那样监督自己的作品集出版，这一事实导致人们普遍认为莎士比亚不重视死后的名声。然而，这个故事比广为流传的迷思还要复杂一些。

431

"但我诗章将逃过时间毒手，越千年不朽"

莎士比亚作品的原始手稿已经不复存在，现存唯一保留了他手迹的作品是《托马斯·莫尔爵士》中的一场，但这是一部由多人创作的戏剧，并不能真正地称为"他的"作品。莎士比亚之所以能流传下来，是因为他的作品被印刷出来了。在他的有生之年出版了大约 20 部作品，几乎都以紧凑且相对廉价的形式印刷，可以约略地将它们看作现在的平装书，这些作品被叫作四开本。这个名称来源于这样一个事实：从印刷机上取下来的每一张纸都被折成了四张书页。

首先是《维纳斯与阿都尼》（1593 年）和《鲁克丽丝受辱记》（1594 年）这两首长诗。戏剧的出版始于《这是关于泰特斯·安德洛尼克斯的最悲惨的罗马悲剧，由尊敬的德比、彭布罗克和苏塞克斯这三位伯爵的剧团出演》和《第一部分是约克和兰开斯特这两个著名的家族之争，以及善良的汉弗莱公爵的去世，还有萨福克公爵的流放和死亡、温彻斯特红衣主教的悲惨结局、杰克·凯德的叛乱，以及约克公爵的第一次加冕》。这两部作品都出版于1594年。后者是1623年《第一对开本》中《亨利六世中篇》的一个不同版本。接下来是1595年印刷的《约克公爵的悲剧和好国王亨利六世的死亡，以及兰开斯特和约克家族之间的争执，曾经多次由彭布罗克伯爵阁下的剧团出演》（此剧不是以四开本的形式印刷，而是八开本）。这是1623年《第一对开本》中《亨利六世下篇》的一个不同版本。

　　1597年出版的是《理查二世的悲剧，曾经由宫务大臣供奉剧团多次公开上演》，其中并不包括废黜的场景，那是在一个后来的四开本版本和《第一对开本》中加进去的。同年还出现了《理查三世的悲剧，包含了他背叛兄弟克拉伦斯的阴谋、对他无辜侄子的谋杀、他残暴的篡位，以及他整个可憎的一生和他应得的死亡。最近由宫务大臣供奉剧团上演》，以及《关于罗密欧与朱丽叶的一部绝妙而可堪自负的悲剧，在汉斯顿公爵大人的剧团公开上演时经常会赢得观众热烈的掌声》。后者用以付印的版本简短且多有瑕疵，在1599年被一种新的四开本取代（"新近更正、补充和修正"），后者试图成为一个更权威的文本。

　　1598年又出版了两部戏剧。莎士比亚的喜剧中第一部付梓的是《这是一部令人愉悦的喜剧，名叫爱的徒劳，去年圣诞节曾在公主殿下面前上演。新近由W.莎士比亚做了修订和补充》。这本书的标题将其描述为"新近修订和补充"，这可能意味着以前有过一份质量较差的文本，现在已经遗失了，而印刷新版的目的就是为了取代它。那一年之后还出版了另一部戏剧，《亨利四世的历史，讲述了国王和北方的亨利·珀西爵士

（又名亨利·霍茨波）在什鲁斯伯里的战斗，以及约翰·福斯塔夫爵士的幽默故事》，从重印的次数来看，它是莎士比亚最畅销的戏剧作品。

1600 年是丰收的一年，至少有五部戏剧出版，其中有两部是历史剧，分别是《亨利四世下篇，一直延续到他的死亡和亨利五世的加冕礼，以及约翰·福斯塔夫爵士的幽默和神气活现的毕斯托尔，曾由宫务大臣供奉剧团多次公开上演》和《亨利五世的编年史，记载了亨利五世以及旗官毕斯托尔在法国阿金库尔的战斗，曾由宫务大臣供奉剧团多次公开上演》。后者是另一个简短且多有瑕疵的文本，与《第一对开本》中的版本区别甚大。另外三部是喜剧，分别是《威尼斯商人最精彩的一段故事，讲的是犹太人夏洛克以极端残忍的方式对待商人，从他身上割下一磅肉，以及鲍西娅用三个匣子选夫婿的故事。曾由宫务大臣供奉剧团多次公开上演》、《仲夏夜之梦，曾由宫务大臣供奉剧团多次公开上演》，以及《无事生非，曾由宫务大臣供奉剧团多次公开上演》。

莎士比亚在世时出版的最后一部喜剧是《关于约翰·福斯塔夫爵士和温莎的风流娘儿们的一部最令人愉快、构思最出色的喜剧，夹杂着各式各样、讨人喜欢的幽默故事，其中有威尔士骑士休爵士、乡村法官夏禄和他睿智的兄弟斯兰德大人，还有神气活现的随从毕斯托尔和尼姆。由威廉·莎士比亚创作。曾由宫务大臣剧团在女王陛下御前及其他地方上演》（1602年）。这又是一部简短且多有瑕疵的文本，与莎士比亚去世后出版的《第一对开本》相比有很大的不同。

《威廉·莎士比亚创作的丹麦王子哈姆莱特的悲剧史，曾由国王陛下的剧团在伦敦城、剑桥和牛津两所大学以及其他地方多次公开上演》出版于 1603 年。这也是一个简短且多有瑕疵的文本。与《罗密欧与朱丽叶》一样，它很快被一种新的四开本取代。1604/1605 年的版本宣称其"以真实和完美的文本为依据，新近印刻并增补，力图恢复作品原貌"，试图成为一个更为权威的文本。

接下来是为期三年的沉寂。然后在 1608 年，《威廉·莎士比亚先生创作的真实编年史，记录了李尔王和他的三个女儿的生与死，格洛斯特伯爵的儿子兼继承人爱德加的不幸生活，以及苦汤姆的阴郁和佯装幽默。曾经于圣诞节期间的圣司提反之夜，由国王剧团在白厅为国王陛下演出，他们通常是在河畔的环球剧院表演》问世了。

1609 年出版了三部作品。《备受推崇的新剧泰尔亲王佩力克里斯。将这位王子的全部历史、冒险和命运，以及他的女儿玛丽安娜的出生和生活中发生的同样奇怪和值得注意的意外，全都真实地叙述了出来。曾由国王剧团多次在河畔的环球剧院出演。由威廉·莎士比亚创作》是一部有着严重缺陷的文本，且没有被收录进《第一对开本》，可能是由于没有获得出版许可。《特洛伊罗斯与克瑞西达》出版了两种不同的版本，我们将在下文讨论。这一年出版的还有《莎士比亚的十四行诗，之前从未出版》——此书中还收录了《情人怨，由莎士比亚创作》这首诗，尽管它的题名页上并没有提及这一事实。

在莎士比亚生命的最后七年中，没有新的作品出版。

在 1623 年的《第一对开本》问世之前，莎士比亚有生之年出版的作品中，有几部已经重印了一次或多次。莎士比亚在世时出版的几部他人的作品也被归在他的名下，其中包括篇幅不长的歌谣集《热情的朝圣者》（首次出版于 1598 年或 1599 年，收录了莎士比亚和其他一些不明作者的诗歌），一些绝对不是出自他手的戏剧［比如《约翰·奥德卡索爵士上篇》（*The first part of the life of Sir John Oldcastle*）］，还有由他的剧团演出，因而与他多少有点关系的戏剧［比如《伦敦浪子》(*The London Prodigal*)和《约克郡悲剧》(*A Yorkshire Tragedy*)〕。

从这些四开本的题名页上,我们可以识别出一种清晰的模式。书的题名页就像广告一样,可以一窥全书的内容,它们特别强调关于战争和谋略的情节,还有一系列剧作强调剧中某些人物(福斯塔夫、皮斯托尔、埃文斯、在《李尔王》中扮演苦汤姆的爱德加)的"性情"(言语上的狂妄)。从 16 世纪 90 年代末开始,莎士比亚的名字成为一个卖点。大部分剧作的题名页都强调了这些戏剧在舞台上取得的成功,有些则强调了它们曾在宫廷上演的事实。在少数情况下,出新版的目的是为了取代有缺陷的早期版本(如《罗密欧与朱丽叶》《哈姆莱特》,可能还有《爱的徒劳》)。

这些剧作的出版模式可以反映出需求的激增或市场的萧条。1594~1595 年、1597~1600 年、1602~1605 年以及 1608~1609 年出版了大批新作。莎士比亚在世时出版了 7 部历史剧、6 部喜剧和 5 部悲剧,这表明他这三种体裁的作品都受到了推崇,但从重印的数量来看,历史剧和悲剧显然拥有更多的读者。

总而言之,这些四开本在印刷质量、授权程度和印刷底本的性质上各不相同。其中一些,比如篇幅更长的第二版《哈姆莱特》和《罗密欧与朱丽叶》,可能更适合被看作经过莎士比亚和 / 或他的同伴授权的"文学"或"阅读"文本,而其他剧作,如篇幅较短的第一版四开本《哈姆莱特》和《罗密欧与朱丽叶》非常吸引人地再现了莎士比亚早期作品呈现在舞台上时的结构和大量删节,但不是对于莎士比亚本人写下的文字的精确记录。四开本是"原始的"或"当时的"莎士比亚,而不是"校订过的"或"收录在作品集中的"莎士比亚。

1619 年,出版商托马斯·帕维尔(Thomas Pavier)出版了《亨利五世》、两本之前出版过的《亨利六世》系列历史剧（合名为《两大著名家族兰开斯特和约克之间的斗争》）、《李尔王》、《威尼斯商人》、《温莎的风流娘儿们》、《仲夏夜之梦》、《泰尔亲王佩力克里斯》，还有其他两部也被认为出自莎士比亚之手的戏剧（《约翰·奥德卡索爵士上篇》和《约克郡悲剧》）。这些剧作的页码全部是连续的，这表明这套作品意在成为某种形式上的"莎士比亚作品集"。这样的作品集是有先例的。早在三年前，即1616年，本·琼生就成为第一个把自己在公共舞台上演过的剧作结集出版的剧作家，尽管他在其中还收录了一些更加高尚、更加体面的作品，即诗歌和宫廷假面剧。

在他们的赞助人彭布罗克伯爵的帮助下，国王剧团的主要演员（理查德·白贝芝、约翰·海明斯和亨利·康德尔）获得了一项指令，禁止帕维尔或其他任何人继续推进这样的出版工作。也许就是在这个时候，演员们开始考虑自己出版一部莎士比亚作品集的可能性。1619年晚些时候白贝芝就去世了，因此，这一工作是由海明斯和康德尔来推进的。材料收集和印刷开始于1621年。《第一对开本》（得名自其成书尺寸很大、书页由全开纸对折而成）最终于1623年问世，其中包括36部剧作，但是没有收录诗歌或十四行诗。这些作品包括莎士比亚在世时出版的18部剧作中的17部（遗漏了《泰尔亲王佩力克里斯》——而且《特洛伊罗斯与克瑞西达》也差一点成为遗珠，因为它的出版许可一直到了最后时刻，也就是全套书都印刷完毕之后才获批，所以这部剧作也没有被列入目录）、《奥瑟罗》（《奥瑟罗》出版过单独的四开本，当时《第一对开本》仍在筹备之中），另外还有18部从未出版过的剧作（虽然其中有几部早些时候已经获得了出版许可，但一直没有付梓）。如果没有《第一对开本》，18部剧作很可能就不会流传后世，它们是《暴风雨》《维洛那二绅士》《一报还一报》《错误的喜剧》《皆大欢喜》《驯悍记》《终成眷属》《第十二夜》《冬天的故事》《约翰王》《亨利六世上篇》《亨利八世》《科利奥兰纳斯》《雅典的泰门》《尤力乌斯·凯撒》《麦克白》《安东尼与克莉奥佩特拉》《辛白林》。

传统观点认为，这些晚期的剧作并没有在莎士比亚的有生之年出版，这意味着他并不关心自己的作品是否有人阅读，也不关心自己的作品能否在死后流传。一些四开本的低劣质量和似乎未经授权的状态也成为支持这一论点的证据。然而，有一种强烈的反对意见认为，其他的多种四开本质量出色，并似乎得到了授权，这表明莎士比亚确实在意有人阅读他的作品和他的作品能在身后流传不衰。除了宫廷剧作家约翰·黎里之外，在16世纪八九十年代，剧作家的名字甚少出现在剧作的题名页上，但从16世纪90年代末开始，莎士比亚剧作的题名页上就十分显眼地写上了他的名字。喜剧通常被认为是无足轻重的作品，主要是为了在舞台上演出，也可能会针对那些地位不太高的读者。然而，历史剧和悲剧有时会被认为是庄严人士的上佳读物。莎士比亚在伊丽莎白时代创作的许多历史剧和悲剧都适时出版并且质量上乘，想必是得到了授权。以《罗密欧与朱丽叶》和《哈姆莱特》为例，出版商似乎有意识地想要成就一种良好的阅读文本，而不是未经授权、粗制滥造的舞台脚本。

《维罗纳二绅士》和《错误的喜剧》是早期的短篇喜剧。《驯悍记》和《约翰王》似乎是对莎士比亚在世时出版的早先剧作的改编，有可能是想要冒充成出自莎士比亚之手的作品。《亨利六世上篇》是一部合作剧本，而不是莎士比亚的独笔之作。《皆大欢喜》在完成后不久就做了出版登记，尽管它当时并未出版。将这六部从莎士比亚死后才出版的剧作清单中删除，一个惊人的事实就会浮出水面，即其他13部戏剧中有12

437

部写于 1600 年后，其中有 11 部是在 1603 年詹姆斯一世即位后问世的。

这一遭到忽视的统计数据能够与其他证据相印证，即随着 1603~1604 年瘟疫暴发以及当时可能存在的关于他名誉的丑闻，莎士比亚部分退出了戏剧界和文学界。我们可以借此把他的职业生涯分成两个阶段，确切地说就像我早先提出的那样，伊丽莎白时代的莎士比亚是一位英格兰作家，而詹姆斯一世时代的莎士比亚则是一位不列颠作家。伊丽莎白时代的莎士比亚确实留心于出版那些他自认为十分重要的作品，而詹姆斯一世时代的莎士比亚对此则毫不在意。

然而有趣的是，在 1608 年和 1609 年瘟疫肆虐的时期，似乎确实有人着意将莎士比亚重新塑造成一个"有文学价值的剧作家"[6]。1608 年《李尔王》的题名页上提到了他曾经应邀为王室演出，但"真正的编年史"这样的措辞表明，买书的人获得的是与其他历史书籍一样值得一读的文本，而不仅仅是一段舞台上的幻象。1609 年出版的四开本《特洛伊罗斯与克瑞西达》更能说明问题。这部作品有两种完全独立的版本。其中一种题名页上写着《特洛伊罗斯与克瑞西达。曾由国王剧团在环球剧院上演。由威廉·莎士比亚创作》。另一种版本的题名页则完全没有提到上演的情况：《特洛伊罗斯和克瑞西德（Cresseid）的著名历史。开头部分巧妙地表现了他们爱情的缘起，以及吕西亚王子潘达洛斯的自负撮合。由威廉·莎士比亚创作》。此外，第二种版本还包括一篇序言，声明此剧是专供读者阅读而不是作为舞台剧本创作的——

> 永恒的读者，你现在看到的是一部新戏，从未沾染过舞台的尘埃，从未闻听过粗俗之辈手掌噼里啪啦的节拍，却能赢得喜剧行家里手的一致喝彩；因为它来自你们对任

何喜剧从不徒然肯定的头脑。但愿只是把喜剧那些虚夸的题目改成寻常的商品名称，或诚恳的戏剧题目，你会发现所有那些重要的审查者，虽则他们现在都迎合这种虚荣浮华，就会众口一词夸耀它们的庄严的主要魅力，尤其对这个作者的喜剧，其对人生的描写如此贴切精辟，可以看作对我们生活中所有行为之最具代表性的揭示，如此娴熟地表现了才智的机敏和力量，以至于最不喜戏剧者亦喜看他之喜剧。所有从未能体会喜剧之才智的乏味而严肃的世间俗人，根据他们对其喜剧的效果表现前来观看，发现那里有他们从未在自身发现的智慧，离开时比他们来时更加机智：感觉到比以往任何时候都多的才智之锋芒，超过他们曾梦想自己所能承受的分量。在他的喜剧中，才智如此之多，对才智的享受如此之酣畅，就其快乐的巅峰而言，它们仿佛产生于诞生过美与爱神的维纳斯的海洋。才智诙谐多如是，闻所未闻。①

一些学者曾经从序言的某些措辞中推断出（这样的推断多少可以理解，但在我看来是错误的），《特洛伊罗斯与克瑞西达》是为私人演出而创作的，或许就是为了律师学院那些人情练达的学生，他们能够欣赏剧中的正式辩论和精巧修辞。但是潘达洛斯所使用的语言，以及他直接提到"嘴巴严的年轻女士""倚门卖笑的哥们姐们""温彻斯特妞儿们"（意为南沃克区的妓女）⁷，暗示着这出戏的观众是环球剧场中形形色色的男女，而不是律师学院中那些为数不多的精英男性。我们没有理由怀疑，用其他四开本的题名页上的话来说，此剧"曾由国

---

① 《特洛伊罗斯与克瑞西达》，刁克利译，北京：外语教学与研究出版社，2015，第144页。

王剧团在环球剧院上演"。有人认为《特洛伊罗斯与克瑞西达》在某种程度上看来过于挑战脑力，不适合公共剧场，因此是专为精英的"私人"品位创作的，这种说法纯粹是纡尊降贵。莎士比亚和他的同代人为环球剧场创作的许多戏剧在施展脑力的同时，也不乏私情和床笫方面的趣味。

439　　《特洛伊罗斯与克瑞西达》这篇序言的全部用意在于捍卫莎士比亚那超凡脱俗的才智。"才智""富于才智"和"出于才智"这三个词多次重复。这篇序言所表达的观点是，即使是不喜欢看戏的人，也可以通过阅读莎士比亚的作品来了解"我们生活中所有行为"。这篇序言主张莎士比亚拥有文学剧作家的地位，他的作品值得一读。开头"从未沾染过舞台的尘埃"等措辞之后还有一个解释说明"因为它来自你们对任何喜剧从不徒然肯定的头脑"。这句话的意思大致应该是：现在拿在你手里的是一部著作，而不是一个舞台剧本；严肃的读者（"一个永远的读者"）在阅读此书的时候，都会自己在脑海中构建出这部戏剧。读者坐在书房中阅读这一文本，它在他们的脑海中活了起来：它"从未沾染过舞台的尘埃，从未闻听过粗俗之辈手掌噼里啪啦的节拍"。这是一种笼统的说法，与约翰逊博士在 1765 年为莎士比亚作品集所作的前言中说的"读剧本就像看戏一样，能够感染人的心灵"正好相反。《特洛伊罗斯与克瑞西达》序言的作者并不是说这部戏剧从未公开上演过，而是意指出版的剧本与舞台剧本不同，而且前者比后者更有价值。

　　人们可能会认为这两种不同的题名页不过是营销策略。如果你爱看戏，总是会在第一时间抢购剧本，你可以买"在环球剧院上演过"的版本，但如果你是一个精于阅读的人（一个"永远的读者"），认为剧场实在是太粗俗了，那么你可以买另一种题名页的版本，这一版本看起来像是一本跟舞台毫无关系的历史著作，再加上这样的序言，阅读体验就更加良好。现代一个类似的例子是，改编成电影往往会导致经典作品或文学小说的封面改头换面——"经典"风格的封面是为那些更加自命不凡的读者准备的，他们可不想被人认为是因为电影才买书的，但是还有另外一种版本专为电影观众而设，书中的内容完全相同，但是换上了展示明星主角的封面。无论《特洛伊罗斯与克瑞西达》发行两种不同版本是否有意为之，序言中十分老练的说法，即读者可以在他的大脑中构建出一部莎士比亚的戏剧，是莎士比亚在文学史中留下名字的一个重要时刻。

那么，为何没有后续呢？此时出版《尤力乌斯·凯撒》《科利奥兰纳斯》《安东尼和克莉奥佩特拉》等高雅戏剧，使莎士比亚不仅成为舞台上的普鲁塔克，还成为书页里的普鲁塔克，可以说是再合适不过了。然而这个问题的答案我们根本就无从得知。如果 1609 年的十四行诗集真的是未经授权的，如果它们确实被认定带有淫荡甚至鸡奸的味道，那么莎士比亚可能已经被逐出了出版界。但这又会把我们带回到毫无边际的臆测之中。

440

"那么，就一遍又一遍读他吧"

然而，我们确实可以知道在莎士比亚生前和死后，人们是如何阅读他的作品的。最早有人提及的是他的诗歌。《维纳斯与阿都尼》尤其受到大学生和其他有才智的年轻人的喜爱。毫无疑问，这是那个时代最畅销的长诗，从大量引用它的文献来看，人们认为它既有趣又相当刺激，甚至可以当作一本诱惑指南来读。《鲁克丽丝受辱记》涉及的题材更加庄重，也许莎士比亚更乐于出版他的悲剧和历史剧而不是喜剧，因为他希望读者将他认真地当成作家来对待。

在文艺复兴时期，受过教育的读者往往会给他们的书做注解。一本 1603 年弗洛里奥翻译的《蒙田随笔》表明 [8]，它的主人是为求知而读书，例如，在所有的历史人名下面都划了线；为了培养更好的判断力而读书，例如，蒙田在一段话中认为应该待王侯死后再评判他们的行为，在这段话旁这位读者写下了页边注"圣人或智者"。这位典型的读者在零星的智慧箴言和知识下面画了线，在他同意的地方打了勾（例如，"对于我们思想的无序和任性，是怎么抱怨都不为过的"），但有时也会表达他的异议，如在"他们乐于用麻木来愉悦和满足自己的感官，靠死亡来生存"这句话旁边写下了掷地有声的旁注："不！"文艺复兴时期的读者不仅从他们读的书中汲取智慧，还针对书中的看法提出自己的观点，即他们读书是为了学习，但也是为了讨论。

这一过程也体现在一些现存的莎士比亚《第一对开本》的旁注中。保存在格拉斯哥的那一本中，主要演员的名单上潦草地写着一些耐人寻味的注释，在书的开头部分也有一些对喜剧的简要注释：《暴风雨》"写得很好"，《维洛那二绅士》"毫无价值"，《温莎的风流娘儿们》"非常好，轻快"。书中令人赞叹的段落下面画了线，书页边缘处写着注释"ap"（可能意为"approbo"，即"我赞同"），强调了读者的认同。这种阅读方式强调的是美，是值得摘抄的、独特的道德观点，这与早期现代读者对待古典文本和严肃历史著作的方式是一致的。

注释最为详尽的一套《第一对开本》现在存放在日本明星大学的儿玉纪念图书馆（Kodama Memorial Library of Meisei University）中。[9] 在 17 世纪早期到中期，它曾属于一个名叫威廉·约翰斯通（William Johnstoune）的人。这些注释是以文书体①写成的：为了让读者感受到它们与莎士比亚

---

① 文书体（Secretary hand）是 16、17 世纪流行于欧洲的一种书写字体，一般用来书写英语、德语、威尔士语和盖尔语。

所处时代的紧密联系，这里引用它们的原始拼写方式。

有时，这些注释包含了对情节的细节提醒，比如"塔摩拉被送到了黑皮肤摩尔人艾伦的床上"（《泰特斯·安德洛尼克斯》）。但也有广泛的美学和道德判断。因此，在《一报还一报》的结尾处写下了这样一句话："冒险往往有美好结局。"对《威尼斯商人》高潮部分的注释为——

> 机智的恐惧被唤起，随即被公正地扑灭
>
> 想象出的恐惧和损失，都愉快地得到了补偿
>
> 错综复杂的状况被一一澄清，结局皆大欢喜

在很多地方，写着直接从文本中抄录的箴言——关于道德智慧的片段。《暴风雨》开头几幕的注释表明了注释者的阅读方式是如何从对于剧中情节和情感的初步总结，过渡到道德结论或一项"明智之举"——

> 海上暴风雨中的恐惧和混乱
>
> 对危险嗤之以鼻
>
> 预示了一个命中注定要被绞死的人
>
> 大臣也无法左右天气
>
> 君主们太过书呆子气，头脑简单
>
> 对死于海难的人深表同情
>
> 跟帝国相比，更热爱学识
>
> 被追名逐利的君主和人们滥用的权力
>
> 他们的忘恩负义以及野心

442

批注者似乎认为《暴风雨》是这些喜剧中不同寻常的政治剧。总的来说，他在喜剧中关注的重点是女人、爱情和婚姻。

他将诗歌视为情爱欲望的载体，"诗歌创造了欲念……诗歌的强大力量"（《维洛那二绅士》）。他还意识到，父母的意志并不总是会带来幸福——"强迫的婚姻并不幸福"（《温莎的风流娘儿们》的最后一个注释）。

只要出现了概括的句子，就往往会被抄录在页边上，"那些哲人一旦牙疼起来，还不是疼得要顿足捶胸"（《无事生非》）。大致说来，这位注释者也拥有那个时代的道德观念和偏见，"犹太人的观点……他们可恶的誓言……歪曲《圣经》来为自己狡辩"（《威尼斯商人》）。但与此同时，他也敏锐地跟上了莎士比亚更为灵活的思维方式。因此，对于那一段著名的台词"犹太人不长眼睛吗"，他的注释从"犹太人的悲惨遭遇和复仇心理"一直写到"此人与他人并无不同，都心怀欲望和慈悲之心"。

如果注释确实出自他手，那么约翰斯通是在寻找关于如何实现美好生活的建议。他在《威尼斯商人》中写道："讨厌音乐的人粗野而不可信任"。他在《皆大欢喜》中写道："隐退生活既安稳又幸福。"他似乎并不是特别善于反驳。他曾潦草地写下"反对残酷地杀戮无辜的小鹿"，却没有看到杰奎斯对公爵所推崇的"隐退生活既安稳又幸福"这一理念提出了批评。他也不能完全理解莎士比亚对罗莎琳德的微妙描述——"一个女人永远不需要为她的错误找借口"——是约翰斯通尽其所能对她做出的最宽容的评价。而且，毫无疑问，他也没有看出《驯悍记》结尾处的讽刺意味："使这样一个未嫁和初婚时都令人难以容忍的悍妇变得忠诚而温存，这无疑是丈夫的责骂之功……妻子有义务真正地服从丈夫。"

在关于《皆大团圆》的评论中有一些非常正统的观点，同《暴风雨》类似，《皆大团圆》也被认为是一部比较严肃且涉及政治的喜剧——

欲望导致了战争

臣下不应受到国家事务的困扰

多么慈祥的婆婆啊

战争可以让躁动不安的年轻人平静下来

与此同时，对人物的评判往往是黑白分明的："海伦应受称赞……黛安娜声称自己同伯爵已有婚约，而伯爵诽谤她撒了个弥天大谎。"这与莎士比亚自己（在这部戏剧中明确地表达出来）的理念形成了鲜明对比，莎士比亚认为我们的生活之网是由一团杂色纱线编织而成的，在不幸之中总会有点滴闪烁的善意（反之亦然）。

通过那些对历史剧的评论，我们可以再次感受到这是一个了解莎士比亚技巧的聪明读者——"观众必须用想象力来对待舞台上难以置信的表现的奇异性"（《亨利五世》的开场白）——但又有谁想在现代评论家更乐于发现怀疑和讽刺的地方找到确定性呢，"国王们具有对一切美德、政治和军事的卓越智慧和知识"（《哈利王》）。这里特别指出，"国王意识到神明对于王子们施加的诅咒，这使得战争变得愈发激烈了"。但约翰斯通并没有将这一见解与此剧的收场白联系起来，而后者揭示的正是英格兰遭受了哈利国王的早逝和随后灾难性的内战所导致的噩运。

从这些笔记看，约翰斯通很有可能是一位绅士。他对那些可能会吸引剧院后排站票观众的下层社会角色几乎没有同情：他把尼姆下士和巴道夫中尉之间的争执斥为"流氓与娼妓之间的愚蠢争吵"。

偶尔会有一个注释体现出他比许多更现代、更老练的批判性读者更关注文本。"再一次决裂吧，亲爱的朋友们"被解读为"鼓励了那些毫不留情的、战争中的残酷行为"，哈利王亲

444 自发声"劝诫所有的绅士和仆从"。在这里，约翰斯通认为演说的不同部分针对的是军队中的不同群体。而人们通常的观点是，哈利王出于一种真正的同志身份，将他的整个军队都称为"朋友"。注释中对绅士与仆从的细致区分能够使人看出，这篇演讲具有古典修辞的特征，即其实际上可以分为三个部分。国王先是对他亲密的"朋友"——这个词通常意味着"亲戚"——致辞，也就是那些领导军队的王室同伴（埃克塞特、贝德福德、格洛斯特）。然后他向军官阶层致辞，最后才是普通士兵。演讲中充斥着一种强烈的等级感，尽管主题都是关于平等的兄弟情谊。

约翰斯通对《罗密欧与朱丽叶》几乎没有兴趣，但他却为《雅典的泰门》写下了大量的注解。此剧的主题是友谊和忘恩负义，对于债权人和假朋友的担忧，这使它成为一部非常适合绅士观赏的戏剧。这部后来成为莎士比亚最被忽视的剧作之一的作品，如何为这位早期读者提供了比莎士比亚最受欢迎的作品更多的思考"素材"，这对于我们来说是很有启发性的。同样具有启发性的是，一些对于我们来说是戏剧主题的内容，在早期的读者看来却是无足轻重的：《奥瑟罗》中关于女性欲望和嫉妒之苦的旁注随处可见，但这些注释对种族问题却只字不提。

约翰斯通的观点可能看起来平平无奇，但其朴实敏锐的洞察力却能够让我们了解到为何他觉得认真阅读莎士比亚是值得的。他关于《安东尼与克莉奥佩特拉》的第一个注释写道："战场上的勇气都变成了女性化的欲望。"这可能只是对该剧中第一段对白的一个转述，但它开门见山，瞬间概括了中心主题，并将该剧安置在古典人文主义的传统中。"交易"与"悠闲"、男性化的行为与女性化的欲望、公共义务与私人激情之间的冲突，都是对希腊与罗马基础文本进行人文主义理解的核心问题。克莉奥佩特拉和特洛伊的海伦，奥德修斯在回家的路上遇到的那些让人分心的女人，维吉尔描写的狄多，更不用提奥维德笔下的众多妖孽，这些女人都是英勇战功和公民服务的障碍。

现代评论家常常为李尔王在戏剧一开始就拒绝蔻迪莉娅和肯特而困扰。而约翰斯通只是简单地在贡妮芮和丽根的台词旁边写下"谄媚蒙蔽了国王的双眼"。要小心那些阿谀奉承的人，这又是一条典型的人文主义建议。"蒙蔽"这个词所引发的联想已经不需要再解释了：在读者尚未发觉之前，戏剧结构的意象已经影响了他。

我们有时会认为，细读莎士比亚是一种晚近的现象，起源于 18 世纪莎士比亚崇拜现象的兴起。我们认为当时歌德和塞缪尔·泰勒·柯勒律治开始以一种前所未有的崇敬，仔细研读了哈姆莱特的独白。然而，我们的这位注释者在《第一对开本》刚刚问世的那个年代，手中握笔从头到尾细读了"生存还是毁灭"这一段独白，在每一行的前几个单词下面都画了一笔，来标记他仔细阅读并思考过这一段文字。"我们应该用极端的耐心来克服我们的灵魂和激情，还是应该在绝望地寻求报复的过程中死去？"他在页边空白处这样写道，已经认识到像蒙田一样的自我审问精神是哈姆莱特的标志性特征。

这本对开本中的注释表明，人们是以莎士比亚阅读他的素材来源——如诺斯翻译的普鲁塔克——的方式来阅读他的作品的，他的作品一经印行就成了经典的人文主义著作、智慧的宝库和争辩的由头。但其实这个过程在戏剧首演的时候就已经开始了。关于莎士比亚戏剧的一场特定演出，我们拥有的最早的、无可争议的资料是 1594 年 12 月 28 日在格雷律师学院狂欢活动上的记录——"由演员上演了《错误的戏剧》〔类似于普劳图斯的《孪生兄弟》（*Menechmus*）］。"[10] 这里将此剧的性质定为对一个古典题材的模仿。学生约翰·曼宁汉姆对1602年2月2日圣烛节那天在中殿律师学院上演的《第十二夜》也做了同样的描述——

> 在我们的宴会上演了一出戏，叫《第十二夜，或如你所愿》，这出戏很像《错误的喜剧》，或者是普劳图斯的《孪生兄弟》，但更像并更接近于一出在意大利语中叫作《因加尼》的戏剧。这出戏出色地表现了管家以为守寡的夫人爱上了他，因为有人以夫人的口吻给管家写了一封信，描绘他身上最讨夫人喜欢的地方，并规定他应该以什么样的姿态微笑、着装等，然后，当他开始行动时，又让他相信大家都以为他疯了。[11]

当观看和思考这部戏剧时，曼宁汉姆是通过一种具有文学传统的技艺，即"比较"来阅读的——"更像并更接近于"——并以发掘其中的"出色表现"为目的。这是一种人文主义的阅读模式，将莎士比亚视为经典，即使他的剧团进行的只是一种初始阶段的表演。本·琼生在《第一对开本》中的献诗，是一种甚至在写下之前就已经成真的预言——

> 得意吧，我的不列颠，你拿得出一个人，
>
> 他可以折服欧罗巴全部的戏文。
>
> 他不属于一个时代而属于所有的世纪！
>
> 所有的诗才都还在全盛时期，
>
> 他出来就像阿波罗耸动了听闻，
>
> 或者像墨丘利颠倒了我们的神魂。
>
> 天籁本身以他的心裁而得意，

穿起他的诗句来好不欢喜！

它们是织得多富丽，缝得多合适！

从此她不愿叫别的才子来裁制。

轻松的希腊人，尖刻的阿里斯托芬，

利落的泰伦斯，机智的普劳图斯，到如今

索然无味了，陈旧了，冷清清上了架，

都因为他们并不是天籁世家。①12

"看吧 / 不是看他的像，而是看他的书"

　　根据 17 世纪后期约翰·奥布里（John Aubrey）所述的一种传闻，莎士比亚每年都会回到斯特拉福德镇家中省亲。途中他会在牛津停留，下榻于戴夫南特夫妇（Davenants）开的王冠客栈（Crown Inn）。戴夫南特的儿子威廉出生于 1606 年，他长大后成为剧作家、剧院经理、桂冠诗人、莎士比亚戏剧的改编者和关于莎士比亚记忆的崇拜者。几乎可以肯定，威廉·戴夫南特是莎士比亚的教子，几杯酒下肚之后，他往往就会宣称自己是他的亲生儿子。这幅人称钱多斯肖像的画像——像意大利人那样肤色黝黑，戴着一只戏剧感十足的耳环——其所有权可以一直追溯到戴夫南特，这使得它成为那个时代众多一厢情愿的"莎士比亚大师"肖像画中最可信的一幅。但是，唯一可以确定无疑地代表莎士比亚的是《第一对开本》题名页上的那个头顶光秃秃的形象，本·琼生的诗可以作为旁证，确定雕版画匠确实将他的脸描绘得栩栩如生。几乎可以肯定，这幅版画取材于一幅现已失传的肖像画，而不是莎士比亚本人，它的问题在于制作粗糙，未能表

447

---

　　① 《莎士比亚评论汇编（上）》，杨周翰编选，北京：中国社会科学出版社，1979，第19 页。此诗由卞之琳翻译。

现出莎士比亚的内心世界。

琼生利用了这一不足，他在诗中指出，莎士比亚的精髓在于"才智"，而不是"形象"。因此，读者应该"看吧 / 不是看他的像，而是看他的书"。尽管我们还会继续搜寻莎士比亚的形象，也许会出现新的面孔和虚假的开端，但我们对他的外貌和个人特征知之甚少，所以这也是无可厚非的。对于他的笔迹来说情况也多少有些类似。他的签名确实存在于形形色色的法律文件中，但律师代表客户来签名在当时并不罕见。鉴定身份的概念本身就已经过时，更不用说鉴定笔迹了。遗嘱结尾处的几个字"由我，威廉·沙克斯佩尔"（William Shakspeare）很可能就是出自他本人之手，但这也并不是确定无疑的。他的脸和笔迹的难以捉摸，与他通过专注于自己的作品而隐藏自身的过程是一致的。

最后，我们拥有的只是那些作品，为此，我们应该感谢约翰·海明斯和亨利·康德尔，他们为《第一对开本》的出版收集了素材。因此，本书将以一首感人至深却又鲜为人知的赞美诗结尾。该诗的作者不详，但现存的文本出现在一卷 17 世纪早期收藏的手稿之中，该手稿原本属于索尔兹伯里家族，《爱的殉道者》就是为这个家族而创作的，书中收录了莎士比亚关于凤凰和斑鸠的美丽诗篇，它体现了"美丽、真实与珍贵，/ 朴素中蕴含的优雅"。

448　　　　致我的好友，约翰·海明斯和亨利·康德尔先生

你们同心协力，不畏艰难，

使我们有幸聆听这些高贵的诗句，

你们的荣光虽然无人言说，

但你们取悦了生者，衷心地爱戴着死者，

从大地之中挖掘出更富饶的金矿

胜过科尔特斯 ① 和他手下的一伙

同伴：他们挖出的只是金子，

而你们得到的则是多重的珍藏。13

　　当约翰·济慈第一次打开伊丽莎白时代乔治·查普曼翻译的《伊利亚特》时，他感觉自己就像站在山顶的科尔特斯，眺望着一片光辉灿烂的新文学海洋。对于这首诗的匿名作者来说，海明斯和康德尔的功劳更甚于科尔特斯。后者在新大陆搜寻黄金，而他们"从大地之中挖掘出"的财富是"多重的珍藏"：他们使莎士比亚的戏剧免于被人遗忘。

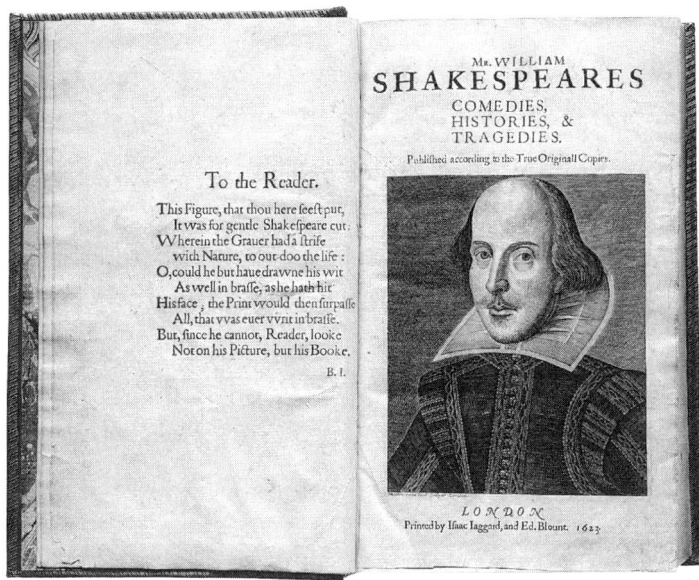

To the Reader.

This Figure, that thou here seest put,
It was for gentle Shakespeare cut.
Wherein the Grauer had a strife
with Nature, to out-doo the life :
O, could he but haue drawne his wit
As well in brasse, as he hath hit
His face ; the Print would then surpasse
All, that vvas euer vvrit in brasse.
But, since he cannot, Reader, looke
Not on his Picture, but his Booke.
　　　　　　　　　B. I.

Mr. WILLIAM
SHAKESPEARES
COMEDIES,
HISTORIES, &
TRAGEDIES.
Published according to the True Originall Copies.

LONDON
Printed by Isaac Iaggard, and Ed. Blount. 1623.

① 科尔特斯（Cortez），西班牙贵族，大航海时代的探险家，阿兹特克帝国的征服者，在南美洲征敛了大量黄金。

致　谢

　　本书结合历史文化语境进行的莎士比亚研究始于十多年前，当时我有幸获得了英国社会科学院的高级讲师一职，以及华盛顿特区福尔杰莎士比亚图书馆（Folger Shakespeare Library）和加州圣马力诺亨廷顿图书馆（Huntington Library）的访问学者奖学金。非常感谢沃里克大学为我提供了一个学期的学习假。对于这个酝酿已久的项目来说，最有价值的激励是来自西蒙·卡洛（Simon Callow）的请求，他想要为文化"时刻"撰写一部关于莎士比亚的独角戏剧本。正是这种戏剧性的介入，使我产生了按照杰奎斯的人生七个时期来组织故事的想法：我向他致以最真挚的感谢和殷切的期待。

　　此书部分初稿在几年的时间里以讲座和论文的形式进行了分享：我很感谢邀请我参加这些活动，也感谢读者的反馈和建议［特别感谢玛丽女王学院的沃伦·布彻和大卫·科尔克拉夫］。昆汀·斯金纳坚持语境对于从思想史角度理解意义的重要性，这对我来说是一种知识启迪。各章节初稿受益于同事和专家的评论。我特别要感谢阅读了"学童"部分的彼得·麦克，感谢科林·伯罗查看了我对十四行诗的解读，感谢保罗·哈默、加布里埃尔·伊根和辛迪亚·克莱格对于埃塞克斯人的评论（2008年我在英国社会科学院做关于莎士比亚的演讲时，采用了后者的缩略版）。保罗·拉菲尔德、加里·瓦特和约翰·贝克爵士在"法官"部分的一些要点上对我提供了帮助，还有莎士比亚出生地基金会的罗伯特·比尔曼、中殿律师学院的档案管理员莱斯利·怀特劳，以及罗伯特·佩珀，他（出于某种原因）让我首次注意到了约翰·哈本。斯坦利·威尔斯对我一些异想天开的看法提出了善意的质疑。维基·艾龙芒格帮忙整理了参考资料。

由于我小女儿的肾功能衰竭和随后的移植，本书的完成推迟了一段时期。我对医学界和捐赠者一家的感激之情在此不再赘述。在这里，我要感谢的是纽约兰登书屋的大卫·埃伯肖夫以及伦敦维京企鹅图书公司的玛丽·蒙特，感谢他们的宽容，以及对项目的信心——感谢他们在我最终交稿之后提出宝贵的改进建议。还要感谢维京公司的威尔·哈蒙德和埃洛·戈登，以及我的审稿编辑珍妮特·泰瑞尔。无与伦比的安德鲁·威利确保了这一项目完成，并在我萎靡不振的时候让我重新振作起来。

当我纠结于莎士比亚对文艺复兴时期新斯多葛主义的态度时，宝拉、汤姆和埃莉在逆境中表现出了英雄主义的决心——他们给了我足够的空间来完成本书和莎士比亚全集的编撰工作，对此我简直无法表达自己的感激之情。哈里当时还处于他人生七个时期中的第一个，他太年幼了，无法理解混乱和劳作都意味着什么，但是他的微笑和开朗性格使我的每一天都充满意义。

注　释

前　言

1　Patrick Cruttwell, *The Shakespearean Moment and its Place in the Poetry of the 17th Century* (1954), especially chap. 4, 'The society of the Shakespearean moment'.

2　Emerson, 'Shakspeare' in *Representative Men* (1850); 'Self-Reliance' in *Essays: First Series* (1841).

3　Shaw, review of Frank Harris, *The Man Shakespeare* (1910), repr. in John Gross, *After Shakespeare: Writing Inspired by the World's Greatest Author* (2002), p.10.

4　Everett, 'Reade him, therefore', *TLS* Commentary, 17 August 2007.

1. 斯特拉福德，1564 年

1　*The Winter's Tale*, 2.1.33, 3.3.99. 除非另外说明，所有原文中的莎士比亚作品都引自 *The RSC Shakespeare: Complete Works*, edited by Jonathan Bate and Eric Raqsmussen (2007)。

2　Thomas Dekker, *The Wonderful Year 1603, wherein is showed the Picture of London lying sick of the Plague* (repr. 1966), pp. 38–39.

3　Stow, *The Chronicles of England* (1580), pp. 1121–1122.

4　转引自 E. K. Chambers, *The Elizabethan Stage* (4vols, 1923), 4. 313。

5　*Lear*, 4.5.182.

6　*Comedy of Errors*, 5.1.100–103.

7　*Winter's Tale*, 2.3.119–124, 113–116.

8　*Titus Andronicus*, 4.2.71–72, 73, 87, 146–170.

9　*Titus*, 5.1.20–24.

10　Sonnet 73. "合唱队" 巧妙地将音乐和建筑的感觉结合在一起；可以想象，"鸟儿" 是用威廉·伯德 (William Byrd) 的名字玩的文字游戏。伯德是那个时代最伟大的教堂音乐作曲家，他在 1590 年代早期发布了大量符合天主教传统的作品。

11　关于 'Shakespeare and the mystery cycles' 的出色论述，参见 Rowland Wymer in *English Literary Renaissance*, 24 (2004), pp. 265–285。

2. 发现英格兰

1　Royal proclamation of 16 May 1559, in Chambers, *Elizabethan Stage*, 4.263–264.

2　John Stockwood, *A Sermon preached at Paul's Cross* (1678), sig. J7v.

3　Patent of Commission for Edmund Tilneyas Master of the Revels, 24 Dec 1581, in Chambers, *Elizabethan Stage*,4. 285–287。

4　Scott McMillin and Sally-Beth Maclean, *The Queen's Men and their Plays* (1998).

5　Stephen Gosson, *Plays confuted in Five Actions* (1582), sigs. C5r. E5r.

6　*1 Henry IV*, 3.1.65, 101.

7　见 Peter M. Barber, 'Mapping Britain from afar', *Mercator's World* (July/August 1998), excerpted at http://www.walkingtree.com/excerptbarber.html。

8　Lambarde, *A Perambulation of Kent* (written 1570, published 1576, repr. (1826), pp. 222–223.

9　*2 Henry VI* , 4.10.11–14.

10　*2 Henry VI* , 4.7.45.

11　有趣的是，这一时期唯一一提到沃里克郡而并非出自莎士比亚之手的戏剧是作者不明的《沃里克伯爵盖伊不为人知的悲剧历史、令人钦佩的成就和各种事件》(*Tragical History, Admirable Achievements and various events of Guy Earl of Warwick*)。尽管直到 1661 年才出版，但它的历史最早可以追溯到 1593 年。剧中有一位性格活泼、追求向上的仆人，名叫斯帕罗 (Sparrow，意为麻雀)，来自埃文河畔的斯特拉福德镇。在伊丽莎白时代的戏剧中，这是唯一一次提到这个小镇。有人认为，"斯帕罗"这一角色是对莎士比亚的嘲弄，类似于侮辱他是"新抖起来的乌鸦"。这种揣测与下面将要讨论的《约翰王》中提到的沃里克的盖伊非常吻合。进一步阅读参见 Helen Cooper, 'Guy of Warwick, upstart crows and mounting sparrows', in *Shakespeare, Marlowe, Jonson: New Directions in Biography*, ed. T. Kozuka and J. R. Mulryne (2006), pp. 119–138。

12　*1 Henry IV* , 4.2.35; *3 Henry VI* , 4.8.9.

13　进一步阅读参见 Randall Martin and John D. Cox, 'Who is "Somerville" in *3 Henry VI* ?', *Shakespeare Quarterly*, 51(2001), pp. 332–352。

14　马克·埃克尔斯 (Mark Eccles) 在 1961 年出版的《沃里克郡的莎士比亚》(*Shakespeare in Warwickshire*) 一书中明确指出，玛丽·阿登的祖父托马斯·阿登很有可能是富裕的帕克·霍尔·阿登 (Park Hall Ardens) 一个小儿子的后代，但学者们并不能确定其血统。授予莎士比亚家族的纹章表明，玛丽的父亲是"一位受人尊敬的绅士"，这说明玛丽出身于良好的家族。

15　Samuel Daniel, *The Civile Wars between the Houses of Lancaster and York* (1609), Book 7, stanza 58.

16　Dedicatory poem to Dugdale's *Antiquities of Warwickshire* (1656), repr. in Cokaine, *Small Poems of Divers Sorts* (1658), p. 112.

3. 那个来自绿林的男孩

1　Edmund Bohun, *Geographical Dictionary* (1693), p. 432.

2　*As You Like It*, 2.1.77–80.

3　*As You Like It*, 2.1.1–17, 1.1.79–80.

4　*Greene's Groatsworth of Wit* (1592,repr. 1966), pp. 45–46, 以罗伯特·格林的口吻写成，但现在一般认为它是另一位剧作家亨利·切特尔的作品。

5　*3 Henry VI* , 1.4.114, 137.

6　*All's Well*, 2.5.85, *2 Henry VI* , 4.18.17, *Tempest*, 2.2.67, *Two Gentlemen*, 2.5.25, *Twelfth Night*, 5.1.59.

7　Chettle, prefatory epistle to *Kind–Heart's Dream*（1592 年 12 月登记以备出版）。

8　See Lukas Erne, 'Biography and mythography: rereading Chettle's alleged apology to Shakespeare', *English Studies*, 79(1998), pp. 430–440.

9　*Hamlet*, 2.2.114–115.

10　*Errors*, 3.1.88–94.

11　*Sonnets* 121, 122. 也见 110, 里面明确提到了曾做过演员（"当众献技，扮演过斑衣小丑"）。

12　*Venus and Adonis*, 697–708.

13　*Taming of the Shrew*, Induction, 1.1–4.

14　*Taming of the Shrew*, Induction, 2.14–17.

15　A*s You Like It*, 5.1.15–25.

16　Duncan-Jones, *Ungentle Shakespeare* (2001),p.26.

17　*King John*, 2.1.369.

18　参见历史学家 Patrick Collinson 的讲演，' "This England" : the consummation of English nationhood in the long sixteenth century', published in *Douglas Southall Freeman Historical Review*, Spring 1999, pp. 2–114。

19　*King John*, 1.1.72.

20　*King John*, 2.1.226.

21　*King John*, 2.1.3–4.

22　*King John*, 5.7.116–122.

23　*King John*, 1.1.176.

24　See David Kathman, 'Reconsidering *The Seven Deadly Sins*', *Early Theatre*, 7.1 (2004), pp. 13–44.

25　Armin, *Nest of Ninnies* (1608), p. 48.

26　Hall, *Select Observations on English Bodies of Eminent Persons in desperate Diseases*

(1679), observation 19.

27 Hall, observation 15.

28 *Pericles*, 3.2.27–43.

29 *Cymbeline*, 4.2.214–221.

30 *Cymbeline*, 2.2.40–41.

31 *The Winter's Tale*, 4.3.121–122.

32 *Macbeth*, 1.3.85–87.

33 *Lear*, 4.5.103.

34 *Lear*, 4.3.1–6.

35 引自 J. W. Scholl, 'Theardener's art in *The Winter's Tale*', *Modern Language Notes*, 27(1912), pp. 176–178。

36 Gerard, *Herbal* (1598), II. ii. § 2.179.

37 *Hamlet*, 4.6.153. 由于根部看起来跟睾丸有些类似，这种植物有好几种下流的俗名。

38 *Winter's Tale*, 4.3.38.

4. 旧世界，新的人？

1 Stow, *Chronicles of England* (1580), pp. 1126–1128.

2 Stow, *Chronicles of England* (1580), pp. 1126–1128.

3 A. L. Rowse, *The Case Books of Simon Forman: Sex and Societyin Shakespeare's Age* (1974), p. 31.

4 *Midsummer Night's Dream*, 4.1.195–205.

5 *Geneva Bible* (1557), *1 Corinthians*, 2.10.

6 *Tempest*, 1.2.393–394.

7 Genesis, 1:16, 见莎士比亚童年时代英国教堂指定的"主教圣经"。

8 Marlowe, *Dr Faustus* (1604text), 2.3.60.

9 *Hamlet*, 1.1 (Quarto-only passage following 1.1.117).

10 Gloss to *Matthew* 2:2 in Geneva Bible(1560).

11 Donne, *Complete English Poems*, ed. A. J.Smith (1971), p.276.

12 *Troilus*, 1.3.86–92.

13 *Troilus*, 1.3.110,114.

14 *Troilus*, 1.3.115–125.

15 Hooker, *Laws of Ecclesiastical Polity* (1593),Book 1, chap. 3.

16 *Homilies* (first published 1547), Book 1,Homily 10, 'An exhortation to obedience'.

17 *Troilus*, 2.2.172,174,175,54,55.

18 *Troilus*, 3.3.102–105.

19 1.2.1–2，这一场很有可能并不是莎士比亚的手笔。

20 *Lear*, 1.2.93–103.

21 参见 *The Stripping of the Altars: Traditional Religion in England 1400–1580* (1994)。

22 Jonson, *Every Man in his Humour* (1616 text), 1.1.17–19.

23 *Poetaster*, 1.2.5–9.

5. 斯特拉福德文法学校

1 *Merry Wives of Windsor*, 4.1.14–52.

2 Preamble to charter of King Edward's, Lincoln.

3 On 'Exercitatio and imitatio' in Erasmus, *DeCopia*, quoted in T. W. Baldwin, *William Shakspere's Small Latine andLesse Greeke* (2vols, 1944), 2. 241.

4 Statutes for Guisborough, York (1561)，引自 Baldwin, 1.430。"塔利"是古罗马著名演说家西塞罗的俗名。

5 *Titus*, 4.2.18–23.

6 *Hamlet*, 1.2.11, 20, 29, 86, 97.

7 Lily, *Brevissima*，附有英语译文，转引自 John Stockwood, *The Treatise of the Figures at the End of the Rules of Construction in the Latin Grammar construed* (1652), sig. A8v。

8 *Richard III*, 4.4.39–44.

9 *Brevissima*，附有英语译文，转引自 Stockwood's crib 'for the help of the weaker sort in grammar schools'，sig. C1r。

10 *3 Henry VI* , 2.5.31–34.

11 *Julius Caesar*, 2.1.150–155, 1.2.192.

12 *Julius Caesar*, 3.2.70–96.

13 *Julius Caesar*, 3.2.13–20.

14 *Institutio Oratoria*, 2.17.26, trans. H. E. Butler(1922).

15 *As You Like It*, 3.3.12. 虽然没有提到莎士比亚，但昆汀·斯金纳 (Quentin Skinner) 出色的文章《道德的模糊性和文艺复兴时期的修辞艺术》（"Moralambiguity and the Renaissance art of rhetoric"）关注的正是 "paradiastole" 这一修辞手法，这是一种将罪恶重新描述为美德的手段。它与这里的论述密切相关（最初发表于 *Essays in Criticism*, 1994，后来扩充成为他的著作 *Visions of Politics: Volume 2:Renaissance Virtues*, 2002，chap. 10）。最近，斯金纳开始将他的观点应用于分析莎士比亚，例如他的论文 "Shakespeareand rhetorical redescription"，以及即将在牛津大学发布的 Clarendon Lectures 系列。

16 Stockwood 对黎里的翻译和注释，*Treatise of the Figures*, sig. C6r。

17 T. W.Baldwin 关于伊丽莎白时代文法学校的著作 *William Shakspere's Small Latine*

and Lesse Greeke 举大量实例说明 (chap. 35) 莎士比亚对 Susenbrotus 撰写的 *Epitome troporum ac schematum grammaticorumet rhetoricum* 十分熟悉，但是 Lawrence D. Green 对此持强烈的反对意见，因为当时的文法学校根本就没有那么多 Susenbrotus 的著作。没有哪一本正式的修辞手册，更不用说 Puttenham 的 *Art of English Poesy*，能在发行数量上跟黎里和伊拉斯谟撰写的文法学校课本相提并论。全面的修辞手册是为大学和宫廷中的精英读者而设计的。参见 Green, 'Grammatica movet: Renaissance grammar books and *elocutio*', in *Rhetorica Movet: Studies in Historical and Modern Rhetoricin Honour of Heinrch F. Plett*, ed. P. L. Oesterreich and T. O. Sloane(1999), pp. 73–115。

18 *2 Henry IV*, 3.1.31.

19 Feste in *Twelfth Night*, 3.1.9.

20 *Titus Andronicus*, 4.2.100–105.

21 *Julius Caesar*, 1.3.33–35.

22 *Antonyand Cleopatra*, 5.2.348–349.

23 *Macbeth*,1.3.141, 1.3.152, 5.7.58.

24 下面一个部分大量引用了我同事的重要作品，Peter Mack: *Elizabethan Rhetoric* (2002), chap.1, and 'Rhetoric, ethics and reading in the Renaissance', *Renaissance Studies*, 19(2005), pp. 1–21。

25 Erasmus, *De Copia*, quoted, Baldwin, 2. 240.

26 *Troilus and Cressida*, 2.2.167–176.

27 *Love's Labour's Lost*, 5.1.5–18.

28 *Love's Labour's Lost*, 5.1.102–103.

29 *Hamlet*, 1.5.103–114.

30 Jonson, *Timber*, quoted in Chambers, *William Shakespeare*, 2. 210.

31 John Brinsley, *Ludus Literarius* (1612), pp. 123–124, as quoted, Mack, *Elizabethan Rhetoric*, pp. 18–19.

32 *Love's Labour's Lost*, 4.2.72–98.

33 *Love's Labour's Lost*, 4.2.72–98.

34 *Two Gentlemen of Verona*, 4.4.142–156.

6. 帕林尼吉乌斯之后

1 "帕林尼吉乌斯"的生活细节和身份至今一直是学者们争论的焦点。

2 Palingenius, *The Zodiac of Life*, trans.Googe (1565edn.), book 6, lines 1215–1230.

3 *A Midsummer Night's Dream*, 3.2.114–15; *Coriolanus*, 5.3.195–7.

4 *Zodiac of Life*, 6. 1353–1366.

5 *The French Academy*, trans. T. B. C.(1586), p. 563.

6   *Winter's Tale*, 3.3.61–3.

7. 继续教育: 翻译的技艺

1   *The Essays of Montaigne*, trans. John Florio (1603, repr. 1933), Book 2, chap. 10, p. 364.

2   'To morrow is a new day', *Essays*, 2.4, p. 320.

3   Ovid: George Turbervile's *Heroides* (1567), Thomas Underdowne's *Ibis*(1569) and
    Thomas Churchyard's *Tristia* (1572). Horace: *Ars Poetica, Satires*, and *Epistles* by
    Thomas Drant (1566–7). Prose: *The Golden Ass* of Apuleius (William Adlington,
    1566), some of Livy (in William Painter's *Palace of Pleasure*, 1566) and Pliny (by
    one J. A., 1565, froma French abridgment of the *Natural History*). Greek authors:
    Xenophon(*Cyropaedia* by William Barker, 1560–67) and Polybius (first book ofthe
    History, by Thomas Watson, 1568).

4   Dedication (dated December 1564) to *First Four Books of . . . Metamorphosis* (1565),
    repr. in *Shakespeare's Ovid, being Arthur Golding's Translation of the Metamorphoses*,
    ed.W. H. D. Rouse (1904, repr. 1961), p. iii.

5   参见 Eleanor Rosenberg, *Leicester:Patron of Letters* (1955)。

6   这里我解释了 C. H. Conley, *The First English Translators of the Classics* (1927), 这是
    一部关于伊丽莎白时期翻译运动的详尽著作, 借助于 H. B. Lathrop, *Translations from
    the Classics into English from Caxton to Chapman 1477–1620* (1933), p. 230, 接下来的
    几页对这次翻译运动实为一场莱斯特精心策划的政治运动的假说提出了有利的批评。
    Rosenberg, chap. 5, 对 Conley 表示了谨慎的支持态度。

7   *Henry V* , 4.7.16–26.

8   *Shakespeare's Plutarch*, ed. T. J. B. Spencer(1964, repr. 1968), pp. 7–8.

9   'Life of Marcus Brutus', *Shakespeare's Plutarch*, pp. 116–117.

10 *Julius Caesar*, 2.1.10–13.

11 此部分大量引用了 *Shakespeare and Ovid* (1993) 以及我为 2000 reprint of J. F. Nims'
    edition of Golding's translation of the *Metamorphoses* 所写的序言。

12 Ovid, *Metamorphoses*, 7.197–98. Golding's 1567 translation, 7.265–66. 因为我在这里关
    注的是文献学上的细节, 因此引用戈尔丁著作时采用了他的原始拼写方式。

13 *The Tempest*, 5.1.38, 50.

14 *The Tempest*, 5.1.38, 53–54.

15 *The Tempest*, 5.1.38, 55.

16 *Cymbeline*, 2.2.46–48.

17 *Titus Andronicus*, 5.2.194–195.

18 *Midsummer Night's Dream*, 5.1.23–27

19 *Twelfth Night*, 1.1.22–24.

20 *Winter's Tale*, 4.4.29–36.

21 Golding's 1567 translation, 10.319–320.

22 *King Lear*, 5.3.264.

23 *Winter's Tale*, 5.3.43–44.

8. 普洛斯彼罗的学校

1 Cicero, *On the Republic*, 1.17.28 (Loeb text).

2 Aulus Gellius, *Attic Nights*, 13.17.1(Loeb translation).

3 Quentin Skinner, *The Foundations of Modern Political Thought*, vol. 1: *The Renaissance* (1978), p. 259.

4 *The Book named The Governor*, ed. S. E.Lehmberg (1962), p. 2.

5 *Tempest*, 1.1.14.

6 *Tempest*, 1.2.83–91.

7 *Tempest*, 1.2.109, 119.

8 *Tempest*, 1.2.201–203.

9 *De Pueris*, 503E–505A, trans. William Harrison Woodward, in his *Desiderius Erasmus concerning the Aim and Method of Education* (1904), pp. 203, 206.

10 *Tempest*, 1.2. 405.

11 *Tempest*, 1.2. 404.

12 *Tempest*, 1.2. 411–412.

13 *Tempest*, 2.2.56.

14 *Tempest*, 1.2.549.

15 *Tempest*, 2.1.6, 16, 13.

16 *Tempest*, 2.1.39.

17 *Tempest*, 2.1.113–14.

18 *The Education of a Christian Prince*, trans. Lester K. Born (1936), p. 241.

19 *Christian Prince*, p. 243.

20 *Tempest*, 2.1.131.

21 Montaigne, *Essays*, trans. John Florio (1603, repr. 1933), Book 1, chap. 30, p. 164; *Tempest*,2.1.137–143.

22 *Tempest*, 2.1.145–6.

23 *Tempest*, 2.2.66–7.

24 *Tempest*, 4.1.66–8, 125.

25 4.1.204–6, 210.

26 *Tempest*, 5.1.23.

27 *Tempest*, 5.1.140.

28 *Tempest*, 5.1.205–207.

29 *Tempest*,5.1.228–229, 2.1.197–198.

30 *Tempest*, 3.2.118–126.

31 Skinner, *Foundations*, pp. 225–226.

9. 莎士比亚的小藏书室

1 Dedication to Camden in Huntington Library copy of *Cynthia's Revels* (1601); Epigram 'To William Camden'.

2 *Timber: or, Discoveries made upon Men and Matter as they have flowed out of his daily Readings* (1641, repr. 1966), p. 10.

3 Meres, *Palladis Tamia: Wit's Treasury* (1598), quoted, Chambers, 2. 184.

4 *Hamlet*, 2.2.353–354.

5 Stephen Gosson, *Plays Confuted* (1582), 引自 Stuart Gillespie, *Shakespeare's Books: A Dictionary of Shakespeare's Sources* (2001), p. 404, 这是一部出色的 A–Z 纲要，这一部分从此书以及依然深具权威性的 *Narrative and Dramatic Sources of Shakespeare*,ed. Geoffrey Bullough (8 vols, 1957–75) 中获益匪浅。另参见 Robert Miola, *Shakespeare's Reading* (2000)。

6 *1 Henry IV* , 2.4.295–6, 此句模仿了 Lyly, *Euphues*: 'though the camomile, the more it is trodden and pressed down, the more it spreadeth, yet the violet the oftener it ishandled and touched, the sooner it withereth and decayeth' (1578,ed. Warwick Bond, 1902, vol. 1, p. 196)。

7 *Merry Wives* , 1.1.140.

8 *Venus and Adonis*, dedication.

10. 已婚男子

1 Jeanne Jones, *Family Life in Shakespeare's England:Stratford-upon-Avon 1570–1630*(1996), p. 90. 此条注释应归功于 Stanley Wells。

2 她出生于当地留存下来的最早的洗礼记录之前，即 1558 年前，我们对她年龄的了解来自她的墓碑：她于 1623 年去世，享年 67 岁（除非雕刻墓碑的师傅把 61 岁错当成了 67 岁）。

3 John Aubrey, *Brief Lives* (1681), 基于 William Beeston 的证词，他本人是一位演员，而他的父亲曾是莎士比亚在宫务大臣剧团的同事。

4 参见 Bernard Capp, 'The poet and the bawdy court: Michael Drayton and the lodging-house world in early Stuart London', *Seventeenth Century*, 10(1995), pp. 27–37。

5 Privy Council order concerning *The Isle of Dogs*, E. K. Chambers, *The Elizabethan Stage* (4vols, 1923), 3. 453.

6 Jonson, *Conversations with Drummond*, in *Works*, ed. C. H. Herford and P. Simpson (13 vols, 1925), 1. 448.

11. 淫秽法庭

1 进一步阅读参见Charles Nicholl对于此事件以及莎士比亚在其中扮演的角色的出色论述，*The Lodger: Shakespeareon Silver Street* (2007)。

2 *Love's Labour's Lost*,5.2.816; *Romeo and Juliet*, 5.3.235–236.

3 Quoted, Chambers, 2. 12.

4 E. R. C. Brinkworth, *Shakespeare and the Bawdy Court of Stratford* (1972), p. 166. 我从此一研究中获益良多。

5 Brinkworth, pp. 122,128.

6 Laura Gowing, *Domestic Dangers:Women, Words, and Sex in Early Modern London* (1996), p. 36.

7 Case of1613, quoted, Gowing, p. 69.

8 参见 Gowing, pp. 66–67。

9 Case of 1610, quoted, Gowing, p. 72.

10 Lisa Jardine 在她的论文 '"Why should he call her whore?" Defamation and Desdemona's case' 中极富技巧地从诽谤案的角度对《奥瑟罗》进行了解读，参见 *Reading Shakespeare Historically* (1996), chap. 1。

11 Porter, *Two Angry Women* (1599), 1.2.522–7, quoted, Gowing, p. 123.

12 Case of 1629, quoted, Gowing, p. 68.

13 Quoted, Gowing, p. 14. 另见第 118 页，关于琼·休斯的一个案例，她在克莱肯维尔的红牛剧院卖水果，并且能得到一部分的票房收入。

14 这一段中的所有引文都来自 *All's Well that Ends Well*, 5.3。

15 在 *The Diary of John Manningham, of the Middle Temple, and of Bradbourne, Kent, Barrister-at-Law, 1602–1603*, ed. John Bruce (1868) 一书中标记为 1602 年 3 月的一个条目中，曼宁厄姆从一位 "图斯先生" 那里得到了消息。莎士比亚和中殿律师学院之间存在很多联系。

16 *Measure for Measure*, 1.2.67–81.

17 *Troilus*, 5.11.44, 52–53.

18 *A brief and necessary treatise, touching the cure of the disease called morbus Gallicus, or lues venerea, by unctions and other approved ways of curing:newly corrected and augmented by William Clowes of London, master in chirurgery* (1585), fol. 25v.

19 Colin Milburn, 'Syphilis in faerie land:Edmund Spenser and the Syphilography of Elizabethan England', *Criticism*, 46(2004), pp. 597–632.

20 *King Lear*, 4.5.117–135.

21 Brinkworth, *Shakespeare and the Bawdy Court*p. 143.

22 *Coriolanus*, 4.5.103–123.

23 *The French Academy* (1586), pp. 3–4.

24 *French Academy*, p. 43.

25 *French Academy*, Epistle Dedictory.

26 *Love'sLabour's Lost*, 1.1.8–10.

27 *Love'sLabour's Lost*, 1.1. 31–37.

28 *Love'sLabour's Lost*, 1.1. 47.

29 *Love's Labour's Lost*, 1.1.151–152.

30 *All's Well that Ends Well*, 2.3.1.

31 *Love's Labour's Lost*, 1.1.201.

32 *Love's Labour's Lost*, 5.2.710–711.

33 *Love's Labour's Lost*, 4.3.352–5.

34 *Love's Labour's Lost*, 5.2.428–430.

35 *Love's Labour's Lost*, 1.1.207.

12．爱的困惑

1 Meres, *Palladis Tamia: Wit's Treasury* (registered for publication 7 Sept 1598), quoted, Chambers,2. 194–195.

2 Edward Phillips 在 *New World of Words* (1658) 中对于 'perplexity' 一词的解释。

3 *Merry Wives* , 1.1.140.

4 *Songs and Sonnets, written by the right honourable Lord Henry Howard late Earl of Surrey and other* (1557, ed. E. Arber,1903), p. 39. 托特尔的文本有相当多的错误，因为它们经常是依照劣质的版本编辑而成的。这里我把 "season"（季节）改成了 "grab on"（抓住），把 "scrape"（刮）改成了 "scape"（风景），并且加上了 "thus"（这样）一词，以使句意通顺。

5 W. H., 'Another of the same'（之前是另一首署名为 W. H. 的诗歌，名为 "Wodenfride's Song in praise of Amargana"）, in *England's Helicon* (1600), ed. Hugh Macdonald (1949),pp. 65–66。

6 *Shakespeare's Sonnets*, no. 130.

7 Randle Cotgrave, *A Dictionary of the French and English Tongues* (1611).

8 Barnfield, *Cynthia, with certain Sonnets and the Legend of Cassandra* (1595), sonnet 8.

9　Barnfield, *The Affectionate Shepherd* (1594), first eclogue, line 6.

10　*Twelfth Night*, 1.5.115–117.

11　Ovid, *Metamorphoses*, 3.438, trans. Golding(1567).

12　文本选自 Westminster Abbey, MS 41,fol. 49, 采用了现代的拼写方式，并加上了标点，进一步阅读参见 Mary Hobbs, 'Shakespeare's Sonnet 2: "A Sugared Sonnet"?', *Notes and Queries* (1979), pp. 112–113, and Gary Taylor, 'Some manuscripts of Shakespeare's Sonnets', *Bulletin of the John Rylands Library*, 68(1985–6), pp. 210–246.

13　*Aeneid*, 12.168.

14　Heather Dubrow in her article ' "Incertainties now crown themselves assur'd" : the politics of plotting Shakespeare's Sonnets', *Shakespeare Quarterly*, 47(1996), pp. 291–305, and Paul Edmondson and Stanley Wells in their book *Shakespeare's Sonnets*(2004) 是几位对此假设持正确的怀疑态度的学者，而这样的学者为数不多。

15　*Twelfth Night*, 1.4.29–34.

16　*Twelfth Night*, 2.4.94–102.

17　*Twelfth Night*, 5.1.105–119.

18　*Twelfth Night*, 5.1.301–306.

19　*Twelfth Night*, 1.5.177–180.

20　*Twelfth Night* 2.1.226–228.

21　*The Maid's Metamorphosis* (1600), 3.2.

22　*Twelfth Night*, 5.1.82–83.

23　*Twelfth Night*, 2.1.33–34.

24　*Twelfth Night*, 3.3.4–5.

25　*Twelfth Night*, 3.4.283–284.

26　Sonnet 94.

27　这一重要的观点是 Colin Burrow 提出的，参见 'Life and work in Shakespeare's poems', *Proceedings of the British Academy*, 97(1998), pp.15–50。

28　MacDonald P. Jackson, 'Vocabulary and chronology: the case of Shakespeare's Sonnets', *Review of English Studies*, 52(2001), pp. 59–75, building on A. Kent Heiatt, Charles Heiatt and Anne Lake Prescott, 'When did Shakespeare write *Sonnets 1609*?', *Studies in Philology*, 88(1991),pp. 69–109.

29　有人曾故意做出这样一种离奇的猜测，认为他很有可能是另一位也叫作威廉·赫伯特的人，这是一位不太出名的威尔士诗人，同时也是彭布罗克伯爵的亲戚，他于 1606 年以"W. H. Gent"的名字出版了一部诗集。参见 *Times Literary Supplement* review of Adam Nicolson's book on the Pembrokes, *Earls of Paradise* (2008)。

30　Quoted, Michael Brennan, *Literary Patronage in the English Renaissance: the Pembroke*

Family (1988), p. 105.

31 *The Scourge of folly* (1611), epigram 114.

32 见于作者不详的剑桥戏剧 *The Return from Parnassus Part 2*。

33 Edward Hyde, Earl of Clarendon, *The History of the Rebellion and Civil Wars in England* (6vols, repr. 1992),1.74.

34 *Wit's Pilgrimage* (1605), no. 97.

35 'To the right noble and no less learned than judicious Lord, William Earl of Pembroke', in *Wit's Pilgrimage*, sig. Mm1v.

36 'To the same'.

37 *Wit's Pilgrimage*, no. 33.

38 在他去世之后发表于 *Poems written by the Right Honourable William Earl of Pembroke, Lord Steward of His Majesty's Household, whereof many of which are answered by way of Repartee by Sir Benjamin Ruddier, Knight* (1660). 'On black hair and eyes': p. 61. 这些最初以手稿形式流传的诗歌，其中有许多并不能确定作者是谁。

39 Davies, *Microcosmos* (1603), p. 215.

40 Davies, *The Scourge of Folly* (1610),epigram 159.

41 参见她的论文 'Shakespeare's status anxiety', *Times Literary Supplement*, 11April 2006。

42 *Shakespeare, A Lover's Complaint,and John Davies of Hereford* (2007), though see also the riposte by MacD.Jackson, *Review of English Studies*, 58(2007), pp. 723–725.

13. 伊丽莎白女王的著名胜利

1 *Othello*, 3.3.392.

2 *Henry V* , 4.3.62, 60.

3 Erasmus, *Adagia*, 4.1.1.

4 *Henry V* , 4.1.117–123.

5 'Queen Elizabeth's Armada speech to the troops at Tilbury, August 9, 1588', in *Elizabeth I: Collected Works*, ed. Leah Marcus, Janet Mueller and Mary Beth Rose (2000), pp. 325–326.

6 *Henry V* , 4.3.59–62.

7 Heywood, *If you know not me, you know nobody, part 2* (1606), sig. K1r.

8 *Henry V* , 4.3.36–41.

9 *Henry V* , Prologue 30–31.

10 特别参见 Susan Frye, 'The myth of Elizabeth at Tilbury', *Sixteenth Century Journal*, 23 (1992), pp. 95–114, 但同时也存在对其真实性的辩护，主要依据是 Dr Lionel Sharp 手中保存的一份早期手稿，作者是 Janet M. Green, '"I my self": Queen Elizabeth's oration

at Tilbury camp', *Sixteenth Century Journal* , 28 (1997),pp. 421–445。

14. 埃塞克斯人？一部五幕政治悲剧

1　*Calendar of State Papers: Domestic Series of the Reign of Elizabeth 1601–1603*, ed. Mary Anne Everett Green (1870), p. 18.

2　*State Trials* (1719), vol. 1, p. 203.

3　*Practices and Treasons attempted and committed by Robert, Earl of Essex, and his Complices* (1603), sig. K3r.

4　Greenblatt, *Will inthe World: How Shakespeare became Shakespeare* (2004), p. 309.

5　这场演出及其同 Sir John Hayward 创作的 *History of Henry IV* 之间的棘手关系，自美国学者 Evelyn May Albright 同 Ray Heffner 于 1927 至 1932 年在期刊 *PMLA* 激烈论争之后，就一直是学术界讨论的重点。我对此问题的考虑是基于原始资料，但是也受益于以下这些文献：Leeds Barroll, 'A new history for Shakespeare and his time', *Shakespeare Quarterly*, 39 (1988), pp. 441–464; Cyndia Clegg, 'Archival poetics and the politics of literature: Essex and Hayward revisited', *Studies in the Literary Imagination* , 32 (1999), pp. 115–132, and 'The untried treason case against Robert Devereux, the earl of Essex' (unpublished); Arthur Kinney, 'Essex and Shakespeare versus Hayward', *Shakespeare Quarterly*, 44 (1993), pp. 464–466; and Rebecca Lemon, 'The faulty verdict in "The Crown v. John Hayward"', *Studies in English Literature*, 41 (2001), pp. 109–132. On completing the chapter, I had the benefit of seeing Paul Hammer's excellent essay, 'Shakespeare's *Richard II*, the play of 7 February 1601 and the Essex Rising', 即将发表于 *Shakespeare Quarterly*, 其中独立地提出了一些与我非常类似的观点。

6　'The examination of Augustine Phillips', *Calendar of State Papers: Domestic Series of the Reign of Elizabeth 1598–1601*, ed. Mary Anne Everett Green (1869), p. 578. 之后的参考文献中提到这份公文时将仅给出其简称 *CSPD* 以及页码。

7　4.1.201–202. 四开本 / 对开本的附录编号是 4.1.157–317。关于它一定曾经在最初的版本中出现过，因而在第一个四开本版本中被删除的说法，取决于接下来这句四开本中的台词出现在何处。"A woeful pageant have we here beheld" (318)，这句话一定是指理查退位时的滑稽举动，但这句话同样可以用来形容约克向登上王位的亨利・布林布鲁克喝彩，而卡莱尔主教因抗议这一叛国行为而被捕。被捕的卡莱尔静静站在舞台上目睹退位，而人们原本以为他会被直接押送到威特敏斯特的艾伯特监狱，这一尴尬场面作为尚未得到充分考虑的证据，足以证明之后的场面是新加上去的而不是被删掉的。

8　'Sir Gelly Meyricke 17 Feb 160[1]', quoted, Chambers, 2. 324.

9　*CSPD*, p. 502.

10　*CSPD*, p. 449.

11 *CSPD*, p. 404, 其上标明的日期是 1600 年 2 月的某一天, 但是几乎可以肯定是在 7 月。

12 *Sir Francis Bacon his Apology, in Certain Imputations concerning the late Earl of Essex* (1604, printed by Shakespeare's friend Richard Field), sig. C2r–C3r.

13 *CSPD*, p. 449, 11 July 1600.

14 Examination of John Wolfe the stationer, *CSPD*, pp. 450–1, 13 July 1600.

15 Translation from English edition of Camden's *Annals* (1630), p. 193.

16 *CSPD*, p. 452.

17 'Analytical abstract', *CSPD*, pp. 454–455, 在此暂时标注的日期是 22 July 1600, 但应该是在那之后的几天准备的。

18 *Tempest*, 3.2.91–92.

19 *The Tempest, dramatis personal*.

20 *CSPD*, p. 455.

21 这种解释使得杰出的历史学家布莱尔·沃登 (Blair Worden) 对奉命上演的《理查二世》做出了令人吃惊的新解读。他认为科克的声明意味着海沃德的著作已经被改编成了戏剧, 而埃塞克斯时时去看这出戏, 并在观众席上鼓掌喝彩。沃登凭空想象出了这么一部作品, 并提出 1601 年 2 月 7 日在环球剧院上演的正是这出戏, 而它并非出自莎士比亚之手 (参见沃登的论文 'Which play was performed at the Globe Theatre on 7 February 1601?' *London Review of Books*, 10 July 2003, 以及 'Shakespeare in life and art: biography and *Richard II*', in *Shakespeare, Marlowe, Jonson: New Directions in Biography*, ed. Takashi Kozuka and J. R. Mulryne (2006), pp. 23–42)。出于多种理由, 这一观点是很不合理的。即使是在它自己的表述中, 也有一种奇怪的不合逻辑。埃塞克斯 "观看海沃德历史剧的演出", 沃登据此推测, 海沃德的历史剧是在 2 月 7 日下午上演的, 但埃塞克斯并没有出席下午的演出! 他与宫务大臣剧团特别演出的委托没有任何关系。那是查尔斯·珀西爵士的主意。此外, 在对与海沃德的历史著作《亨利四世》有关的当事人的审讯中, 也没有提到任何将其改编成戏剧的内容; 也没有任何先例表明, 有人会做出这类立即把故事改编成戏剧的委托。埃塞克斯怂恿了该著作的戏剧改编并经常观看, 他的追随者说服宫务大臣剧团在 1601 年 2 月演出, 这种想法跟当时戏剧创作的方式并不相符。没有证据能够表明当时宫务大臣剧团手头上有同一故事的两种不同剧本。他们出演的 "理查国王故事" (这是菲利普斯经理的叫法) 是莎士比亚的作品。有趣的是, 多年之后, 在 1611 年, 占星家西蒙·福尔曼 (Simon Forman) 确实看到他们 (他们当时已经是国王剧团了) 在环球剧院上演了一出不同的《理查二世》, 一出明显支持理查二世和反对布林布鲁克的戏剧。这出戏跟海沃德的历史著作没有丝毫联系。莎士比亚的戏剧与 1601 年 2 月发生的不幸事件有关联, 这似乎导致他的剧团委托另一位剧作家创作了一部新的、更加安全的《理查二世》。这部替代版的《理查二世》并没有流传下来, 但是在福尔曼的描述中, 有一个迄今未被注意到的细节, 表明它是在 1606 年后创作的："还记得兰开斯特公爵（冈特的约翰）问一个聪明人，他自己是否应该做国王，他告诉他不应该，但他的儿子应该做国王。"(Forman,'Richard the 2 at the Globe 30 April 1611', quoted in Chambers, 2.339–40.) 新剧《理查二世》的不知名作者显然是借用了《麦克白》中古怪姐妹给班柯做出的预言这一细节，并且其中提到了火药阴谋，因此可以确定无疑地追溯到 1606 年。即使我们假设沃登的想法是可能的，即这出戏确实是由海沃德的著作改编的，那么在何种意义上人们会称它为"一部过时的老戏"，而它最早的创作时间只可能是在 1599 年 2 月海沃德的著作问世之后？那么埃塞克斯又是在什么时候"经常出现在演出现场"？从乌尔夫的证词中可以看出，埃塞克斯当时正忙着让他的部队为到爱尔兰做准备，当时他还没有时间安排一出戏、观看一系列演出，甚至是半戏剧化地阅读一本历史著作。3 月底，他渡海到达爱尔兰；9 月回国之后，他就遭到软禁。

22 *Report on the Manuscripts of Lord de l'Isleand Dudley preserved at Penshurst Place* (6 vols, 1914–1966), 2. 90.

23 'At a crossroads of the political culture: the Essex revolt, 1601' and 'English politics and the concept of honour, 1485–1642', in his *Society, Politics and Culture: Studies in Early Modern England* (1986), pp. 308–465.

24 Fulke Greville's 'Life of Sidney', in *The Prose Works of Fulke Greville, Lord Brooke*, ed. John Gouws (1986), p. 77.

25 *Calendar of State Papers Domestic 1601–1603*, p. 15.

26 *Richard II*, 1.1.81.

27 *Richard II*, 1.1.183–4, 5.6.29.

28 *Pierce Penniless his Supplication to the Devil* (1592), quoted, Chambers, 2. 188.

29 *1 Henry IV*, 5.1.130–133, 5.2.135–136.

30 Ralegh 写给 Cecil 的信件，1597 年 6 月 6 日。

31 *Richard II*, 5.2.8–22.

32 *Henry V*, 5 Chorus, 22–35.

33 *Richard II*, 5.2.29–30.

34 Camden, *Annals*, trans. R. Norton(1630), pp. 192–193 (my italics).

35 Barroll, 'New History', p. 453.

36 G. B. Harrison 至今仍然很有价值的著作 *The Life and Death of Robert Devereux Earl of Essex* (1937), pp. 280–281，出色地描述了这次会面。

37 'Examination of John Hayward before Sir John Peyton and Att. Gen Coke', 22 Jan 1601, in the Tower, *CSPD*, p. 540.

38 Hayward, *The First Part of the Life and Reign of King Henry the IIII* (1599), p. 55.

39 *Richard II*, 2.1.251–252.

40 *Richard II*, 2.1.248.

41 Hayward, p. 63; *Richard II*,2.3.122.

42 *Richard II*, 2.1.50–60, 2.1.113.

43 Hayward, p. 55.

44 *Richard II*, 1.4.22–32.

45 Guilpin, *Skialetheia* (1598), sig.C3v.

46 Printed by J. O. Halliwell in *Poetical Miscellanies* (1845), p. 17; 这首诗作于 1603 年 Ralegh 失势的时期。

47 *Richard II*, 2.4.8; 4.1.115, 128, 124; 5.6.29–44（与 Hayward, pp. 51, 102, 109, 115, 133 相比）。 这一组平行对照首先是由 Evelyn May Albright 在她的论文中提出的，见 'Shakespeare's *Richard II* and the Essex Conspiracy', *PMLA*, 42 (1927), pp. 686–720。她得出的结论 是，海沃德对莎士比亚产生了影响。这个论点显然是荒谬的，因为这出戏写得比这部 历史著作早得多。Albright 的观点已经被 Ray Heffner 反驳，见 'Shakespeare,Hayward and Essex', *PMLA*, 45 (1930), pp. 754–780。但无论是海夫纳还是后来的大多数学者都 没有考虑这个显而易见的反推论：莎士比亚影响了海沃德。对莎士比亚痴迷意味着学者 们总是更加关心他的素材来源，而不是他的戏剧如何成为别人的素材来源——但后一种 例子可以反映出莎士比亚作品在那个时代的文化中的位置，因此实际上是非常有趣的。 然而，依然有人勤勉地注意到了两者之间的对照：*Richard II*'s Arden editors, Peter Ure (1956) and Charles Forker (2002)。

48 *CSPD*, pp. 555,565–568.

49 Camden, *Annals*, p. 193.

50 John Nichols, *The Progresses and Public Processions of Queen Elizabeth*, 3 vols (1823), 3. 552–553.

51 *Bibliotheca Topographica Britannica* (9 vols,1780–90), no. 42; manuscript provenance discussed in F.L. (a Lambarde?), 'Queen Elizabeth and Richard II', *Notes and Queries*, new series 7 (1913), p. 6.

52 To a fellow Kentish Justice of the Peace, Sir John Leveson (holograph now in Staffordshire Record Office, D593/C/10/1).

53 British Library Lansdowne MS 319, ff.47r–79v. 此条及其他许多与兰姆巴德有关的重要 文献，应归功于 Carl Berkhout of the University of Arizona。

15. 文明的冲突

1 以下表述应归功于 Bernard Harris, 'A portrait of a Moor', in *Shakespeare and Race*, ed.Catherine M. S. Alexander and Stanley Wells (2000), pp. 23–36 (first published in *Shakespeare Survey*, 1958)。

2 *CSPD*, 21 Oct 1600.

3 Braudel, *Le Méditerranée et le Monde Méditerranéen à l' Époque de Philippe II*, trans. Siân Reynolds, abr. Richard Ollard (1992), pp. 100–101.

4 Braudel, pp. 65–67.

5 *2 Tamburlaine*, 1.1.21–2, 61–4, quoted from *Tamburlaine*, ed. J. W. Harper (1971).

6 关于近代早期地中海地区基督徒、穆斯林和犹太人之间复杂的关系，参见 Bernard Lewis, *Cultures in Conflict: Christians, Muslims and Jews in the Age of Discovery* (1995). For the process of linked demonization, A. H. and H. E. Cutler, *The Jew as Ally of the Muslim: Medieval Roots of Anti-Semitism* (1986).

7 用矛盾修饰法是为了将冲突双方结合起来，还是为了突出其中的矛盾之处？参见 Emily Bartels 将李尔王与非洲人利奥联系起来的讨论，'Making more of the Moor: Aaron, Othello, and Renaissance refashionings of race', *Shakespeare Quarterly*, 41 (1990), pp. 433–54, 以及 Michael Neill, '"Mulattos", "Blacks", and "Indian Moors": *Othello* and early modern constructions of human difference', *Shakespeare Quarterly*, 49 (1998), pp. 361–74。对于 Bartels 来说，对利奥的正面解读将会把奥瑟罗当作一个被同化的基督徒：威尼斯的摩尔人。但是对 Neill 来说，利奥作为穆斯林和基督徒的"两栖动物"身份暗示了他是个杂种，而这种身份原本会被认为是一种可怕的天性：威尼斯的摩尔人。

8 *Othello*, 1.3.53–54.

9 也许还有一种更遥远的共鸣：奥斯曼 (Othman) 也是乌斯曼 (Uthman) 的另一种拼法，乌斯曼是伊斯兰帝国在 7 世纪的第三位哈里发。他是先知穆罕默德的女婿，正是在他的统治下，阿拉伯成为一个海上的强国，并将其统治扩展到北非和塞浦路斯。在被暗杀之前，他正在监督编纂权威版的《古兰经》。

10 *The Battle of Alcazar in Barbary*, 1594 (repr.1907), lines 9–10, 15.

11 *Alcazar*, line 1414.

12 *Othello*, 1.1.27–29.

13 *Othello*, 2.3.152—154.

14 关于这一点，参见 Daniel J. Vitkus 出色的论文 'Turning Turk in *Othello*: the conversion and damnation of the Moor', *Shakespeare Quarterly*, 48 (1997), pp. 145–176, 后来收入他的著作, *Turning Turk: English Theater and the Multicultural Mediterranean, 1570–1630* (1999)。

15 参见 Nabil Matar, *Islam in Britain 1558–1685* (1998), p. 27。这是一项非常出色的研究，我从中获益良多。

16 *1 Tamburlaine*, 3.1.8–9.

17 *Othello*, 4.2.224–225.

18 参见 J. H. Elliott, *Europe Divided 1559–1598* (2nd edn, 2000), pp. 122–125。

19 *Purchas his Pilgrimage* (1619, repr.20vols 1965), 9. 278.

20 关于勒班陀和《奥瑟罗》，参见 Emrys Jones, '*Othello, Lepanto*, and the Cyprus wars', *Shakespeare Survey*, 21(1970),pp. 47–52。关于历史背景，参见 Andrew Hess, 'The Battle of Lepanto and its place in Mediterranean history', *Past and Present*, 57(1972), pp. 53–73。莎士比亚的创作"将国际性暴力转化为梦境般的和平，以提供一个表面上的历史背景"，对于这一点引人遐想的评论，参见 Philip Edwards, 'Shakespeare, Ireland, Dreamland', *Irish University Review* , 28(1998), pp. 227–239 (p.232)。

21 进一步阅读参见 Barbara Everett, '"Spanish" Othello:the making of Shakespeare's Moor', in *Shakespeare and Race*, pp. 64–81 (first published in *Shakespeare Survey*, 1982)。

22 *Othello*, 2.1.117.

23 由于《土耳其史》（*The History of the Turks*）是在 1603 年出版的，在我看来，这反驳了恩斯特·霍尼格曼在他最近的阿登版本中提出的《奥瑟罗》创作于 1601~1602 年，而不是传统的 1603~1604 年这一观点。

24 *Othello*, 1.3.39–44.

25 *Othello*, 1.3.15–16. 因为霍尼格曼想要论证一个更早的创作日期，而他在阿登版本中没有提到这一点。

26 *Othello*, 2.3.158–159.

27 *Othello*, 2.1.262–263.

16. 莎士比亚和詹姆斯一世时代的地缘政治

1 Ernst Honigmann, 'Secondary Sources of *The Winter's Tale*', *Philological Quarterly*, 34 (1955),pp. 27–38. Cf. Jonathan Bate, *Shakespeare and Ovid* (1993), p. 232.

2 Geoffrey Bullough, *Narrative and Dramatic Sources of Shakespeare* (8 vols, 1957–1975), 8. 125.

3 Orgel 为自己编辑的《冬天的故事》撰写的前言，*The Winter's Tale* (1996), p. 37。

4 R. J. W. Evans, *Rudolf II and his World: A Study in Intellectual History 1576–1612* (1973), p. 29.

5 关于这一点，参见 Evans,pp. 80–83。关于鲁道夫可能对《一报还一报》中的公爵和《暴风雨》中的普洛斯彼罗产生的影响的推测，参见 Robert Grudin, 'Rudolf II of Prague and Cornelius Drebbel:Shakespearean archetypes?', *Huntington Library Quarterly* , 54(1991), pp. 181–205。David Scott Kastan 对于《暴风雨》中可能与鲁道夫有关的背景做了一些有趣的推测，参见 *Shakespeare after Theory* (1999), pp. 191–194。

6 莎士比亚可能是通过法国版的贝尔弗雷而得知了这一点。

7 关于莎士比亚对意大利的表现的众多学术研究，在重视或不重视来自西班牙的影响这方面差异颇大。作为此论述的起点，可以参见 *Shakespeare's Italy: Functions of Italian*

Locations in Renaissance Drama, ed. Michele Marrapodi et al. (1993)。

8 当奥格尔在一篇关于"寻找戏剧背后的历史人物实际上提供了一些产生美妙共鸣的可能性"的笔记中偶然提到阿拉贡人的联系时，他实际上再次接近了这一点，参见 *The Tempest*,ed. Stephen Orgel (1987), p. 43n。

9 Thus W. Thomas, *History of Italy* (1549), cited by Bullough, 8.249–250. 莎士比亚很可能也知道这本书。

10 *Albion's England*, 12. 75, quoted, Jeffrey Knapp, *An Empire Nowhere: England, America and Literature from 'Utopia' to 'The Tempest'* (1992), p. 334n.

11 关于突尼斯的重要性的进一步推测，参见 Richard Wilson, 'Voyage to Tunis: new history and old world in *The Tempest*', *Journal of English Literary History* , 64 (1997), pp. 333–357。另外的一些论文收录于 *'The Tempest' and its Travels*, ed. Peter Hulme and William Sherman (2000)。

12 Braudel, p. 645.

13 参见 Matar, *Islam in Britain*, p. 16。

14 *The Tempest*, 2.1. 68–76.

15 关于这一点，参见 Jeffrey Knapp, *An Empire Nowhere*, 特别是 David Armitage, 'Literature and Empire', in *The Oxford History of the British Empire Volume 1: The Origins of Empire* (1998), pp. 99–123。

17. 在克里门律师学院

1 Lancashire theory: see, for example, Oliver Baker, *In Shakespeare's Warwickshire and the Unknown Years* (1937) and Richard Wilson, *Times Literary Supplement* , 19 December 1997, pp. 11–13. Revival of Charlecote theory: Rene Weis, *Shakespeare Revealed* (2007).

2 参见，例如 W. Nicholas Knight, *Shakespeare's Hidden Life: Shakespeare at the Law 1585–1595* (1973)。

3 莎士比亚的传记作者更详尽地提到了这个案例，但很少有人对此进行深入研究。我认为曾提到莎士比亚的律师约翰·霍伯恩的学者，仅有 Knight 在他的著作 *Shakespeare's Hidden Life* 中以及 Robert D. Pepper 在他收藏在中殿律师学院的未刊手稿 "John Shakespeare's butler: new light on the lost years" 中。

4 *2 Henry IV* , 3.2.1–24.

5 *William Lambarde and Local Government*, ed. Conyers Read (1962), pp. 42–46.

6 *2 Henry IV* , 3.2.152–154.

7 在 Chambers, 2. 35 法案抄录中省略了第一段，J. O. Halliwell-Phillipps, *Outlines of the Life of Shakespeare* (2 vols,1886), 2. 11 中刊印了全文。

8 *Minutes of Parliament of the Middle Temple*, ed. C. T. Martin (4 vols, 1904).

9 *Minutes*, 3. 543.

10 George W. Keeton, *Shakespeare's Legal and Political Background* (1967) 仍然是一个出色的导论，尽管前者比后者更有说服力，但最好还是通过 Ian Ward 的优秀作品 *Shakespeare and the Legal Imagination* (1999) 来进行探讨。

11 Dekker, *Gull's Hornbook* (1609), pp. 26–27.

12 *Hamlet*, 5.1.74–83.

13 *2 Henry IV* , 3.2.6–11.

14 Nashe, preface to Robert Greene's *Menaphon* (1589).

15 *Two Wise Men and all the rest Fools* (1619), act one scene one, pp. 6–7.

18. 马基雅维利之后

1 Marlowe, *The Jew of Malta* (1633), opening of 1.1.

2 *3 Henry VI* , 3.2.189–194.

3 *Richard III*, 3.7.206.

4 Scene for *Sir Thomas More*, 55–56.

5 Scene for *Sir Thomas More*, 116–118.

6 Scene for *Sir Thomas More*, 87–102.

7 *Henry V*, 4.1.110–125.

8 *Henry V*, 4.1.192–206.

9 埃德蒙·提尔尼爵士对《托马斯·莫尔爵士》手稿的注释，现藏于大英图书馆。

10 *2 HenryVI* , 4.2.57.

11 *2 HenryVI* , 4.2.48–53.

12 *The Tempest*, 2.1.145–146.

13 *Annals* 的拉丁文前言 , trans. Lipsius (1572)。关于莎士比亚和共和思想，参见 Andrew Hadfield, *Shakespeare and Republicanism* (2005)。

14 在阿登版本的 *Shakespeare's Poems* (2007), Katherine Duncan-Jones 和 Henry Woudhuysen 果断地证明了莎士比亚的《凤凰与斑鸠》一诗（或者是诗组，如果将结尾处的 'Threnos' 看作独立的一首）属于 1601 年《爱的殉道者》一书的其余部分，而并不是像其他学者所认为的那样是更早之前创作的。他们将这部选集与约翰·索尔兹伯里爵士在那一年晚期的政治问题联系了起来；而我则认为这首诗的创作时间应该更接近于他被封为骑士的那个时候。

15 *Troilus and Cressida*, prologue, 2–13; 1.1.1; 9–11.

16 *Troilus and Cressida*, 1.1.48.

17 *Troilus and Cressida*, 1.2.19–20.

19. 国王剧团

1 *Cymbeline*, 5.4.568–569.

2 *Macbeth*, 5.7.114.

3 See E. K. Chambers, *The Elizabethan Stage* (4vols, 1923), 1. 328.

4 *Macbeth*, 2.3.6–9, 1.5.51–52.

5 参见 Stuart Clark 权威著作 *Thinking with Demons: The Idea of Witchcraft in Early Modern Europe*(1997), chapter 5，pp. 549–682。

6 *Macbeth*, 2.3.59–60.

7 *Macbeth*, 2.3.62–65.

8 *Macbeth*, 3.2.26.

9 *King Lear*, 4.5.153–172.

20. 对于莎士比亚退休生活的普遍误解

1 *Lear*, 1.2.44—45.

2 *Antonyand Cleopatra*, 1.3.67.

3 *Twelfth Night*, 2.3.88–89.

4 Quoted, Chambers, 2. 142.

5 现藏于格拉斯哥大学图书馆: http://special.lib.gla.ac.uk/exhibns/month/july2001.html.

6 Peter R. Roberts, 'The business of playing and the patronage of players at the Jacobean courts', in *James VI & I: Ideas, Authority and Government*, ed. Ralph Houlbrooke (2006),pp. 81–105.

7 C. Severn, *Diary of John Ward* (1939), p. 183, quoted, Chambers, 2. 249.

8 Germaine Greer 在 *Shakespeare's Wife* (2007), p. 305 中提出了这一观点，因为她想把安妮·莎士比亚描绘成一个有能力独自在斯特拉福德镇持家的女人，所以没有考虑过莎士比亚在 1611 年之前半退休回到沃里克郡这种可能性。

9 Wotton, letter to Sir Edmund Bacon, 2 July 1613, quoted, Chambers,2. 343–344.

21. 主要的喜剧演员

1 Augustine Phillips 的遗嘱, signed 4 May, proved 16 May, 1605, in Chambers, 2. 73–74。

2 *Hamlet*, 2.2.294–298.

3 A typical formula reads 'To John Hemings and the rest of his fellows his Majesty's Servants the Players upon warrant for presenting before His Majesty nine several plays' (Chambers2. 345).

4 Dave Kathman 论证充分地支持 1597–1598 年这一说法，参见他的论文 'Reconsidering

The Seven Deadly Sins', *Early Theatre* ,7(2004), pp. 13–43。Andrew Gurr 坚持一种传统的更早的日期，参见 'The work of Elizabethan plotters and *2 The Seven Deadly Sins'*, *Early Theatre* , 10 (2007), pp. 67–87。日期对于常备角色的争论其实无关紧要。

5　E. Nungezer, *A Dictionary of Actors and other Persons associated with the Public Representation of Plays in England before 1642*(1929), p. 282.

6　*2 Henry IV* , 1.1.3–5, 32.

7　Richard Flecknoe, *A Short Discourse of the English Stage* (1664).

8　Webster, 'The character of an excellent actor' (1615).

9　'On the death of that great master in his art and quality, painting and playing: Richard Burbage', in Thomas Middleton, *Collected Works*, ed. Gary Taylor and John Lavagnino (2007), p. 1889.

10　*Hamlet*, 3.2.26–27.

11　Induction by Webster in Marston's *The Malcontent*,ed. G. K. Hunter (1975), pp. 8–16.

12　*The Second Part of the Return from Parnassus*, played at St John's College, Cambridge, Christmas 1599–1600, act 4.

13　*Hamlet*, 2.2.317–319.

14　Dekker, *Satiromastix, or The Untrussing of the Humorous Poet* (1602), sig. C3v.

15　Ably argued by J. B. Leishman in the introduction to his edition of *The Three Parnassus Plays* (1949). 一些学者反对这种显而易见的解释，他们认为莎士比亚对琼生的净化是以另一种形式进行的。其中最流行的说法是，无论《第十二夜》中的马伏里奥还是《特洛伊罗斯与克瑞西达》中的阿贾克斯都是对琼生的嘲弄，而"净化"即是指对这些人物的羞辱。但是以上这两部莎士比亚戏剧都没有提到琼生或者"净化"。就《第十二夜》而言，几乎不可能说它是对《蹩脚诗人》的回应，因为此剧的创作和上演早在《蹩脚诗人》之前。原因很简单，即琼生戏剧中的一个角色说他观看过《第十二夜》的演出。这里指《特洛伊罗斯与克瑞西达》的可能性更大［例如，参见 James Bednarz, *Shakespeare and the Poets' War* (2001),pp. 35–52］，但是这一结论更多是依赖推论做出的，而不是通过戏剧明确指认出阿贾克斯就是琼生。概括来说，争论的焦点在于阿贾克斯这个名字听起来像 "a jakes"（意为"厕所"），而琼生正以性格挑剔、吹毛求疵著称，并且《从帕纳索斯归来》中的 "beray" 其实意为 "beshit"。与《讽刺作家的鞭笞》的简单解释相比，这一切显得拐弯抹角。我们应该应用奥卡姆剃刀的原理。如果一个简单的解释与证据相符，那么就没有必要去寻找一个复杂的解释。既然在《讽刺作家的鞭笞》中一个代表着琼生的角色被执行了"净化"，那么就没有必要把我们对《从帕纳索斯归来》中典故的解释复杂化。

16　*Satiromastix*, sig. B3r.

17　*2 Henry IV* , 3.2.1–2.

18 *Satiromastix*, sig. G2v.

19 *Satiromastix*, sig. M2r.

20 Chambers, 2. 193, 201.

21 'Apologetical Dialogue' intended for *Poetaster, or The Arraignment* (1602).

22 还有一种（外部的）可能性，即他实际上为宫务大臣剧团版本的德克尔剧本写了"净化"的场景。《讽刺作家的鞭笞》几乎都是用散文写成的，而德克尔最擅长的就是散文。在诗行中，有大约 90% 是行末停顿的。但是，在第二场景中有一段大约 60 行非常奇怪的句子，在以散文进行的对话中插入了一段韵文。这段文字前后的台词可以毫无缝隙地连接在一起，这证明这一段很可能是后来插入的。并且这里的行末停顿与接排的比例不是像剧中其他地方那样为 9:1，而是 2:1。Dekker 有能力写出接排的诗歌，这从他最好的剧本《鞋匠的假期》(*The Shoemaker's Holiday*) 中就可以看出来，但是风格上的突然转变很可能是第二个作者存在的标志。创作这个部分的作家或许正处在前所未有的大量创作接排诗歌的时期。我们讨论的场景恰好是"蹩脚诗人"告诉贺拉斯 / 琼生，他们是作为"医生"来"净化"他的讽刺体质的。难道《从帕纳索斯归来》的匿名作者是对的，莎士比亚在这一戏剧中的关键时刻帮助了德克尔？这段 60 行的诗序以对本·琼生的抒情诗精彩的拙劣戏仿开始，以"我们作为你的医生前来，净化你的疾病和危险的心灵的疾病"作为结尾，这能够成为莎士比亚经典的新补充吗？这一段因其深具安抚性的语调而从该剧的其余部分中脱颖而出。克里斯皮努斯（代表马斯顿）和德米特里厄斯（代表德克尔）终于和贺拉斯（代表琼生）言归于好了。然而，友谊的交易并没有持续到这一刻，在戏剧的高潮，琼生 / 贺拉斯穿着萨梯的服装，遭到了当众羞辱——被脱掉了衣服。莎士比亚总是小心翼翼地避免冒犯别人。他总试图站在中立的位置是他著名的"漠不关心"，以及能够同时看到一个问题的两面的能力的表现。因此，有趣的是，《讽刺作家的鞭笞》中的那一段读起来像是试图在交战的诗人之间进行调解。如果这些诗句碰巧是莎士比亚为《讽刺作家的鞭笞》所作，那么讽刺的是，《从帕纳索斯归来》的剧作者说他贬低了琼生，而琼生本人也对他的朋友被卷入这一事件感到不安。这就是那些曾经"闹得不可开交"的诗人和解的时刻。据我所知，唯一一探讨过这种可能性的评论家是 W. Bernhardi，参见 *Hamburger Litteraturblatt*, 79(1856)。

22. 愚学家

1 *Merchant of Venice*, 1.2.34.

2 *As You Like It*, 3.2. 24, 20.

3 *As You Like It*, 5.1.24–26.

4 *Adagia* (1515), 3.3.1, trans. Margaret Mann Phillips, *Erasmus on his Times: A Shortened Version of the Adages of Erasmus* (1967), p. 77.

5 *King Lear*, 4.5.153–155.

6　*Much Ado*, 5.1.35–39.

7　*Timon of Athens* 2.2.118–119.

8　*King Lear*, 3.4.128–129, 148, 154, 131.

9　参见 R. A. Foakes's 在 third series Arden edition of *King Lear* (1997) 中对这句话的注释，p. 283. 176 行的 'good Athenian' 可能指的是第欧根尼本人。

10　*King Lear*, 1.2.83.

11　*King Lear*, 1.2.98–99.

12　参见 J. F. Danby 仍然深具价值的著作 *Shakespeare's Doctrine of Nature* (1949)。

13　*King Lear*, 4.5.88–90.

14　*King Lear*, 5.2.10–12.

15　*King Lear*, 5.3.320–321.

16　*King Lear*, 5.3.263.

17　我认为《第一对开本》中将这段话归于爱德加，要优于四开本中将它归于奥尔巴尼。因为爱德加在第三幕的脱离是一种情感的表露，与李尔对穷人的情感同时产生，这就使得他成为更适合去表达这种情感的角色。

18　'An Apology of Raymond Sebond', in *The Essays Or Moral, Politic and Millitary Discourses of Lo: Michael de Montaigne . . . First written by him in French. And now done into English*, trans. John Florio (1603), p.280.

19　*King Lear*, 3.4.86–89.

20　'Apology of Raymond Sebond', p. 258.

21　'Apology of Raymond Sebond', pp. 260, 262, 271.

22　'Apology of Raymond Sebond', p. 321.

23　*King Lear*, Quarto Passages 153–156 (*RSC Complete Works*, p. 2078).

24　*King Lear*, 5.3.184–185.

25　*King Leir*, lines 1649–1652, quoted from *Narrative and Dramatic Sources of Shakespeare*, ed. Bullough, 7. 377.

26　学者 Hiram Haydn 对 16 世纪充满怀疑和讽刺的传统做出了深有价值的描述，参见 *The Counter-Renaissance* (1950)。

27　Erasmus, *Moriae Encomium* (in Latin, 1509), trans. Thomas Chaloner (1549), *The Praise of Folie*, ed. Clarence H. Miller(1965), p. 10.

28　*King Lear*, 4.5.152.

29　Chaloner, p.38.

30　*King Lear*, 4.5.181–182.

31　Chaloner, p.68.

32　Chaloner, p. 52.

33 *King Lear*, 4.5.99–100.

34 *King Lear*, 5.3.327–328.

35 Chaloner, p. 63.

36 *Hamlet*, 1.3.81–83.

37 *King Lear*, 1.4.131–131.

38 *King Lear*, 4.6.80.

39 *King Lear*, 1.1.130.

40 *King Lear*, 3.4.90.

41 *King Lear*, 5.3.326.

42 *King Lear*, 3.4.47.

43 *King Lear*, 3.7.13–15.

44 Florio's Montaigne, p. 261.

45 Translated by Chaloner (p. 10) as 'foolelosophers'.

23. 有备无患

1 *Seneca his Ten Tragedies*(1581), preface.

2 Greene's *Menaphon* (1589), preface by Nashe.

3 *Titus Andronicus*, 4.1.84, Seneca, *Hippolytus*, 672, 虽然可能是从语法学校的课本引文中记住的，而不是原版剧本。一些学者把这一幕归为乔治·皮尔的手笔，但我相信他的参与仅限于开场部分。

4 Sidney, *An Apology for Poetry*, ed. Geoffrey Shepherd (1973), p. 135.

5 *1 Henry IV* , 2.4.284.

6 *Apology for Poetry*, p. 134.

7 Greville, *Life of Sidney*,chap. 14.

8 *Gorboduc*, in *Minor Elizabethan Tragedies*, ed. T. W. Craik (1974),4.2.150–155, 3.1.142–146.

9 *Julius Caesar*, 2.1.63–69.

10 Greville, *Life of Sidney*, chap.14.

11 'Chorus Sacerdotum' in *The Tragedy of Mustapha* (1609), sig. B2r.

12 *Hamlet*, 2.2.284–287.

13 'The Order for the Burial of the Dead' in *The Book of Common Prayer* (first published 1549).

14 *Hamlet*, 5.2.308–309.

15 *Hamlet*, 5.2.151–152.

16 *Hamlet*, 5.2.10, 5.2.150.

17 *Hamlet* (First Quarto, 1603), sig. D4v. 对于这段独白如何溯源至西塞罗，参见 T. W.Baldwin, *William Shakespere's Small Latine and Lesse Greeke*, 2. 603–607, 以及 Ronald Knowles,

'Hamlet and counter-humanism', *Renaissance Quarterly*, 52 (1999), pp. 1046–1069。

18 Cicero, trans. Dolman, *Those Five Questions*(1561), sig.G5r.

19 *Hamlet*, 3.1.85–86.

20 Montaigne, *Essays*, trans. Florio (1603, repr.1933), p. 48.

21 *Measure for Measure*, 3.1.5–41.

22 *Essays*, pp. 55–56.

24. 作为伊壁鸠鲁主义者的莎士比亚

1 Montaigne, *Essays*, trans. Florio, p. 772.

2 *Macbeth*, 1.7.37–39.

3 'Of three commerces of society' 一文的开头部分 (Florio trans., p. 737)。

4 Note to Acts, 17:18 (St Paul before the Areopagus), in 1599 London edition of Geneva Bible.

5 Sir John Davies（不要跟赫尔福德的 John Davies 混淆）, *Orchestra or A Poem of Dancing* (1596), stanza 20。

6 *Julius Caesar*, 5.1.83–85.

7 *Lear*, 1.4.186–190.

8 *Merry Wives* , 2.2.186.

9 *Macbeth*, 5.3.7–8.

10 *Antony and Cleopatra*, 2.1.29–30.

11 *Titus*, 2.4.36–37.

12 Plutarch, 'Life of Caius Martius Coriolanus' in *Shakespeare's Plutarch*, p. 297. 对莎士比亚在罗马戏剧中检验斯多葛主义的极限的最佳分析是 Geoffrey Miles, *Shakespeare and the Constant Romans* (1996)。

13 *Coriolanus*, 2.2.75–79.

14 *Coriolanus*, 1.1.16.

15 *Coriolanus*, 5.3.201.

16 Cockeram, *English Dictionary* (1623), s.v.Cleopatra.

17 Thomas Elyot, *Dictionary* (1538), s.v.Salomon.

18 *Antony and Cleopatra*, 1.1.1–2, 1.1.38–39, 1.2.110–111.

19 *Antony and Cleopatra*, 1.1.17.

20 *Antony and Cleopatra*, 1.1.11–13.

21 *Antony and Cleopatra*, 5.2.410–411, 396–397, 325, 356.

22 *Antony and Cleopatra*, 4.3.21–22.

23 *Antony and Cleopatra*, 2.5.25–26.

24 *Antony and Cleopatra*, 1.5.26.

25 *Antony and Cleopatra*, 1.3.68.

26 *Tempest*, 5.1.29–36.

27 Montaigne, *Essays*, trans. Florio (1603, repr.1933), book 2, chap.11, pp. 371–372.

28 评论家们普遍忽视了《论残酷》一文对于《暴风雨》的重要意义，这与《论食人部落》与该剧关系的大量研究形成了鲜明对比。一个值得注意的例外是 Arthur Kirsch, 'Virtue, vice, and compassion in Montaigne and *The Tempest*', *Studies in English Literature*, 37(1997), pp. 337–352。

29 'Apology of Raymond Sebond', p.503.

30 'Of the resemblance between children and fathers', p. 683.

31 'Of experience', p. 965.

32 *Two Noble Kinsmen*, 5.4.147–153.

33 *King Lear*, 5.3.344. 如前所述，甚至在这里也有对新罗马法典的批评：斯多葛主义要求说出"我们应该说的"，而爱德加则"说出我们的感觉"。

25. 退场和再次上场

1 John Ward, quoted, Chambers, 2. 250.

2 See edited texts of First Folio commendatory poems in *RSC Complete Works*, pp. 61–62.

3 Borrowed by Florio from the definition of '*mens*' in Thomas Thomas' Latin dictionary, *Dictionarium Linguae Latinae et Anglicanae* (1587).

4 这是弗洛里奥对于意大利语单词 '*sale*'（盐或调味品）的定义。之后的定义也是弗洛里奥做出的。

5 Milton's poem 'L'Allegro' ('The happyman', 1631).

6 我对此问题的叙述受到了 Lukas Erne's important revisionist study, *Shakespeare as Literary Dramatist* (2003) 的启发。

7 *Troilus and Cressida*, 3.2.179, 5.11.49, 52.

8 Huntington Library press mark 60466.

9 Quotations from Akihiro Yamada, *The First Folio of Shakespeare: A Transcript of Contemporary Marginalia* (1998).

10 *Gesta Grayorum* (printed 1688, from a manuscript of the 1590s), quoted, Chambers, 2. 320.

11 Chambers, 2. 327–328.

12 'To the memory of my beloved, the author Mr William Shakespeare', *RSC Complete Works*, p. 61.

13 已改为现代拼写方式。手稿现藏于威尔士国家图书馆，Aberystwyth，由 SirIsrael Gollancz 首次印刷，*Times Literary Supplement*, 26 June 1922。

索 引

（此部分页码为原书页码，即本书页边码）

图书在版编目（CIP）数据

莎士比亚：时代灵魂：典藏版 /（英）乔纳森·贝特（Jonathan Bate）著；赵雯婧译. -- 北京：社会科学文献出版社，2023.11

书名原文：Soul of the Age: A Biography of the Mind of William Shakespeare

ISBN 978-7-5228-0477-4

Ⅰ.①莎…　Ⅱ.①乔…②赵…　Ⅲ.①莎士比亚（Shakespeare, William 1564-1616）-传记　Ⅳ.①K835.615.6

中国版本图书馆CIP数据核字（2022）第133384号

莎士比亚：时代灵魂

著　者 /〔英〕乔纳森·贝特（Jonathan Bate）
译　者 / 赵雯婧

出 版 人 / 冀祥德
组稿编辑 / 段其刚
责任编辑 / 周方茹
责任印制 / 王京美

出　　版 / 社会科学文献出版社·联合出版中心（010）59367151
　　　　　地址：北京市北三环中路甲29号院华龙大厦　邮编：100029
　　　　　网址：www.ssap.com.cn
发　　行 / 社会科学文献出版社（010）59367028
印　　装 / 南京爱德印刷有限公司

规　　格 / 开　本：889mm×1194mm 1/32
　　　　　印　张：17.875　插页：0.25　字　数：432千字
版　　次 / 2023年11月第1版　2023年11月第1次印刷
书　　号 / ISBN 978-7-5228-0477-4
著作权合同
登 记 号 / 图字01-2019-2599号
定　　价 / 198.00元

读者服务电话：4008918866

威廉·莎士比亚 1616 年手写遗嘱的最后一页。只有 "By me William Shakespeare" 是莎士比亚写的